大夏书系·教师专业发展

唤起教师的理论兴趣

丁道勇 ◎ 著

华东师范大学出版社

图书在版编目（CIP）数据

唤起教师的理论兴趣 / 丁道勇著 . —上海：
华东师范大学出版社，2014.
ISBN 978 - 7 - 5675 - 2358 - 6

Ⅰ.①唤... Ⅱ.②丁... Ⅲ.①教学研究 Ⅳ.① G420

中国版本图书馆 CIP 数据核字（2015）第 106487 号

唤起教师的理论兴趣

著　　者	丁道勇	
责任编辑	顾晓清	
装帧设计	朱静蔚	
责任印制	殷艳红	

出版发行　华东师范大学出版社
社　　址　上海市中山北路 3663 号　邮编　200062
网　　址　www.ecnupress.com.cn
电　　话　021 - 60821666
客服电话　021 - 62865537
门市电话　021 - 62869887
网　　店　http : //hdsdcbs.tmall.com/

印 刷 者　北京季蜂印刷有限公司
开　　本　700×1000　16 开
印　　张　17
字　　数　250 千字
版　　次　2015 年 7 月第一版
印　　次　2015 年 10 月第二次
书　　号　ISBN 978 - 7 - 5675 - 2358 - 6/G·7541
定　　价　36.00 元

出 版 人　王　焰

（如发现本版图书有印订质量问题，请寄回本社市场部调换或电话 021-62865537 联系）

目 录
CONTENTS

导　言 | 1

第一部分　教师研究的两难与出路 | 1

第1章　教师研究及其两难 | 2

一、教师研究是什么 | 3

二、教师研究的发展 | 9

三、教师研究的两难 | 16

第2章　反思与教师研究 | 21

一、反思是什么 | 22

二、教师反思的目的 | 26

三、教师反思的对象 | 30

四、教师研究的分类 | 34

第3章　理论与教师研究 | 41

一、理论是什么 | 42

二、教学研究的范式 | 46

三、教师工作的理论品性 | 51

四、恢复教师工作的理论品性 | 54

总结　教师研究的出路 | 57

一、教师研究是教师的研究 | 57

二、教师研究强调反思精神 | 60

三、教师研究是一种成熟的专业生活方式 | 62

第二部分　发现研究的力量 | 65

第4章　课例研究及其反思 | 66

一、课例是什么 | 67

二、中国的课例研究 | 70

三、国外的课例研究 | 73

四、作为教师研究的课例研究 | 77

第5章　评课中的理论视角 | 82

一、评课视角是什么 | 83

二、视角差异的实际表现 | 85

三、视角差异的重新建构 | 88

四、寻找评课中的理论视角 | 90

第6章　理论介入的课例研究 | 93

一、缘起：与教师一起学习 | 94

二、模型建构：注重理论介入 | 99

三、在课例中寻找理论问题 | 102

范例 1：两位数的认识 | 110

反思契机与问题界定 | 111

知识基础 | 112

行动选择 | 113

研读材料选录：位置计数法 | 115

范例 2：认识负数 | 120

反思契机与问题界定 | 121

知识基础 | 122

行动选择 | 123

研读材料选录：负数概念的历史演进 | 125

范例 3：长方形的周长与面积 | 130

反思契机与问题界定 | 131

知识基础 | 132

行动选择 | 133

研读材料选录：中学生函数概念的认知发展 | 135

范例 4：竖式除法 | 142

反思契机与问题界定 | 143

知识基础 | 144

行动选择 | 146

研读材料选录：除法的教育含义 | 147

范例 5：饮湖上初晴后雨｜152

反思契机与问题界定｜153

知识基础｜154

行动选择｜155

研读材料选录：阅读中的言语发展｜157

范例 6：迟到｜162

反思契机与问题界定｜165

知识基础｜165

行动选择｜167

研读材料选录：阅读行为的重要性｜170

范例 7：尊严｜178

反思契机与问题界定｜181

知识基础｜182

行动选择｜183

研读材料选录：关心意味着什么｜185

范例 8：炮手｜194

反思契机与问题界定｜196

知识基础｜197

行动选择｜199

研读材料选录：服从行为研究｜200

总结　发现研究的力量｜216

第三部分　教师的专业生活 | 223

第7章　未来教师的专业生活 | 224

一、教师研究被纳入教师教育 | 226

二、教学知识的专业地位上升 | 229

三、教师中兴起合作文化 | 231

四、学校组织强调专业分工 | 233

参考文献 | 236

附录　触及理想的教育研究 | 251

导　言

　　在课程学发展史上，有两个重要的时间点，分别对应于两部重要
著作的出版时间。第一个时间点是 1918 年，在这一年波比忒（John
Franklin Bobbitt）出版了《课程》（*The curriculum*）一书。这本书的出版，
意味着课程学的诞生（Bobbitt, 1918）。这部著作以及 1924 年出版的《课
程编制》（*How to make a curriculum*）的重要贡献，是一套新的课程目
标设计方法（Bobbitt, 1924）。通过"活动分析"的方法，确保了课程
目标的来源与当代社会生活的密切联系。所谓的"装饰的知识"再也不
会继续统治课程领域了。第二个重要的时间点是 1949 年，在这一年泰
勒（Ralph W. Tyler）出版了《课程与教学的基本原理》（*Basic principles
of curriculum and instruction*）（Tyler, 1949）。这本书的出版，意味着在
现代课程学中具有典范意义的工具范式的诞生。泰勒所概括的"目标筛
选、学习经验的选择、学习经验的组织、评价"的课程开发步骤，成为
课程开发领域难以超越的基本概念工具。可以说，此后的课程开发理论
都是在泰勒原理的基础上，做补充、修正，而没有谁真正地替代了它。

　　这两个重要的时间点，给我们什么启发呢？第一个重要的启发是，
今天我们耳熟能详的一些概念，例如课程开发、教科书编写、课程实
施、学业评价等等，都只有 100 年左右的历史。在教育史上的更长时间
段内，谈论学校教育问题的时候，人们并不使用这些概念。在教育的实
际运行过程中，教师的作用并不总像今天这样。在相当长一段时间内，
教师的使命不仅仅是一个课程实施者。第二个重要的启发是，课程领域
的一些基本概念，不可以被轻易地放弃或置换。今天依然在许多学校流

行的校本课程开发，实际上有蜕变为教材编写的危险。编写人员更关心教材，不关心更高位的课程目标设计，也不关心后续的课程评价等问题。把课程开发简化为教材编写，这反映了编写者的不足。他们还没有关注到课程开发的工具范式所贡献的基本概念框架。可以说，这里所谈到的两个启发，都围绕着教师的角色定位来进行。两个启发，共同倡导了一种对教师角色的更全面的理解。

概括来说，一种盛行的关于教师角色的理解，可以比喻为大工业时代的产业工人。教师被认为是教育流水线的一员。他们在某个工位上日复一日、年复一年，重复自己的熟练技能。就像 iPad 生产线上的装配工人，他们可能一直不能理解为什么要安装手中的配件，也从来没有享受过这种现代科技产品提供的便捷，他们所知道是必须完成这些分配给自己的工作。更进一步说，他们可能不知道自己刚刚完成的裸机，下一步会接受何种处理。他们完全不关心这一类话题。而一种新的关于教师角色的理解，应该被比喻为艺术家式的：届时，教师是整个艺术品创作过程的全程参与者。他们从最初的构思，到构思的实现，诸如画布的选择、油料的调和、笔触笔法的选择等等，都亲自操刀上阵。他们对整个事情负责任，他们知道每一个细节意味着什么。但是，他们的行动又不是全然任意的，因为备用的只能是那个时期已经掌握了的那些技能技法、能找到的原材料。艺术家们还得遵循一些无法打破的物理和艺术原理，才能实现自己的创作意图。

在后一个比喻中，教师的位份要比前一类教师重得多。用课程领域的术语来说，在后一个比喻中的教师，不单是课程实施者，而且是课程目标设计者、课程内容的选择者和组织者，乃至课程评价者。这样的教师，在讲课时要参考的不仅仅是教科书和教师用书，还包括纵横两个维度的扩展：纵向上是对孩子从小学到大学的整个学习历程有一定的预期和见识，横向上是对孩子将在各个学科遇到什么有基本的判断。这样的教师乐意对自己的教育教学行为进行反思，他们的工作具备反身性。好像一位明智的将军，他知道自己的士兵将要执行的命令是什么。所以，他不会给驻守热带雨林的部队装备羽绒睡袋，尽管这种装备的确性能良好。用一句话来概括，这样的教师更负责任。

这种更负责任的教师形象，对教师的能力提出了更高的要求。按照舒曼（Shulman, 1987）的概括，教师要具备七大类知识基础：学科内容知识；一般教学知识；课程知识；关于学生及其特性的知识；教育情境的知识；教学内容的知识；对教育目的、价值、哲学及其历史渊源的知识。这些知识类型，应该是教师职前培养和在职专业发展的共同努力方向。但是，我们往往看到，教师是最缺乏学习生活的群体之一。这种生存状态，与教师的工作职责形成了颇有讽刺意味的对比：教师号召学生热爱自己所学的内容，但是教师对于自己所教的内容缺少新鲜感、好奇心；教师号召学生利用一切时间学习，但是教师自己的工余时间主要是被各种与业务提升无关的事务占去了；教师承担着扩展学生人生经验和视野的任务，但是教师自身往往对于广大的社会生活缺乏了解……总之，教师队伍的现状与重新定位后的教师角色是不大相符的。造成上述这类现象的原因不一而足，未必都能归因于教师自身。并且，即使教师个人想要"换一种活法"，他们的改革努力也往往是艰辛和难以持续的。我更愿意相信，教师是富有学习愿望、学习能力的，并且借助一些新的工作方式，可以将这种学习愿望、学习能力转化为实际努力。这些工作，都是为扩展教师角色的内涵做出的努力。

2009 年，当我为现在这份教职参加面试的时候，曾经使用"启蒙教师"这样的话来表达自己的一部分职业愿景。这个用语一度让面试官（他们后来成为我很好的同事和领导）感到诧异。他们告诉我，在这所大学的教育学者们不会采用这样的用语，他们会用更谦逊的姿态，更愿意努力倾听一线教师，因为他们／她们是真正的行家里手。

大约也是在那一两年，另一个经验同样令人难忘。我的博士学位论文研究，是以教师信念为研究主题。在研究过程中，我检索到一些研究人类信念的有趣文献。通过这些阅读，我发现改变别人的信念，在伦理上是一件多么严重的事。在极端的状态下，信念改变可能意味着"洗脑"或者"思想改造"。这让我在此后几年，一度不愿意再去谈论教师信念的问题。在那段时间，我认为不确定感是让人感到痛苦的；破坏别人的信念，让别人开始反思，是一桩残忍的事。

我们知道，个人的不同经历可能会因为某种无法言说的内部反应，影响个人后来的生活。按照舒伯特（Schubert, 1986, p.viii）的话来说，就是自己建立的个人课程。表现为，我们经历的事似乎总是相关的。尤其是在为自己的行为追根溯源、找说法的时候，这种个人化的解读，让那些最初看来没有联系的事情，变得更具有意义感了。上述两件小事，与我这几年所从事的一系列教师研究之间就有这种联系。在这些与学校教师的合作过程中，我重新梳理了上述有关"反思"、"信念改变"的观念，逐步建立了一种更加有建设性的想法，突破了上述两件事对我的束缚。

现在，我相信大学教育研究者，在教育教学的研究上，的确具有独特的价值。同时我也相信，一线教师的确值得敬重。促成教师"反思"和"信念改变"，尽管很困难并且容易出现伦理问题，但是仍然值得教育研究者去努力。问题的关键不是要不要影响教师，而是教育研究者以什么身份去影响中小学教师？更重要的是，在与中小学教师交往的过程中，大学教育研究者贡献了什么？这种"身份"、"贡献"，是决定此类"U-S"、"U-D-S"、"U-G-S"合作的品质高下的关键。大学教育研究者的适当介入，的确可以促成教师角色的更新。

每每有人很客气地称呼我为"专家"时，我总喜欢调侃一下：专家，专家，专门忽悠人家。这是一句中国式的冷笑话。我想表达的是，在大学教育研究者和前线教师的合作中，大家都是专家，这不是某一方的独特称谓。实际上，本书报告的关于教师研究的理论思考和实务工作，同时也在回答大学教育研究者在此类合作研究中的身份定位问题。现在看来，本书初步找到了一种"尚可"的答案：这个答案既不是"启蒙"，也不是轻易"改变"别人，而是以一种"同情"、"理解"的"身份"，"勤勉"地为教师作出"贡献"。让大学教育研究者的优势与前线教师的优势相结合，共同改善具体的教育教学工作。这里的基本思路很经典：大学教育研究者通过呈现自己的优势，并且是能真正帮到教师的那些优势，来获得与前线教师开展谈话的资格。这里的关键在于，让教师见识到教育研究的力量。

当教师们用冷漠来伪装自己，以免受到各种陌生人的打扰的时候，我相信这种冷漠是源于反复的失望，或者干脆是源于人所共有的对陌生事物的谨慎和观望。教师打心眼里渴望自己的工作富有意义感、渴望创造的兴奋感。教师并不是对有价值的教育研究不感兴趣。

本书报告的工作，用教师不得不在意的实务问题为突破口，凭借大学教育研究者所能提供的专业支持，和前线教师一道认识研究、学会研究、享受研究。在这个过程中，大学教育研究者更可能取得前线教师的认可。更重要的是，在这个合作过程中，前线教师自身也发生了角色转换，他们成了研究者，研究成为他们专业生活的一部分。教师角色的内涵，得到了扩展。

我将展示教师的潜在学习愿望是怎样被激发出来的？如何通过研究过程得到保持？研究怎样与教师的日常工作相结合？归结为一句话：本书将致力于彰显教师研究的力量。在章节排布上，本书共包含三个部分。第一个部分集中讨论了教师研究的两难问题。概括来说，就是教师研究很重要，但是又普遍不受欢迎。作为一名教育研究者，我个人能欣赏并热爱教育研究。同时，我也能同情和理解前线教师在面对"研究"

时的纠结。但无论如何，教师研究的两难问题都是一种弊病，等待人们去解决。这一部分主要是进行理论讨论，试图在理论上找到一种解决教师研究两难的方案。

概括来说，第1章的任务是对教师研究进行界定。基于这种界定，我们可以初步排除那些似是而非的教师研究。进而，对教师研究发展历程的梳理也显示，在教师研究的最初原型中，教师之所以要做研究，总是基于一种对教师角色的更新。尽管这些更新的教师角色各不相同，但是都认为做研究是教师角色内涵的一部分，而不是不相干的负累。因此，在这一章末尾，我将教师研究收到的各种恶评，归因为虚假的教师研究。

第2章沿袭前一章的思路，从研究活动所包含的反思精神的角度，对教师研究进行分类。这种分类可以为前一章讨论的"真"教师研究，提供一种更精细的图像。基于这个分类矩阵，我们可以进一步明确，自己所进行的"研究"活动，是不是合格的教师研究？是哪一种教师研究？还可以借助这个分类矩阵，把一个有价值的灵感，转化为合格的教师研究课题。可以说，第1章、第2章的主要努力方向是要说清楚教师研究是什么，同时表明教师研究不是什么。之所以要花这么大精力来搞清楚这件事，是因为贯彻这本书始终的基本观念就是：真正的教师研究总是有魅力的，可以让教师发现研究的力量，可以应对好当前教师研究的各种实务难题。这是一种正本清源的思路。

基于这一基本观念，第3章针对各种"假"教师研究与"真"教师研究的关键区别进行了讨论。在我看来，最重要的区别就是："真"教师研究体现了教师工作的理智色彩，"假"教师研究则往往是教师在不明就里的情况下，对于自己不熟悉的研究工作的拙劣模仿。为此，第3章重点讨论了理论与教师研究的关系问题。这一章的基本观点是，教师工作具备理论品性，教师研究是显现、恢复和提升这一品性的有效手段。第 3 章的这些讨论，进一步阐明了前一章提出的应对教师研究两难问题的方案。教师研究活动的理论品性，成为确保"真"教师研究的要点。实际上，也正是在这个方面，让我这样的大学教育研究者有了相对于前线教师的专业优势，在教师研究中也有了自己的用武之地。随后，在第一部分的总结中，关于教师研究出路的那些概括，不过是集中重述了前面三章已表达的那些基本观念而已。

本书的第二部分，是对第一部分所倡导观念的一种落实。在第一部分，我强调真正的教师研究是有力量的，不会出现所谓两难；可以通过强调教师研究的理论品性，确保教师做出合格的教师研究来。在第二部分报告的实务工作，就贯彻了这些观念，并取得了一点成效。这一部分主要是报告了我这几年在课例研究上的一段探索。通过课例研究这种具体的教师研究形式，说明了第一部分的理论观点是行得通的，展示了真正的教师研究的魅力所在。

概括来说，第 4 章将课例研究确认为一种教师研究。当前课例研究中最容易出现的难题，正是教师研究两难的具体反映。简言之：有课例，缺研究。许多课例研究活动，缺乏研究色彩。我观察到，被教师排挤的课例研究，往往是缺乏研究味道的形式化工作；受教师欢迎的课例研究，都是真诚地在进行研究。前一种课例研究过程缺乏理论介入，活动过程充斥着各种微观政治的运作。教师在其中被各种力量操纵着，虽然要投入大量时间、精力，但是仍然是旁观者。后一种课例研究过程则包含了更多理智上的挑战，参与各方有切切实实的成长。教师在这种课例研究中，同样要投入大量时间、精力，但是没有什么左右大局的个人力量、行政力量，教师是一个深度卷入的参与者。因此，与一般的教师研究一样，我认为课例研究也亟需理论的介入。唯有如此，研究课例才能对教师发展做出贡献，而不是被单纯作为各种针对教师的评价工具、选拔工具。这是第 5 章会谈论的话题。

在接下来的第 6 章，我试图描述和例示一种新的课例研究模式："理论介入的课例研究"。具体内容包括这种课例研究模式的由来和模式建构。我会以具体范例展示这个模式的工作流程。通过第 6 章的论述和范例，我希望读者能和我一样，喜欢上加入理论视角以后的课例研究。这样一种课例研究，符合第一部分所谈论的教师研究的定义元素，是在课例研究这种最日常的教师研究活动中，对教师研究两难问题的一次突破。并且，我由衷地希望前线教师能借助这种实务探索，感受到研究的力量。

全书最后一部分对未来教师的专业生活做了展望。今天的教师在从事研究时，往往还深陷于本书所描述的两难之中不能自拔。但是，我相信今天的教育科研生态，已经具备了很好的基础，尤其是各种区县、学校层面的 "U-G-S"、"U-D-S"、"U-S" 合作的出现。可以预见，今后类似的合作会越来越多、越来越精细化、越来越可持续化。今后，前线教师对大学教育研究者以及他们的工作成果，会越来越熟悉；越来越多的前线教师和大学教育研究者结对子、交朋友、在一起搞研究。这种学校教研力量的构成更加合理，为教师研究走上正轨提供了可靠的基础。恢复教师研究的本性，尤其是其理论品性，可以让教师研究向一个更加健康的方向发展。当教师研究恢复它本该有的形象时，教师的专业生活会有何种改观？让我们共同期待。

[本研究受到"北京高等学校青年英才计划项目"的资助（项目号：YETP0297）。]

第一部分

教师研究的两难与出路

第 1 章　教师研究及其两难

第 2 章　反思与教师研究

第 3 章　理论与教师研究

总　　结　教师研究的出路

第1章　教师研究及其两难

今天，相当多一部分中小学校有自己的研究课题；相当多一部分中小学校作为基地校在参与区、县、市或者科研院所的课题；相当多的中小学教师有参与甚至主持课题研究的经历；其中不少教师有撰写、发表论文的经历。另外，也有相当多一部分学校有专家驻校；相当多一部分中小学教师有结识大学教育研究者或者与其共事的经历。与15年前相比，对于"教师研究"、"研究型教师"、"教师成为研究者"这些概念，很多教师都已经不再感到陌生了。今天，大学教育研究者、教育理论作品与中小学教师的距离更近了。并且，大量由中小学教师撰写的教学反思、个人叙事等作品，也通过教育类期刊公开出版。可以说，中国教师对教师研究已经不再陌生，并开始贡献自己的力量。"教师研究"成了一个时髦的教育口号，中国正在经历一场声势浩大的教师研究运动。

与此同时，教师研究也表现出许多让人担忧的状况。例如，要求教师从事的研究往往与日常工作脱节、设计的研究任务让教师难以胜任、研究过程缺乏对教师的赋权增能等等。结果，许多学校层面的教育研究，都存在研究与教学"两张皮"的现象：参与研究，成了行政指令的结果；完成研究任务，变成了教师日常工作的额外负担，有时甚至让教师感到不胜其扰。有一些学校管理者已经意识到这一点，于是他们在校内设置了专门的部门、人员，保护更多的前线教师免于受到"研究"的干扰。可以说，在教师研究的活跃面貌背后，是教师研究"不讨喜"的一面。考虑到教师研究已经与教师的工资绩效、职称晋升等挂起钩来，这种不讨喜的"研究"，真正让人感到喜忧参半、欲拒还迎。

上述对教师研究的两种描述相互抵牾，成为一种两难。它构成本书要讨论和解决的核心问题。在这一章，我将描述合格的教师研究是什么样的，并追溯教师研究的发展源流。通过这些理论化的讨论与描述，我们将发现所谓教师研究的两难是怎么一回事。

一、教师研究是什么

教师研究是什么？一个被广为引用的定义是："广义上的教师研究包含了各种形式的'实践者探究'。这种探究是以系统的、有意识的、自我批判的方式，探究自己所处的教育情境中的问题（Cochran-Smith & Lytle, 1999）。"这个定义的作者，一直活跃在教师教育领域，是"亲自下水"做教师研究的学者。她们的这个定义，包含了教师研究的几个关键词："系统的"、"有意识的"、"自我批判的"。当然，教师研究同时得是一种"研究"，并且是"实践者"的探究。因此"研究"、"实践者"与"系统的"、"有意识的"、"自我批判的"三个概念一道，构成了教师研究的定义元素。我就从这五个定义元素入手，来展开自己对教师研究的理解。如果说这个过程描述了教师研究"是什么"的话，同时也就可以起到区分教师研究"不是什么"的目的了。

其一，教师研究是一种研究。这个判断将教师研究视为各类研究活动中的一个子类。而所有的研究活动，都要有一个重要的衡量指标，那就是研究发现。不经过研究，就没有这些发现。不经过研究者的辛勤工作，别人就无从知晓这些发现。这可以认为是研究活动的一个基本指标，尽管不是充分条件。贝希（Bassey, 1999, p.38）对于"研究"是这么定义的："研究是系统的、批判性的、自我批评的探究，目的是为了推进知识、发展智慧。"这个定义对研究的目的做了明确表达：研究必须推动知识、智慧的发展。不经过研究、可以从别处得来的那些，不能作为研究发现。约翰逊（Johnson, 1994, p.4）在讨论教育管理的研究方法时，对研究结论做了与此一致但更加充分地说明。他认为，研究结论不应该来自对研究对象的"已知智慧"，而应该是研究者通过研究过程发现的。这种研究发现，能够帮助他人以新鲜的眼光来看待被研究的问题。这两位作者的观点，也就是我们通常所说的研究得有发现[①]。

基于这些说法，我们就可以区分出一些似是而非的教师研究。譬如，教师个人虽然做了努力，但自己并未在原有基础上得到提升，没有受惠于研究过程。这种资料汇编式的研究对教师来说，就是缺少发现乐趣的。又譬如，有些学校在从事教师研究的过程中，没有充分检索已有研究。结果，在同类背景的学校中，实际上已经出现过很多同类型的研究了。这也会降低研究发现的品质。至于一些以"校际联谊"或"国际交流"为主要内容的项目，其目的往往就是完成活动过程本身。在这样的项目设计中，连"研究"这个字眼也是罕见的了。可以说，这里例举的这些工作，尽管有可能吸引了许多教师投入工作，但是并不能成为一项研究，因此更不是教师研究。因为，这些活动并没有给相应问题上的"知识长河"贡献新鲜元素，没有帮助那些感兴趣的人得到新的认识。当然，说此类活动不是研究，并不见得会降低这些活动本身的价值。

其二，教师研究是实践者的研究。更具体地来说，教师研究的问题得是教师关切的；教师研究的执行，得充分考虑到教师工作的特点和教师的因素；教师研究的目的，得立足于服务教师自身。与教师研究相对的教育研究，是由大学教育研究者从事的研究。拉松德等人（Lassonde, Ritchie, & Fox, 2008）对于专业研究和教师研究的比较，主要就是从这个角度来进行的。在他们看来，专业研究是"局外人"对实验对象或者

[①] 这里的"研究发现"，是"意向性"而非"成功性"的用法。在教师研究，包括其它类型的研究中，研究者都不能在未取得发现之前，预先承诺研究发现的具体内容。

被控制群体执行的，而教师研究是"局内人"在真实的课堂中、学校环境中执行的；专业研究主要是理论性的，教师研究主要是实务性的；专业研究试图控制变量和环境，教师研究则珍视个人和群体的反思；专业研究要寻找的是一般化的、适用于其它情境的结论，教师研究则以改变所研究环境中的实务工作为目的。能否转换到类似环境中去，并不是教师研究最重要的关切点。

基于这些说法，哪些活动不是教师研究就很清楚了。但凡是研究问题与教师当前的工作难题无关，表现为教师对研究问题是否得到解决并无急切的愿望，这样的专题活动就不是教师研究。但凡研究过程努力排除本地的特殊情境因素，不参考教师的真实思考，这样的活动就不是教师研究。但凡研究成果是一般化的理论，没有回应本地的急切问题，这样的活动就不是教师研究[①]。所以，中小学教师可能参与过很多研究，但只要研究问题不是整日萦绕在他们的头脑中、困扰着他们，只要研究过程不包含教师个人特征的深刻卷入，也根本不在意研究成果对教师的工作是否有益，这样的参与都不宜称为教师研究。在相当多一部分此类活动中，教师只是作为学校教育的知情者，发挥"线人"的作用而已。

其三，教师研究是系统的。兰克希尔与诺贝尔（Lankshear & Knobel, 2004, pp.20-23）将研究作为一种系统的考察。这种系统性具体表现为六项特性，并同样适用于教师研究：第一项特征是：研究问题得到清晰地组织和表达并且可以掌控。这意味着研究问题是聚焦的，既不

---

① 按照一些政治学理论的观点（Taylor, 1985, p. 215），自由需要个人具备相关的特殊能力。考虑到并不是每个人都具备这种能力，因此有些个人未必是自身需求的最佳判断者。这里讲的"教师研究是实践者的"，也不是指一个封闭的、不听劝谏的教师，而是那些愿意与他人充分沟通的教师。他们在参酌多方意见的基础上，最终认可一些反映了自身真实需求的问题。举例来说，一个刚运动完、满头大汗的孩子，可能希望马上灌冰汽水、吹冷气机，但是这并不是真正适合他的选择。他需要听从成人的更成熟的建议。教师在研究一事上的独立性，也是在这个意义上来谈的。

泛泛而谈，也不混乱。第二项特征是：研究设计与研究问题相匹配。第三项特征是：某些事情能让研究者发现研究问题。第四项特征是：适当的收集资料的方法。第五项特征是：某种分析和解释的成分。第六项特征是：基于上述五个方面得到的结论和应用。可见，所谓的系统性，就是从问题的形成直到研究结论的形成，都经过了充分地考虑。与"系统性"相对立的，是"零散的"。表现为对于研究过程的上述环节，没有充分细致地考虑，甚至根本就不型塑问题和做研究设计。

基于上述有关系统性的说法，教师研究活动就不应是灵感（旧译"零感"）的收集，而是系统的努力。这样，我们就排除了一些追求灵感的活动。举个例子来说，一位小学数学教师发现，在讲解进位加法的过程中，数学语言表达十分琐碎。结果，在讲解数学运算的时候，教师使用大声思维法很困难。随意选择一道连续借位减法题，并试图用语言把运算过程表达出来，我们就知道这种教学困境的状况了。面对这个问题，这位教师突发灵感，让学生上台来分别扮演被减数、减数和差的各个数符。通过让"数字"开口说话，演示减法中的借位过程。到这里为止，这位教师所从事的活动，还只是出于灵机一动。这种灵感还不能称之为一项研究。可惜的是，现实中教师所从事的研究课题，往往只要求教师提供这种记录"灵感"的教学日志。没有意识到，这些灵感记录不是系统努力的成果，因而还不能被合理地称之为研究成果。

其四，教师研究是有意识的。与有意识的活动相对立的，是各种没有明确意向的活动。问题是，这两种活动的关键区别在什么地方？唯有回答了这个问题，我们才能确切地知道教师研究作为一种有意识的活动，所具备的独特性。安斯康姆（Anscombe, 1957/1963, pp. 37-41; Stoutland, 2011）曾使用过一个例子，可以说明意向在活动中的重要性：一个男人上下其手，将毒水打到供水器里，想要杀死这里的所有坏居民，以便让更善良的人得到权力。当我们问"这个人在做什么"的时候，"上下其手"、"将毒水打到供水器里"以及"要杀死所有的坏居民"、"让更善良的人得到权力"，都可以是备选的答案。但是，如果问"这个人有意识地在做什么"时，答案就要少得多。有意识做的事，恰是在回答"为什么这么做"时得到的答案。因此，只能是"要杀死所有的坏居民"以及"让更善良的人得到权力"。据此，有意识的活动，不同于对将要做的事的描述，也不同于事后的合理化说明，而是代表了推动行动进行的真实原因。要知道，尽管我们可以在回顾自己的行动时，很轻易地找到各种各样的合理化说明。但是，这些说明往往并不是行动的真正原因。举例来说，一位由农家走出来的成功人士，往往会怀念在乡村的劳作时光，似乎过去的一切都蒙上了一层浪漫的色彩。而实际上，在当时当地，有更真实的、别样的体验和动机。因此，区分有意识的行动和没有明确意向的活动，就可以强调导致行动的真正原因。说教师研究是有意识的，就将那些在行动上貌似研究，但是并非为研究而做的活动，从教师研究中剥离出来了。

基于上述理解，许多时候似乎可以纳入研究的活动，都不应被称之为教师研究。例如，经验总结就是这类经常被误解的活动。一个教师在走完自己的初任教师生涯以后，蓦然回首，概括自己从教的最初岁月。这时候，尽管也可以得来一些一般性的认识。譬如，意识到对于自己的教育观念影响最重大的生活事件是什么、重要人物是谁。但是，这样一种事后的总结，并不适用于当时当地。在最初的成长过程中，选择什么样的前辈去学习，选择以何种姿态呈现在学生、家长面前，往往不是事后总结的合理化过程所表述的那样。这种事后的经验总结，尽管很有价值，但大多不是教师研究。一些前线教师只是在结题阶段才奉命参与到课题中来，贡献自己的经验总结。这样的活动，怎么能说是在进行研究呢？

其五，教师研究是自我批判的。在哲学上，批判与另外两种研究范式相对立，分别是实证的范式和解释的范式。"哲学家们只是用不同的方式解释世界，而问题在于改变世界（马克思，1960）。"在批判范式看来，研究的任务不是更充分地解释世界，而是意图改变世界（Carr & Kemmis, 1986, p.155）。教育研究的旨趣也可以做这样的区分。这样，自我批判的教育研究，就不仅仅是想要去描述或解释教育过程，而是要去改变教育的过程。从事描述或解释的教育研究时，研究者被要求站在教育情境之外。而自我批判的教育研究，本身是增进对研究者所处情境的理解的过程。这时候的研究者不是站在教育情境之外，而是指向对情境的转化。在心理学上，自我批判意味着一种更加开放的心理；与此相对立的就是一种不加反思的生活态度，是一种不断自我肯定、自我防卫的封闭心理（Rokeach, 1960, pp.55-60）。据此理解，教师研究首先要求一种开放的心理，愿意接纳外部证据，承认自己的观念有需要改变的可能，认可自己的判断可能有缺陷甚至错误。对于自我批判的哲学和心理学的理解，在我看来是相互联系在一起的，共同之处就是都强调改变。作为一种自我批判的活动，教师研究实际上是以改变作为暗含的目的。

基于上述理解，就排除了一系列教师正在从事的活动，认为它们不适合被称之为教师研究。例如，对于已有方案的不折不扣的执行，就不可以称之为研究。中小学校有的时候会受邀请，参与某种新教育技术手段的应用。在这样的课题中，教师接受培训，随后在自己的班级中应用新技术手段。教师从事的这种活动，就不是教师研究。又譬如，有的学校先确立一项教育理念，随后在管理、教学各个层面应用该理念。在整个课题的进行过程中，理念本身不接受反省。众人努力的方向是操作层面的。这样的课题活动，也不是教师研究。之所要排除这些活动，就因为在其中一切都是预定的。整个活动过程缺乏改变的愿景和力量。

搞清楚上述五个指标，我们就初步了解了什么是教师研究。更重要的是，根据这五个指标，我们得知什么不可以被称为教师研究。概括来说，不是研究的活动，不可以称为教师研究。不是实践者主导的研究，不能称为教师研究。没有系统性、不是有意识的、不包含自我批判的活动，也不是教师研究。更细致一点的概括是：那些只产出假话、套话、空话的活动，都不是研究。这样的课题活动成果，可能说得没错，但又说得没有意义，甚至只是对已有知识的摘抄。把教师作为资料提供者而不是研究者的课题活动，也不是教师研究。在此类活动中，教师以参与之名进入课题组，而实际上完全不能发挥自己的主动性。实际中，来自学校外部的课题，往往都可以归入这一类。

基于上述理解，我们不但排除了一些不合格的教师研究活动，更重要的是我们知道教师正在从事的一项活动如何改造，就可以转变为教师研究。譬如，上面提到的那位数学教师的灵感，就是一个有价值的线索。沿着这个灵感继续下去，可以将数学教学中的大声思维问题，扩展到更多内容主题、更多学段上去；在工作方式上，可以吸引更多同行教师乃至校外力量的协助，等等。这样，一个灵感，就有转变为一项教师研究的可能。从这个例子来看，在发现灵感以后如果停滞不前是一件十分可惜的事，浪费了许多有价值的研究问题。现实中，许多优秀教师乃至优秀学校管理者，都可以在工作中经常出现"灵机一动"的高峰体验。这些灵感往往都是很有实际效果的"金点子"。但是，仅限于此，还处在经验型教师的水平上。一名善于做教师研究的研究型教师，总是可以将这些灵感转变为研究专题。在这里，起作用的就是教师研究的"系统性"等标准。

二、教师研究的发展

中国早有教师研究的实践，譬如"校本教研"指的就是一类颇具特色的教师研究。但是，在国外的教师研究引入之前，中国本土的教师研究并没有得到系统地梳理，教师研究的概念还没有建立起来，更谈不上观念普及了。因此，谈论教师研究的发展，还是要回溯其在国外的发展历程。具体来说，主要可以观看三个国家的教师研究的发展情况。这三个国家的学者，从各自的角度出发，共同塑造了今天的教师研究面貌。这些不同的渊源也提示我们，在阅读下列对英国、澳大利亚和美国的教师研究的描述时，要区分这些学者的不同思路。譬如，英国和美国的教师研究，就有完全不同的起因。

（一）英国教师研究的发展

英国的教师研究，兴起于 20 世纪 60 年代[①]。一般认为，斯滕豪斯（Lawrence Stenhouse）为其提供了思想核心。正是他的课程理论，推动了英国的"教师作为研究者"运动。在他所运行的"人文课程项目"（Humanities Curriculum Project）中，有一条标语始终挂在墙上："没有教师发展，就没有课程发展"。在我看来，理解了这句话，就理解了"教师作为研究者"运动的思想基础。根据斯滕豪斯（Stenhouse, 1975, p.142）的"过程模式"理论，"课程"不是某种资料包，也不是范围、大纲，而是某种关乎教学实践的"特殊说明"。那么，为什么要有这些"特殊说明"呢？原来，"只有通过课程这种形式，诸多观念才能得到教师的检验。课程是一些只有在教室里才可以检验的假设程序。在我们能够区分它们是白日梦还是有确实的贡献之前，所有的教育观念都必须找到一种课程的形式。"（Stenhouse, 1980）这里的课程将教育观念转换为可以接受实践检验的假说。针对这样的课程，"每一个教室都是一间实

---

① 按照埃利奥特（Elliott , 1998, p.17）的介绍，20 世纪的英国前后经历过两轮课程改革：第一轮课程改革发生在 60 至 70 年代，第二轮课程改革以 1988 年《教育改革法案》（*Education reform act*）为标志。前一轮改革由教师推动，后一轮改革由政府推动。前一轮改革的标志是"教师作为研究者"运动、校本课程开发。后一轮改革的标志是"国家课程"的建立。

验室，每一位教师都是科学社群的一员"。这时的课程，不单是促进教学的手段，而且表达了那些能改进教师的观念（Stenhouse, 1980）。斯滕豪斯的课程理论提醒我们一个容易忽略的常识：儿童教育品质的高下，凭靠的是教他们的那些教师的品质（Elliot, 1998, p.23）。基于这样一种对课程的独特理解，课程发展与教师专业发展在斯滕豪斯那里，实际上是同一的活动。这正是上述标语的涵义。斯滕豪斯对教师工作的这个定位，即所谓的"拓展的专业主义"。这个概念进一步道出了斯滕豪斯的课程理论与教师研究的关联。这种拓展的专业主义，即："信奉系统地质疑自己的教学以作为发展的基础；承担研究自己的教学义务并具备从事这项工作的技能；通过运用这些技能，在实践中质疑和验证理论。"（Stenhouse, 1975, p.144）我们看到，教师作为研究者的角色，也同时在"拓展的专业主义"的这一定义中得到了说明。

在斯滕豪斯的周围，聚集了一批研究者，包括：埃利奥特（John Elliott）、凯米斯（Stephen Kemmis）、汉密尔顿（David Hamilton）、麦克唐纳德（Barry MacDonald）、鲁达克（Jean Rudduck）、索科特（Hugh Sockett）、斯戴克（Robert Stake）、瓦克（Rob Walker）（McNiff & Whitehead, 2002, p.44）。他们对教师研究、行动研究都做出了自己的贡献，并影响了后继的研究者。以埃利奥特为例，他从 1991 年开始成为"教育应用研究中心"（Centre for Applied Research in Education）的项目官员。埃利奥特的工作，继续了斯滕豪斯的传统，即将基于目标的课程发展，转换为教师的研究过程。他的"自我监控的教师"（Elliot, 1978）概念，就是导源于斯滕豪斯的"教师作为研究者"以及"拓展的专业主义"的概念。

可以说，英国的"教师作为研究者"运动始终都与斯滕豪斯的贡献分不开。斯滕豪斯在这一问题上的重要理论贡献，就在于一种对课程和教师角色的全新理解。"教师应该这样接受教育，使他们能够发展自己的教的艺术，而不是掌握某种艺术。因为，当我们说掌握的时候，就意味着缺乏渴望。教不是静态的完成某件事，而是像所有那些令人极其渴望的事一样，是应对不可能完成的任务的一种策略。"（Stenhouse, 1983, p.189）简言之，教师总是有研究自己工作的责任。

（二）澳大利亚教师研究的发展

澳大利亚的教师研究，主要贡献者是凯米斯（Stephen Kemmis）。他的贡献在于，沿着斯滕豪斯的方向，进一步强调教育实践的社会性及政治性的本质。在与卡尔（Wilfred Carr）合作的《学会批判》（*Becoming critical: Education, knowledge, and action research*）（1986）一书中，凯米斯援引了哈贝马斯（Habermas, 1971）对"知识的内在兴趣"的分类，分别是"技术的兴趣"、"实践的兴趣"以及"解放的兴趣"。卡尔和凯米斯（Carr & Kemmis, 1986, p.136）应用这一概念工具来界定批判式教师研究，以此来判断"教师通过研究介入自身实践"的水平。他们认为，传统的实证和解释的研究范式无法调和教育理论与实践的关系，实际上这类研究总是基于一种"理论－实践"、"研究－应用"的二分法。教育科学应发展教育实践的理论。这种理论根植于具体的教育经验和实践者所处的情境，通过"解放性的行动研究"来完成任务。借此，教师将可以更真实地理解教育实践的社会、政治结构。解放的兴趣，被认为是教师研究的最基本原理。因此，他们也鼓励教师批判性地质询自己对实践的理解，以便发展这种实践、获得新的理解以及为民主而努力。这些观念，可以在其行动研究的定义中得到反映："行动研究不过是由实践者在社会情境中进行的一种自我反思性的探究，以增进自己在三个方面的理性和正义的程度，包括：他们自身的社会实践或教育实践；他们对这些实践的理解；这些实践所发生的那些背景。"（Carr & Kemmis, 1986, p.162）

麦克塔格特（Robin McTaggart）是凯米斯的同事并且有过合作出版。与凯米斯一样，他也强调教师研究在促进解放上的可能性，强调课堂为本的研究的解放功能，以及作为更大范围的民主化学校教育的实现手段。麦克塔格特强烈批评了那些更加温和的教师研究，认为这些行动研究会失去其批判的潜能。麦克塔格特（McTaggart, 1997a）为"参与式行动研究"提供了一个清晰的概念架构，认为这个术语能够将"行动研究"与那些"将教师作为研究对象的研究"区分开来。他认为，真正的"参与"不同于简单的"被包含"（McTaggart, 1997b）。实际中，教师经常"被包含"在研究之中，但很少能"参与"研究。大多数此种"被包含"的状态，实际上是一种"被操纵"而已。真正的"参与"，意味着一种所有权，即对于知识生产、实践改进真正负责①。

总之，澳大利亚的教师研究运动，主要趋势是将教师参与研究作为一种促成社会改变的行动。"尽管有所不同，但是在这些作品中的教育研究远景，都包含了一种批判的、民主的社会理论，明确地拒斥行业专家的权威：过往，这些专家的任务主要是在科学研究背景下去生产和累积知识，供给实践背景中的其他人使用。"（Cochran-Smith & Lytle, 1999）简言之，教师做研究是朝向民主教育、民主社会的一种努力。

（三）美国教师研究的发展

在美国，教师研究兴起于 20 世纪 80 年代后期。科克伦-史密斯（Marilyn Cochran-Smith）以及莱特尔（Susan Lytle）在 1999 年总结过

---

① 麦克塔格特（McTaggart, 1997b, pp.39-40）区分了五种不同于"参与式行动研究（PAR）"的活动。这个区分，可以帮助我们排除一大批"假"教师研究：其一、参与式行动研究不是社会实践者在考虑自身工作时，通常所做的那些事。参与式行动研究在收集证据、制定变革计划时更加系统、更加强调合作。其二、参与式行动研究不仅仅是问题解决，还包含问题的探查。其三、参与式行动研究不是针对他人展开的研究，而是参与者对自身工作的研究，帮助提升自己的工作。其四、参与式行动研究不是一种服务于政策执行的"方法"或"技术"，它不接受来自群体之外的人员提供的那些真相，也不接受把群体视为对象的那些研究者的工作。其五、参与式行动研究不是一种在社会工作中等待应用的"科学方法"。

美国的教师研究运动，认为有四大元素共同推动了美国的教师研究运动（Cochran-Smith & Lytle, 1999）[①]。上述英国、澳大利亚的一些工作也在这场运动中起到了至关重要的作用：其一，在研究、教学和评价方面的范式转换，开始强调教师能知、能想。其二，将研究视为一种社会行动和社会变革。其三，一批学校教师和大学研究者之间密切联系，他们共同信奉进步教育理念，认可教育者的社会责任，尝试建构新方式来观察与理解学生作业。其四，将教师研究与传统的大学学术研究相并列，挑战传统研究在提供教学知识基础上的霸权地位。基于这个描述，可见美国教师研究的发展有多种思想来源。其中，包含了上述英国和澳大利亚学者的贡献（其二）。同时，也受到美国本土的教育思想传统的影响（其三）。剩下的两个方面也密切联系。这两个方面（其一、其四）的共同核心，都是关于教师研究是什么的独特界定。

在著名的《夺回课堂：教师研究作为一种变革的力量》（*Reclaiming the classroom: Teacher research as an agency for change*）（1987）一书中，巴索夫（Berthoff, 1987）高度肯定了教师之于教育研究的重要性。在这篇 1979 年的演讲中，她说道："除非由我们（注：这里是指前线教师）来界定问题，否则教育研究对我们来说就什么都不是；如果寻找答案的过程不是辩证的、对话式的，也就是说，如果问题和答案不是由那些在教室工作的教师们不断重塑的，教育研究就是盲目的。"这段话，可以看出美国教师研究者运动的特点，即高度肯定教师研究之于大学教育研究的独立性。"这种新的研究（REsearch）并不意味着寻找新数据，而是重新思考手头上已有的。……我们不需要新信息，我们需要思考已有的信息。"显而易见，这种教师研究与大学教育研究者的研究工作相区

---

① 尽管不在其列，但是我仍然认为管理学领域的舍恩 (Donald Schön) 的工作、课程研究领域的施瓦布（Joseph J. Schwab）的工作，也对美国的教师研究运动有实际的思想贡献。它们是探讨教师工作性质、教师角色时不能绕开的里程碑式的作品。

别，重点是教师对于自己工作的不断重新思考。

科克伦－史密斯的主要工作领域是教师教育，她对于美国教师研究运动的贡献正是继承了上述其一、其四两个方面。她（Cochran-Smith, 2006, pp.11-13）曾追溯 20 世纪后半叶推动教师教育发展的主要问题，包括：特征问题、效率问题、知识问题、产出问题。其中，特征问题所对应的时间是 20 世纪 50 年代早期到 60 年代，所问的是"好教师的特征和品质是什么样的？"。效率问题所对应的时间是从 60 年代晚期到 80 年代中期，所问的是"高效率教师应用什么教学策略和过程？借助何种教师教育过程，可以确保未来的教师学会这些策略？"。知识问题所对应的时间是 80 年代早期到 90 年代末，追问"教师应该知道什么？能做什么？教师教育的知识基础是什么？"。进入 21 世纪以后，教师教育的争论围绕着教师教育的产出问题进行，追问"我们如何得知教师已经知道了他们应该知道的、会做他们应该做的？"。其中，与美国的教师研究运动平行的是"知识问题"这个阶段。正是在这个阶段，教学专业的知识基础成为焦点，进而推动了实践知识与学术知识的分野与并列。一种教师学习的"新形象"、教师教育的"新模式"、教师专业发展的"新范式"出现了（Cochran-Smith & Demers, 2008, p.1011）。教师研究成为一种获得教学知识基础的新的认识方式（Cochran-Smith & Lytle, 1993, pp. 41-62）。

上述三个不同起源，都使用了"教师研究"、"教师作为研究者"这样的概念。但是，他们做出这种号召的理由各不相同。其中，英国的斯滕豪斯、埃利奥特等人是基于对课程的全新理解，来拓展教师的角色内涵。澳大利亚的凯米斯和麦克塔格特等人是基于一种对民主化教育实践的愿景，来重新定义教师角色。而美国的教师研究运动，则是基于对教师专业实践及其知识基础的重新认识，来更新教师的角色。可以说，这三个国家的教师研究运动，各自有不同的理论依据，但都完成了对教师角色的重新界定。这样，关于"教师为什么要做研究"的问题，就可以得到相应的不同回答。简单来说，只要我们认可上述三国研究者关于教师角色的任何一种理论表达，教师做研究就应该是教师工作的题中之义。这样看来，追溯教师研究在国外的发展概况，也就呈现了一种由历史传统所界定的教师研究的应然面貌。可以说，在教师研究的这些最初的发源地，教师做研究是基于对教师角色的一种更充分、更有社会责任感的理解。教师研究在应然状态下，并不会遭遇教师的抵触，反而是致力于提高前线教师在教育专业上的地位。

三、教师研究的两难

前文我将教师研究的两难，描述为教师研究的实际地位与教师观感之间的矛盾。这种两难表现为教师被要求从事一项重要但无聊甚至令人反感的事情。进一步，通过对"教师研究是什么"的分析以及教师研究发展历程的梳理，我发现所谓的两难问题实际上并不存在，真正有的是一种对教师研究的认识错位。换句话说，让我们感到难受的不是真正的教师研究。恰恰是一些伪装为教师研究的活动，甚至是一些根本不具备研究性的活动，占用了教师的时间，给教师带来消极的科研体验。这种消极的科研体验，连带着让教师对一切科研活动抱有怀疑的态度。

但是，现实的状况是，教师研究的这种表象上的两难并不鲜见。除了中国大陆在课改以后出现的这些教师研究的两难，在教师研究的最初发源地也照样存在。这种两难表现，可以借助三组相互抵触的引文来进一步描述：第一段引文是："成熟教师的重要特征之一，是有能力对自己的课堂实践进行批判性反思并能与他人沟通反思成果。"（Erickson, 1986, p.157）这段引文转换为更日常的语言来说，可以表述为"教师研究很重要"。一个教师是否发展成熟，就看她/他会不会做研究。一位成熟的教师，不单可以很自如地处理自己的工作，而且可以将自己的经验表达出来，变成一种可以接受公共讨论的知识。这时候，教师由一位经验型教师，转变成为一位研究型教师、专家型教师。能否做研究，成为两类教师水平高下的分水岭。要知道，有一些教育经验，可以作为个人的独特经验，长期执行下去。但是，一旦表达出来，转变为公共知识，就要接受更广泛人群的更多元视角的检验了。在极端情况下，一个有效的经验，甚至并不被接受为合格的知识。例如，2001年4月3日《中国青年报》以"读书是为了挣大钱娶美女"为题，报道了湖南株洲的一位高中语文教师尹建庭。这就是将一位普通中学语文教师的个人经验进行公共化的例子。这个公共化的过程给当事人带来了厄运。尹老师在自己的课堂上，设法鼓动学生的学习积极性。他的解说是从个人收益的立场来看待学习的目的，这个做法本无可厚非。但是，这种解说，目前还不宜被转化为公共话题。虽然这个例子十分极端，但是也在一定程度上说明教师研究绝不仅仅是对经验的梳理，还包含了对经验的自我批判。教师研究对于教师成长的重要性，通过上述这段引文表露无遗。

第二段引文是："教师研究所要求的那些工作正是教师生活的一部分，例如：轶事记录、学生作业抽查、绘图和照相、音视频记录、访谈、对话、调查和教师日志等。"（Rust, 2009）这段引文转换为更为日常的表达，可以说是"教师研究很平常"。教师研究并不要求教师做什么特殊的工作，要求教师从事的都是教师日常工作的一部分。例如，一位教师可以通过不同的方式了解自己的学生：跟过往的班主任聊天、阅读学生的学习记录、抽选班委或者学生代表搞座谈，甚至日常教学中的留心观察，乃至偶尔站在教室窗外的窥探等。在这些活动中，教师心目中留下了对不同学生的印象，有的还会诉诸笔端成为教师日记、博客、微信的一部分，成为与别的教师进行日常谈话的素材。按照卢斯特（Rust, 2009）的看法，这些日常工作，也就是教师在进行研究活动时要做的事。研究并不稀奇。并不是一开始做研究，就得去学习一些繁难的技术。卢斯特的这种对教师研究的看法，与我对教师研究的判断是一致的。在本书中，我一直强调一个观点，如果有教师不热爱研究，很可能最重要的原因，不是这些教师缺乏研究的知识和技能。当然，根据本章第一节对于教师研究的界定，为了做好研究，教师日常工作的这些内容还是要经过系统的、有意识的努力。到这里为止，关于教师的这两段引文，已经出现了一些有冲突的地方。我们也许会说："原来，这么重要的教师研究，并不要求做太多额外的事情呀！"

第三段引文进一步加剧了有关教师研究的观念冲突："教师往往把'教学'与'做研究'视为两难。"（Reis-Jorge, 2007）在本章一开始，我已经针对中国的教师研究现状，谈论过这个话题。教师研究在教师那里并不"讨喜"，看来这绝不仅仅是中国特色。可是，这是一个多么奇怪的现象啊！从教师研究的发展历程已经很清晰地显现出来，教师研究的最初起源，恰恰是要为教师的工作、教师专业本身提供一种更加合理的说明。根据最初倡导者的设想，教师做研究应该是教师角色的更充分地表现，而不应该是妨碍甚至伤害教师的一种制度安排。但是，在和学校一起合作开展研究的最初阶段，我不止一次听到过这样的说法："我们最近太忙，能否安排到另一个组去？"有不少学校在接待研究者的观课时，实在安排不了，就安排刚上岗的教师出来。美其名曰，给年轻人更多锻炼机会。一般来说，当教师说自己没有时间参与研究活动的时候，往往表达的是一种对研究的怀疑态度。这时候的"没有时间"，已经不再是物理时间、心理时间上的匮乏，而变成一种富含政治意味的委婉表态了。总之，这第三段引文所表达的观念，与前面两段引文是如此冲突。把它们放在一起，教师研究的形象就变得更加莫衷一是了。简言之，就是：教师研究很重要，教师研究很平常，教师很不喜欢搞研究。这是对本章一开始就提到的教师研究两难的更充分的表述。

有一篇短文，记录了台湾某校在推进行动研究的过程中出现的怪现状（陈伯璋，2001，p.175）。这篇短文用更有趣味的表述，描述了教师研究两难的实际表现。短文是这样写的："一些事没人做，一些人没事做。没事的人盯着做事的人，议论做事的人做的事，做不好事。一些没事的人总是没事做，一些做事的总有做不完的事。一些没事做的人，滋事、闹事，使做事的人不得不做更多的事。结果，好事变坏事，小事变大事，简单的事变复杂的事。"这篇短文谈论的话题是行动研究，描述了在这个问题上同一间学校的不同教师之间难以取得共识的状况。同时，这篇短文也记录了一种对于研究活动（"做事"）的抵触态度。这里的"事"被附带了另外的意蕴，譬如积极"做事"被认为是在领导面前"追求进步"等等。这些微观政治的考虑，败坏了"做事"本身的品质。在我看来，对于求知的兴趣，原本要优先于知识的政治维度。结果，因为对于知识的权力维度的过度张扬，求知者最纯粹的求知热情也被迫得收敛了。在这样的条件下，即使有教师对研究有热情，也要时刻准备着迎接误解甚至排挤，更不要说得到同事的积极响应了。而那些正在从事研究的教师，也未见的是在做真正的研究。积极配合、参与研究，有时候也俨然变成了一种表示投诚的办法。

前面两节在介绍"教师研究是什么"、"教师研究的发展"时，我一直在贯彻这样的看法：化解教师研究两难的一条出路，是用真正的研究取代虚假的研究；用教师自己的研究，取代要求教师配合的研究；用卓有成效的研究，取代徒有其表的研究。届时，类似台湾某校的那种"有事做"，就不再代表了某些人的某种特权，而是教师队伍中每个人都认可的"正事"，是每个人的工作内容。做研究成为教师"搞业务"的一部分。把教师日常工作经过合理组合而构成教师研究，这变成了成熟教师的标签。这样看来，倡导教师研究，一方面应该倡导真正的教师研究。另一方面，还应该认真打假，时刻提防各种虚假研究来拆台。

总括来说，在前面的部分，我描述了教师研究是什么，同时也就描述了教师研究不是什么；我主张用真正的教师研究，来克服虚假的教师研究带给人们的恶感。但是，到此为止对教师研究的描述仍然显得笼统，不是分化的。为了进一步了解真正的教师研究，规避虚假的教师研究，还应该带有一种类型意识。在选择自己要做什么教师研究，以及判断已有研究活动的品质时，装备好对教师研究进行分类的概念工具。这套工具能够帮助我们选择研究主题，也可以帮助我们把一些有价值的实务问题转换为教师研究的对象。这正是下一章的任务。

第 2 章　反思与教师研究

格琳（Greene, 1978, pp.53-73）在《不同的学习远景》（*Landscapes of learning*）一书中，使用了两个概念，很适合用来表达教师研究与反思的关系。第一个概念是"神秘化"。格琳认为，在现代社会，人们尽管怀有各种怀疑态度，但还是确信现有的各种社会安排是"自然的"。这些安排被认为能够满足人的需要，即使其中的缺陷也被如此看待。学校与传媒一道，不断强化着大众的这种信念。这些社会安排背后的目标和主体被掩藏起来。于是，人们不再意识到，这些安排本身也只是一种解释。这就是"神秘化"的过程。格琳使用的第二个概念是"觉醒"。格琳用这个概念是表示，通过个人有意识的努力、保持"觉醒"、考虑自己的现实条件、探究宰制自己的那些力量、解释自己的日常经验，人们就可以在很大程度上克服在上述"神秘化"的安排面前感受到的无力感。

具体到教育场景中，学校课程是最典型的神秘化产物。教师常常无法理解那种自上而下的课程发展背后的目标是什么，谁在倡导这些目标。确切的说，更多的教师不关心目标，而只关心内容的实施。毕竟，在教师开始教之前，课程就已经被制定出来了。在许多情况下，教师是被给予一个被设计好的课程产品，教师的职责似乎只是课程实施的执行者。在教师看来，课程是"理所当然"的。这种"理所当然"，正是一种典型的"神秘化"。

在导言中，我将教师的这种角色比喻为教育流水线上的产业工人。这种教师处在一组十分庞大的生产链条之中。对于整体和当下的工作，教师个人是无力改变的：不管喜欢不喜欢，总得教下去。并且，这时候的教育对象，也似乎变成了一群丧失主动进食能力的病患。教师的作用不过是"管道"。教学就是要把那些经过充分咀嚼、初步分解的流质食物，输送给作为病患的学生而已。显然，这种有关学校课程的"理所当然"的认识是有害的。并且，我确信在教育的更广泛议题上的那些"神秘化"，也同样有害处。例如，高中学校为什么应该搞文理分科？为什么应届生的高考和升学在时间上是毗邻的？甚至，为什么要向普通人传授微积分？为什么不要求教师讲授自己的世界观、人生观，而要求教师讲教科书上的？在我看来，只有当教师对诸如此类的问题都保持"觉醒"了，课堂才真正属于教师。那时候的教师，也才是真正作为一个主动的教育力量存在，而不仅仅是教育过程的一个旁观者。

　　"研究"让教师对这些"理所当然"的"神秘化"的制度化设计保持"觉醒"。格琳的这两个概念，可以很简洁地说明教师研究在这方面的目标。正是基于这种理解，我将"反思"与教师研究的定义元素之一——"自我批判"精神建立了联系。基于此，我们就可以从反思的类型与水平的角度，对教师研究进行分类，以此来完成上一章留下来的任务。

一、反思是什么

　　在教育领域，尽管早在杜威的《我们怎样思维》（*How we think*）（1910/1933）、《民主主义与教育》（*Democracy and education*）（1916）中就强调过反思。但是，真正引起大规模讨论的，还是1983年出版的舍恩的《反思性实践者》（*The reflective practitioner*）。在这本书出版之后，教育研究领域出现了涉及教师反思的专号，例如：《教师教育杂志》（*Journal of Teacher Education*）（1989/2）、《理论与实践》（*Theory into*

Practice）（1990/3）等；乃至专门的期刊，例如：《教育中的行动研究》（*Educational Action reserach*）（1993- ）、《教师做研究：一本课堂研究杂志》（*Teacher Research: A Journal of Classroom Inquriy*）（1993- ）等。另外，除了"反思性实践者"以外，许多相关术语也在这一时期被提出来，例如："实践者为本的研究（practitioner-based enquiry）"、"反思性教学（reflective teaching）"、"行动研究（action research）"、"探究取向的教师教育（inquiry-oriented teacher education）"、"教师作为决策者（teacher as decision maker）"、"教师作为问题解决者（teacher as problem solver）"。本书的核心概念之一——"教师研究"，也是应运而生的概念之一。但是，我们不能忘记，舍恩以及他的合作者阿基里斯（Chris Argyris）都是管理学教授。他们的作品，主要不是针对教育问题，更不是专门讨论教师工作。他们的学科背景，为我们提供了一个线索，可以在了解什么是反思之前，先行了解"不反思"是什么样的。在这个问题上，管理学理论的发展线索很清晰。

（一）不反思的行动者

1911 年出版的《科学管理原理》（*The principles of scientific management*）一书中，科学管理理论的创始人泰罗（Frederick W. Taylor）在第一句话中，就道出了自己的整个管理原理的核心："管理的主要目的应该是使雇主实现最大限度的富裕，也联系着使每个雇员实现最大限度的富裕。"换句话说，他的管理原理，是基于劳资双方利益的一致而非利益冲突，这是劳资双方共同经历的"思想革命"。（泰罗，1984，p.238）根据这个观点，要想实现生产效率的提升，应研究和执行劳动的科学，使得劳资双方的利益可以共赢。劳资双方在做任务分配时，工人的角色是被研究者和执行者，资方承担了科学研究的责任。正是资方通过工时研究、动作研究等，发现具体某项劳动的科学，并借助教育和培训来应用，告诉工人应当如何劳动。这是一种新的资方哲学："老的资方哲学是把全部责任搁在工人身上，而新的哲学则是把工作中的一大部分责任搁到了资方身上。"（泰罗，1984，p.186）资方的这些责任可以概括为"研究、教育和培训"。

在这本书中，泰罗以钢铁厂的生铁搬运工人为例，来说明科学管理的应用。在一场模拟的对话中，资方对工人说："你心里和我一样明白，明天起，你就要完全照这个人的吩咐，从早到晚地去干活。当他叫你拣起一块生铁并且走动时，你就拣起来走你的，当他叫你坐下休息时，你就坐下。你一天就这么干。还有，不许你回嘴。一个很值钱的人就是，让他怎么干，他就怎么干，不回嘴。"（泰罗，1984，p.175）这段话里的工人完全被当作执行者。不假思索地严格执行规定动作，被认为是一种美德。尽管泰罗已经注意到人们对科学管理原理中工人的消极角色感到不满[①]，但是这种对工人角色的界定仍然是后起的管理理论的批评焦点。这种工人形象正是一种典型的"不反思的行动者"形象。在这种生产活动中，研究与行动是严格区分开来的。

（二）反思的实践者

泰罗的管理方式，暗含了一种对于专业工作的理解，即专业工作的知识基础，可以高度专门化；这些专门知识有助于解答专业问题。舍恩将这种认识方式称为技术理性。此种技术理性视角下的专业知识具备四个特性：专门化、界限清晰、科学化以及标准化（Schön, 1983, p.23）。

[①] 一种批评意见认为，科学管理理论期望的理想工人，似乎像机械一样呆板。对于这种意见，泰罗的回应是，正是这种对科学的一丝不苟的执行，才保证工人有进一步创造的可能。他说："所有这些教育不会使他的眼界狭窄，正相反，他很快就掌握了他前辈们的最优越的知识，并接受了标准的工具和办法——这些都代表了当今世界的最优越的知识。之后，他就能运用自己的独创和机智给世界知识宝库增添新的财产，而不是去重复构造一些陈旧的东西。"（泰罗，1984，p.216）

具备此种特性的知识，构成了专业工作的知识基础。技术理性的观点认为，在专业工作内部的这种研究与行动的分工，保证了专业工作的效率。

与此理解不同，舍恩认为专业工作领域的上述二分法是不妥当的。这种专业分工以及相应的专家与常人的区分，很可能会带来灾难。"专业正在经历自信心和合法性的危机"。（Schön, 1983, p.11）舍恩系统地批评了基于技术理性的专业化社会的难题，总括来说：专业可能是低效的，甚至会带来新的问题。究其原因，就在于专业知识与实践情境不匹配。与技术理性的追求不同，实践情境的复杂性、不确定性、独特性和价值冲突，越来越被确认为是专业实践领域的核心。对于这类专业工作来说，具备上述四大特性（专门化、界限清晰、科学化以及标准化）的技术理性视野下的专业知识，是无能为力的。因为，技术理性的知识，更多指向解决问题，而不能帮助实践者在纷繁复杂的情境中设定问题。

舍恩将他的这种对于实践的看法，定义为新的实践认识论：行动中的反思。舍恩对这种反思的实践者的经验是这样描述的："……实践者允许自己去经验那些由不确定的、独特的情境带来的新奇、困扰和迷惑。他反思面前的现象，也反思自己行动中先有的理解。他尝试着找到新的理解，改变已有的情境。当一个人在进行行动中的反思的时候，他就变成了那个实践情境的研究者。他不再依靠既定的理论和技术，而是针对当前的独特个案建构新理论。……他不是将手段与目标分离，而是作为对问题情境的界定，用彼此关联的方式来界定它们。他不再将思考与行动区分开，而是自己完成要指导行动的那些决策。因为他的试验是一种行动，所以实施是内含在探究当中的。因此，行动中的反思可以在不确定或独特的情境中进行，因为它不受技术理性的二分法的左右。"（Schön, 1983, pp.68-69）现实中，一些富有才能的工程师、教师和建筑师、管理者，总是在他们的日常实践中表现出某种艺术性来。这里面就体现了对实践活动的上述复杂特性的认识以及行动中的反思。

二、教师反思的目的

认为教师研究是一种对"神秘化"教育安排的"觉醒"过程，这告诉我们教师研究具备反思属性。从上文对"反思"与"不反思"的描述、对比来看，作为研究者的教师，显然应该是一个"反思的实践者"形象，而不应该是生铁搬运工那样的"不反思的行动者"。按照芬德勒（Fendler, 2003）的看法，反思的思想源头至少包括以下三个方面。这些源头性的思想，并不是专论教师的。但是，它们能够回答"为什么做反思"这样的问题，可以更具体地刻画"反思的实践者"的形象。一个教师研究者，同时是一个"反思的实践者"。因此，教师在设计自己的研究之前，首先应该回答"为什么做反思"的问题。这也就从反思目的的角度，对教师反思做出了分类。

（一）笛卡尔的怀疑概念

笛卡尔在《方法论》中写到："如果我把一切可疑的东西都除去，则仍有能怀疑的这个自我存在。我所认为不确定的东西纵然都不存在，而我的'不信任'仍然存在。我纵然不是我所想象为我的那种东西，而我的想象仍然存在。我所肯定或否定的东西纵然都是假的，而我之肯定和否定仍然是真的。……因此，我的不变的本质就在于思想，我的思想就是我的存在。"（笛卡尔，1935, p.7）在《哲学原理》中，他认为要追求真理，就必须尽可能地把所有事物都怀疑一次。人的自由意志，使人可以通过不同意而避免错误。但是，在怀疑时要区分感官经验和心灵内部的知识。类似"我思故我在"这样的观念，是与生俱来的。在怀疑时，不能怀疑自己的存在，这将是我们得到的第一种知识（笛卡尔，1958,

pp.1-2）。"人心虽然还在怀疑别的一切事物，可是它在张目四望，以求扩展其知识时，它就在自身中首先发现了许多事物的观念。"（笛卡尔，1958，p.5）这样，除了来自心灵内部的知识以外，整个世界包括我们的身体、我们日常生活中熟悉的一切，在笛卡尔的眼里都是可怀疑的。

笛卡尔的上述思想被概括为"我思故我在"。有人将这个命题转述为"我疑故我在"，就是说不论怀疑的过程是否犯错，人们都无法怀疑"我在怀疑"这件事。这样，我的意识也就是不可怀疑的了（Bengtsson，2003）。对笛卡尔主义者来说，所有的怀疑都是可欲的，因为它们可以帮助我们确信哪些知识是可靠的，同时也就是帮助我们识别出心灵内部的知识。怀疑的意义就在于此。"怀疑"概念，在现代哲学中扮演了重要的角色。从认识论的用途来看，"怀疑"被用来作为知识的基础；从本体论应用来看，"怀疑"促成了意识与物质、精神与肉体在观点上的分离。问题是，笛卡尔所要求的自我意识是纯粹的、绝对的、普遍的。纯粹，是说不受现实世界影响；绝对，就是不相对；普遍，是说对每个人都平等。这些前提要求，都与教师有不同之处。但是，基于笛卡尔的理论，"怀疑"的确是甄别心灵内部知识的科学方法。"怀疑"是内求诸己、认清自己的一种方法。

（二）杜威的反省思维

杜威在《我们怎样思维》一书中探讨了反省思维的问题。该书发表于1910年，1933年发行修订版，其副标题就是"再论反省思维与教学的关系"。在修订版中杜威认为，思维往往是源于困惑、迷乱与怀疑。凭借以往的经验和知识储备，人在困难面前可以得到暗示。但这时的思维未必就是反省的，因为人们可能没有对所得观念进行充分的批判。结果，因为心智的怠惰、麻痹，对证据不加衡量，未加批判就妄下结论（杜威，1991，pp.11-12）。杜威从促进社会改良的角度出发，提出要改造这些不完善的思维，要培养人的理性思考习惯和自律意识。他所期许的这种习惯不是外界灌输的，而是经过了个体的反省得到的。这种反省思维同时还可以为人的信念提供保证。这意味着，某种被相信的命题一定是因为有明确的证据才被相信。这样看来，杜威的反省思维成了理性和科学战胜直觉与冲动的标志，反映了杜威对于科学方法的乐观判断。

杜威在另外一些地方，也讨论过人的思维方法的问题。从中可以看出，他的反省思维根本就是一种科学思维。这种思维可以划分清晰的步骤，例如区分为暗示、理智化、假设、推理以及用行动检验假设（杜威，1991，pp.88-94）。既然杜威的反省思维是科学方法的应用，显然就与笛卡尔主义的怀疑概念不同了。后者是个体自我意识的应用，而前者是用理性的选择替代嗜好和冲动。在我看来，杜威在知识问题上对自我意识恰恰采取了一种反对的态度，不相信反求诸己是求知的好办法。有人说，认识论在现代已经终结了。我很信服这一判断。实用主义的知识学与笛卡尔以后的认识论是根本不同的。可惜的是，杜威的反省思维概念经常被误用来佐证主要是直觉起作用的那类教师反思。孰不知，杜威的反省思维概念是如此强调反思的基础。

（三）舍恩的实践反思

在《反思性实践者》一书中，舍恩（Schön，1983，p.18）讨论了一种专业知识领域的信任危机问题。专业人士常将专业危机归因于传统的实践模式或知识与实践情境的不匹配。实践情境被认为是复杂的、非确定的，并不唯一且蕴含价值冲突。也就是说，对专业分工的传统理解，正在面临危机。表现为，诸如建筑设计这样的专业知识，很难通过课堂教学传递给学生（Schön，1983，p.162）。原来，这些门类的专业知识通常是无法言说的。在实践中，真正起重要作用的专业知识并不见得是被清晰记录下来的那部分（Schön，1983，p.49）。结合这两点，我们就能理解舍恩为什么主张用"实践反思"来取代"技术理性"。在舍恩那里，实践反思继技术理性之后成为一种新的认识论假设。应用该假设的专业描述尤其适用于教学专业。这一方面赋予教学以专业特性，提升了教师工作的专业地位，另一方面也令舍恩的认识论假设赢得了教育界的青睐。

舍恩强调专业实践中的非确定性，认为这是实践反思中可欲求的部分。通过反思，将无法言说的知识表显化，并加以批判。转换到教学的专业问题上来，可以说舍恩实际上强调了教学的实验本质，而不重视那些明文的教学理论的应用。他对反思的理解，与实证主义的、科学本位的理解不同，被认为是艺术性的、实践本位的。可以说，舍恩的"实践反思"与杜威的"反省思维"的旨趣恰恰相反。在舍恩看来，专业品质的提升就在于拒绝工具性思考、改造科学理性。

上述三个方面，远未穷尽对教师反思可能有贡献的思想源头[①]。它们只是粗略说明了教师反思有不同的思想源头。这些思想源头对当前的教师反思概念的贡献各不相同甚至相互抵触，分别对应于技术性、实践性和批判性的教师反思。之所以选择这三个源头做介绍，乃是因为已有的关于教师反思的分类，的确和上述反思概念的思想源头之间，有比较清晰的对应关系。这也反映出，教师反思概念的确受到不同反思源头的影响。举例来说，考德海特（Calderhead, 1992）将教师反思分为三类，分别是：技术反思（对教学过程的思考，接受经验研究的检验）、慎思（反思实践中暗含的价值）、个人教学哲学（检验自己、他人的教育信念，发展一致、明确的教学观念）。柏格森（Bergtsson, 1995）关于教师反思的三分法包括：自我反思（人主动观照自己，甚至可以不借助外物，

---

① 在哲学研究中，反思一直扮演了十分重要的地位。除了笛卡尔的怀疑概念以外，康德、胡塞尔以及现代女性主义者，都对反思有自己的认识。这些也可以被认为是"反思"的思想源头，相应的教师反思也就包含了更丰富的目的设计。

通过精神来完成）、慎思（通过长期关注某客体，获得更深入的理解）、自我理解（通过自我反思发现自己，进而加深对自己的理解）。格里梅特和麦金龙（Grimmett & Mackinnon, 1990）也将教师反思区分为三类，分别是：行动的工具性调节（通过反思带来更深思熟虑的行为，包括研究发现和教育理论的实践应用）、对多种观点的慎思（对各种有关"好教学"的观点进行慎思）、经验重构（重构一些理所当然的假设，包括行动背景、教师身份、教学观念等）。在这些分类中，所谓的"技术反思"、"行动的工具性调节"，大致都可以对应于杜威的反思概念，强调的是行动的实证证据。"慎思"则明显地是一种实践选择，可以认为受到舍恩的理论影响较大。而诸如"个人教学哲学"、"自我理解"、"经验重构"，则对于个人教育哲学十分在意，强调个人在多种外部意见和压力的干预下不能迷失自己。这是与笛卡尔的怀疑概念有些关联的。

三、教师反思的对象

怎样算是"好教师"？对这个提问，教育研究界已经给出了许多不同的答案[①]。有的认为，好教师有一定的行为标准，有的认为好教师占有稳固的知识基础，有的认为好教师具备高尚的职业理想等等。尽管答案有所不同，但都是指向教师自身的某些特征。我们知道，教师反思的对象都是教师自身的某些方面。因此，教师反思的对象与好教师的那些

---

① 摩尔（Moore, 2004, pp.51-119）概述了关于"好教师"的三种主流话语，分别是：魅力型教师（在影视作品中）、高效率的工匠（在政府的政策语言中）以及反思型实践者（在教育研究者的语言中）。这三种形象，分别被不同人群所使用。例如，影视作品中的好教师形象，和官方的好教师形象就很不同。这样一种关于好教师的分析，是区分人群的，不同的人群被认为有不同的好教师话语。这种理论，固然是假定了一种在现实生活中不存在的、普遍被接受的对"好教师"的描述。但是，正如摩尔的分析结果显示的那样，在不同时代的确存在关于"好教师"的认识倾向。

特征可以视为同一组心理建构。但是，并不是所有的教师都能认识到这一点。譬如，有的教师认为反思的对象是课例中的一个片段，是与学生的交往细节，是对学生提问的反馈方式等等。这些都是对反思对象的误解。事实上，这些教学过程中的轶事记录，的确能成为教师反思的契机。但是，反思的真实对象，是这些轶事记录背后反映的教师的行为选择与认识。一些教师先进事迹报告会、优秀班主任报告，就受到这种错误认识的误导。结果，在汇报时，报告人只报告应对个别事件、极端事件、特殊学生的教育机智。虽然这些工作的确在一定程度上反映了教师的工作水平，但远远不能反映全貌。那些面向全体学生、一般事务、日常工作的教育处置尤其是背后的知识基础、信念基础，才更有价值。

带着这一认识，在教师反思一事上，我的一项基本判断是：有效教师反思的对象，同时也能成为刻画教师品质高下的关键指标。正是基于这个判断，教师反思才能获得促进教师发展的潜能，才值得我们去倡导它。可惜的是，虽然有不少关于优秀教师核心品质的描述，但是这些描述在可信性、可操作性以及有效性方面，都存在争议（Korthagen，2004）。这表现为关于"好教师"品质的不同描述间有一种逐代演替的关系。教师教育研究领域的主题转换，正源于此。我认为，尽管在这个学术研究领域存在传统研究主题与新兴研究主题的区分。但是，相继出现的主题，都是对教师发展的不同构想的记录，都刻画了"好教师"的某些特征，在这些主题上的探索都具备促进教师发展的潜力。基于此，我从教师教育研究史上遴选出三组基本的心理建构，以此来描述教师的核心品质。它们同时成为教师反思的备选对象。

（一）第一组心理建构：行动－能力

行动是指可以从外部观察到的教师的教育教学行为。在 20 世纪中叶，出现过一种"表现为本"的教师教育模式。这个模式将教师的行动与学生的学习成效相联系，建立起"过程－结果"的假设。根据这个假设，教师的行动是否合宜，应是各方的关注点。在反思过程中，如果教师重在追问自己的行动是否适宜，进而对行动进行再选择，那就是在进行以行动为对象的教师反思。

与前述"表现为本"的模式相关，同时期也出现过一种"能力为本"的模型。人们对于教师的能力，开列出包罗万象的清单——这个清单包含了各种知识、技能、态度，进而假设这些能力将预示着成功的教学行为。显然，能力成为这个范式下的关键词。在反思过程中，如果教师重在反思自身的能力储备，并且寻求新的能力需求，那就是在进行以能力为对象的教师反思。

（二）第二组心理建构：信念－知识

在20世纪80年代，在教师教育和教师发展的问题上，出现了"认知转向"。信念被认为是影响教师行为的关键因素：研究者相信，改变教师的信念可以深刻影响教师的行为表现；而对具体行动的干预，未必能触及核心。这时候的关注重点，已经由教师的选择，转向了教师的专业判断。在反思过程中，如果教师重在寻找自己的核心教育信念，那就是在做以信念为对象的教师反思。

与"能力为本"模型下的"知识"不同。在理论上，"知识"因其"真实性"标准而具备客观性；个人所谓的"知识"，实际上更适宜被称作"信念"。所以，强调以知识为对象的教师反思，重在寻找教学行为背后的一般知识基础，强调教师的个人信念与专业知识的连接。这种知识基础来自于一个庞大的知识生产社群，教师个人参与其中并进行选择。

（三）第三组心理建构：身份－使命

身份是教师对自身角色的认识，又叫"自我概念"、"同一性"，它回答的问题包括"我是谁？"、"我要成为什么样的人？"一些关键性的生活事件，往往会深刻地影响教师的身份认同。这是因为，此类事件促使教师思考那些不得不面对的重大问题，并最终获得一种身份上的认同感或危机感。因此，以身份为对象的教师反思，重在确立或选择一种教师身份。

使命可能有不同的来源，例如出于宗教情怀或者出于专业召唤。使命回答的问题例如"我的工作有意义吗？"或"是什么激励我坚守现在的选择？"。与其它层次的反思对象相比，使命是更加有超越性的心理建构。在这个层次上，个人将自己与更广大范围的人群连接起来，努力成为具备崇高诉求的某个群体的一分子。对使命的反思，重在寻找和倾听教师自身内外部的呼吁。

以行动—能力为对象的教师反思，其反思对象在很大程度上是外显的，要求教师服膺于某种可观测的外部标准；以信念－知识为对象的教师反思，其反思对象无法直接从外部观测到，但标准的来源仍然是在教师群体外部，只是同时要求教师反观自己的个人储备；以身份－使命为对象的教师反思，其反思对象具备社群属性，是对人群中某种职业理想的认可和崇拜。三组心理建构，在核心程度上存在显著差异。在教师教育研究的主题转换史上，这些心理建构的属性差异，已经被充分讨论过了。在这三组心理建构当中，各个对象都曾成为教师教育研究的关键词。它们基于不同的理论假设，被不同研究者认可为影响教师发展的关键变量。在本书中，这些不同的心理建构，成为教师反思的备选对象。因此，基于这些心理建构的属性差异，就可以区分出不同的反思水平来。其中，以"行动－能力"为对象的反思，处在最外围；以"身份－使命"为对象的反思，处在最核心的位置。在教师教育研究领域，除了上述三组心理建构，还有一些重要的心理建构未被纳入进来，例如教师情绪、教师自信等。它们实际上也可以作为反思的对象。并且，随着研究的深入，还可能有更多的心理建构加入到这个清单中来。但是，仅以上文应用的三组反思的对象，也已经可以得到关于教师反思对象的一些基本观点了：其一、反思的对象存在一些基本主题。其二、不同主题之间存在核心程度的差异。其三、反思主题的核心程度决定反思的水平。

四、教师研究的分类

从反思目的的角度来说，每一种反思目的都有自己的独特价值。同时，教师反思目的的差异，决定了每一种类型的教师反思，都天然地具有自己的局限性。每一种类型的教师反思，至多只能兑现自己所承诺的目的。也就是说，在反思的思想源头的多样性、类型的丰富性、局限与问题之间，保持密切关联。类似的，从反思对象的角度来说，既不是反思对象越可操作越好，也不是反思对象越内隐效果就越好。恰恰相反，因为与外围的行动层距离较远，要求教师径直反思自己的身份、使命往往十分困难。这样的反思容易与教师的实际工作脱节，而显得高拔、抽象、空洞。在实际生活中，那些整天谈论人生理想的家伙，也往往是让人不敢恭维的。所以说，基于反思对象区分的反思水平，只是就反思对象本身的内隐程度而言的，并没有对教师反思品质做高下的衡量。这样看来，每一种反思目的、反思对象，都有其独特价值，当然也就带有了自身的局限性。

本章一开始，我就用格琳（Greene, 1978, pp.53-73）的两个概念，把教师研究与反思精神挂起钩来。我们可以基于反思目的、反思对象的差异，对教师研究做出更具象的类型区分来。这样一个基于反思精神的教师研究分类矩阵，可以帮助教师选择研究主题，也可以帮助教师将一些实务工作中的问题，转换为教师研究的问题。

（一）教师研究的类型

在设计教育研究的时候，一般的做法是从研究问题的方法论、方法、资料类型等多个角度来进行思考，逐渐具体化，描述清楚研究的预期过程。譬如，首先要基于研究问题的需要，确认将要进行的研究是质性、量化还是混合方法的研究。又考虑到教师研究主要是质性研究，下一步的设计环节，就是要具体区分将要进行的教师研究是分属何种传统。例如，克莱斯维尔（Creswell, 1998, pp.47-68）将质性研究区分为五大传统，分别是：传记研究、现象学研究、扎根理论研究、民族志研究以及个案研究。在研究设计的这个环节，就是要确认将要完成的教师研究，分属于其中的哪一个类型。随后，研究设计者要进一步明确，针对预定的每一个研究问题，需要匹配何种研究资料、应用何种资料收集技术和工具。应该说，这种研究设计的方式，是大学教育研究者所熟悉和喜闻乐见的。尽管这种研究设计方式条分缕析、比较完备，但是与教师研究的实际状况并不相符。

实际上，我们经常看到，学校的教育研究设计，将一些不同范畴的概念，放在同一个水平上使用。譬如，在进行研究设计时，将"文献阅读"、"问卷调查"、"行动研究"和"个案研究"并列，都作为某项研究要应用的研究方法。这里犯的错误，是误解了这些概念本身的范畴。设计者没有意识到，这四个概念分属不同的层面，不可以并列。这种错误，就好象把"甜"与"热"并列一样。要知道，这两个概念描述的是事物的不同属性，完全无法比较。具体来说，"文献阅读"往往不属于研究方法。读文献是研究中的一项工作内容，不是研究方法。"问卷调查"是一项具体的资料收集技术，是否使用问卷调查，并不能决定一项研究的属性。"行动研究"是对研究属性的描述，强调了实践者对于研究的所有权。不同的行动研究，可以应用不同的资料类型、不同的资料收集技术和工具。"个案研究"是从方法论的角度来谈的。并且，即使是在个案研究中，也允许搞问卷调查。除了这四个概念之外，常见的被误用的概念还包括"叙事研究"、"文本分析"等。之所以出现这些概念误用，是因为学术研究者社群对这些概念有确定的使用方法，构成一套"黑话"系统。教师往往缺乏这方面的专业训练，容易望文生义。我们很难要求教师在从事研究之前，已经充分熟悉了大学教育研究者群体所使用的这一系列术语。这种预期本身就不合理。

通过上面的讨论，我们感到一种更契合教师研究的分类方法十分必要。它提供了一套更加"亲教师"的语言，供给教师表述自己的研究设计。这个分类法，应该包含教师在设计研究时，必须考虑的那些问题，而不需要教师对于整个社会科学的研究方法论和方法、策略、技术有彻底、熟练的掌握。

简要地说，要求教师在进行研究设计时，考虑清楚"研究时该反思什么"、"为什么做这些反思"，这种要求是合理的。但是，要求教师在进行研究设计时，先行掌握各种方法论、方法的术语系统，这就是困难且没有必要的了。对教师研究来说，行动研究的属性是预定的，且多为质性研究和个案研究。在这些问题上，已经不需要设计者做什么选择了。所以说，之所以在校本的教育研究设计中，普遍存在上述概念误用的问题，就是因为现有的研究设计还未强调教师研究的独特性，研究设计包含的元素还是学术型的。这与本书对教师研究的定位是冲突的。

在我看来，本章对反思目的、反思对象的描述，恰恰回答了教师研究独特性的提问："反思什么"以及"为什么反思"。因此，在进行教师研究的设计时，应该首先考虑的不再是研究的方法论、方法的问题，而是回答这两个教师研究的基本问题（实际上所有的研究都要回答这两个提问）。将教师反思的目的与对象相联系，就可以形成一个三乘三的类型矩阵（如下图1所示）。

反思对象

反思目的	行动－能力	知识－信念	身份－使命
技术性反思	1a	2b	3c
实践性反思	2a	2b	2c
批判性反思	3a	3b	3c

图 1　教师研究的类型矩阵

在研究设计阶段，教师可以对照"教师研究的类型矩阵"，做研究类型上的规划。这种规划过程包含了"反思目的"、"反思对象"这两个基本考虑。这个思考过程，应该说是不包含太高的知识壁垒的。教师可以比较快地上手，进而熟练地掌握这个矩阵。

（二）教师研究类型矩阵的应用

芬德勒（Fenderl, 2003）认为，教师通过反思倾向于接受已有的信念，而不是挑战预先的假设。许多反思性实践，最终会蜕化成对已有观念的认定、证明及合理化的过程。古德曼（Goodman, 1992）在综合他人观点的基础上也认为，如果职前教师的反思被理解为运用具体教学技术追求预定目标的话，那么在反思的名目下反而有可能进一步强化技术取向。肯弗利（Convery, 1998）的观点是，反思需要合作。为个别教师提供他人洞见，可以摒除自我保护意识对教师提升构成的阻碍。伊劳特（Eraut, 1995）认为舍恩没有考虑到时间变量在理解专业行为上的重要性。当教师的自主时间很少时，决策会变得频繁，反思的范围会更加有限。这几项对教师研究的判断，都表达了同样的担心：教师研究有形式化的倾向，即有反思之名，无反思之实。排除这类虚假的教师研究，是上述教师研究类型矩阵的一种应用。在应用这个矩阵的时候，应该秉持这样一些观念：

命题一：注重反思中的合作。反思重在对默认的事情提出质疑，同时鼓励教师用别样的眼光来看待自己的行动。这种别样的眼光，可能意味着多种角度、多种立场、多种声音。它们的来源，往往是更广大的教育研究人群。通过阅读，来了解更多人的工作、扩展决策的知识基础。所以说，要想真正落实对知识基础的观照，教师反思不应只是一项个人行为，而应该是教师个人与更广大人群的联合。把反思作为个人意见的表达，不但个人难以获得提升，对同业人群的贡献也较少。这种个人化的反思，不是专业反思，而更像是普通人在日常生活中进行的反思。要知道，普通人的经验判断和价值立场，往往是武断的，充满了日用的色彩。这向我们提示了教师反思的第一项陷阱：个人化陷阱。

命题二：注重反思的知识基础。反思的主题过于具体，容易蜕变为行动方案的寻找、甄别和选择，这个过程往往会因为对行动方案的热烈争议，掩盖了判断基础未经讨论的事实。反思的主题过于抽象，则与教育教学的距离更加遥远，反思过程容易变成术语游戏。尤其是当前线教师还未掌握这些术语的时候就更是这样了。中间水平的反思，向内、向外都具有继续深入、拓展的空间，具有更广的适用性。这种中间水平的反思，强调反思过程中的证据基础，认为一项无法基于证据去讨论、无法反驳和验证的反思，其结论是封闭的。对具体行动方案和专业理想的选择，就容易带上这种武断性。这向我们提示了教师反思的第二项陷阱：证据缺失陷阱。

命题三：注重反思主题的一般化。教师反思水平模型中的那些对象，对教师发展有重要价值，对这些主题的反思都具有普遍适用性。这样看来，教师反思的主题，应当是一般化问题的典型案例，而不能是全然独特的偶然现象。只有这样，教师反思的结论才可以获得超越一时一事的特性。进行这类一般化主题的反思，教师可以在同类问题上都有收益，反思的结论本身也获得了在更广大人群内进行传播的价值。现在的一些教师反思日志主要报告了教师的灵感，甚至只是报告了教师的独特做法。这种作品，固然富有新意和闪光点，但并不是合格的教师反思。这向我们提示了教师反思的第三项陷阱：独特性陷阱。

上述三个命题以及对应的三项陷阱，都是在选择教师研究问题的时候，需要慎重考虑的。要避开这三大陷阱，就需要在反思对象上强调知识、信念基础，不放弃专业研究团体、专业研究人员包括同侪群体的贡献。注重反思的反身性，同时关注其知识、信念基础。在这个过程中，追求反思的一般化，而不是强调反思的新异性。譬如，教学日志不再是寻找和记录教学突发事件及其巧妙处理，而是记录那些一再出现、许多教师都会遇到的难题。其中的主体内容部分，除了个人经验和思考的汇报之外，还包含阅读报告部分。举例来说，第 1 章中提到的那位讲授连续退位减法的数学老师，针对她发现的问题采取了富有创意的做法。但是，到这里为止所报告的还只是教学中的偶然事件。这些教学中触动教师的事件和灵机一动，往往包含了有价值的教师研究课题。在这个例子当中，就可以将"数学教学中的大声思维"作为研究课题。将灵机一动，转变为在各个知识领域、年级段上的系统努力。在这一设计过程中，参考教师研究的类型矩阵，可以发展出不同类型的教师研究课题出来。

总括来说，基于反思精神规划的教师研究类型矩阵，对于明确一项具体的教师研究的特性十分重要。一项声称是教师研究的活动，如果不能就反思的目的和对象，找到明确的定位，也就是说不能在本章的教师研究矩阵中找到自己的位置，就很难说是一项合格的教师研究。当然，仅仅是判断教师的活动是不是研究，还不是最重要的。更重要的是，参考这个类型矩阵亦可以将一些教学实务中的灵感，转化为有价值的研究问题。可以说，建立这个类型矩阵，是在第 1 章的基础上，提供了一种对真教师研究的更细致的描述。但是，仅仅到此为止，还未凸显现实的教师研究的问题。我认为，尽管现实的教师研究难题多多，但缺乏理论品味，只讲"输出"、不讲"输入"，就行动谈行动，是一个通病。因此，在下一章，我将讨论教师工作的品性，主张教师工作本身具备理论品性。作为实践者研究的一种，教师研究过程之所以要强调理论色彩，正是教师工作的理论品性使然。在做这些判断的同时，我暗示了一种针对教师研究的判断：种种虚假的教师研究都有一个共性，就是缺乏教师理智的参与。研究过程没有理论色彩，降格了研究活动本身的品质，甚至会让这些教师活动失去研究色彩。

第 3 章　理论与教师研究

　　一个人怎么认识"理论"，同时预示着他会如何看待"实践"。在探讨"轻视实践"这个观念的历史来源问题时，杜威（1966, pp.1-34）就是把"理论"与"实践"联合起来看的。他的考察结果是，"理论"与"实践"的截然区分和地位对比，本身就是一种历史产物，不是当然合理的。之所以"实践"的地位显得卑下，是因为在科学尚不昌明的时代，实务工作的不可靠品性的历史遗存。

　　在教育研究界，"理论－实践"关系是一个长盛不衰的话题。在一篇更早期的文章中，杜威也专门讨论过这个问题（Dewey, 1904）。文中杜威就教师教育中的学徒制与实验室制做了比较，并倡导后者。因为，杜威相信学徒制的方式缺乏理智上的长远考虑，而实验室制则可以让实践成为理论教学的工具。所以，杜威关于"理论－实践"关系的观念，概括起来就是强调实践的科学基础。后文我将指出，这种关于"理论－实践"关系的观念，只是一种理解方式，但是在教育领域流布最广的一种。本章将会就这个话题在理论界的讨论，做一个谱系式的描述。这种描述，既包含对"理论"的不同定位，也相应地包含了对"实践"的不同定位。我正是通过这些描述，来为教师工作选择一种体现理智特色的描述。

　　尽管在理论探讨中出现过不同的"理论－实践"关系定位，但是在实务工作中教育理论的表现却总是不尽如人意。在一个如此务实的领域，教师往往更关注各种具体的技术细节，而不愿意谈论和参考理论成果。通过本章的探讨，我将要指出这种教师理论生活的状态是不合理的。实际上，在教育研究领域已经出现了不少卓有成效的努力，试图改变这种教师生活中的"理论缺席"现象。在我看来，教师研究的一项功绩，就在于把理论还给教师，强调理论性的思考是教师工作的一部分。本章即重点论述教师工作的这种天然的理论亲和力。以此把理论缺失作为教师研究的最重要难题之一。同时，也将把强调理论作为改善教师研究的突破口。当然，本章所谈论的"把理论还给教师"，绝不是通过拼贴、复制式的文献整理就可以实现的。在现有的条件下，为了实现这个目标，还需要前线教师与大学教育研究者一道，共同付出艰苦卓绝的努力。

一、理论是什么

关于实务工作者为什么要学习理论，胡克（Hook, 1939, p.177）的说法十分透辟有力。他说："可以理解，专业教育工作者首要关心的，总是教育哲学的直接应用，而不是作为其基础的观念和价值。简言之，就是令其成为一种哲学的那些东西。但是，若干年后，对无关日常实践的哲学假设的陌生或者漠视，将让这些教育技术派付出代价。历史情境总是在改变，昨日的实践再也不是圆满的了，因此必须找到新的侧重点，必须做出新的调整。如果不能把握哲学原理，不能对科学方法的逻辑获得洞见，仅仅采用最明显的教育理论的应用，这些教师将难免感到困惑。尤其是在他们遇到新的教育哲学时，这种困惑将更加明显。在纷扰的时代，新的教育哲学总会出现，它们将指引教育工作者攻击过去盲目接受但从未理解其哲学根基的那些教育理论。"胡克的这段论述本来是要劝勉人们认真阅读他的老师杜威的作品。不过，这段话的确适用于前线教师与理论的关系问题。如果一位教师只关心具体操作，不关心操作背后的理据，可以想象她/他是很可能要落入胡克所描述的"教育技术派"的那种"困惑"中去的。

理论对教师来说是重要的。但是,"理论"一词实际上有不同的用法。不同人在对教师与理论的关系做判断时,往往是援引了关于"理论"的不同定义。钱伯斯(Chambers, 1992, pp.7-27 转引自 Gage, 2009, p.21)曾区分过通常使用的"理论"一词的不同含义。根据他的梳理,通常的"理论"一词,至少有 9 种不同用法。分别是:作为与"事实"相对应的"理论";作为与"实践"相对应的"理论";包含了"解释"的"理论";指导一种专业行为或者艺术活动的"实践性理论";作为"假设"的"理论";作为"本体论"或者可观察的"概念前设"的"理论";"规范性理论";经验主义者的"理论";"科学理论"。根据这个概括,我们通常的一些判断,往往是在指称不同的"理论"。例如,"教师的工作主要不是理论工作。"在这个判断中,"理论"可能是与"实践"相对应的。又例如,"专家往往太过理论。"在这个判断中,"理论"可能是指"假设"。因此,我们在追问"理论是什么"的时候,预期的答案应该是复数的。相应的,在教育领域,关于"理论－实践"关系的观点也是复数的。其中,每一类判断,都对"理论"有自己的独特界定。我们至少可以区分出三大类观点:

(一)认识一:理论高于实践

在本章一开始,我已经援引过杜威(1966, p.2)的《确定性的寻求》(*The quest for certainty*)(1929)。在这本书中,杜威讨论过理论与实践的关系问题。这为我们呈现了一条清晰的认识线索:在古希腊,由于"劳动从来就是繁重的、辛苦的,自古以来都受到诅咒。劳动是人在需要的压迫之下被迫去做的,而理智活动则是和闲暇联系在一起的。由于实践活动是不愉快的,人们便尽量把劳动放在奴隶和农奴身上。社会鄙视这个阶级,因而也鄙视这个阶级所做的工作。而且认识与思维许久以来都是和非物质的与精神的原理联系着的，而艺术、在行动和造作中的一切实践活动则是和物质联系着的。因为劳动是凭借身体，使用器械工具而进行的而且是导向物质的事物的。在对于物质事物的思想和非物质的思想的比较之下，人们鄙视对物质事物的这种思想，转而成为对一切与实践相联系的事物的鄙视"。在这里，杜威所描述的问题，正是他的理论要重点攻克的堡垒之一。这个"堡垒"可以被概括为理论与实践的分野。在杜威所概括的这种认识论传统中，理论是要高于实践的。这种高看理论的观点，在亚里士多德关于"自由人的教育"、"工作和闲暇"等观念里，就已经得到集中概括了。

（二）认识二：实践比理论丰富

舍恩（2008, p.3）在《培养反映的实践者》（*Educating the reflective practitioner*）（1987）一书中，讨论了专业实践的性质问题。他写道："在专业实践的各种地形图上，有一块坚实的高地俯视着一片沼泽地。在这块高地上，易控制的问题通过应用基于研究的理论和技能而得到解决。在沼泽低地，棘手而混乱的问题无法通过技术手段解决。在这种情境下，具有讽刺意味的是：那些高高在上的问题，无论其技术意义多么重要，相对于个人或整个社会来说往往无足轻重，而在沼泽低地中存在着人们最关心的问题。"在这段话当中，"高地"指的是专业研究者所处的位置，而"沼泽地"是实践者所处的位置。这对比喻表达了实践工作者与理论研究者的对比关系。在随后的叙述中舍恩指出，实践中包含了各种"不确定性、独特性以及价值观念的冲突"（本书第 2 章第一节已谈论过专业实践的特性）。这些实践情境的特殊性，都不在技术理性的考虑范围内。虽然舍恩的理论指向了对专业教育的改造，但是他的上述讨论仍然显示了对于专业实践的性质判断，即认为实践比理论更为丰富。他呼吁的专业教育，除了包含传统的理论知识以外，还应该包含自实践中抽取的实践者知识。

（三）认识三：实际原则与理论叙述同质

卡尔在《新教育学》（*For education*）（1995）中，重点对理论和实践两个概念，做了新的阐释和讨论。在这本书中，他写道："实践虽非与理论对立，但它却拥有一套隐含性的理论架构，此理论架构于实践活动中扮演构设与引导作用。"（卡尔，1996, p.86）这是对卡尔关于理论与实践关系定位的一个很好的概括。卡尔在这本书中反驳了一种"教育研究为教育实践提供指导方针"的假设。按照这种假设，教育理论工作者假设教育实务工作者并不理解自己的实务工作，反而是教育理论家们更能理解教育实务。在教育现场甚至教育研究者群体中，这种假设大行其道。譬如说，教师往往认为理论叙述是一组黑话，难以理解。而理论叙述又往往信誓旦旦地保证自己能解决所设定的问题。很少有前线教师胆敢公开挑战这些难以理解、难以应用的"黑话"系统的合法性。多么矛盾！卡尔通过对实践和理论的重新定位，抛弃了这个假设。在卡尔看来，实务工作者的合理化思维过程，与理论家的理论思维并没有特别的区分。教育实务工作者总是受到理论的指引，他们实际上都拥有自己的理论。理论叙述与实务原则是同质的，都追求"由不合理到合理、由无知到知、由习惯性行为到批判性行动"。这样，教育理论的任务就变成了"通透批判的评价实际教育活动所依循之理论中所蕴含之价值观、概念与信念的适切性。"

显然，这三种对"理论－实践"对比关系的认识，虽然都使用了"理论"、"实践"这样的概念，但是它们对于"理论"、"实践"这两个概念的实际用法并不相同。所以说，认可了某种关系定位，也就相应地认可了一组"理论"、"实践"定义方式。讨论理论与教师的关系，既涉及到不同的对"理论"的认识，也涉及到对教师专业实践的认识。理论与教师的关系如何？我对这个问题的回答，至此开始转入对教师工作属性的判断上来。

二、教学研究的范式

自 20 世纪 80 年代中后期开始，在教育研究领域有越来越多的作品开始使用"范式"概念。例如，波普基维奇（Popkewitz, 1984）的教育研究范式、舒伯特（Schubert, 1986）的课程研究范式、舒曼（Shulman, 1986）的教学研究范式等。这些论述中使用的"范式"概念，都是默顿（Robert King Merton）意义上的。例如，舒曼（Shulman, 1986）文中的第一句话就是"本章讨论的是备选方案问题"。这里的"备选方案"指的是教学研究的不同"范式"。显然，这里的"范式"概念并不具有排他性，不同范式是多元共存的。这种共存性，与库恩（Thomas Kuhn）"范式"概念的排它性有明显的差异。使用默顿意义上的"范式"概念，一方面有分类体系的意味，可以对某领域内的研究成果进行整理和规划；另一方面，在这个意义上使用"范式"一词，还包含了对基本命题和观点进行共识汇聚的意味。这样，借用"范式"的区分就可以帮助我们清理那些隐约呈现的共识。从"范式"角度看教学研究，可以获得教学研究领域的概略的全景式地图，并规划出可能的新方向。

过往的教学研究已经呈现出较为明确的多类型特点。这为范式划分提供了可能。例如，有一批研究，遵循了"过程－结果"的研究思路。研究者关注的是有效教学的教学过程、教师行为的特征，并探索这些元素与学生学习的关系。这类研究在 20 世纪 70 年代末就得到了深入的总结和反思（Fenstermacher, 1978）。相继的，出现了许多对课堂生活的质性研究。研究者关注的是教学生活中的种种事件，当事人的意义诠释尤其重要（Calderhead, 1996）。这类研究思路，至今仍在深刻影响教学研究领域。诸如教学信念、教师决策等研究主题，教育叙事、教师生活史等研究方法，都可以归入此类。

教学研究的发展历程，内在地包含了对"理论－实践"关系的不同认识。教学研究的范式区分，展现了不同"理论－实践"定位在教学研究领域的应用。具体来说，在教学研究领域，不同的"理论－实践"定位，表现为教师在教学研究中的不同角色。"理论从哪里来？""为什么要有理论？""理论有什么用？""理论怎么发挥作用？"这一类的问题，是所有教师研究者都不能不考虑的。理论与实践的关系问题，成为一项教学研究不能避免的前设。因此，从这个角度可以对教学研究的范式做出区分。

（一）第一代教学研究范式：依赖范式

依赖范式的教学研究，假设教育实务工作有待教育理论的描述与解释。教育效果的达成，有赖于教育理论的应用。在"理论－实践"关系的问题上，认为理论高于实践，实务工作有待理论指导。该范式教学研究的特色，可用戴尔（R. R. Dale）与格里菲斯（S. Griffith）的研究来示范：

戴尔与格里菲斯（Dale & Griffith, 1965）在 1965 年出版了《下等生：文法学校里的失败》（*Down stream: Failure in the grammar school*）一书。在本书报告的这项研究中，调研的学生个案来自同一所文法学校。研究的目的，是探究文法学校里的一部分学生为什么会在学业上迅速恶化？这些学生往往以较高学业表现进校，但是在入学后很快发生改变。而且一旦这个过程开始启动，就很难在后来的学校生活中得到纠正。

研究所使用的资料包括：对研究对象进行的斯科内尔阅读测

试、算术测试、智力测试结果；研究对象小学段的记录；研究对象的学生健康水平资料；研究对象的家庭背景和校外行为；研究对象最喜欢的学科、最不喜欢的学科；对研究对象的校长、教师等人的访谈；对各研究对象家庭的访问。

研究发现，导致"学业恶化"现象的主因，不是学生的能力水平。"学业恶化"的关键致因来自家庭。家庭的不良状况包括家庭的突发事件（例如，学生发现自己是私生子、丧母），也包括家庭中那些隐蔽的、持久的条件（例如，家庭缺乏学习条件、家长对孩子的学习持放任态度、家庭的社会等级较低、家长的受教育状况较差等）。

戴尔与格里菲斯在研究结论部分写道："本调查在一所文法学校完成，其发现也是基于相对较少的学生。""这是一项诊断式的研究，目的是探求已有的多项统计研究中已经发现的'学业恶化'现象的具体原因。"他们认为本研究的发现，未必适合英格兰和威尔士的所有中等文法学校，所以欢迎在相关议题上进行更多类似研究。

（二）第二代教学研究范式：独立范式

独立范式的教学研究，假设教育的实际场地是生产教育理论的适宜场所；教育实际与传统理论相遇时，仍保持自身的独立性。在"理论－实践"关系的问题上，认为传统理论不能包含实践的全部内容，实践相较于传统理论有更丰富的内涵。该范式教学研究的特色，可用埃尔巴兹（Freema Elbaz）对教师实践知识的研究来示范：

埃尔巴兹（Elbaz, 1983）在 1983 年出版了《教师思维：一项对实践知识的研究》（*Teacher thinking: A study of practical knowledge*）

一书。在本书的《导言》部分，埃尔巴兹就直言："我们假设教师拥有复杂的、实践取向的一系列理解。这些理解将塑造和指导教师的教学工作。本研究的任务将是呈现我在这位加拿大中学英语教师萨拉身上找到的实践知识。"

在研究过程中，埃尔巴兹和萨拉进行了一系列开放式的讨论，讨论围绕着萨拉参与的一项实验课程的设计和开发工作进行。同时，埃尔巴兹对萨拉的课堂进行了观察。在取得这些数据以后，埃尔巴兹使用"实践知识"这个概念来进行概括。这个概念，将教师看作拥有丰富资源的积极角色。在这个概念之下，萨拉的知识被区分为五个类型来描述：有关自我的知识、有关环境的知识、有关学科知识的知识、有关教学的知识、有关课程开发的知识。随后，埃尔巴兹分门别类描述了萨拉的实践知识。例如，萨拉对于自我的知识，包括三个最突出的方面：其一、萨拉认为自己就是重要的教学资源；其二、萨拉愿意与学生进行个人接触；其三、萨拉认为作为教师自己仍带有个性。

在本书的反思部分，埃尔巴兹讨论了本研究的方法论问题，认为这项研究有"显著的解释视角"。至于前线教师萨拉在这项研究中的位置，埃尔巴兹说自己原有的定位是研究者与教师的协同努力，但实际上"发展研究问题、获得研究资助、出版研究成果，这都是研究者的责任。在这些工作中，研究者所负责的对象是学术社群，而不是教师的需求。"也就是说，在这项研究中，萨拉的实际参与程度是很有限的。

（三）第三代教学研究范式：同质范式

同质范式的教学研究，认为前线教师的生活具备理智特性，假设前线教师的实际工作原则与理论叙述之间具有同质性。所以，在"理论-

实践"关系的问题上，该范式的教学研究不认为存在两个截然分离的领域。实际教学工作中包含理智维度，教学理论也应是关于实际工作的理论。同质范式规划了教育研究中的独特领域——教学研究，在"理论 - 实践"关系上的新定位。

第三代教研范式的主要特色，来源于一种全新的理论与实践关系定位。该范式认为，前线教师的工作是理智的，其工作原则与相应的理论并无本质差异。基于这个定位，教学研究的关键环节，将是相关理论与教师工作的实际原则之间的沟通。其产出是与教师工作内容密切关联的理论表达。我们在中小学的课例研究实践也表明，具备这种特点的教师研究，可以较好地改善教学与研究的关系。教师在这样的研究过程中，对理论会有全新的观感。专业研究者在这样的教研过程中，也时刻保持着旺盛的学习。理论与实践的分裂问题在这种研究活动中得到了改善。

鲍尔（Ball, 1999）曾区分出关于教师的两种话语：第一种是"殖民化"的教师：冷静的计算、外来的价值在教师的工作中占据了主导地位。第二种是"真正的"教师：教师的道德目标和情感卷入，都被认为是重要的因素。在本文规划的三种教学研究范式中，前两个范式中的教师形象，大致就像鲍尔所规划的那样：依赖范式中的教师是"被殖民"的形象；独立范式的教师是"真性情"的个体。在第三种教学研究范式中，教师既是一位教育实务工作中的行动者，也是一位从事理智思考的教育思考者。对这个努力方向，我深信不已。只是，需要注意的是，我强调的这种教师形象的改变，主要是大学教育研究者自身在认识上的变革。这种变革，既包括对前线教师角色的重新认识，也包括对大学教育研究者自身角色的重新定位。简单来说，研究者再也不能替代教师从事理论工作了。

总之，在三代教学研究范式中，大学教育研究者和前线教师的对比关系各不相同。更基本的是，对于理论及其作用方式、目的，各研究范式都有迥异的定位。今后，我会更直接地谈到，教师在研究中不宜被视为"打配合"，大学教育研究者也不适宜担纲这种"跑龙套"的角色。在教师研究中，对这两方的比较理想的定位，是尽弃前嫌、精诚合作，在研究中贡献各自的专业特长。这样一个发展远景，可以由下面的关于"教师工作的理论品性"的讨论，得到进一步说明。

三、教师工作的理论品性

相信教师有能力、有意愿用一种合乎理智的方式来进行专业判断。这是上述"理论－实践"关系及教学研究范式的讨论带给我们的重要结论。这种基于理智的专业判断与基于权力对比关系所做的判断，或者基于实践工作特点所做的综合实践判断，都十分不同。这时的教师更看重做判断的知识基础，更不看重专业判断过程中包含的各种权力纠葛。在教师理智生活的问题上，大致可以区分出三个不同代际的认识。据此，就知道我们有时候看似尊重教师的理智能力，实则采取了一种怀疑的态度。尊重教师的理智能力，要避免那些似是而非的立场。我对于这些不同代际的命名分别是：前理智视角、准理智视角和真理智视角。区分这三个不同代际的认识，目的在于寻找一种真正值得我们敬重和努力的方向。下文先对这三种认识略作介绍，进而描述、分析真理智视角的面貌。

（一）关于教师理智视角的三种认识

教师理智视角的第一种认识，称为前理智视角。在这个认识阶段，教师的理智能力仍然未得到认可。表现为，教育研究领域仍然坚持一种明确的科层分工。基本上，大学教育研究者承担着设计者角色，而教师更多地是作为执行者出场。教师作为"流水线上的工人"，起到将教育理论工作者的意图落实下去的"管道"作用。历史上出现的所谓"防教师课程"（Connelly & Ben-Peretz, 1980）就是这种认识的产物。在这个认识的误导下，教师的理智能力往往被视为执行力。换句话说，教师理智能力的应用场合，仅仅限于把种种详细撰写的课程资料包、教学计划，以合乎预定标准的方式来使用。根据这种认识，教师当然需要具备一定的理智能力，方能担当好执行者的角色。但是，这种理智能力被限制在极其有限的范围内。在更多问题上，教师被认为不适宜参与。在我看来，这是对教师理智能力的一种误解，还没有真正认可教师工作的理智特性。

此后，教师的准理智视角，伴随着一些新概念的出现而占据主流，例如：教师作为研究者、反思性实践者、教师专业发展等。在这个阶段，教师的理智能力得到了认可。人们开始意识到，教师的工作有其独特属性，教师是研究自己的最适当的研究者。这时，大学教育研究者的责任，也包含对这种实践者知识的挖掘。与前一种认识不同，这时的大学教育研究者，时刻面临着自身工作的合法性危机。例如，哈格里夫斯（Hargreaves, 1999）曾区分教育研究中的两种知识生产模式。我们可以将这两种知识生产模式，分别对应于大学教育研究者、前线教师进行的研究工作。其中，前线教师作为一种独特的知识生产方的地位，在教师研究运动中，尤其是在美国的教师研究运动中，得到了认可：第一类知识生产的特点是：基于大学、是纯粹的、学科性的、同质的、专家导向的、供给驱动的、接受同侪评论。第二类知识生产的特点是：应用性、是问题中心的、跨学科的、多样性的、混合性的、需求驱动的、接受可用性检验。这个区分反映了教育研究界，对于教师理智生活的一种新认识。据此，教师被认为有能力进行研究和知识生产，并且他们更适合进行此类工作。

但是，这个时期的教师理智视角，仍然不能让我感到赞赏和认同。因为，这种理智视角所认可的教师理智能力，仍然是与更广大范围的教育研究人群相割裂的。教师孤独和无助地进行理智探索固然出于无奈，但也很可能导致教师研究的低效甚至低品质。要知道，绝大部分教师在职前教育阶段，没有从事过教育研究，更不要说以当事人的身份从事教师研究了。为此，我认为教师的真理智视角，需要放在"理论－实践"的关系、"理论研究者与前线教师的关系"这样的大背景下去考虑。教师的真理智视角，应追求让教师成为更广大教育研究群体的一员。在《新教育学》中，卡尔（1996, p.37）重点对"理论"和"实践"这两个概念，做了重新阐释和讨论。在这本书中，他引用过这样一句话："人人亦均有其一套理论。"这是对他在该书中关于理论与实践关系全新定位的一个很好的概括。我相信，教师在工作过程中时刻秉持着一定的原则、规则以及规定。所谓的"真"理智视角，很重要的贡献就在于确认这项事实，并且恢复教师的实际工作原则与教育理论之间的同质性。在第二种教师理智视角下进行的教师研究将得到更新。教师研究的研究者队伍在知识结构上有可能变得更加全面、合理。

（二）教师真理智视角的实际面貌

秉持上述"前理智视角"的研究者，经常是对前线教师这个群体做出整体的判断和安排，认为他们是居于被指导的地位，他们的理智能力仅仅在领会和执行上有用武之地。"准理智视角"的应用者则独树一帜，认为具备反思精神的前线教师，照样可以成为一种独特的教育知识生产方。所谓的理智能力，在教师群体中并不稀缺。教师是适宜从事理论思考的教育理论生产者和消费者。反而是一般的教育理论研究者，其工作的合法性备受质疑。

与这两种认识不同，我认可的"真理智视角"，强调每位教师都具备理智能力，甚至可以说每位教师、在大多数场合都是用一种自认为合理地方式在生活和工作。另外，与一般教育研究者对于反思的理解不同，我也不认为反思是理智能力的标志。反思只是前线教师日常生活中的一部分而已。当他们感到懊恼、兴奋、沮丧、满足的时候，往往就包含了对自己一贯行事原则的肯定或否定，就是反身性的。在我们研究教师的理智视角时，采取歧视性的态度，认为前线教师缺乏理智能力和意愿，这固然是错误的。认为前线教师可以单独完成对教师工作的反思、认为前线教师必须进行反思才是在应用其理智能力，这些观念也都是误解。我相信，只有认可前线教师作为成人的健全的理智思考能力、认可他们在工作中贯穿着外人无法轻易捕获的理智维度，这才是一种真诚的、更近乎情理的立场。在面对教育研究者的突袭时，在被各种术语概念所覆盖的教育前线，教师们的零星抵制，不正是一种理智能力的显现吗？

四、恢复教师工作的理论品性

当前，在各个层面的教育改革者中间流行着一种幻想，似乎通过政策设计以及相应的资源调配就可以解决一切教育上的难题，甚至创造教育上的奇迹。如果难题仍然存在，人们只会怀疑自己还未找到那个最优的政策，不会怀疑"通过政策设计应对教育问题"的思路本身。这种幻想表现为，教育领域有相当多的项目研究，都指向政策建议，并迫切渴望政策建议被政府采纳。这是一个危险的教育研究倾向。一种教育管理上的急于求成而非实事求是，一种曲意逢迎而非独立自主的教育研究旨趣，在教育研究领域流行着。相对立的，那些踏踏实实地教育研究往往得不到关注，大学教育研究的学术声望也远远不让人感到理想。但是，历史经验告诉我们，成功的教育改革总是基于教育理论的革新。譬如，基于赞科夫的发展性教育实验而进行的苏联学制改革；基于布鲁纳结构主义教学理论而进行的美国理科课程改革等。在这些教育改革中，教育实验的成果为参与改革的教师们提供了专业支持。在教育政策创新之外，这一类教育改革，还拥有自己的理论核心。这是在教育改革一事上，对教师理智能力的尊重。所以说，是否珍视教师工作的理论品性？如何培育教师的"真理智视角"？这些都应是教育改革者不得不认真解答的"理论核心"问题。要改革教师研究，同样需要在这个方面取得突破。这也是本书第二部分所报告的实务工作的重要目标之一。直言之，教师研究的改进，不能仅仅寄希望于更优化的制度安排，而需要研究过程中理智色彩的增强，以真正体现对教师工作特性的尊重。

总的来说，培育教师的理智视角，重点应在于培育一种"真理智视角"。引入与教师实际工作原则具有同质性的理论，帮助教师对自己的理智判断进行反思，使其理智能力愈加纯熟、愈加可靠，使教师的理智生活得到更充分的讨论，使其理智思考变得更加精致化、更加稳健。这些都是培育教师理智视角的任务。概言之，帮助教师成长为整个教育研究群体中的一员，这是培育教师理智视角的目标。三种理智视角的区分，尤其是"真理智视角"的界定，帮助我们重新界定了"理论与实践"、"大学教育研究者与前线教师"的关系。根据这种界定，教师的实际工作原则，完全有可能和理论发生联系、碰撞。

在教师工作中，"理论"的表现形式可能是多样的。可能是实践性知识的形态，也可能是外来理论在教学工作中的覆盖。但是，更一般的形式就是种种"合理化"的思维操作。这种思维操作几乎无所不在[1]、

---

[1] 这种合理化思维的机制，概括来说是这样的：在人的思维内部，存在"心理"和"逻辑"两套合理化机制。一般人认为的"合理"，往往就是指合乎逻辑。但是，思维的"心理"机制，却允许逻辑不一致、甚至逻辑上有冲突的不同判断同时并存。例如，月亮不比星星大。这个判断在科学上是正确的。但是，我们是怎么得到这个判断的呢？不过是凭借他人的证词而已。要知道，绝大多数现代人都没有直接观测月球并与其它恒星做比较的体验。与此同时，我们在生活中比较物体大小时，则十分仰赖直接观测。在这个例子中，"心理"的合理化机制，让我们在不同问题上采取不同的判断方法，让我们不再为标准不一所带来的冲突感到困扰。在一些情况下，"心理"的合理化机制是如此强大，甚至在有直接相反证据出现的情况下，个人也仍然安之若素。

内容复杂，并且不完全是依照逻辑规则行事。因此，我们不要以为看来很合理的事实和证据会自动地换算为对教师的说服力。在教师的教学工作中，真正亟需理论介入的部分，恰恰是那些具有强烈心理重要性的合理化操作。这部分合理化思维过程，亦即信念，与逻辑思考一样富有理论色彩，正是潜在的可以与教育理论发生联系和碰撞的地方。

我们能够理解，在很多时候教师还没有机会对自己的理论进行反思。更多时候，他们愿意直接跳跃到审时度势的综合判断中去。这既可能是因为杜威所谓的思维惰性作祟，也可能是因为在实践领域的种种权力角逐中教师还暂处劣势。下一部分将要介绍的"理论介入的课例研究"，其优势在于：选择了与课堂相关的问题，但是绕开过于复杂的行动细节；所援引的理论与教师的实际工作原则有同质性，双方密切关联；鼓励教师获得积极的科研体验，认为阻碍教师搞科研的主要原因不是教师的科研素养问题，而是对于科研的消极信念。正是凭借一两次积极的科研体验，"理论介入的课例研究"帮助教师建立起"理论原来如此重要"的信念，让教师有兴趣参与到对理论的学习与争议中来。这样，在这种模式的研究过程中，教师专业判断的理智基础将一再得到显现、挑战、精炼和完善。教师工作的"理论味"就在这个过程中得到实现。重要的是，这种"理论"不是不通实务的"吊书袋子"，而是直接回应教师当下关心的那些难题。

总结　教师研究的出路

至此，我用如此长的篇幅，不过是强调了一些常识观念。例如，教师研究首先要是一种研究、教师研究要包含反思精神、教师研究是教师工作的一部分等。这些内容，共同描述了一种应然状态下的教师研究。可以说，根据这些描述，所谓的教师研究，应该能成为改进教师工作、促进教师成长的利器，也应该深受教师的欢迎。换句话说，为了应对第一章所谈论的教师研究两难，我相信出路就在于，让真正的教师研究上台，把教师研究中的众"李鬼"赶下台去。对于学校的课题管理者们来说，这个答案不过是说，教师研究的两难问题，并不是因为教师们固步自封、不思进取，而是"教师研究"本身出了问题；要改善自己学校的教研文化，让研究与教学互惠互利，最根本的是提高本校的教研质量。在安排研究工作不像安排教学工作那般如臂使指的时候，学校管理者就应该反省这些"研究任务"本身的性质了。一句话，学校要允许教师只做真研究，不做或尽量少做虚假的研究。下面的三个方面，是在这些常识判断中值得强调的几个要点。

一、教师研究是教师的研究

教师总要面临各种各样的难题，因此教师总有大量问题可供研究。不过，现在的状况是，很多学校在确立研究课题的时候，有两个不切实际的方向：其一是追求热点，其二是追求特色。这两个方向都会误导教师研究的设计，而且其自身原本是彼此冲突的：追求热点，要求越多人关心越好；追求特色，则要求越少人了解越好。按我的理解，追求热点是一种狭隘的一厢情愿。看一下教育研究者的参考资料就知道了。百多年前的教育理论，仍在不断地被征引，不断得到反思和再现。在某种程度上，教育领域的文献与一般社科文献有共性，是"越旧越值钱"。这不像工程、技术类文献，是"越新越有价值"。为什么会这样呢？原来，教师在专业工作中遇到的问题会不断复现。今天我们看马克·吐温的《哈克贝利·费恩历险记》仍然觉得其中塑造的人物很鲜活，这就是因为但凡这个年龄段的儿童都与作者笔下的儿童有类似的特点。教师研究的许多专题是历久弥新或者普遍存在的，并不新。至于追求特色，更是曲解了教师研究的服务对象。老问题、大家共有的问题，只要是切切实实地存在着，就值得教师去研究。

实际上，学校里值得研究、亟待研究的问题俯拾皆是。以我指导的一些教育行动研究为例，就包括大量这种类型的问题。在一所高中，我发现在学校管理者和学生之间，容易起冲突的是这样几个焦点问题。其一是学生的发式、衣着问题，其二是学生用手机的问题。一般的高中学校是怎么做的呢？既然在这两个方面容易出现违规现象，就应该加强检查的力度。结果，学校查得越厉害，学生越是觉得要捍卫自己的这种权益。学校和学生之间互相揣测，甚至爆发冲突。更重要的是，沿着这样一个思路走下去，只是在不断强化原有的问题情境，并没有解决师生冲突的问题。我调研的学校，也存在这个问题。另外，学生嫌弃校服肥大，都乐意把校服的裤腿改得瘦身一些。过往，校方就是用检查的方式来应对。应该说，学校的做法的确是带有善意的。在校内穿着校服，的确可以在一定程度上遏止比吃穿、讲用度的风气，引导孩子们把精力放在学习和高考上。但是，检查校服这个措施，本身却成了制造师生冲突的新问题来源。看到这些现象之后，我建议学校把校服问题当作一项校本行动研究的主题。

在手机问题上，也有类似的情况。从学生一方来说，用手机的理由很充分，例如：要与家人沟通感情、交流学习生活状况。校方的理由是学生用不好手机，上课聊天、晚上不睡觉，甚至与校外坏分子结交朋友。这些都足以让校方下定决心，禁绝学生用手机。与上述校服问题类似，这个问题也不是通过查禁可以完成的。我对学校的建议是，把使用手机视为学生的一项权益。校方没有取缔学生该项权益的资格，但有职责教会学生们怎么妥善使用手机。因此，校方完全可能通过研究，确定对中学生来说较为合理的手机使用方式。师生在这个问题上取得一致以后，学生要用手机就得承诺遵守这些合理化的规则。一旦违反规则就启动相应的反馈程序，直至取消手机使用资格。这时候，校方是作为一个指导者存在，而不是单纯的管理者。这些设想，也导致一项针对学生手机问题的行动研究。

在初中学生那里，课外书阅读是个师生经常爆发冲突的问题。学生的反映是，教师不懂得他们，总是没收他们喜爱的读物。教师的反映是，学生总在读一些无聊甚至有害的东西。但是，就像今天的孩子喜爱阅读动漫、穿越、玄幻一样，许多今天的教师当年也有沉迷于武侠、言情的经历。教师与其单纯地禁绝学生读课外书，不如好好地研究孩子们能接触到的作品是什么？喜爱的作品是什么？为什么喜爱？除了语文教师，还有没有学科教师在意课外阅读？与上面的手机使用问题一样，教师着眼于学生的读书问题，好好开展研究，就可能更有效地承担起指导学生课外阅读的职责，进而收获高质量的课外阅读带来的红利。届时，教师可以和学生一起去读、一起去讨论他们喜爱的作品。阅读可能成为改善师生关系的契机，而不是发生冲突的源头。

在这些例子当中，我转告校方的理论知识，也只是一些教育研究领域的常识。譬如，我会给学校介绍道德教育中的"领域适应理论"（Nucci, 2008），介绍学校教育中"管理"和"指导"的区分。我乐观地相信，在有理论介入的前提下，教师针对自己工作中的难题，可以开展高质量的研究。对教师来说，做研究固然有知识、能力上的障碍，但最关键的障碍还是观念上的。并且，我的经验也表明，致力于教师自己的问题开展研究，可以获得教师的认可（本书第二部分会具体介绍）。因为，这类研究致力于帮助教师，帮助教师更好地应对每天在困扰着他们的那些问题。换句话说，此类研究实际上是由很多人一道，帮助某些人走出困境。这种教师研究，当然更可能受人欢迎。

二、教师研究强调反思精神

在第 2 章，我引用过格琳（Greene, 1978, pp.53-73）的"神秘化"和"觉醒"这两个概念。通过这对概念，我将反思与教师研究结合起来，进而从反思精神的角度划分教师研究的类型。在叙述这些理论观点的同时，我实际上已经贯彻了一种观念，即"教师研究强调反思精神"。在教师研究的计划和执行阶段，都应该进一步考虑反思类型和反思对象的问题。只有这样，才能找到更适合的反思基础，也才能让教师研究变成一段富有探索精神、理智乐趣的旅程。

学校中可反思的问题很多，刚才已经谈论过了。这些问题，在转化为合格的教师研究问题之前，需要对照教师研究类型矩阵，从反思精神的角度做好规划。譬如，教育公平是近来国内很"热"的教育话题。这个话题具体到教学过程中来，往往会细化到课堂上教育资源的分配问题。譬如，提问机会是否分配给了每一个学生？教师的眼神和肢体接触，是否照顾到大多数？诸如此类。实际上，一些教育研究者就喜欢在观课时记录这一类数据。他们的一般做法是，在观课时不再关注教师的内容处理，而只看教师提问了谁、看向了谁等等。在课后的评课过程中，此类记录经常可以起到"电击"的效果。执教老师在看到自己的提问机会分布表和行走路线图时，的确容易感到震惊。但是一般来说，这种震惊也就到此为止了：教师意识到自己还没有关注过这个话题，承诺在今后的类似情境中，留一份心思在提问机会分布、眼神和肢体接触的分布上。到此为止，受到质疑的是教师的具体行动选择。但是，按照反思精神的相关概念要求，我们还需要进一步追问：为什么要面向大多数人呢？公平是谁的诉求？

当我们追问到这个层次的问题时，反思的对象已经转向行动选择背后的依据了。显然，在上述观课者和感觉震惊的执教教师心目中，都共同接受了一种未经反思的概念前设，认为"雨露均沾"比"因人而异"来得更好。但是，只要我们的反思进入到这个水平，就不难发现事实上未必如此。教育的一个最悠久的传统，恐怕就是因人而异、因材施教了。真正称得上教育原则的是个性原则，而不是公平原则。公平原则是在谈论教育的社会职能的时候，才会涉及的一个概念。有一些实证证据和个人经验，可以作为这些判断佐证。有研究表明，课堂上的沉默也是一种参与的形式。这种参与形式，不见得比出声的参与来得更差（Schultz, 2009, pp.11-13）。这项研究告诉我们，一部分人总是得不到提问机会，未必是个坏事。另外，从个人的学习经验来看，一名组织语言较慢的学生，往往不能及时地提问和回答。反而，提问和回答所需要的专注思维，会干扰这类学生对教师讲课的追踪。总之，我用"提问机会分布"这个问题，不过是要说明反思精神对于教师的极端重要性。举出这些相抵抗的理由，不过是说在看提问机会分布的数据之前，还有更重要的一个步骤，就是去反思教学过程中的公平概念本身。从反思精神的角度对"提问机会分布"这样的问题做新的规划，实际上就有针对同一现象发展出不同的教师研究的可能。

教师研究的一个基本特性是突破常规。在大多数问题上，我们可能沿着习惯前进、不再重新做判断。教师研究让我们可以在另一些问题上暂停一下，重新考虑新的出路。教师研究的反思品性，就是在那些成为研究专题的问题上，让教师的行动从习俗、习惯的制约下解放出来，转而依靠教师自己的明智思考。

三、教师研究是一种成熟的专业生活方式

教师在什么时候最容易出现反思呢？第一是遇到新问题时；第二是难以胜任时。表现为，初任教师最喜欢反思，在很多问题上都做反思；相应的，熟手教师很少反思，在大多数事情上，他们早已经驾轻就熟了。所以，虽然反思被认为是关于好教师话语的新的转向，"反身性"（Moore, 2004, pp.141-167）被认为对教师的长远发展很重要，但是在常识中反思多的人往往也正处在不利的位置。教师研究的相关理论，改变了这种常识看法。这时候的"反思"，有另外一种应用方法。打个比方来说：一个无知的人，有可能"入宝山而空回"，即使遇到很有价值的现象，也不会发生探究的欲望。恰恰是很有专业素养的人，会有纤细地捕捉，十分敏感地意识到哪些问题是有价值的。这时候，后一类人的反思是有价值的。能反思，恰恰表明了他们的成熟水平较高，而不是较低。

在教师的工作中，充斥着大量常规做法。而且，即使在没有常规做法可做参考的情况下，教师也很快会借助相关的常识，迅速得到应对方法。要知道，普通人总是倾向于"怀疑厌恶"的。教师研究所能提供的，恰恰是针对这些常规做法以及不精致方案，追问其成立的基础。这个追问过程，同时就包含了行动改变的潜能。用一个例子来做比喻：失眠的人，希望尽快睡着，所以总是希望停止胡思乱想。这里就贯彻了一种常规的思路。这里的常规是一种对于失眠的常识解释：清醒状态下大脑高度活跃，睡眠正是为了让大脑得到休息。因此，为了改变失眠状

态，就得降低大脑的活跃程度。基于这个常识解释，一些办法被认为是管用的，例如默数 1000 只羊等。问题是，当我们试图控制自己不要胡思乱想的时候，我们总是很清醒的。一名失眠者往往一开始还尽量控制着自己，只是不知道从什么时候开始他忘记了这么做，并且在不知不觉中再次沉沉睡去。所以，在《改变》（*Change*）（1974）一书中，作者对于失眠者的建议是，不要设法控制自己的思绪；第二层改变的目标不是要设法入眠，而是设法保持清醒（Watzlawick, Weakland, & Fisch, 2005, p.156）。这被认为是治疗失眠的好办法。在这里，常规的理解被认为无助于问题的改变，甚至会造成新的问题。毕竟，当我们反复告诫自己"别想了、别想了"的时候，实际上正是在做清醒的考虑。继续沿着这种思路走下去，会让事情保持在最初的困境中：很紧张地希望放松下来。在这本书中，作者用"第一层改变"来概括类似失眠情境下的那种常规思路；用"第二层改变"来概括一种突破常规的改变。尽管这本书是一本心理咨询理论方面的作品。但是对于本书所谈论的教师研究，也具有重要的启发。因为教师研究正是试图"突破常规"的一种活动。只不过这里的"常规"多是指个人经验或者本地传统，而"突破常规"指的是寻求更广泛的智力基础，重新审视现在被认为最佳方案的那个选择。教师研究让教师的改变有了更丰富的可能性，让教师有更多可能走出经验困局。就像上一段所讨论的那样，善于反思是人更加成熟的标志。教师研究的反身特性，也标志着做教师研究的教师本身的成熟水平更高。他们在解决工作中的难题时，不再沿袭一种经验的思路，而是采取了更加专业的方式，通过研究来拓宽改变之路。所以说，教师研究是一种成熟的专业生活方式。这个定位，已经不再把教师研究作为一种工作内容，而是作为一种工作方式来看待了。

总之，到这里为止，我所规划的教师研究的出路，是一种为教师研究正本清源的思路。实际上，当我们确认教师工作的实践属性的同时，也就确认了教师工作的反思特性。因为，教育实践情境的高度复杂性及其要求的实践判断，都决定了教师无法真正放弃专业判断。教师研究不过是将教师工作的这一专业品性，做集中地展现罢了。上述三个重点，固然是在谈论真教师研究的面貌，同时也未尝不是对教师研究力量的一次说明：教师研究可以帮助教师更好的反思，可以帮助教师解决自己的问题，可以帮助提升教师专业生活的品质。这个主题，正是接下来这个部分要谈论的话题。

第二部分

发现研究的力量

第 4 章　课例研究及其反思

第 5 章　评课中的理论视角

第 6 章　理论介入的课例研究

范例 1：两位数的认识

范例 2：认识负数

范例 3：长方形的周长与面积

范例 4：竖式除法

范例 5：饮湖上初晴后雨

范例 6：迟到

范例 7：尊严

范例 8：炮手

总　结　发现研究的力量

第4章 课例研究及其反思

　　教师研究的难题在课例研究中也有显现，因为课例研究正属于教师研究之列。同样的，回应教师研究难题的思路也适用于课例研究。从本章开始，将以课例研究这种具体的教师研究方式为例，展现教师研究的力量。

　　本章的思路是，寻求课例研究的进一步发展，首先要明确这是全世界范围的教师研究运动的一部分。课例研究是教师最熟悉的一种研究方式，也是教师日常生活中常见的活动形式。这样，教师做研究的不同取向也应该成为我们在进行课例研究时的一个关注点。也就是说，在探讨课例研究的时候，有必要区分清楚这是何种类型的教师研究。这部分将要介绍和讨论的"理论介入的课例研究"，在反思对象上主要是面向教师决策的知识基础，在反思目的上主要是一种技术性的反思。通过强调教师与教师、教师与大学教育研究者的合作，创造性的带领教师进行理论研读，帮助教师建立起理论兴趣，提高应用理论的能力。

　　这种定位，对教师自身的专业素养提出了很高的要求。与斯滕豪斯的"教师作为研究者"的观念一样，此种课例研究要求教师对自己的教学具备研究能力。当然，作为一种附带效果，它也将有助于教师反思"前线教师"与"大学教育研究者"之间的关系，反思教师在教育大家庭中的身份、地位、权力关系等。这样一种定位于教师发展的课例研究，同样也关心学生的学习。但是，不是直接指向教学的改进，而是应用迂回策略，在教师的素质结构上做拾遗补缺的工作。在这种"理论介入的课例研究"之外，以技术、策略为研究对象，以提升学生的学习效果为直接目标的课例研究，是另一种更常规的备选方式。

一、课例是什么

课例是一种案例，而案例是人类数千年来讨论伦理和道德问题的主要工具。即使在伦理学已经极其理论化的今天，进行应用伦理学教育的时候，主要还是基于案例。可以说，案例这个工具，直到今天仍然在我们的生活中占据无可替代的位置。反观自身，我们个人的生活经历，也几乎总是被当作一种案例来使用着。我们敬慕的人物和生活方式，也是以案例的方式保存在我们的语言中。从这个角度来说，案例是如此平常又如此重要。因此，在回答课例是什么之前，我们有必要先行确认什么是案例。对这一耳熟能详的日常概念有所了解之后，就可以更深刻地领会什么是课例了。

案例在社会科学领域的应用，最初以人类学最为明显。晚近将案例应用于教育实践的，主要是法律教育和商业教育。这三个学科领域的"案例"概念，包含了对案例的不同应用方式：在法律教育中，案例相当于先例。由于法律规则的明晰性，在应用案例的过程中，学生充当了假想的律师或法官，根据这个案例来检讨相应的法律原则。在商业教育中，案例是用来启蒙的。由于商业的知识基础是变动的，在应用过程中，学生充当了假想的代理人角色，案例中记录的行动结果是接受讨论的对象。这两种案例应用方式，在教育领域都可以找到：当我们用案例来说明某个教育观念的时候，是一种法律教育式的案例应用。当我们用案例来引起特定主题的讨论时，是一种商业教育式的案例应用。相比之下，后一种商业教育式的案例应用，更符合教育研究工作的需求：教师工作的知识基础与商业领域的一样，都是变动不羁的；基于这样的定位，教育领域的案例至少具备两个特征：

（一）案例是有代表性的

并非每一个片段描述都是案例，有些描述可能只是对单一个体或事件的记录。说某个描述是案例，就是说它是类似情况下的众多家族性个体或事件的一分子（Shulman,1981）。当我们做这个判断的时候，同时判断了那些还没有出现的众多个体或分子的存在。实际上，案例之所以能吸引我们，正是由于案例暗含着关于所例示对象的更多说明。案例是一种由有限的信息把握未知情况的认识方式。例如，大多数人不喜欢说话时眼神恍惚的人。原因在于许多人有过类似的经验，眼神恍惚的人事后往往被证明是骗子。关于某位说谎者的案例性经验之所以重要，就在于它说明了类似的生活经验。这样看来，不能说教师的任何故事都是案例，也不是所有的课都是课例。如果使用者不将这节课与更广大范围的现象、问题建立联系，对单个教学改革的轶事记录就不能称其为案例。

案例的这种代表性，同时说明了案例在联结理论与实践方面的独特作用。当我们说某个描述是案例时，实际上是在做一个理论声明（Wilson & Gudmundsdottir, 1987），是对这个描述所例示的一类现象的一次概括性的判断。因为，这时候的案例，在具有高度情境化特征的同时，也保留了自己的理论旨趣。案例既是具体化的，也是一般化的。案例在教师教育和教师专业发展中的广泛应用，其中一个重要的根据，就是案例能够连接理论与实践。可以说，这就是由案例本身的这种代表性而赋予的应用前景。

当然，我们紧接着就可以继续做判断：案例总是包含了一定的主题。下文我会说明，同一个案例在不同人看来，可能反映了不同的主题。这往往表现为对案例中关键情节的不同选择上。在面对案例的时候，人们总是要问："这个案例是关于什么的？"对这个问题的回答，尽管也因人而异，但问题本身总是对案例主题的追问。

（二）案例是未完成的

　　作为案例的一项描述，允许我们从多个不同视角对它进行"格式化"。如果一个自称为案例的描述，没有保留这种多样化解释的空间，就不能被称之为案例。有两个概念，可以帮助我们理解这个判断，分别是"故事"和"叙述"（Shulman, 1992）。"故事"包含背景、角色、事件等信息，有假想的读者或听众。同时，"故事"抵制唯一的解释，为各种不同的理解保留空间。"叙述"则是一种个人生活故事。在其中，说故事的人已经深深地嵌入到故事的讲述中去了。换句话说，"故事"关心的是谁来"读"，朝向开放的解读；"叙述"关心的是谁在"讲"，朝向一种既定的表达。显然，作为案例的描述应该是"故事"，而非"叙述"。作为教师研究的案例，包括课例，也应该是"故事"性的描述。其中尽管包含了教师自己的立场，但整个案例不是完成了的。实际上，正是因为案例是个性化的、不接受唯一正确的解读，它才能真正帮助新手熟悉、进入一个不可预料的、不确定的实践领域。

　　案例的未完成性告诉我们，作为故事的案例总是包含了模糊的情境。对案例的应用，就包含了在模糊的情境中识别问题。在复杂的实践情境中识别、型塑问题，这甚至比寻求解答来得更加重要，体现了行动者的实践智慧。当然，上文已经说过，不同的解读者，识别出来的主题可能是不一样的。这是案例的未完成性带来的特点。可以说，案例所表达的主题，总是等待人们去建构，而不是去发现。

　　当然，我们紧接着可以说，案例当中一定包含了争议和挑战（Campoy, 2005, p.xi）。这个判断的基础其实已经无需更多说明：在针对未完成的案例进行讨论的时候，正是案例本身的模糊性，构成了讨论的空间，构成了行动者之间的争议和对行动者的挑战。从实际应用的角度来说，只有当案例包含了争议和挑战的时候，讨论才是有成效的。因为，只有这样行动者才能发现反思的必要性、才有可能根据案例调整自己的想法和行动。所以说，一个案例只有具备了这种未完成性，才适合学习者去应用它。一节课只有转换为案例（此时，我们称其为课例），才值得我们花精力去研究它。

基于上面这些关于案例特性的理解，课例的特征就很明显了。在进行课例研究的时候，是否强调课的这些特性，决定了这节课是否足以称为课例。要知道早期教育领域对案例教学的应用，就不是这样的方式。现在能见到的最早的教育领域的案例集是韦珀士（Waples, 1927, 1928）在 1927、1928 年出版的《课堂方法问题》（*Problems in classroom method: A manual of case analysis for high-school supervisors and teachers in service*）、《中学教师方法练习》（*Problem exercises for high-school teachers*）。这两本最初的案例集，目的都是为了呈现典型的课堂教学问题及其处理原则、具体方案。这可以认为是案例在教师教育、教师发展中的最早应用。显然，这样一种对于课堂过程的呈现，就不是服务于研究的目的。在说明原则、展现方案的时候，案例的丰富性和代表性都没有得到体现。这种应用案例的方式，更像法律教育中心的情况。这也提醒我们，尽管在学校层面的研讨课有很多，但是相当多一部分还不适宜被称之为课例。

二、中国的课例研究

教育部办公厅发布的《关于 2003 年义务教育新课程实验工作有关要求的通知》提出，要"建立以校为本的教学研究制度"。这使得"校本教研"成为此次课程改革的核心努力之一。而且，在此之前我国已经建立起了一个包含四个不同层次的立体教研网络，包括：省（市）教学研究室、教育学院；区县教学研究室、教师进修学校；各学校分领域的教研组；各领域分年级的备课组（顾泠沅，2005）。十年过去了，在学校层面，由教研组和备课组完成的校本教研，已经成为整个教研网络的重要组成部分。在我看来，也可能是最为重要的一部分。它们构成了教师研究的重要形态。

校本教研的活动形式丰富多样，主要包括：理论学习、说课、听课、评课、教学反思、专题讨论、课题研究、校际交流等。其中，集体备课、听课、评课是最日常的校本教研形式。我们在这里谈论的课例研究，就是通过这些具体的校本教研活动形式来实现的。根据一项对常州市 1000 名教师的调查，32.59% 的教师认为，基于案例的研讨最受欢迎；26.65% 的教师认为，听评课对他们专业能力提升最有效（潘光文，李森，2006）。另外，也有调查显示，听评课、集体备课是使用频率最高的两种校本教研方式（甘雪梅，2004）。可以说，在诸多校本教研形式当中，听评课是最普及、最受教师欢迎的。

校本教研作为一种常规活动，已经成为连接前线教师、政策制定者、学校管理者和大学教育研究者的一座桥梁。校本教研已经对学校教育质量的提升和中小学教师专业能力的改善，做出了巨大贡献。但是，我国校本教研的功能定位实际上是丰富多样的，包括：研究教学材料和教学方法、教学案例和教科书培训、组织专业讨论、观察课堂教学、交流教学经验、为学生编制教学资料集并付诸实施等等。对每一种具体的校本教研活动形式来说，在功能定位上也有多种选择，未必以改进学生学习、发展教师专业能力作为核心目的。例如，平常所说的"同课异构"、"一课两教"的课例研究活动，其功能定位就不是唯一的，会因应用情境的变化而有所区别。罗羡仪梳理过广州和香港的观课类型，发现按照观课的目的、功能的差异，可以划分出九类不同的观课形式（Law, 2001）（表 1）。这样，基于观课的目的，我们就获得了一个对听评课活动进行分类的架构。在这个架构中，我们不难发现，只有少部分听评课活动，可以被有信心地称之为课例研究。更多的听评课活动，是不包含研究色彩的。

表 1　听评课的主要类型

目的	类型	功能
训练	示范课	由经验教师执教，用来培训新教师
	视导课	训练骨干教师
监控	交流课	教师相互交流经验
	随机观课	教育官员不预先通知前来观课
评价	评价课	评估教师
	新手教师汇报课	认定新手教师的等级
	选拔专家型教师的课	选择专家型教师
研究	实验课	进行教育研究
	公开课	展示高效的教学方法

至此，我针对课例研究，描述了这样一个总体图像：校本教研是立体的教研网络的一部分；听评课是校本教研的一种形式；课例研究是听评课活动中的一个子类。相对于如此庞大的教研网络，课例研究只是其中很小的一个拼图版块。只不过，相对于其它类型来说，这个拼图版块是独特的。它与教师的日常工作息息相关，在整个教研网络尤其是在校本教研当中居于基础地位。

很可惜的是，目前我国课例研究的发展并不十分理想，存在一些普遍性的问题，包括（胡庆芳，2011，pp.32-33）：评课无关痛痒，不解决实际问题；评课凭借直觉，不突出要害中心；评课以经验为主，缺乏有理性高度的专业论断；评课以评价为主，缺乏具体可行的改进建议；多数评课较片面，缺乏对全局的把握；评课以发言为主，缺乏交流互动。

前面已经说过，课例研究是一种教师研究。对于我国课例研究的反思，就应该基于这个判断来进行。届时，教师研究的定义内涵，将同样适用于课例研究。对教师研究两难问题的解法，也同样适用于课例研究。基于课例研究在校本教研中的基础地位，对校本教研品质的提升，或者本书所讨论的核心问题：教师研究两难问题的解决，都可以以课例研究的改善为突破口。当然，针对学生管理等非教学工作中的难题开展卓有成效的行动研究，也是很不错的选择。

三、国外的课例研究

介绍课例研究在国外的发展，不得不提及日本的课例研究。早在20世纪80年代早期，由于日本战后经济发展的巨大成就，全世界都开始关注日本教育（Wray, 1999, p.103）。在这种跨文化的比较教育研究中，"课例研究"被作为日本特色介绍到美国。标志性的作品就是斯迪格勒和希伯特（Stigler & Hiebert, 1999）在1999年出版的《教学差距》（*The teaching gap*）一书。

日本的课例研究（对应于英文的"lesson study"，也被译作"授业研究"）是以课例为研究对象，旨在阐明课例的构造、功能及其形成条件，乃至揭示其间的规律性，确立起"课例的科学"的实证、实验的研究（钟启泉、方明生，1994, pp.1-2）。在课例研究中，被观察的课即"课例"。课例由团队中的一位教师负责教学，其他人在教学过程中详细记录，并在课后讨论所收集的材料，据以修订教学计划。他们今后的教学，将基于这些发现。可以说，通过课例研究，教师的教学观念发生了变化；一个个研究课，成为积累教学知识的方法。

日本的课例研究在规模、主题来源、观课人员的组成等方面都有不同种类的设计。例如，根据观课人员的不同，可以将课例研究区分为校内的课例研究、公开的课例研究、全国范围的课例研究等（Lewis，2002）。并且，不同类型的课例研究，在频率、主题、规模方面都可能有差异。但是，仍然可以从中识别出一些基本的步骤来：

步骤1：选取主题：课例研究是一个问题解决的过程。主题可以由教师自己制定，也可能来自校方或者教育行政当局。主题可以指向一般性的目标，例如"如何唤醒学生的数学兴趣"；主题也可以比较具体，例如"促进学生对异分母分数加法的认识"；主题还可以聚焦于课程材料的更新，例如"用秋千研究钟摆现象"等。

步骤2：设计教案初稿：虽然最终由一位教师执教，但是课例仍被视为集体的产物。课例研究的目标不仅是完成一节好课，而是为了理解这节课为什么可以促进学生发展，以及如何促进学生的发展。最初的教学计划草案要提交到教职员会议上，以便收集意见，并据以形成教案初稿。

步骤3：教学、观课：团队中的一位教师执教，其它教师全程参与准备、教学以及随后的反思过程。在公开的课例中，参与的教师还包括校外教师，甚至全日本的教师。观课的教师一般坐在教室后面。但是，当学生在座位上做作业时，他们也可以四处走动进行观察。

步骤4：集体反思：通常由授课的那位教师开始，陈述自己对这节课的效果以及存在的主要问题的看法。所有小组成员的发言都是批判性的，关注的是自认为存在问题的部分。反思的焦点是课本身，而不是授课的教师个人。因为课例被视为集体的产物，小组的每个成员都对这节课负有责任，因此集体的反思、批评实际上是每一个成员的自我批评。在反思的基础上，重新修订教案。修订完成后，在另一个班级再教一遍。

步骤5：总结、分享：多数课例研究小组都会撰写报告来讲述自己的工作。通常，这些报告会以书面形式出版，供教师资料室收藏。这些报告主要是供给教师、校长阅读，如果很有吸引力的话还可能被地方教育管理者读到。大学教育研究者参与的课例研究，其研究报告可能以商业出版物的形式出版。此外，课例研究还可以通过邀请其他学校的教师来观课的办法分享。

参考李维斯等人（Lewis, Perry, & Murata, 2006）的看法，课例研究的上述步骤，可以区分为计划、执行和总结三个环节（如图 1 所示），每一个环节都包括一些独具特色的工作。

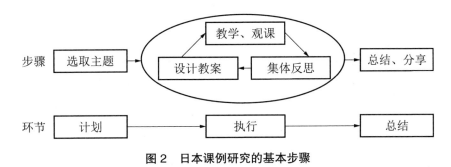

图 2 日本课例研究的基本步骤

李维斯等人（Lewis, Perry, & Murata, 2006）记录了一项为期两天的课例研究。从一个观察者的角度，报告了课例研究的 3、4 两个步骤（第 2 个环节）的运作状况。这次课例研究有校内外的教师参与，研究的主题是：钟摆周期的影响因素。通过这段记录，我们可以看到日本的课例研究中集体反思的面貌：

　　首次教学、观课：第一天，四十名五年级学生配对试验。他们试图弄清楚钟摆的长度、摆的重量、释放角度这三个因素中的哪一个对钟摆周期影响最大。学生们专心实验，但是不同小组的实验方法差别很大。观课老师在一边录像、录音、拍照，但没有干扰实验进程。

　　集体反思：授课教师奥哈拉（Ohara）做介绍。据他介绍，这节课的设计目的是考察学生能否控制不同变量，以聚焦自己的科学思维。这个主题引起了热烈讨论。讨论围绕两个焦点：其一、是否应该直接告诉学生控制变量；其二、是否应该利用马表来比较钟摆周期的差异。对前一个争论，奥哈拉先生在第二天的教学中表明，他是要让学生自己发现控制变量的重要性。对后一个争论，奥哈拉先生解释说，五年级学生过分看重细微差异，会把百分之一秒的差异都当回事。因此，不适合用马表来测量钟摆周期。但是，也有的教师认为五年级学生已经可以理解测量误差了。

再次教学、观课：奥哈拉先生把学生前一天的试验结果记在黑板上，并提问："通过这些结果，我很难确定发现了什么：如果说我们发现了A、B、C三个变量，那这一组仅强调了A、另一组仅强调了C……我们该怎么做呢？不同的小组发现了不同的结果。"针对这个问题，学生们开始讨论，提出研究变量应该保持不变。进而认为，前一天的试验并不符合这个标准。至此，学生们发现，经过条件控制的试验，可以表明两个变量之间的关系。通过集体反思，第一天无序的实验得到了响应，并且让学生得到了颇有意义的认识。

课例研究对日本教育的影响广泛而深远。据说，在问到"什么影响教师的科学课教学"时，日本教师的答案通常都是"课例研究"（Lewis，2002）。为什么课例研究在日本如此受到推崇呢？在我看来，上述片段所反映的日本课例研究的研究味道，给了我们一部分答案。另外一些，诸如主题明确、问题真实、切实改观等特点，都是日本课例研究吸引人的重要特征。可以说，日本的课例研究，提供了一种与"一般证明"不同的教育研究思路（Lewis, Perry, & Murata, 2006）。在日本，课例研究所提供的"本地证明"，已经成为一种获取教育知识全新的方式。

据我所知，除了日本的课例研究以外，在其它国家和地区也有类似的教师研究形式，例如：美国的"工作坊研究"（workshop study）（Rearden, Taylor, & Hopkins, 2005）、德国的"教学艺术"（lehrkunst / art of teaching）（Berg & Grammes, 2006）、中国香港的"学习研究"（learning study）（Pang & Marton, 2003; Lo, 2006）等等。今天，课例研究有了自己的国际组织"世界课例研究协会"（World Association of Leasson Study）（2006年成立）、自己的专业期刊《国际课例研究与学习研究杂志》（*International Journal for Lesson and Learning Studies*）（2012年创刊，埃利奥特任首任主编）。可以说，课例研究者已经获得了更大的发展平台，课例研究已经进入了一个新的发展阶段。在 WALS 的发展远景中，是这样描述课例研究的现状的："课例研究作为一种专业学习的工具，已经在众多国家开始实践了。它帮助全世界的学校，发展成为学习共同体。"中国课例研究的发展现状，距离这一远景，还有相当长的一段距离。

四、作为教师研究的课例研究

课例研究的优势是明显的。澳大利亚的研究者在推行课例研究的时候，总结课例研究的优势在于：观察他人的教学十分有趣且颇有收获、有机会手把手地设计实用的教案、消解教师的防卫心理等（Bass, Burrill, & Usiskin, 2002, pp.49-52）。尤其是对于美国教育研究者来说，能够进入别的教师的课堂，并且有一群同行互相切磋，这的确是一种新鲜的经验。但是，做好课例研究所面临的困难，也十分明显。例如，教师的认同感问题、教师缺少时间的问题等（Lim, White & Chiew, 2005）。由于这些困难没有得到妥善的解决，结果就出现了各种对课例研究的抵触。在无法拒绝的情况下，各种形式化的假"课例研究"应运而生。结果，这些假"课例研究"又进一步败坏了课例研究的声誉。这样的过程，与一般教师研究的两难问题的形成过程，如出一辙。在我看来，课例研究面对的问题，与本书第 1 章讨论的教师研究的两难是类似的。无论是课例研究，还是其它形式的教师研究，都容易蜕变为一种教师"不得不做"而又"不情愿做"的事。

根据本章对课例的定义，我认为课例研究的优势和困难，都应该基于课例研究是一种教师研究的定位来看待。这样，课例研究的问题，不过是教师研究的难题在这一具体活动形式上的表现而已。届时，对课例研究的改进，将与教师研究的改进一样，服从同一个原理。换句话说，强调课例研究的研究性，把课例研究做成一项研究，就可以规避课例研究的上述认同感难题、时间难题等等。当我们把课例研究视为教师研究，把课例研究的发展困境与教师研究两难对等起来考虑时，一些课例研究的发展方向就很清晰了。概括来说，作为一种教师研究的课例研究，应该做如下调整：

（一）课例研究应强调合作，规避竞争

"一人智短，众人智长"。但是，要促成教师与他人的合作，并不容易。大卫·哈格里夫斯（D. Hargreaves, 1980）曾讨论过教育中的个人主义，认为这是一种普遍存在的倾向，会让学生丧失一些必要的教育。他将教育中的这类个人主义崇拜区分为三种：发展论的个人主义，强调教育的主要职责是促进个人的发展；精英论的个人主义，强调教育机会对每个人的均等；道德问题上的个人主义，强调教育中的道德发展，主要就是发展学生个人的理性道德判断。这三种个人主义崇拜，在教师身上表现为教师的一些不加质疑的假设，并且反映在教师的日常语言上。例如，教师习惯于用这些词汇来表达观念，例如"个人发展"、"个体成长"、"独立性"、"自主性"、"自信"、"自主"等等；另外一些词汇则不

大被使用，例如"团结精神"、"团队精神"、"学校荣誉"、"忠诚"等等。这种个人主义崇拜，也表现在教师自己的教学文化中。教师不喜欢别人观察她/他的课。同侪的出现，被认为是有威胁的。课例研究作为一种教师研究，要求与更广大的研究群体发生联系。具体来说，就是与校内外的教师同侪乃至大学教育研究者发生联系，表现为在研究过程中参酌更多同侪经验以及知识基础。因此，在课例研究中要警惕个人主义的教学文化的干扰。

研究活动从来都是发生在一个群体当中的。即使是初看起来，由单个教师操作的研究活动，也一定包含了别人的智力贡献。因此，尽管课例的形式有很多，实际在学校中的应用也有很多不同的目标定位，但是课例研究要成为一项研究，就需要强调合作。换句话说，在研究中不能刻意地封闭意见表达、对已有知识视而不见或者过度地自我防卫等。这样一种合作，主要表现为研究者对于不同意见的欢迎态度。

问题是，在由个人主义过渡到合作的教学文化的过程中，也存在危险。例如，安迪·哈格里夫斯（A. Hargreaves, 1991）对教师与同侪合作的两种不同文化的区分就显示，有的时候所谓的共事是形式化的：在真正的合作文化中，教师与同侪的共事是自发的、自愿的、指向自身的发展、合作的时间长且范围广、产出不可预料。相比较，在一种虚假的合作文化中，安排的共事表现为被要求的、被迫的、指向完成他人指令、合作的时间和范围都是确定的、产出是预定的。显然后一种同侪之间的共事关系，并不是教师研究所希望的那种，而这恰恰是现实中的教师研究经常表现出来的状态。这再次提醒我们注意上面的观点，做好课例研究需要强调合作、规避竞争。在教师群体中建立一种真正的合作共事的文化是必要的。

（二）课例研究应强调专业性，弱化行政导向

前线教师要不要领导者？谁来领导前线教师？就现状来看，这似乎不是个问题。毕竟，所有的中小学校都有领导班子。而实际上，对教师这样的专业人员的领导，涉及到一个一般化的难题，即专业组织的行政领导问题（Handy, 1984）。与一般的工业和商业机构不同，专业组织如医院、大学包括中小学，其领导者所管理的对象是专业人员。结果，因为工作对象的特殊性质，使得"管理"和"领导"这两种职能出现了分野。要知道，在一般非专业机构中，这两种职能是统一的，都落实在管理者身上。但是，在专业机构中，专业活动的发展方向，即"领导"职能，必须交给专业人员自己来行使，不可以委托给专业以外的人。也就是说，专业机构的"领导"职能，不可以交托给"管理者"。结果，在专业机构中，就只剩下"管理"或者"执行"的职能是可以交付出去的了。在这类机构中，"管理"职能的运作，应是在专业人士的"领导"之下进行的，是沿着规划好的方向去执行。（在第7章讨论学校的专业分工问题时，还会继续这个话题。）这样一个分析，同样适用于中小学。中小学的一部分工作属于专业工作，另一部分工作则不属于教育专业的范围。我们所说的教师研究，包括课例研究，就属于前一类专业工作的范畴。在这一类事情上，有必要限制非专业人员的影响。

如上所述，将课例视为"教师集体的工作成果"，这有利于减轻教师在教学设计阶段的工作量、减少教师在反思和点评阶段的防卫心理，进而改变校本教研的氛围。但是，一种行政导向的课例研究就很难达成这些改变，例如：以监控、评价为目的的观课活动，就很难成为真正的集体备课。其原因在于，这两类观课活动直接指向的是对教师教学水平的检测、评估。毕竟，教学总是带有执教者的个人特点，可以反映教师个人教学能力水平的高下。而这方面的目的，并不是每个教师都关心的

话题。对这些非研究取向的课例研究而言，研讨课例不过是行政命令下的产物，是学校管理工作的一部分。这是典型的管理工作对于专业工作的干预。这样一些课例研究，实际上会妨碍教师对课例研究价值的全面认识。一项专业性活动，被用作行政管理的工具。结果，在一些原本可以直接摆上台面来探讨的专业问题上，教师也必须得藏拙了。更有甚者，公开课蜕变为假课。这就已经失去了课例研究这种专业活动本身的价值了。

　　总之，课例研究是一种案例研究，而不纯粹是就课论课。这种关于课例的研究，强调了活动的研究性。结果，与所有的教师研究一样，如果研究不触及教师真正关心的问题，就很难吸引教师。在"假"课例研究当中，教师的反思往往是形式化的，缺少个人真切体验的卷入。因此，在校本教研尤其是课例研究中，应该凸显那些教师关心的实际问题，通过研究帮助教师发展。在这些研究中，研究专题可以是学生的学习，也可以是教师的执教内容。下一章的讨论将转入观课时的不同评课视角的问题，就涉及到课例研究的选题问题。在其中，我要表达的观念是，课堂教学也包含值得研讨的理论问题。这些理论问题，是课例研究的适宜对象。

第 5 章　评课中的理论视角

听评课过程经常表现为各种不同观点的集中碰撞，有时候观点之间的差异甚至会达到针锋相对的程度。但是，在更多时候，观点差异被掩藏起来，迥异的观点得不到表达。这些现场爆发出来的差异甚至冲突的观点，降低了听评课过程的品质。例如，观点的差异很容易给教师带来困扰，让执教教师在多种观点面前无所适从。又如，一部分观点在听评课过程中被掩藏起来，一些专业意见得不到表达，或者一部分专业意见得不到公正的评判。尽管问题的表征不同，但是产生这些问题的原因，都可以归于评课者的视角差异。

在这一章我将对这一现象进行概念化，并用实际的评课过程作为案例，说明视角差异的表现、问题以及潜能。从表现和问题的角度来说，因为视角差异的存在，教师工作的理论品性往往得不到关注。评课活动多聚焦于教学的技术、策略层面，并在做专业判断时，仅仅参考个人经验及政策语言，这造成专业判断领域不健全的知识基础、复杂的权力竞争态势等等。在完成了对视角差异的概念重建以后，本章将讨论其潜能。我的主张是，评课中的视角差异，是源于不同评课者在知识基础上的差异。通过各类评课人员对共同的知识基础的参考与讨论，可以统一评课视角，为评课活动提供共同的、更稳定的判断基础。这让评课过程更富有理论色彩，让"听评课"往"课例研究"的方向发展。评课中的视角差异，可以被理解为各种丰富观念的同台对话，而不仅仅被理解为观念的冲突。实际上，下一章要介绍的"理论介入的课例研究"，在流程上已经设计了专门的"理论介入"环节。这正是对本章讨论的听评课理念的具体落实。

一、评课视角是什么

每一节课，都是教师素养的全面反映，同时也为我们了解课堂教学提供了全方位的信息。可以说，正是课例所包含的丰富信息，使得课例能够承担众多的职能（参见第 4 章援引的听评课类型（Law, 2001））。概括地说，一节课至少包含三个不同层面的信息：

其一，教学技艺。课堂教学能反映教师教学组织、课堂管理等方面的能力，是教师在较长时间里的发展成果。一位成熟教师，可以很从容地实现各种教学设计；而一位新手教师，则很容易被各种课堂细节所牵绊，许多好的教学设计不敢试用。表现为，成熟教师的课往往有更大的弹性，而新手教师的课往往显得比较局促。现代教师评价的一个基本假设是，好的教学行为是可以识别的，是稳定的，并且在不同条件下都可以对学生产生相类似的效果（Andrews & Barnes, 1990）。基于这样的假设，评课者在对教师的教学能力进行评价时，往往就是通过执教教师的一些可观察的外显行为，对其教学技艺的高下进行推测。

其二，教学设计。借用古德莱德（Goodlad, 1979）的区分，由理想课程、文件课程向理解课程、执行课程的转换过程，存在许多内容上的替换和损耗。这个过程，包含了由教科书到教师理解、诠释、设计、安排的转换，亦即教师对课程的感知和加工。需要注意的是，这些加工是在教学设计环节要完成的工作。而在进行教学设计时的一项基本常识是，教师要参酌学生现状（加涅，1999）等内外部因素，才能对师生活动进行安排。结果，评课者在对教师的教学设计进行评价时，往往更关注执教者对师生行为的安排是否合理，例如教师对学生状况的判断是否适当、某种具体教学行为的设计是否有针对性、是否有效果等。这是现有的听评课活动中的又一个关注要点。

其三，学科加工。教师的教学展现了教师对知识点的内容、主题和目标的理解。一个高水平的教师，可以在进行学科加工的过程中，参酌更广泛的资料；一个低水平的教师，可参酌的东西就很少，往往只是自己的前辈、同事的经验，甚至只是对个人以往做法的复制。基于参酌的资料的广狭程度，就可以区分出教师在学科加工上的水平高下来。表现为，善于做学科加工的教师，在进行教学设计时，始终具有独到的学科眼光。每一节课的教学，都有较为明确的学科定位。对他们来说，一节课的目标设计不是基于猜测或者灵机一动，而是有坚实的知识基础。可以看到，在进行学科加工时，要求教师考察更多的知识基础，让自己对于该知识点的理解更加充分、透辟、可信。由于教科书的编写过程，往往是与大多数教师隔离的。因此，教师看到的教科书成品在难度水平上是浅显的。对于执教者来说，教科书的内容往往是那么地浅白易懂。而实际上，为了选定这些内容及其呈现方式，在课程设计（包括教科书编写）的环节，无不是参酌了大量的专业知识。这里所谓的学科加工，不过是在教室水平上，由教师去寻找这些最初的转换线索罢了。

每节课都包含上述三个层面的信息。一节优秀课往往是在三个方面都做得比较好，并且还会在其中的某一个方面给人特别深刻、良好的印象。这使得我们通常所称道的好课，也可能是在不同的方面表现优异。例如，有的教师能很妥当、机智地处理好课堂突发事件，有的教师善于为学生学习新知搭建阶梯，有的教师对每节课的学科定位特别清晰等等。一节优秀课可以这么分析，一节有待改进的课，也可以应用这三个层面的概念来分析。

对课堂教学不同层面的关注，构成了评课过程中的各种视角，分别形成教学技艺的视角、教学设计的视角以及学科加工的视角。在评课过程中，视角的不同往往会带来具体意见上的差异甚至冲突，表现为不同评课者之间的评课视角差异。具体到一节课上来，要先明确听评课的目的，再选择从何种视角去评课。例如，对于具备一定教学能力，正在走向成熟的教师来说，评他们的课往往是为了促进其专业成长。这种评课应更关注教师的教学设计和学科加工。这些课反映的教学能力层面并不是不重要，只是在这类评课活动中，评课者在这方面的建议，不能真正在短期内对教师有所助益。所以说，区分清楚评课视角，可以帮助我们在不同的场合，选择采用适当的评课视角。

二、视角差异的实际表现

我以一节小学三年级数学课的听评课过程为例，来说明评课过程中的"视角差异"，并讨论这种差异产生的影响。在这次听评课活动中，参与的人员既有学科教研员，也有大学教育研究者（我），当然还有执教教师以及其他多位前线教师的参与。尽管无法在参评人员类型与意见类型之间做一一对应，但评课过程仍表现出了典型的视角差异。在分析评价意见时，我们重点展现教学设计的视角、学科加工的视角之间的区分。

（一）课例概况

用小棒摆三角形，保持每两个三角形，有一条公共边。根据这种摆法，随着三角形个数的增加，所需要的小棒也会有规律的增加。在这节课上，教师用"摆 10 个这样的三角形，至少需要多少根小棒"作为探究题，带领孩子们发现了三种不同的摆放方法（如图 3 所示）。这些方法，都由学生在讲台上面向全班演示。在总结这些办法所包含的规律以后，教师提出了更多的问题，然后师生一道用前面总结的数学表达式来解决问题，例如：摆 37 个这样的三角形，需要多少根小棒？ 61 根小棒，可以摆多少个这样的三角形？

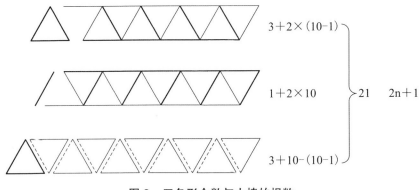

$3+2\times(10-1)$

$1+2\times10$ $\big\}21$ $2n+1$

$3+10-(10-1)$

图3 三角形个数与小棒的根数

（二）评论焦点

其一、"摆37个这样的三角形，至少需要多少根小棒？"这个问题是放在开课之初作为探究问题，还是放在课的后半段作为规律应用？其二、孩子们在演示"摆10个这样的三角形，至少需要多少根小棒"时，要不要把10个三角形全部摆出来？其三、这节课的目标，是帮助孩子们发现小棒根数与三角形个数之间的变量关系，还是帮助孩子们掌握摆放三角形的不同方法？

（三）视角差异的体现

关于第一个评论焦点，甲方（学科教研员）认为应该设置更有难度的探究题。只有这样，孩子们才能真正被激发起探究的欲望。"摆10个这样的三角形，至少需要多少根小棒"，这样的探究题太简单，对孩子们不构成挑战。而摆37个或者摆100个三角形，就很难用动手的方法找到答案了。乙方（大学教育研究者）认为，探究题的难度不重要。本课的重点，也不在于让学生学会处理"摆37个三角形，至少需要多少根小棒"这样的问题。可以看到，甲方提出的教学设计改进方案，主要是针对学生学习动机的激发，是一种教学设计的视角。乙方的意见是，本课重点应该是探究题本身所蕴含的变量间相互依存、由已知推论未知等数学思想。这是采用了一种学科加工的视角。

关于第二个评论焦点，甲方的意见是，应该把 10 个三角形都摆出来。只有这样，孩子们才可能观察清楚摆放的方法，进而得到数学表达。乙方的意见是，10 个三角形不需要全部摆出来。这节课要突破的难点，正是借助有限的已知去推论更多的未知。这个教学难点的定位，在解决"摆 37 个这样的三角形，至少需要多少根小棒"的问题时，显得十分明显。基本上，甲方是站在教学设计的视角看问题，关注点是怎样设计更利于教和学；乙方是站在学科加工的角度看问题，关注点是本课可以帮助孩子们突破数学学习中的哪些难点。

关于第三个评论焦点，甲方的意见是，教师应该放手让孩子们探究更多的摆放方法，并设法帮助孩子们探究出尽可能多的摆法来。但是，我们知道，在解决"摆 10 个这样的三角形，至少需要多少根小棒"的问题时，备选的摆放方法远远不止三种，理论上应该是 P_{21}^{21}=21！种。在数量如此庞大的摆法中，不乏看起来比较有规则的。因此，乙方的意见是，这节课的重点不在于学会若干种摆法，而是通过摆法发现数量关系的数学表达。同样可以看到，甲方基本上是站在教学设计的视角看问题，强调更丰富地展现探究题所包含的数学事实；乙方则基于对学科的定位，认为这节课不需要花费过多精力在摆法探索上，而应该强调变量关系。

通过对上述课例及评课过程的回顾，不难发现视角差异的确会体现在具体的评课活动中。由于点评人所关注的视角不同，提出的具体意见也有重大差异甚至冲突。究其根源，这种视角差异是由于对一节课不同层面信息的关注。当然，也可以用本书第 2 章第二节谈到的"反思对象"的概念，认为这种差异是由于反思对象的不同造成的。那么，这些视角差异所带来的意见差异或冲突，不可化解吗？如何认识这类差异或冲突的性质？更关键的是，执教的教师，该如何面对这些互有歧异的意见？

三、视角差异的重新建构

基于对评课中各方人员的善意假设，不论评课者关注哪种视角，这些评论都具有共同的服务目的：都与教师相关、都期望通过评课对教师有所帮助。因此，上述评课过程中评课者的视角差异，以及相应的具体观点上的区别甚至冲突，除了被理解为差异和冲突，还可以基于其共同的服务目标来理解。基于这种概念上的重新建构，视角差异所带来的意见区别甚至冲突，只是反映了不同角度的教学改进努力。更恰当的说法是，来自不同视角的努力，虽有性质上的不同，但具有目的一致性。

按照舒曼（Shulman, 1987）的概括，教学包含不同的知识基础。在我看来，正是评课者参考了不同的知识基础，结果形成了不同的评课意见。因此，可以认为评课过程中的这些具备目的一致性的视角差异，反映了不同教学知识基础在指导教学决策时出现的差异甚至冲突。例如，有些学科知识在其母学科看来可能是错误的。但是，在考虑到学习者的特征以后，在特定学段就可以合理地安排这些内容了。在前文的课例当中，甲方更多强调教学设计，乙方更多强调学科加工。甲方、乙方具体观点上的不同，就反映了评课者对不同知识基础的强调。换句话说，视角差异源于评课者所参考的知识基础的差异。实际上，由于教学知识基础本身的多样性，即使没有不同类型的评课者存在，执教教师在反思自己的课例时，也照样可能得到不同的判断。这种复杂性，正说明了教师工作的实践特征。

在第 2 章的开始部分，我介绍过格琳的"神秘化"和"觉醒"这两个概念。她认为通过个人有意识的努力，保持"觉醒"、考虑自己的现实条件、探究宰制自己的那些力量、解释自己的日常经验，人们就可以在很大程度上克服无力感（Greene, 1978, pp.43-44）。具体到教师问题上来，格琳认为教师容易"淹没"在教育官僚机构中，过于随意地接受那些"理所当然"的东西。因此，需要有一些帮助教师克服"淹没"状态的东西。评课过程中的各种视角，虽然有潜力促进教师专业成长，但也都有可能成为"淹没"教师独立专业判断的罪魁。因此，前述具备目的一致性、源于知识基础差异的视角差异现象，就需要一种更加积极的理解方式。这是这里所做的概念重建工作的真正目的所在。

在课例研究过程中，我将评课过程中出现的视角差异以及相对应的观点分歧，视为一种教师反思的契机。这些差异和分歧，更有利于教师对教育中的一些关键领域保持"觉醒"。用格琳早先提出的概念，可以说这些独特事件会促使教师由"居家者"转变为"省亲者"。多样的评课视角和意见，让教师有更多机会用新的眼光来观察自己的学校、班级以及自己的课，不再用理所当然的姿态来看待问题，从而保持"觉醒"。在某种程度上，这样的教师已经成为自己所在学校、班级的省亲者、提问者乃至陌生人（Greene, 1973, pp.267-268, 298）。在日常生活中，与同行的交流往往容易取得共识；与外行的交流则比较困难，往往会在一些常识问题上争论不休。一般我们不喜欢这种与外行的争论。但是，不能否认的是，有一些与外行的讨论，恰恰可以提示一些长期被忽视的问题。格琳有关教师的"觉醒"状态的这些概念告诉我们，教师十分有必要与自己的教育场地保持适当的"距离"，过度沉浸在教学的实际需求中未必是好事。刚才报告和分析的"视角差异"现象，正好可以对教师熟悉的知识基础构成挑战，是产生这种"距离"感的重要契机。具体到前述数学课例上来，不同评课者在不同评论焦点上的不同建议，正好为执教教师深入思考教学问题提供了机会。进一步追问这些不同意见背后的理据，可以丰富教学设计者对问题的思考。

至此，我们完成了对视角差异的概念重构，将视角差异及其相对应的观点分歧，转换成一种更为积极的现象。基于这种建构，评课中的观点分歧越多，教师的知识基础得到检验和反思的机会越多，对教师成长的助力也越大。基于重新建构的视角差异概念，评课过程将更有结构。譬如，听课者可以就教学能力、教学设计、学科加工分别进行评论。另外，也是更为关键的应用是，评课过程中出现的各种不同意见，不再是是非对错的竞争关系。各方提供的丰富意见，尽管有可能相互抵牾，但是很可能都有利于教师打开思路、有利于教师反思自己的知识基础。虽然，教师最终总是吸收其中一部分意见，而放弃另一部分意见。但是，被放弃的意见不见得是错的，而可能只是教师在综合考虑各种因素之后做出的折中选择。

四、寻找评课中的理论视角

在评课过程中，教师如何应对多种视角、多种意见，得到折中的选择呢？可以将教师的不同处理方式，规划为三个不同水平。这三个水平是教师应对视角差异问题的能力水平的表现。第一个水平的主要任务是"借鉴"。这要求教师广泛吸收同行和学科教学专家的意见，尽量开阔自己的视野、打开自己的思路，为同一课题寻找不同的设计方案。在具体行动上，表现为教师多参考同行的课例、多听取学科专家的建议等。第二个水平的主要任务是"创造"。这要求教师在广泛"借鉴"的基础上更进一步，将自己的理解投入到学科加工和教学设计中去。第三个水平的主要任务是"评鉴"。在遇到不同的备选方案时，要求教师能够有自己的根据和立场。能够综合考虑时势，对各种选择提出"评鉴"意见来。

第一个水平的成功标准是"广博";第二个水平的成功标准是"创新";第三个水平的成功标准是"独立"。

实际中因为视角差异带来的各种取舍难题和政治性博弈难题，恰恰反映出在观念多样性方面，此种评课过程已经达到了"广博"的要求，其中的教师已经在进行第一个水平的"借鉴"工作了。但是，很多时候多样的观点反而会制造麻烦。在有学校领导、学科教研员、大学教育研究人员参与的评课活动中，教师往往显得扭扭捏捏、遮遮掩掩、不愿意吐露心声。反而是在几位教师私下里的非正式探讨中，更能够直抒胸臆。刚才已经说过，观点的多样性应该被视为一种财富和机缘，而不一定是件坏事。教师同侪之间的讨论，固然也包含了相异的观念，但是在丰富程度上恐怕会因为人员类型的同质性，而大打折扣。所以说，在评课中光是有多种观念的呈现，还不够。在应对评课视角差异的问题上，达到第一个水平之后，还要继续往更高水平发展。上述处理方式的水平划分只是我的个人意见。通过这个分类，我想表达的看法是，教师在应对视角差异的问题上，应该尽量追求高水平的处理方式。既不是一边倒地压制教师的声音，也不是乡愿气地总是要求倾听"土专家"们的意见，应希望教师在作为开放的"借鉴"者、高明的"创造"者之余，还能够保持"独立"。

现代知识学的一项共识是，所有知识都不完全是客观的，知识总有其政治维度。这种观点，影响到人们对教学知识基础的判断。那种专家主导型的教育决策，被解读为一种政治性的宰制过程。这些专家主导的知识基础，因而受到各种合法性质疑（Donmoyer, 1996）。在评课过程中出现的各种视角差异，也很容易被导向一个政治博弈的过程。表现为，谁的影响力更大，谁的观点就更合理。执教教师在其中，始终要保持谦逊领教的姿态，尽管他们的内心可能正在做沸腾但无声的辩护。有时，执教教师甚至会选择在各种冲突势力当中，寻找一种狡猾的平衡，无底线地放弃自己的原则、立场，让自己的课堂变成别人想法的"跑马场"。这种知识的政治维度，是刺激我探求视角差异及其概念重建的动力之一。我个人并不觉得知识的政治性与知识本身的理智特性，是同一个水平上的两个特性。概括来说，知识本身的理智特性，更加值得珍视，更具有根本性。而知识的政治维度，不过是求知者在人群中不得不领教的一个附属品质，在很多时候只会抬高求知过程的成本，甚至阻断求知的过程。因此，知识的这两个不同的品性相比，前者是本质的，后者是衍生的。更何况，我本人也不希望人们在求知的过程中，掺杂更多的与求知本身无关的考虑。这样一种"双重学习"的经验，杜威早已有过批评，是教育研究者要鄙弃的。我的上述观点，可以理解为是在寻找一种弱化学习过程的政治色彩的选择。

现在的问题是，如何提升教师应对视角差异问题的水平？更直白地说，如何让教师在各种相互冲突的观点面前，在广泛"借鉴"、自主"创造"的基础上，仍保持"独立"？我的答案是，加强教师自身的修养。教师要想在众多评课者、众多评课意见中保持"独立"，不能指望用评课流程的制度安排为教师保留发言机会，而应该依靠教师对各种知识基础的独立判断能力来获取这种"评鉴"者资格。一个几乎不需要明说的常识就是，一位更有学识的教师，往往在评课活动中也更加积极主动、更加"独立"。当然，提升教师自身的修养，也需要外部环境的支援。主要是一种对于教学的专业知识基础的尊重。在评课过程中，各类评课者不单提供具体的判断和建议，而且提供这些判断与建议背后的知识基础。让整个评课的过程，变成丰富和精炼教师的知识基础的过程。评课过程中的讨论，也是围绕这些知识基础来进行的。这让整个评课活动变得更加理论化。在下一章，我将会把这种关于评课视角差异的观点，落实在具体的课例研究过程中。通过设计专门的环节，落实评课过程的理论追求。

第6章　理论介入的课例研究

我的一位研究生在学位论文中记录了某高中的一次评课活动。其中一位听课老师的评语很有代表性："听了张老师这节课，我从以下几个方面评一下：首先，在思想方法上，注重示范和逻辑推理，推理过程严密、逻辑性强。在教学行为上，采用集体回答、个别回答、扮演等方式，语言清晰、板书整齐、做图规范。整体而言，结构严谨、环环相扣，课堂气氛比较活跃。缺点嘛，暂时还没发现。"说这段评课很典型，一是因为它已经涵盖了常见的点评内容，例如对教学风格的点评、对教学行动的点评。二是因为它反映了一般的听评课活动的典型特点：只有课例，没有研究。虽然发言很热烈，但是对于有争议的问题没有实质的推进。参评者自身的提升也很有限。我们看到的表现就是，评论环节缺少研究的色彩。

为什么上述研讨课会出现这样的缺陷呢？我的看法是，在这样的研讨课中，还缺乏真正的研讨主题。如第4章第一节所述，一个课例可以有不同的观察角度。如果参与研讨课的各方没有共同的关注点，就很难在同一个主题上发现争议；如果参与各方不是就各自的知识基础进行分享和讨论，而是就观点谈观点，即使发现了争议也难以进行实质的研讨。本章要报告的"理论介入的课例研究"，是在课例研究过程中，强调发现理论问题、研究理论问题，并通过对理论问题的研究来提升自己、改进教学。因此，这种课例研究实际上是要把参与各方的注意力都集中到课例中反映出来的理论问题上来。在这样的课例研究活动中，不会出现上面这种评课语言。

一、缘起：与教师一起学习

因为一个校本研究项目，我开始进入一间小学。经过磨合，我得到了一份独立开展教研的资助。更重要的是，由于校方主动迈开第一步，所以在我开始研究工作之前，已经与学校管理者有了相当程度的相互了解。我关于课例研究的一些研究理念，已经预先得到了学校领导的认可。这样，在此后的一年多时间里，我可以悠游自在地往来这所学校、定点在学科组里开展工作，不急于总结成果。在此期间，我收集到丰富的课例。同时，也参与到学科组的教研活动中去，与广大前线教师们建立了密切地联系。"学科加工"这个概念，就是在这个过程中建构起来的。这次"自下而上"的概念建构过程，漫长而周折。但是，因为概念不是"拿来"的，所以教师们不会对概念产生陌生感；因为概念建构过程始终有教师的参与，所以教师不会感到概念与我无关。

2010年秋季学期，我获得许可开始这项工作。我给自己定下的规则是，每周尽量投入一天时间进校听、评课。基于以前的经验，我知道自己面临的主要困难是取得教师们的认可。说到底，既然教师们以前就可以做好自己的工作，那么凭什么让人家欢迎我呢？看来，我需要尽快做到，把这项研究由学校布置的一桩工作，转变为教师们自己的努力方向。我要尽快展现自己的独特价值。

最初，我是以"游客"的身份进入课堂。作为"游客"，我得到了殷勤地招待，但是主人的好客也意味着距离。因此，我给自己设定了目标，要成为教师们的"自己人"。可是，要成为"自己人"，要突破的东西太多了。譬如，我要"通情达理"，能真的同情和理解教师们的种种境遇；我在个人兴趣之外，要照应教师们的兴奋点；我要在自己的非专业领域，暂时扮演专业人士的角色。同时，我这个"自己人"又很特殊：

我既要理解前线教师们的见识，又不能局限于这种见识；我要尽量详尽地了解教师，又要小心地迴避校内的种种人情纠葛和管理摩擦。可以说，整个过程中，我始终有"伪装亲善"的嫌疑，而实际上是别人专业领域的"入侵者"。这种身份的界定在专业伦理上是否合理，我至今还不确定。

每次下校，我都会带上一台迷你DV、一支录音笔、一个听课本。基本上，我参与的过程，都会有影像记录。现场的观感，记在听课本里。返回途中，也尽量对那一天的工作，做一些口头的点评。这也要录下来。听课时，我总愿意坐在讲台一侧、靠墙角的位置。这样，我可以方便地面向教师和学生。我在录课的时候，喜欢拍一些孩子们的特写。我记录他们的表情、观察他们在做什么。在进行讨论和处理练习的时候，我常常进入孩子们中间拍摄或提问。有时候，我也会带走一些觉得有价值的学生作品。总之，我希望尽量详尽地观察课堂，但又不愿意套用已有的理论或观课工具。整个信息收集过程是松散的、非结构化的。

在这一时期，我的听评课采用的是一种"漫无目的"的方式。学校教学处帮助我安排了数学学科组各位教师的课。但我与听课的教师还不熟悉。在这段最初的日子里，课后的沟通也常常只是利用上午的一小时大课间来进行。事后，再没有进一步接触。这时候我的各种言论还没有一致的方向。对这段时间的工作目的，我自己的界定是熟悉情况、寻找有缘人（"种子教师"）。

不久，我遇到了最初的两位与我颇有默契的教师：张老师和袁老师。张老师的教学信念开放，袁老师可能更为谨慎而敏感。但是，他们都年轻而有热情，愿意做各种尝试和努力来改进自己的工作。在张老师的课上，我们从一道练习题出发，提炼出一节展示课。在袁老师的课上，我们一起针对她要展出的课，反复研讨不同的方案。在这个过程中，我尝试分头为两位老师提供相关的文献资料。譬如，为张老师提供一些关于儿童函数学习的心理学文献；为袁老师提供一些关于公制单位的资料。在我的坚持下，这些资料最终都深刻地影响了两位教师的理解和教学设计。在集中研讨的那段时间，几乎每次到校听课，我们三个人都要碰头。在余下的时间，包括休息日，我们也会打电话沟通自己的想法。

大约是在这两次课例研究之后，在这所学校我遇到一次与区数学教研员共同评课的机会。那次评课，教研员和我的每一个观点几乎都是相左的。我们谁也没有说服对方，但我们都意识到对方在实事求是地说一些真诚的话。现场，无论是执教教师还是其他旁听者，都没有做进一步的表态。事后，我据此总结了点评一堂课的三个不同视角（见本书第5章第二节）。在这份总结当中，我进行了初步的概念设计，把我早先进行的那两次课例研究中的做法，概括为"学科加工"。下面这段话是对"学科加工"的描述：

> 与其母学科相比，一节课要处理的知识点，总是对应于某些主题、服务于某些目标。教师在教学设计过程中，试图恢复教学内容与更广泛知识基础之间的联系。这就是学科加工。善于做学科加工的教师，在思考教学问题时，始终具有稳健的理据。每一节课的教学，都有较为明确的定位。届时，一节课的目标设计将不再是基于猜测或者灵机一动，而是有坚实的基础了。可以看到，进行学科加工的教师考察的不仅是单个知识点，而是努力寻找该知识点与更多知识之间更广泛的意义联系。如果说教科书的编制过程，是由学科知识向教科书知识的转换。那么，学科加工过程，就是回头去寻找这些转换线索。

在我看来，"学科加工"不涉及具体的行动建议。所以，在选择研究合作者时，不必纠结执教教师是否有娴熟的教学技能。谁都可以坐下来，一起研讨课例。研究过程不是一两位经验教师的独角戏。另外，"学科加工"也不一定会干预最终的教学设计。我们的研讨多是在追问和寻找教学设计的知识基础。有的时候，研讨过程甚至并不改变教学设计，而是更加肯定最初的教学设计方案。我们常常追问：这样设计有什么根据？因为这些知识基础来自于广大的学术研究界，甚至不限于教育研究文献，所以它们本身就有接受讨论和期待更新的特性。所以，在寻找知识基础的过程中，大家都是学习者，都是平等的。"我不说你不懂理论，你也别说我没有经验"——虽然我在寻找知识基础这件事上的确会更熟练和便利。在最初的一些课例研究中，也主要是由我来提供研读的文献。"学科加工"的这些特性，让我相信自己有能力把握，也让我相信它有在别处复制的可能。

在后面的听评课过程中，我选择了另外一些课例，把"学科加工"的方式，应用到这些课例的研究过程中去。这时，我已经有比较明确的努力方向了。在教研团队中，我充当了质疑者和资源支持者的角色。譬如，在小学三年级的竖式除法教学中，质疑的对象是竖式除法的教学重点。在资源支持方面，我们从除法计算方法的多样性入手。通过向执教教师提供历史上曾经出现的几种除法计算方法，进一步凸显除法作为"连续减"的意义。这样，竖式除法的教学就得到了一个更有意义的备选方案（见后面的范例4）。又譬如，在小学一年级的两位数认识的教学中，质疑的对象是两位数与一位数的差异：这种差异仅仅体现为数值大小的不同吗？在资源支持方面，我们提供了十进制计数法的数学史知识。据此，执教教师认识到，数位概念才是两位数教学的关键所在（见后面的范例1）。他们的教学设计因此获得新的备选方案，这种方案具有更加确实的知识基础。

2011年春季学期，我把"学科加工"这个概念总结与教学处和研究团队的教师们做了沟通。我期望，大家可以用同一套概念来说话。我相信这样的沟通会更加有效。后来的一些研讨场合，经常会有人说："我知道，从您那个角度，会这么看……"。可以说，在做这种概念总结的时候，基本上这个概念已经有了很好的"群众基础"：参与教研活动的教师了解我要做的事；学校教学处参与了事情的全过程；常务副校长也应该能理解我的提炼。今后的努力方向，只是把此种课例研究的影响面由个别"种子教师"，扩展到更大范围的教师群体中去；把一个"在地"的教育概念，扩展为教师发展的行动路径；由一两个学科的提炼，进入到更多学科的探索；由大学教育研究人员的帮助，变成教师自己独立完成。当然，这些问题已经进入另外的研究专题了。

基于这段实务研究的经验，我可以比较有信心地说，与教师一道进行理论建构是可行的。这样的建构，无论是过程还是结果，都与教师的专业生活富有亲和力。这种理论建构是以教师生活为素材，并服务于教师。"学科加工"把我关于"教师做研究"的一些思考，落实到实际工作中。并且，很快在我参与的石景山区"绿色教育"、朝阳区"一校一专家"等项目中得到了应用。同时，我还利用一些讲课的机会，和一些来自前线的教师进行讨论。北京石景山区、朝阳区、顺义区、广东东莞、深圳南山、云南昆明、山西柳林等地的一些老师，为我提供了有益的反馈和建议。现在，我已经更新了"学科加工"的概念，从"教师研究"这个更一般的话题的角度，来反思这段工作的经验。在研究的具体实务工作方面，我也把最初亲自完成的一些环节剥离出来，作为下一步探索的主要目标，例如问题的型塑、文献的获取和阅读等等。我期待着在更多学校复制2011年春季学期总结的这些经验，在一些当时已经涉及但是还远未搞清楚的问题上继续探索下去。

二、模型建构：注重理论介入

（一）基本假设

其一，教学科目与学术科目十分不同。在学术研究领域，各个学科呈现出知识不断更新、知识具有不确定性等特点；而在教学科目上，则呈现出知识历久不变、知识确定不移等特点。我们可以观察到，从事学术研究的人员与从事学科教学的前线教师基本上不是同一群人。

其二，教学科目与学术科目密切关联。学术科目是相应的教学科目的重要参考；课程设计的过程务必要有学科专家及其工作成果的参与。在课程设计的过程中，教学科目与学术科目之间存在千丝万缕的联系。只是在课程产品的呈现方式上，没有明确呈现这些联系。

其三，理论介入可以促进教师专业发展。在"理论介入"环节中，教学目标的设计、教学重难点的确立，都不是基于教师的灵机一动，而是基于对理论知识的深入研读。这时候的课例研究，不再聚焦于教学行动方式。理论不仅影响了一节课，而且以这节课为载体，促进了相关教师的发展。

（二）基本流程

在"理论介入的课例研究"中，研究者关注的核心是教师行为选择的知识基础，而较不关心教师的实际教学技艺和教学设计。一个完整的课例研究过程，包含"反思契机－问题界定－知识基础－行动选择"四个主要阶段。其中，"问题界定"、"知识基础"两个阶段构成"理论介入"的环节。

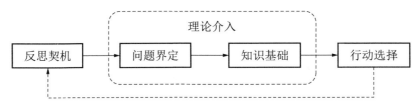

图4　理论介入的课例研究

其一，反思契机。反思契机来自实际的教学过程。这要求课例研究的参与者能够从课堂教学中寻找适当的部分，追问"为什么要这么教"这样的问题。

其二，问题界定。前线教师在大学教育研究者的帮助下，确定哪些知识基础与前述问题相关。这是一个用专业术语界定问题的过程。这对"理论介入的课例研究"十分关键。

其三，知识基础。在"问题界定"的指引下，全体参与人员共同研读相关的理论知识。这个阶段的关键，是对理论知识进行适当的解读。目的是将这些相关知识与要研究的课题联系起来。

其四，行动选择。这种行动选择，既可能是对原有教学设计方案的更新，也可能是维持原有的设计保持不变。无论如何，最终的行动方案都有了更稳健的知识基础，都是在更充分地反思的基础上建立起来的，并且形成新一轮反思的起点。

（三）基本条件

在"理论介入的课例研究"的基本流程中，第二、第三环节是更有特色的部分。这两个环节，对课例研究的各方参与者，都提出了较高的要求。由于"理论介入"的研究形式，总是包含大学教育研究者与前线教师。所以，可以从这两类人员的角度，叙述此类课例研究的基本条件。

其一，研究问题的准确界定。在确定课例中值得进一步研讨的问题以后，需要用相应学科的术语，对问题进行准确界定。这些术语，将指引课例研究的各方参与人员，找到适宜的专业参考资料。这需要这些参与者对学科的基本术语有一定积淀，并在研讨实际教学设计问题时，保持敏感性。

其二，知识基础与教学问题的巧妙匹配。前线教师往往更关心具体的教学设计问题，更不关心对知识基础的追问。如果希望教师能主动寻找和阅读相关的专业参考资料，就需要提供较为明确的方向，让教师确信这些阅读的确与其教学相关。研究者在向前线教师推荐阅读材料时，应保持更为真诚和谨慎的态度。

（四）基本特色

其一，研读理论不是传递教学技术，而是寻找教学改进的路径

课例研究工作不太关心具体的教学技术，而是深入到学科知识、教学过程之中，通过研读理论来寻找教学设计的洞见。研究过程本身，示范了一种教学改进的路径。教师在其它知识点的教学上，也可以沿袭这种路径，通过更新知识基础来思考教学。

其二，课例研究不是为了贡献一节好课，而是对教师有业务上的影响

虽然最终的教学设计，的确受到了理论知识的影响。但是，理论知识对教学设计的影响，并没有明确的方向。教师完全有可能在学习理论以后，依然回到自己最初中意的设计上去。但此时，课例研究过程已经让教师对自己所教的内容有了更深入的了解。所以说，推出一节好课，只是课例研究过程的副产品。参与者真正在意的是教师在这个过程中的长进。

其三，理论知识没有教会教师怎么教，而是支持教师发展

在"理论介入的课例研究"团队中，既有经验教师，也有讲坛新

秀，还有大学教育研究者。虽然这个团队吸收了经验教师参与，但是我们努力让不同的教师都有机会发声，让各种真诚的意见都有机会得到展示。在这个过程中，没有哪一类人员充当导师，每一位参与者都在虚心学习，从更广大的知识母体中汲取养分。"理论介入"的过程并不呈现什么是对、什么是错，而是向教师展现学习尤其是理论学习的价值。最终的目标，是让每位参与教师都能够成为"种子"，能够独立带领一个小组，完成新一轮课例研究工作。我认为，比较理想的课例研究过程，不应该过分依赖经验教师或者大学教育研究者。能满足这一要求的研究模式，更有可能在它处复制。

三、在课例中寻找理论问题

下文报告的研究范例（如表2），都是在上述课例研究模式的指导下完成的。其中，涉及的学科是小学数学、小学语文，课例研究的内容分布在低中高三个不同年级段。为更清晰地展现"理论介入的课例研究"的运转情况，在介绍这些研究范例的时候，都遵循了同样的体例：先呈现相应的教科书页面，随后严格按照模式建构过程中的四个环节来叙述研究过程。并且，在每一次介绍完毕之后，还选录了一份关键性的研读材料。正是对这一类阅读材料的研读，使得参与课例研究的前线教师以及大学教育研究者，对于要研究的教学问题获得了更丰富的选择。可以说，正是"理论介入"这个环节，让本书报告的课例研究，获得了反思对象上的转换：由行动的再选择，进入到对行动基础的考虑。在整个模式中，也要数这个环节最具挑战性、最容易让前线教师感到困难和新意。因此，在具体介绍这些课例之前，有必要专门讨论一下如何"在课例中寻找理论问题"。

表 2　"理论介入的课例研究"范例

	学科	年级	课题	研究问题
范例 1	小学数学	小学一年级	两位数的认识	位置计数法
范例 2	小学数学	小学六年级	认识负数	负数的历史
范例 3	小学数学	小学三年级	长方形的周长与面积	函数的认识
范例 4	小学数学	小学三年级	竖式除法	除的不同演算方法
范例 5	小学语文	小学三年级	饮湖上初晴后雨	诗歌的理解
范例 6	小学语文	小学五年级	迟到	文本解读
范例 7	小学语文	小学四年级	尊严	关心理论
范例 8	小学语文	小学三年级	炮手	服从实验

　　"理论介入的课例研究"强调教师要在课例研究过程中增加一个新的反思主题，即"教学行为改变的知识基础是什么？"要注意的是，在进行这一反思的过程中，教师本人并不是一块一无所有的"白板"，而是在这个教学专题上已经有了充分的考虑和信念，甚至已经落实在初始的教学设计当中了。因此，"理论介入"的环节，应被理解为教师援引外部智力资源，对自己已有思维的反思。这一过程与那种"专家"一言堂式的培训思路是有根本区别的。概括来说，在课例研究中研读理论，是为了更加明确、更有理据地挑战教师反思的对象，并不想用某种理论来覆盖教师的已有思维。课例研究的参与教师，包括参与此事的大学教育研究者，都要完成一定量的专项阅读。对这两类人员来说，研究过程中要完成的这些阅读，都是探索性的，可以拓宽、加深他们在相应专题上的见识。更重要的是，"理论介入"的环节，让教师在这个专题上的那些已有考虑和信念，在经验基础之外，获得了经受理论检验的机会。由于所有参与者都要面向更广阔的知识社群寻找帮助，因此在这个过程

中，前线教师教学经验的多寡，甚至大学教育研究者与前线教师的专业差异，都在一定程度上被压缩了。大家是在一起学习，进而丰富甚至颠覆原有的对某专题内容、教学方式的信念。表2中列举的这些课例，其中对教学内容、教学方式的再加工，基本上都是创造性的，甚至可以说是前所未见的。这些创新的来源，就在于课例研究过程中强调了"理论介入"这样一个"输入"环节。而且，也许更重要的是，研究过程的理智色彩，给课例研究的各方参与者都带来了极大的理智乐趣，让研究过程变成一个充满了新发现的探索过程。

如果说长年的教学实践，为教师提供了"行万里路"式的经验积累，那么这里报告的课例研究则为教师提供了"读万卷书"的理论提升机会。考虑到不同前线教师的经验水平各异、且多不习惯于研读理论，而大学教育研究者惯于做理论思考、又不以实践经验见长，在教师研究中强调理论介入，是一种联合了双方优势的选择。表2中列出的这8则范例，反复说明了"理论介入的课例研究"模式的应用方式，同时也是对"理论介入"环节的反复说明。

实际中，多数教师并不是不希望读书，而是往往"读之无用"，甚至"读之有害"。即使是读到了很有趣味的作品，事后想来也往往难以应用到自己的课堂上，无益于实务问题的解决。这里的问题关键，就在于阅读的作品是教师根据喜好随意选择的，往往没有与正在面对的问题匹配起来。后文要介绍的这8则范例，都密切关注研读材料与反思主题的匹配，在阅读材料和反思主题之间保持密切关联。正是由于此种关联，阅读才能促使教师更明确自己已有的认识，最后达到对已有认识的有理据的反思。应该说，如何确保这种匹配程度，并没有十分确定的办法。为达到这一标准，要求参与研究的相关各方拥有尽量丰富的知识背景。但是，在将要报告的这些范例中，已经初步包含了不同类的研读材料。通过对这些类型的描述，也可以大致划出一个一般化的选材范围来。在这个范围内寻找研读材料，可以事半功倍，让"理论介入"环节变得更加清晰、有效一些，让"寻找理论问题"变得更加简单一些。下文即尝试对这些类型逐一做出说明。

（一）关于教学内容的知识

王荣生（2007, p.1）认为，"我国语文教学的问题和困难，主要出在教学内容上，而不仅仅是教学方法上。"对这一判断，我赞同一半，对另一半持反对态度。赞同的一面是，我也认为与教学方法相比，针对语文教学内容的研讨太稀缺了。更经常听到的意见是，语文教学的内容是既定的，教师只是要找到合适的方式把它们教给学生。在小学语文教师群体中，此种观点呼声更高。与这个判断相关，我反对的那一半也就很明白了。因为，我并不认为教学内容和教学方法是可以如此截然分开的两个方面。如果我们的教学研究，真的打算在教学方法上有所作为，一定避不开对教学内容的研讨。对内容的研讨，总是可以为教学方法的选择提供意见。杜威在近100年前就已经讨论过教学内容的方法维度，认为"任何把教材和方法割裂开来的看法都是错误的（杜威，1990, p.176）。"譬如，"利用兴奋、快乐的冲击和迎合学生的胃口"，或者"使不注意的学生感到痛苦，用伤害来威胁学生，促使他们关心不相干的教材"。这都是在不顾及"内容"的情况下，单纯考究"方法"的结果。简言之，就是把教学的成功，寄希望于一些脱离教材的方法所产生的抽象兴趣之上。单纯从方法角度来研究教学，就放弃了内容与方法的这种天然的联系。

类似的，我也认为在数学教学上同样存在忽略内容的问题。在面对教学内容时，我们往往以为越小儿科的东西越简单。结果，数学教研，尤其是小学段的数学教研，主要聚焦于教学方式的变革上。很少有课例研究会围绕着教学内容本身展开深入研究，更不要说进行有理论依据的研究了。这些做法在假设上出了问题！原来，从教的角度来判断难易，与从学的角度来判断难易，应该秉持不同的标准。以我在大学的教学经验为例，往往越是基础课，越是考验教师的专业水准。所以，在很多大学里，基础课都是由经验和学识很丰富的教师来执教，而研究生课程往往是刚毕业的博士就可以担纲的。这里所说的基础课，在专业内容上也许不是很精深的。但是，之所以称其为基础课，就是因为这个学科对于今后的进一步学习举足轻重。从教的角度来说，要讲好这些看似容易的内容，需要教师自身有足够宽广的视野和专精的探索。只有这样，他才能在教学生之前，已经先行了解这些教学内容与学生未来的课程之间的密切关联。小学数学教学也是一样。小儿科的学习内容，从学的角度来说，似乎难度较小。但是，从教的角度来说，恰恰面临大学基础课教学的类似境地。教师自身没有丰厚的学养，是没有办法把这些看似简单的内容讲得富有魅力的。

基于上述这些考虑，在课例研究过程中，我并不直接去点评教师在教学过程中一言一行上的得失，更不关注有关学生参与状况等方面的统计数据。基本上，我在评课过程中都是"先研究内容，后进行评课"。我相信，研究好了内容，该选择什么重难点、该选择什么教学方法，也就呼之欲出了。教师在这个过程中，逐渐深化了对所教内容的理解。更重要的是，在教师身上培植了一种研读和应用理论知识的兴趣与信心，一种"有问题就学习"、"有问题，找理论"的工作习惯。从一些可以广泛共享的知识基础出发，寻找教学改进的建议和教师发展的动力。面对浩瀚的知识海洋，所有参与课例研究的人员都是学习者。在这一类的研究过程中，我们常常会惊奇地发现，原来小学段的教学内容也不是那么简单。表2中的范例1、范例2、范例4、范例7、范例8的研究过程，都参考了此类关于教学内容的知识。

（二）关于教学过程的知识

"我们对儿童是一点也不理解的：对他们的观念错了，所以愈走就愈入歧途。最明智的人致力于研究成年人应该知道些什么，可是却不考虑孩子们按其能力可以学到些什么，他们总是把小孩子当大人看待，而不想一想他还没有成人哩。"（卢梭，1996，p.2）卢梭在《爱弥尔》中的这个观念，开启了以"发展"眼光看待儿童的先河。而且，正是对儿童和成人的差异的意识，构成了卢梭倡导的新教育的基础。2 岁和 10 岁儿童之间有什么区别？ 10 岁和 16 岁、18 岁或者 20 岁的儿童之间又有什么区别？ 在为爱弥尔设计的教育规划中，卢梭已经注意到了年龄阶段的区分，并且给出了大胆的设想：幼儿期的感觉；童年期的感知判断；少年期的实践判断；青年期的理性和抽象思考。总之，不同时期有不同的特质。不论卢梭的这些设想是否符合晚近的心理学研究结论，他的确已经意识到不同生命周期的阶段性整体特征。卢梭的这些讨论，是教育思想史上的革命性事件（Boyd, 1956, pp. 173-181）。卢梭观念中所蕴含的一些观念，仍然活跃在今天的教育讨论中，例如：发展、个体、心理特征等。这些概念就源于一种对于"不同生命周期、年龄阶段有不同特点"的坚定信心。搞清楚学生的心理发展规律，并且顺应此规律做出教育的安排。这已经成为一种几乎无人质疑的教育假设了[1]。

根据这种假设，我们在课例研究过程中，注意阅读在相关内容上学生的学习心理特征方面的文献。例如，在范例 1、范例 2、范例 4 的研

---

[1] 沿袭卢梭的观念，学习被理解为一种由孤独认知主体完成的活动。实际上，当代流行的学习理论，在方法论上主要是个人主义的（Winch, 1998, p. 4），把孤独个人的知识作为人类全部知识的基础。相应的，已有的许多教学理论，也沿袭了这样一种方法论特征。这是对学习过程的参与本质的极大误解。因此，这样一种基于个体发展特征的教学原理，有必要得到更新。教学原理需要一种更稳健的学习哲学。（本书第 7 章在讨论教师研究与教师教育的关系时，会更详细地讨论教育心理学在教师教育中的地位问题。）

究中，我们阅读了与内容主题相应的数学史知识。在范例 3 的研究中，我们阅读了相关的心理研究报告。在范例 5、范例 6 的研究过程中，我们阅读了直接讨论教学方法的文献。应该说，后两种关于教学过程的知识，都还是前线教师所熟悉的。了解儿童在学习函数上的学习特点，然后再来设计函数教学（范例 3）。了解不同的生词教法，进而设计语文教学中的词汇教学（范例 5）。了解了确定文章主题的一般方式，再来探讨课文的主题（范例 6）。这些做法，有许多前线教师都在自觉地应用了。因此，下面重点讨论的是，为什么小学数学教师要读数学史知识？

据我了解，在中小学的数学教学中应用数学史知识，这已经成为一种国际性的专业努力了。按照福瑞蒂和瑞德福（Furinghetti & Radford, 2002）的概述，数学史与数学教学法的关系，已经成为数学教育界的重要研究专题之一。按照他们提供的线索，至少有两大国际组织在持续地关注这个专题：其一，"国际历史与数学教学关系研究会（HPM）。"这是"国际数学教育大会（ICMI）"的附属机构，成立于 1972 年，旨在把过去的数学与现在的数学相对接。其二，法国的"数学认识论与数学史跨校委员会（CII-EHM）"。该组织成立于 1980 年代初期，联合了中学教师、教师教育者、数学教授、历史教授以及科学史专家等，共同探讨数学史与数学教学相结合的问题。这两个组织至今仍活跃在数学教育研究领域。通过互联网，我们可以很方便地检索到他们的最新研究成果。在华人数学教育研究者群体中，也有人在做这方面的工作。例如，香港大学数学系的萧文强教授、台湾师大数学系的洪万生教授等。

关于数学史在数学教育中的应用，一种普遍的看法就是从促进学生学习的角度出发的。例如，中科院数学与系统科学研究院的李文林（2004）将数学史在数学教育中的作用概括为四方面。这些概括就都是从学生的角度出发的：帮助学生加深对数学概念、方法、思想的理解；帮助学生体会活的数学创造过程，培养学生的创造性思维能力；帮助学生了解数学的应用价值和文化价值，明确学习数学的目的，增强学数学的动力；帮助学生树立科学品质，培养良好的科学精神。又例如，马修和里奇（Marshall & Rich, 2000）也是从学生的角度，来概括数学史在数学教育中价值：有助于初学数学的学生克服常见问题；增进沟通、联系和对数学的珍视；丰富学生对特定数学概念的理解。詹克维斯特（Jankvist, 2009）的观点，更加清晰地将数学史知识与教学过程建立了联系。在概括"为什么"应用数学史的问题时，他援引了所谓的"复演说"观点，认为"数学史可以帮助教师识别学生学数学的认识论障碍"，即认为个体的数学学习过程必须经过数学演进史上的那些阶段。我们在范例1、范例2、范例4中读的那些数学史知识，就帮助我们明确了在相应知识点上学生的学习难点可能是什么。

当然，除了下面的八个课例研究范例的文献之外，为了加深教师对于所教内容的理解，可供研读的文献还有很多。譬如，在范例7、范例8的研究中，我们对教学内容的更新理解，实际上是基于一般的社科理论，阅读范围已经不再局限于教育领域的专业文献了[1]。又譬如，在进行课例研究的过程中，实际上在几乎每一个范例中，我们都参考了国内外同行的教学设计。尽管这些教学设计并不是理论性的，但也在一定程度上开阔了研究团队的眼界。如果从中发现了一些全新的教学设计，我们同样要问一问"为什么"。实际上，细心的读者还会发现，在下面的课例研究范例中，参考的文献既有博士论文也有理论专著，作者既有教育专家、心理专家也有前线教育工作者。总之，在课例研究中寻找理论问题的选择空间是很大的，只要方法得当我们完全不必为没有东西读而担忧。

---

[1] 在数学学科的课例研究中，可以把国内各套教科书与别国教科书作为重要的阅读材料。通过对小学数学教科书的国际比较，为教师提供备课的知识基础。这是我目前正在进行的一项工作。

范例1：两位数的认识

3

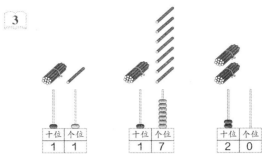

十位 个位
1 1

十位 个位
1 7

十位 个位
2 0

　　从右边起第一位是个位，第二位是十位。有1个十在十位写1，有2个十在十位写2。有几个一在个位写几。

做一做

1. 写一写，读一读。

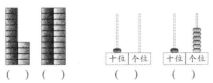

十位 个位

十位 个位

（　　）　（　　）　　（　　）　（　　）

2. 用数字卡片摆出下面各数。

　　十六　　十一　　十九
　　十四　　十七　　二十

十位 个位

1 6

3. 按顺序填数。

11	13		16		19
20	18		15		12

75

（人教版小学《数学》一年级上册）

反思契机与问题界定

在小学段，"0～20的认识"常被划分为几个阶段来教。第一个阶段教一位数，第二个阶段教两位数。在教11～20这些数的时候，教学的重难点常常包括：数的大小比较、数的数量和序列意义、数的分解以及数的书写等等。问题是，这几个常用教学设计，在0～9的教学中已经使用过了。所以，执教教师很自然地会追问：除了这些主题，教学设计是不是还可以做其它选择？11～20这些数，是否仅仅比刚刚教完的一位数更大一些呢？尽管这是一般教学设计的处理方式，但是通过进一步的数学史知识准备，我们得到的答案是否定的。在小学一年级上学期刚入学不久的这段时间内，孩子们的数学学习由一位数进展到两位数。这不仅仅意味着他们掌握的数目字所表示的量的增大，而且还意味着第一次正式学习"位"这个新的数学概念。

在上面的教科书页面中，在介绍两位数的时候，教科书已经使用了两种图示的办法来表示10以上的数量。第一种办法是用成捆的小棒来表示整十，第二种是在计数器的十位上用一个串珠表示10。这两种表示方法，看起来都可以起到同样的效果，但原理迥异。实际中，有些教师为了区分十位与个位，还会将十位上的串珠用不同的颜色标记出来。可以说，用颜色来区分十位与个位的方法，是对计数法的一种误读。因为，在"位置计数法"中，不同位上的数符都是一样的。它们的区别，仅仅在于身处不同的位置而已。

经过阅读和研讨，这个课例的最终问题核心被定位于一位数与两位数的差异上。虽然教师们普遍意识到一位数和两位数存在差异，在教学中有必要区别对待。但是，他们对一位数和两位数的差异并不清楚，这才造成了对两个相继的知识点在教学设计上的趋同。要想在"11～20

的认识"这个知识点的教学上有所突破,需要认真弄清楚"位"是什么。这才是这个知识单元最新鲜的内容,也是此次课例研究重点要突破的问题。

知识基础

在《古代数学史轶事集》(*Episodes from the early history of mathematics*)(Aaboe, 1964)和《数学简史》(*A history of mathematics*)(Merzbach & Boyer, 2011)这两部书中,都列专章对"位置计数法"做了介绍。其中,"位置计数法"被认为是人类数学史上的伟大发明,是一项重要的理智成就[①]。现代数学中所用的十进制数、计算机语言中使用的二进制数、日常生活中使用的十二进制、历史上曾经出现的六十进制等等,都应用了"位置计数法"。不同的进制,只是代表了所应用的数符个数不同,例如:二进制数只用到 0 和 1 两个数符,而六十进制数则要用到六十个不同的数符。那么,为什么说"位置计数法"如此伟大呢?我们以大家最熟悉的十进制数来解答这个疑问。

如上所述,十进制计数法是众多"位置计数法"中的一种。它与其它各种进制的计数法一样,都带有"位置计数法"的特点。"位置计数法"的主要做法,是使用一组"值"(10 进制数有 10 个值,分别是 0～9)

---

① 罗马数字就不是一种位置计数法。这种数字系统,至今还在广泛地应用,例如一部分钟表的刻度、书页的编码。这个计数法的特点,是为一些特殊的值,一一规定独特的符号。例如,1 是"I"、5 是"V"、10 是"X"、50 是"L"、100 是"C"、500 是"D"、1000 是"M"。在具体示数的时候,要按照一定的规则,进行加减等操作。例如:4 表示为"IV"、6 表示为"VI"、9 表示为"IX"、55 表示为"LV"、90 表示为"XC"、300 表示为"CCC"、1981 表示为"MCMLXXXI"。可见,罗马数字的计数方法上,没有位置计数法简洁,需要更多运算操作。

以及数符的"位"置，来表示任何数。每一种"位置计数法"所使用的"值"的个数都相对固定，且有专门的数符表示；而"位"则是随着数符位置的变化而产生的一种意义，没有对应的数符。这样的设计，使得"位置计数法"可以用相对少的数学符号，来表示几乎无限丰富的数量。这不能不说是一种十分精妙的发明。在10进制数中，要写出来的数学符号只有10个，剩下的"位"则没有对应的数学符号。

在"位置计数法"中，"位"的概念没办法做到眼见为实，没办法用对应的符号来表示。"位"只是一个相对位置，这使得"位"比"值"更抽象也更难理解。"位"的发明，在数学发展史上是一项了不起的成就，但是往往会在学生学习数学的时候造成困难。例如，小学段的"进位、退位加减法"、"包含小数点移位的小数运算"，都是孩子们比较容易犯错的知识点。在这些知识点上，孩子们之所以容易出错，可能就是因为"位"概念有难度、掌握地不够好。更有趣的是，除非在特定的知识单元，例如"小数点"、"竖式除法"等单元，在其它场合"位"概念很难引起教师的关注。尤其是在小学低段数学中，尽管在由一位数过渡到两位数的时候，孩子们已经初步接触到"位"这个概念，但是大多数教师甚至教科书编写者都没有意识到这是个新的知识点。

行动选择

基于上述知识准备，在设计"11～20的认识"这节课时，我建议把"位"概念的认识作为两位数教学的重点。基于这样的定位，原来看似合理的一些教学设计就不再妥当了。结合下图中的教例，可以具体说明教学设计上需要做的一些革新。

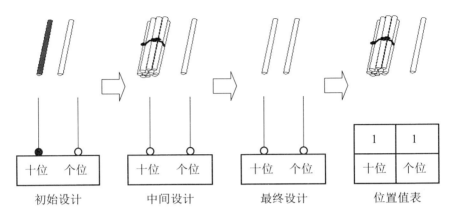

图 5　两位数的四种表示方法

　　在最初的设计中，执教教师设计了一项预备练习，要求孩子们用小棒表示数字 11。在孩子们提供的多种表示方法中，最让执教教师感兴趣的表示办法，是用一根小棒表示十位上的 1，用另一根小棒表示个位上的 1（如图中的"初始设计"）。在课例研究之前，执教教师认为这是一项有潜力的教学素材，希望在下次教学中加以应用。进而，为了区分个位的 1 与十位的 1，执教教师准备把表示十位的那根小棒用独特的颜色或长度标识出来。基于上述有关计数法的知识准备，我们知道这是在不理解"位置计数法"原理的情况下，才会出现的错误判断。实际上，上文在介绍"位置计数法"时，我已经明确说明了各个计数法中所使用的数符个数是一定的，各个数符在不同位上不会发生变化。例如，不会出现十位上的"1"和个位上的"1"不一样的情况。

　　基于上面这些知识准备，执教教师很快意识到上图中初始设计的小棒和算珠，共同犯了一个数学上的知识错误。在数学中，十位上的"1"与个位上的"1"都是同样的"值"。它们的区别，仅仅在于各自所处的"位"不同。基于此，采用不同长度、不同颜色表示相同的"值"，是不妥当的。正确的表示方法应该是采用同样制式的小棒或串珠（如图中的："中间设计"、"最终设计"）。那么，孩子们在前测中生成的表示方法（如图中的"初始设计"），是不是就此抛弃了呢？

回到上图，基于上述关于计数法的知识准备，执教教师最终认为，用两根小棒表示 11，提供了一个独特的探究问题，借此可以帮助孩子们理解"位"的概念。在教学过程中，教师先呈现"用两根小棒表示11"的方法，随后追问：1 根小棒和另一根 1 小棒加在一起，不是 2 根小棒吗？为什么有人用这种方式表示 11 呢？教师要传达的意思很显然：正因为左侧的小棒放在特殊的位置，所以它与另一根小棒有不同的意义。这种设计把抽象的"位"概念突出出来作为讨论重点，并使用小棒和串珠的位置对其进行了实体化[①]。

研读材料选录：位置计数法[②]

我们的数字系统与巴比伦人的相比，有一些共同点：我们和他们一样都使用了有限的符号或数符（我们用 10 个）来表达所有的整数；我们同时通过赋予数符的位置以重要性，来运用这些数符。这样，每向左移动一个位置，数的值就乘以一个固定的因数（对我们来说是 10，对巴比伦人来说是 60）。我们和他们一样，扩展了这一原则来表示特定的分数（对我们来说就是十进制分数）：向右移动一个数符，甚至超过个位，即意味着用一个固定的因数 10 或者 60 来除其数值。顺便提一下，数字 10 和 60 在这两个数字系统中扮演了关键性的角色，称之为基

[①] 图 5 还包含第 4 种表示"11"的方法。其中，需要用实物来表示"11"的时候，是用 11 根小棒来表示。需要用数字符号来表示的时候，就是"11"，不过是放在位置值表中罢了。位置值表的作用，不过是用表的方式，强调了不同位的"位置值"。与第三种表示方法的区别在于，并未赋予某些串珠"位置值"。因为，串珠作为一种实际存在的物体，是没法像"数符"那样获得"位置值"的。

[②] 节译自：Aaboe, A. (1964). *Episodes from the early history of mathematics.* Washington, DC: Mathematical Association of America, pp. 16-20.

数。这两个数字系统分别是十进制和六十进制。就好象我们将 10 进制中的分数称为十进制分数一样，巴比伦人的对应部分可称之为六十进制分数。

这两个数字系统的区别，即在于巴比伦人的基数是 60；另外，在六十进制中缺少对应于十进制中的分数点。这两个区别，初看起来很显眼，但是实在不是重要之处。为了更清楚地表明这一点，我们最好从更一般的意义上来考虑计数法的问题。

很显然，10 和 60 这两个数字并没有什么独特之处。我们的祖先之所以选择 10，只不过是某种生物学的奇想，尽管巴比伦人的方案不是数手指数出来的，但是我们可以从他们对于 10 的特殊记录符号上推测出，他们之所以选择 60 也有数学之外的动机。我们稍后再讨论这个问题。事实上，不难证明任何一个数字 b，只要比数字 1 大，就可以作为位置数字系统或位置值数字系统中的基数。我们可以认为，这样的数字系统也具备十进制和六十进制数字系统的共同特点。在这样的系统中，我们需要 b 个不同的符号或数符。它们基本的值分别是 0、1、2、……$b-1$。将某数符往左侧移动一位，意味着其数值乘以 b；往右侧移动一位，甚至超过个位，即意味着其数值除以 b。

我们将用实例说明这一点。这里的例子，是最近在计算机当中显示出实际重要性的二进制数。其中的 b 是 2。因此，在二进制数中我们有两个数符，分别是 0 和 1。用这一数字系统来表示前 10 个整数，即：1、10、11、100、101、110、111、1000、1001、1010。要把二进制数 1001011 转换为 10 进制数，可以这样做：$1001011=1×26+0×25+0×24+1×23+0×22+1×2+1 =75$。相反的，要将十进制数 308 写作二进制的形式，我们会发现 308 是介于下列两个连续的 2 的幂值之间：$2^8=256$ 和 $2^9=512$，而 $308=2^8+52$。52 介于 $2^5=32$ 和 $2^6=64$ 之间，而 $52=2^5+20$。类似的，$20=2^4+4=2^4+2^2$。因此，$308=2^8+2^5+2^4+2^2=1×2^8+0×2^7+0×2^6+1×$

$2^5+1\times2^4+0\times2^3+1\times2^2+0\times2+0$。写成二进制的形式，即：100110100。

这种位置计数法在算术计算中十分便利，因此显示了自己的重要性。我们所要掌握的，只是任何两个数符相加的加法表，接着就只剩下小学里教的那一套计算规则了。

回到二进制的例子上来，二进制的乘法表和加法表十分简单：

×	0	1
0	0	0
1	0	1

+	0	1
0	0	1
1	1	10

据此，二进制的乘法就可如下进行运算：

$$
\begin{array}{ccccccc}
 & & 1 & 1 & 0 & 1 & \\
 & & & 1 & 1 & 0 & \\
\hline
 & & 0 & 0 & 0 & 0 & \\
 & 1 & 1 & 0 & 1 & & \\
1 & 1 & 0 & 1 & & & \\
\hline
1 & 0 & 0 & 1 & 1 & 1 & 0
\end{array}
$$

两位数系统在计算机世界中之所以得到青睐，源于两个特征：仅使用两个数符，这与一个灯泡所能作的两件事相对应，即开或关；加法表和乘法表很简单，容易教会机器执行运算。这两样特征的代价是，数字的长度会拉长。例如，$1024=2^{10}$ 已经要求 11 个数符了。

我们现在可以回到十进制和六十进制最明显的差异上来。很显然，基数为 60 与基数是 10 可以起到同样的作用，尽管我们对基数是 60 的情况并不熟悉。而且，每一个基数都有各自的优缺点。基数为 60 的一个非常明显的劣势，是乘法表的规模更庞大，几乎没有谁能记得住。另一方面，基数作为 60 的优势就在于，可以用少量数符来记录更大的数。

与十进制相比，巴比伦人数字系统的另外一个优点，是可以写出更多的有限小数。事实上，我们已经在倒数表中描述了这些分数。很自然的，我们会追问更一般性的问题：在基数为 b 的数字系统中，一个最简分数 p/q 只有有限的扩分？

我们首先注意到，一个十进制的有限小数可以被认为是一种分母为 10 的特殊分数，一个六十进制的有限小数的分母为 60。类似的，任何一个基数为 b 的数字系统的有限小数，都可以视为分母为 b 的分数。我们的问题就变成：何种情况下，一个最简分数 p/q 可以转换为带有 b^n 分母的分数？因为我们可以通过分子、分母同时与某个整数相乘，来改变这个约分后的分数的分母，答案就是：如果分母 q 只含了 b^n 以及 b 中的质因数，分数 p/q 就可以准确地转换为分数 p'/b^n。

因此，既然 2 本身是个质数，那么唯一能写作二进制有限小数的最简分数，就是分母为 2 的分数。可以转换为十进制有限小数的，是那些除了 2 和 5 之外没有其他质因数的数字，因为 $10=2 \times 5$。但是，既然 $60=2^2 \times 3 \times 5$，那么对于六十进制的有限小数来说，可能的质因数就是 2、3 和 5。因此，如果我们考虑 2、3、4、……20 这些分母，它们当中只有 4 个可以作为的二进制有限小数的分母，7 个可以作为十进制有限小数的分母，而有 13 个可以作为六十进制有限小数的分母。

六十进制和十进制的另外一项主要差异是缺少小数点。这无疑是 60 进制数字系统的缺陷，但是并没有初看起来那样严重。我们只需要记住，当我们在进行十进制的乘除法时，我们首先要做的是忘记小数点。这些小数点的位置并不影响结果中数符的位置，只是影响其值的大小。事实上，当我们应用计算尺或者查阅对数时，我们与巴比伦人的处境并没有什么不同。因为，我们首先得到的是答案中包含的数符，随后才决定小数点的位置。无论如何，这是用小数运算替代复杂的整数运算时，而付出的微小代价。

六十进制系统的实际发源并不清楚。下面的说法，只是对一种可信解释的简单说明。我们知道，在古代有不同的重量、尺寸系统。通常会将 72 个单位记录为大 1 和小 12。这表示 1 个大的和 12 个小的单位。这个观念是用更大的符号来表示更大的单位。在另外一些场合，其中大单位与小单位的比率不是 60（例如，在古代文本中 100 有时候被写作大 10），也应用了这种观念。每一个这样的不同方案，都包含了位置系统的萌芽。不久之后，这些更大的字符就写得跟正常的大小一样了。届时，所需要的不过是某个聪明人，大胆地将位置原则扩展到不同的地方而已。基数 60 之所以扮演了重要的角色，可能是因为称量银子的基本单位，马纳被分为 60 锡克尔的缘故。这可能促使 60 被作为分割单位的基本单位，在六十进制小数中即如此，并将 60 作为更一般的基数。

应该补充的是，对于六十进制的完整、一致的应用，只存在于数学文本和天文学文本中。并且，即使是在天文学文本中，我们也可以发现某些不同的纪年方法，例如 1-*me*15（意思是 100 年又 15 年）而不是 1,15[①]。与现代英语世界的情况一样，在巴比伦人的实际生活中，在使用单位来称量和测量的时候，也往往会忽视对单位的理性选择。

---

① 此处原书写作"1,55"，疑有误，改为"1,15"。因为，10 进制的 115，在 60 进制数字系统中，个位也还是 15。另外，本书已出版的中文译本，仍沿用英文版中的"1,55"。

范例2：认识负数

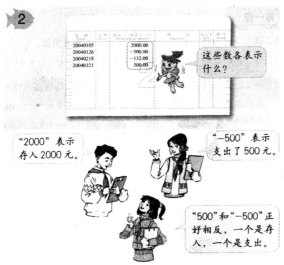

为了表示两种相反意义的量，这里出现了一种新的数：-16，-500。像 -16，-500，$-\dfrac{3}{8}$，-0.4，…… 这样的数叫做负数。$-\dfrac{3}{8}$ 读作负八分之三。

而以前所学的 16，2000，$\dfrac{3}{8}$，6.3，…… 这样的数叫做正数。正数前面也可以加"＋"号，例如：$+16$，$+\dfrac{3}{8}$，$+6.3$ 等（也可省去"＋"号）。$+6.3$ 读作正六点三。

0 既不是正数，也不是负数。

你还在什么地方见过负数？

（人教版小学《数学》六年级下册）

反思契机与问题界定

在"认识负数"这个知识点上，一般的教法是把负数定义为正数的相反数。人教版小学《数学》第十二册在介绍负数时，也是说在正数之外仍引进负数概念，是"为了表示两种相反意义的量"。作为正数的"相反数"，这成为小学数学中对于负数的一个普遍的理解方式。基于这个理解，在教学中经常使用的一个教例就是温度计。执教教师拿两支温度计，读数分别是 10℃ 和 -10℃，通过说明这两个数值相反，跟学生介绍"负数"的含义。在做这种介绍的时候，数"值"是和所表示的"量"密切结合在一起的。这里的"量"量的是温度。

在实际教学中，教师往往还会扩展负数的应用范围，介绍生活中应用到"负数"的多种场合。第一组应用场合例如，温度计上的负数刻度、银行存折上的负数记录、电梯里的负数楼层、标记海拔高度时的负数等等。这些场合应用的"负数"，看起来都可以用"正数"的相反数来理解。但是，如果我们观察另外一组常见的、从不用负数的数值记录场合，就不难发现这种理解的问题了。这一组从不应用负数的场合例如，体重计上的刻度、湿度计上的刻度。为什么在这些场合不应用负数？更直接的质疑是，电梯里的 -2 层可以理解为 2 层的相反吗？显然不可以。实际上，即使是通常的温度计教例，也不能被合理地理解为相反。-10℃ 只是比 10℃ 低了 20℃。这两个温度之间并不存在相反关系。同样的，存取记录、海拔高度等应用负数的场合，也没法找到相应的相反概念。要知道，世界上从来没有 -100 元这样的币种。

知识基础

吉姆（Kihamn, 2011, pp.17-58）的博士论文以"理解负数"为题。在这篇论文的第一章，吉姆详细陈述了"负数"概念的演进历史。对于与"负数"相关的数学概念，诸如"-"和"0"的历史，这篇论文也提供了清晰地梳理。根据他的描述，"负数"是较晚近才出现的数学概念：直到16世纪"负数"仍然不被认可；直到18世纪人们才开始自如地应用"负数"，但仍没有办法给它下定义；直到19世纪，数学家们才为"负数"概念提供了合理的基础。这些史实，与我们通常的认识十分不同。看来，负数并不那么简单易懂。所以，一项合理的追问是：为什么中古及更早时代的数学家们不接受"负数"概念？

为了解答这个问题，有必要回到数学的不同源头，考察"负数"概念的不同缘起。"负数"概念，在东方可以追溯到中国汉代以及古印度和波斯，在西方则要追溯到古希腊。不同源头贡献了关于"数"的不同理解，相应的也有截然不同的"负数"历史：东方数学关注的是计数和簿记，数字既代表离散的"量"，也代表"顺序"。这一点与古希腊数学不同，后者更关注的是几何，那里的数字主要用来丈量空间，"数"与"量"密切结合。在古希腊数学家看来，空间永远不会是负的，所以对空间的丈量有"正数"就足够了。但是，在东方数学中，数字还用来表达相互关系（顺序），所以"0"和"负数"就可以在数字的相互关系中，十分自然地被推演出来了。但是，值得强调的是，虽然东方数学较早出现"负数"，例如在《九章算术·方程》中就记载了用黑色算筹记录"负数"、用红色算筹记录"正数"的办法。但是，这时的数学家仍然努力把"负数"与现实的"量"相结合。例如，把正数、负数分别比喻为"存入－售出"、"财－债"等。因此，此时的"负数"概念，还不同于现代数学的理解。真正现代意义上的"负数"概念，是在代数学出现以后才被建立起来的。代数学中的"负数"与实际的"量"无关，可以表述为"比 0 还小"。因为与实物或"量"的结合，而造成的关于负数的认识困难，终于被克服了。

"负数"概念的演进历史，表明了人类认识"负数"的主要困难：如果"数"总是和实际中的"量"结合，那我们几乎无法理解"负数"。要知道，当我们准备计量现实中的"量"的时候，这个被计量的对象总是存在的，不会等于 0，更不会小于 0。（这个判断并不容易理解，因为"0"是数学上更让人感到困难的一个概念。）我们可以举这样一个例子：体重再轻，都不会是 0，更不会有比 0 小的体重。体重计中是不存在"负数"刻度的。按照吉姆的判断，"数"与"量"的分离是"负数"得以诞生的关键。有趣的是，吉姆还发现，在"负数"演进史上的许多纠葛、历史上曾经很难被接受的那些观念，都会出现在现代数学教育实践中。这正是"历史相似性理论（historical parallelism）"的核心命题之一（Thomaidis & Tzanakis, 2007）：数学史上的认识困难与障碍也会在现代课堂中重现。因此，在教"负数的认识"这节课时，教师应充分意识到上述数学史所揭示的认识困难。概言之，只要"负数"与"量"密切结合，"负数"就是一个很难以理解的概念。

行动选择

上述知识基础告诉我们，负数不宜被界定为正数的相反数，教师应采取一种更加准确的数学表达：负数是比 0 还小的数。这个定义的最重要特点，是将"数"与"量"分割开来。在做这种理解的时候，教师已经意识到了与实物、与"量"结合的方式，是没办法理解负数的。在介绍负数的含义时，没有参考任何实物或"量"。唯一的参考对象是"0"。

这是一个数学概念，而非实存的物体。借用前文提到过的温度计教例，可以说明我在教学设计方面给教师的建议。

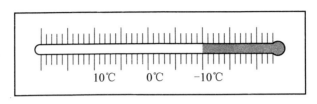

图 6　怎么理解"–10 度"

上图中，温度计读数为"-10℃"。此外，在温度计上还标注了"10℃"和"0℃"两个刻度。按照"负数是正数的相反数"这个理解，"-10℃"被理解为"10℃"的相反数。根据前面的数学史准备，这种理解实际上犯了一个错误。负数获得现代数学家们的认可，关键之处就在于"数"和实际的"量"的分离。而在测量活动中理解负数，实际上是"数"与"量"的密切结合。在测量活动中，我们总是会遇到与古代数学家们一样的难题：一个"量"怎么可能是负的？在温度计这个例子中，这个难题可以表述为：即使是在0℃的地方，我们仍然能感知到温度。温度始终存在。-10℃只是比10℃低了20℃。二者完全不是相反的。因此，在讲解"负数"的含义时，应努力脱离实际的"量"或各种实物。

这种对负数含义的理解相当重要。实际上，如果在教学中不做相应调整，我们日常生活中的一些测量工作将变得不可理喻。上文已经提到，在实际生活中，有一些测量工作需要使用负数，例如海拔、温度；另一些测量工作不能使用负数，例如湿度、体重。因为它们是常识的一部分，似乎不学而知。这使得我们很容易忽略这两类测量工作的区别。但是，在古代数学家看来，第二类测量工作更容易理解。因为，在这些场合，仅仅是正数就足够应用了。第一类测量工作不容易理解，因为我们很难想象一个地区不存在海拔或者一个物体不存在温度，更不要说比不存在还要少了。之所以现代人在理解负的温度和海拔时没出现这种困惑，是因为现代人的常识中先行接受了代数学中的负数定义。这种定义强调"负数"与"量"脱钩，强调"负数"是与某一个标准（也就是 0）相比较得来的。

按照这种更新的负数理解，-10℃不再是和 10℃比较，而是和 0℃比较。-10℃被理解为比 0℃还低 10 个温度单位。-10℃与 10℃是两个不同的温度，但绝对不是相反的。在旧有的理解中，教师忽略了这样一个事实，当"数"、"量"结合的时候，正负数所表达的不同"量"之间，并不存在相反意义，而只有高低差异。譬如说，在代数上可以把"3"和"-3"看作一对相反数。但是，在表示楼层的时候，就不能说"-3 层"是"3 层"的相反数，它们只是不同的楼层而已。要理解 -3 层，就必须知道作为比较标准的第 1 层（一些国家和地区是 0 层）在哪里。要理解"-10 度"到底是个什么温度，就必须知道这是摄氏度还是华氏度，实际上也就是必须要知道 0 度在哪里。总之，在数学课堂上带领学生"认识负数"的时候，大量应用生活中的测量实例，强调"负数"与实际的"量"结合，把"负数"表达为"正数"的相反数，在数学上很可能是一种错误的做法。

研读材料选录：负数概念的历史演进[①]

数学概念并不是某种确定的或者持久的事物。相反，数学概念总是随着时间的发展而不断演进。数学概念既是一个对象，也是一个过程；过程本身亦可与对象之间相互转换。赫什（Reuben Hersch）用"2"为

①节译自：Kihamn, C. (2011). *Making sense of negative numbers*.（Doctoral dissertation）. Gouthenburg University, Gouthenburg, Sweden.

例来说明数学概念的演进。他写道：

> 当欧几里德来到市场，他知道两个欧布鲁斯加上两个欧布鲁斯
> 等于四个欧布鲁斯。当我们把"2"和"4"当作修饰欧布鲁斯的形
> 容词、把"+"和"="当作商业运作时，我们和欧几里德是一致的。
> 这种一致，就好象我们都认同太阳从东方升起一样。但是，当我们
> 把"2"和"4"当作名词时（意味着某种独立的对象),"+"和"="
> 是某种与其相关的操作和关系，在我们和欧几里德之间就出现了
> 分歧。

对欧几里德来说，"2"是一个计数，一个自然数。对我们来说，"2"
是一个整数，可以附加元素称为"-2"。对欧几里德来说，"2"是离散的、
孤立的。对我们来说，"2"是一个有理数，是在连续数轴上的一个点。
一度用来修饰和描述其它对象的这些数，最终发展为名词，要求自己的
形容词，例如正的、负的、有理的、实的。最终，这些形容词也会转化
为名词。

本部分将描述和讨论我们今天命名为"负数"的数学概念所经历的
改变。数学史学者对负数概念的史实和重要改变已经有了很好的梳理。
有一些线索追溯了古老文化中的那些早期观念，它们后来就演化为负数
概念。例如，大约公元前 200 年到公元 200 年间的中国汉代、大约在公
元前 500 年到公元 250 年的古代希腊以及大约在公元 1 世纪的古代印度
和古代波斯。

缘起于古代巴比伦、兴盛于古代印度的东方数学，主要是关注计数
和簿记。数字代表了离散的量，同时也代表顺序。在印度，位置值系统
和 10 进制成为占统治地位的数学系统，开启了有效的运算法则。在这
个意义上，东方数学可以认为是代数学的发源地。对东方数学来说，数

字不需要获得几何学的意义，只要在彼此的关系中有价值即可。当进行减法的时候，0 和负数是作为顺序数字。在现代计数法中，这可以表示为：2-1=1；2-2=0；2-3=-1。

西方数学更关心几何。这种数学发源于埃及，在传播到希腊以后进入鼎盛期，既成为一种技术科学也成为一种哲学。人们创造数字是为了作为丈量空间的手段。数字可以代表空间，必须让几何上的观念得到接受。说负的距离或者区域，是没有意义的。一个线段没有长度，就不再是线段了。因此，0 只是代表了空无。东方和西方数学在伊斯兰世界相遇，在公元 1 世纪的花剌子密（Muhammad ibn Musa al-Khwarizmi）的工作中得到发展和维护。当东方和西方数学相遇的时候，印度的位置值系统最终占据到了主流。但是，对于负数概念来说迟迟未完成这一步。

为负数提供一致的数学地位，经历了漫长的发展演变。……它挑战了传统的数学理解，用库恩（Thomas Kuhn）的概念来说，是第一个"范式"，即将数学理解为一个关于量的科学：对真实世界中的物体进行抽象以达到自足的状态，并在认识论上由这些物体来对数学进行合法化。在很长一段时间内，各种不同的文化都试图发现不同的辅助性的建构来保存数学的这一既存范式。

负数发展成为数学的研究对象，伴随着代数学的引入。尽管代数学诞生于婆罗摩笈多（Brahmagupta）时代的印度数学，但是直到公元 16 世纪才得到大发展。当时，主要是因为数学的符号化的增强以及将"0"接受为一个数。按照阿卡维（A. Arcavi）和布鲁克海默（M. Bruckheimer）的观点，16 世纪以来西方数学中的负数概念，被认为是经历了一些不同的发展阶段：

1. 16世纪：不认可负数，例如韦达（Francois Viète）。

2. 17世纪：将负数认为是等式的基础，例如笛卡尔（René Descartes）。

3. 17世纪末，18世纪初：有保留地应用负数，因为在应用负数中包含矛盾，例如阿尔诺（Antoine Arnauld）和沃利斯（John Wallis）。

4. 18世纪：自如地应用负数，负数进入教科书，但是没有数学定义，例如桑德斯（Saunders）和欧拉（Leonhard Euler）。负数的反对者，例如弗兰德（Frend）和马塞尔（Masères）。

5. 19世纪：试图为负数提供数学基础，例如皮柯克（Peacock）、德摩根（de Morgan）以及哈密尔顿（Hamilton）。

6. 19世纪末：正式的负数定义诞生。

通过对历史文本的研究，格莱泽（Georges Gleaser）甄别出大约20个理解负数的"障碍"。他尤其强调了其中6位作者及其文本中显示的"障碍"。这些"障碍"可以这样来描述：

1. 无法独立地应用负的量。

2. 理解负的量存在困难。

3. 难以统合数轴。数轴被理解为一条线、一个轴，而不是两个相反的带有不同符号的半线。人们很难理解正的量和负的量带有不同的性质。

4. 接受两种不同的"0"的概念，存在困难：其一、"0"作为绝对。此时的"0"被理解为底，在空无之下。其二、"0"作为源头。此时的"0"是轴上的一个任意点，指出两个不同的方向。

5. 停留在具体操作水平上，而没有进入形式化操作阶段。例如，把数理解为代表了某种实质的、具体的事物。

6.试图建立一种统一的模型来整合加法和乘法。

舒布林（Gert Schubring）对于格莱泽所描述的认识理论上的障碍至关重要，他指出数学概念的历史发展不是线性的。他同时批评了一种关于概念发展的落伍观点，即认为障碍总是不证自明的。事实上，只是在事后，人们才意识到这些是阻碍负数发展的障碍。例如，对数轴的统一。根据舒布林的观点，概念的发展经历了曲折的历程，在一种文化中可能同时并存着多种概念，甚至在同一个数学家的作品中也是如此。舒布林认为，对于概念发展的研究，不能局限于规则和符号的发展，而应该扩展到更一般的负数的存在问题上。"为说明负数概念，在数的概念和大小或量的概念之间的区分，被证明是决定性的。"

曼福特（David Munford）描述的负数演进具有文化差异性，认为中国和印度都有准备突破数的范围来包含 0 和负数，而欧洲数学则抵制这种扩展。他批评了欧几里德数学，认为在欧几里德数学中数表现为三个形式，其中都不能是 0 或负数。这三种形式分别是：其一、数作为大小。其二、数是个别元素的集合。其三、数是同一类型的大小之间的比。

不论负数概念的不同变化是否被冠以应予克服"障碍"的标签，或者说明某种新的"洞见"，不同的历史事件都指向了负数概念演进的同一个方向。一旦这些不同的方面都对概念发生影响，概念本身就发生了变化和挑战，向新的解释和意义开放。下文对这一演进过程的说明，将聚焦于负数概念的不同方面。这些方面包括：相反的量的观念、量和数的区分、符号规则、符号的不同意义、"0"作为一个数字、数轴以及符号代数学的发源。

范例3：长方形的周长与面积

6. 把右图的大正方形剪成4个相同的小正方形，求每个小正方形的周长。

7. 明明用一根长48厘米的铁丝，围成一个最大的正方形，这个正方形的边长是多少？

8. 用16根同样长的小棒摆出不同的长方形，能摆出几种？它们的长和宽分别相当于多少根小棒的长度？

长有几根小棒				
宽有几根小棒				

9. 自己动手剪两个长8厘米、宽6厘米的长方形纸板，然后把它们拼起来，算一算所拼成的图形的周长。

数 学 故 事

每张桌子的桌面是正方形，它的周长是32分米。

2张桌子拼成的长方形桌面的周长是多少分米？

3张桌子这样拼起来呢？

50

（北师大版小学《数学》三年级上册）

反思契机与问题界定

在一堂练习课上，执教教师给孩子们讲解一道练习题。题目是："有两根铁丝，一根长 24 厘米，另一根长 20 厘米。用这两根铁丝分别围成一个长方形，哪根铁丝围成的长方形面积大？"这道题在教科书中，有很多变体。例如，"用 16 根同样长的小棒摆出不同的长方形，能摆出几种？"（北师大版小学《数学》三年级上册第 50 页）"你能在下图中围出几种周长是 24 厘米的长方形或正方形？"（人教版小学《数学》三年级上册第 48 页）

在教学过程中，教师和孩子们一起探讨了不同方案下的长、宽和面积，总结了面积的对比状况和变化规律。在周长是 24 厘米的情况下，围成的矩形的面积可以是：$1 \times 11=11$、$2 \times 9=18$、$3 \times 8=24$、$4 \times 7=28$、$5 \times 6=30$；在周长是 20 厘米的情况下，围成的矩形的面积可以是：$1 \times 9=9$、$2 \times 8=16$、$3 \times 7=21$、$4 \times 6=24$、$5 \times 5=25$。基于这些情况的比较，可以发现几个规律：其一、周长长的矩形，面积未必较大；其二、在周长一定的情况下，随着长和宽的差距越来越小，所围成的矩形的面积越来越大；其三、在周长一定的情况下，随着长和宽的变化，面积的增大趋势，越来越缓慢。另外，在处理这个题目的过程中，孩子们还发现在面积增大的过程中"2"是个常出现的数字。以周长为 20 的情况为例，$25-24=1$、$24-21=3$、$21-16=5$、$16-9=7$，接下来用得到的差再相减，$7-5=2$、$5-3=2$、$3-1=2$。孩子们相信，这也算是一个规律。

这道练习题包含丰富的数学概念，要求学生拥有较高的数学思维能力。这道练习题呈现了一个重要的数学事实：长方形的面积会随着长、宽的不同分配方案而发生变化。用数学概念来说，在长、宽、周长、面积几个变量之间，存在一种相互制约、此消彼长的函数关系。而按照课程标准的规定，函数关系尤其是函数中蕴含的运动、变化的思想，是初中数学的教学内容，不列入小学教学的范围。那么，这道练习题超标了吗？为了回答这个问题，课例研究小组进一步研究了人教版和北师大版两套小学数学教材，发现这两套教材中的每一册都能找到蕴含函数思想的素材。例如，北师版一年级下册有用小棒摆三角形的问题。其中，小棒和三角形数量有一元函数关系。另外诸如锐角个数问题、圈羊问题等，也可以利用函数思想去理解或解题。

这样，上述围矩形的练习题，实际上蕴含了一点函数思想。接下来，课例研究小组需要确定，是不是要将函数思想作为教学的重难点？或者只是简单地教处理这一类题目的解题技巧就可以。为了有根据地作出选择，课例研究过程除了系统研读两套小学数学教材、掌握更多数学参考资料之外，重点参考了关于函数学习的一些文献。基于这两个方面的信息，研究小组为执教教师提供了教学改进的建议。

知识基础

在谈到函数的认知发展问题时，曾国光（2002）认为学生函数概念的认知发展有三个阶段：作为"算式"的函数、作为"变化过程"的函数以及作为"对应关系"的函数。即使是初三学生，也常常处在把函数作为"算式"的理解水平上。这时候，学生还不能很好地区分函数与方程式与多项式之间的区别。这个时候，学生对于函数概念的理解，仍然只是得其表象，而不是得其实质。这个时候学生眼中的函数，仍然是用字母表示一个固定的数值，并没有把函数看作是一个变化过程。只是到了高中以后，学生对于函数的理解，才更加强调"变化过程"的概念。这个时候，x 和 y 不再是一个固定的数值了。这个时候，他们的思维开始逐步由局部的、静止的、割裂的方式，发展到全局的、运动的、联系的方式。可以说，函数在促进人的思维发展上，具有特殊重要的作用（陈立军，2009）。掌握函数思维，意味着人的思维的重要进展。

总之，函数思想一方面具有较高的认知难度。即使是初中生，在学习函数思想的时候还是容易用静止来代替运动、用片段来代替整体。另一方面，函数思想具有独特的思维发展价值。掌握函数思维，意味着对于一种整体的、联系的、辩证的思维的掌握。并且，基于课例研究小组对两套教材的研读，发现在每一册教材中都可以找到不同的教学素材，允许教师在小学数学课堂上做函数思想的渗透。可以说，无论从可能性、必要性还是现实基础的角度，在小学数学教学中都有条件用更系统的方式来突破儿童函数学习的难点。过往在处理"围矩形"这样的问题时，教师往往是把它视为一个单一的思考题。教学的重点是教会孩子们解题方法，解题是关键。现在，类似"围矩形"这样的问题，被放在函数思想这个大主题之下，更多教学素材连成一气。这样，在教学"围矩形"这样的问题时，重点就不在于解题，而在于运动、变化、相互依存等数学思想的渗透。

行动选择

基于上述研究和文献阅读，执教教师将上述练习题扩展成了一节课。题干保持不变，仍然是："有两根铁丝，一根长 24 厘米，另一根长 20 厘米。用这两根铁丝分别围成一个长方形，哪根铁丝围成的长方形的面积大？"在课的一开始，教师让学生大胆猜测答案，随后带领学生进行验证。在验证环节，执教教师让学生在方格作业纸上，把各种可能情况画出来。到这里为止的教学处理，还是常规的。孩子们在画出各种可能的矩形的过程中，解决了问题。但是，在这个过程中，孩子们始终在用一个个固定的数，做"片段式"的思考。为什么这么说呢？能正确画出周长符合要求的矩形的孩子，总是先确定了四边形的一个边长，然后算出另一相邻边的长度，最后才着手画出图形。在比较不同矩形的面积大小时，孩子们手中所有的，是各个计算好的面积。参与比较的，是一个个固定的面积值。截止到这个时间点，整个解题过程，还没有包括运动变化的思想。

在完成了所有这些环节以后，这节课一开始建立的猜想已经得到了检验。但是，执教教师为了凸显设计意图，即强调函数思想，进一步补充了后半段教学。教师的指导语是："长和宽之间的相差数越小，面积就越来越大，那大到什么时候就不能再大了呢？"学生的回答是："当它变成正方形时，面积就最大。"进一步，教师提问："什么时候面积最小呢？有没有最小面积？"学生们在回答这个问题时，出现了分歧。最后教师给出的答案是面积可以无限小。我们可以想象，学生在"无限"这个概念上的理解，可能是不充分的。但是，因为"什么时候面积最小"这个问题的引入，使得孩子们突破了矩形的长和宽一定是厘米的整倍数的限制。他们已经意识到，长宽的取值可以有更多变化，甚至于到无限小的地步。进而，他们也知道在课的前半段所绘出的那些矩形之外，还可以有更多种不同的情况。每一次取得新的长，都可以得到一个新的宽和新的面积。在长、宽、面积之间，以及不同的面积之间，都保持着一些规律性的变化。

在新的教学设计中，这节课的唯一教学难点，是帮助孩子们理解图形面积与长方形边长之间的相互依存关系。用函数关系来表示就是：$s=a \times (12-a)$。这实际上是一个二次函数关系。在做这种教学设计的时候，教师的考虑已经超越了自己所教的这个单元，甚至超越所在年级，而是将学生在更长时段内的思维发展作为自己的教学任务。最终确定为教学难点的部分，也得到了数学教育领域的一些研究文献的支持，而不仅仅是教师个人教学经验的反映。

研读材料选录：中学生函数概念的认知发展 [①]

1. 课题的提出

函数知识是中学数学的核心内容，它研究变量，反映一个变化过程。在此前学生接触的基本上是常量的内容。第一次学习非常量意义的函数概念，特别是在学生的概念形成水平较低时，他们在认知上可能会出现困难。另外函数概念的学习过程是一个较长的过程，经历初二至高一年级，时间跨度大，其间要理解的都是函数的"变量说"定义。本研究旨在系统考察中学生函数概念的认知发展过程，以及他们对函数的定义和表象的运用情况。

2. 研究对象及方法

研究对象确定为初三、高一和高二学生3类。具体操作如下：在新学年开始分别对初三及高二的2个班级的学生进行问卷调查，在新学年的第一学期末对高一的2个班级的学生进行问卷调查，考察学生对函数概念的理解情况和认知水平。而后有选择地进行个案调查，主要考察对函数及其相关的定义和表象的使用情况。

3. 研究结果及分析

通过调查、分析和推理发现，学生函数概念的认知发展有以下3个阶段：作为"算式"的函数；作为"变化过程"的函数；作为"对应关系"的函数。

3.1 作为"算式"的函数

对初三同学的问卷中有这样一个问题："请根据自己的理解叙述什么是函数。"在100名学生中，仅有3名学生的回答符合教材中的定义，

---

① 曾国光：《中学生函数概念认知发展研究》，《数学教育学报》，2002年第2期。

其他同学的答案集中在下面几种情况，如"由 2 个未知数和常数项组成的式子"；"含有未知数的等式"；"以一个数为自变量来表示另一个数的方程"；"用一个式子表示另一个数的等式"等等，可以概括为"函数是……的式子（或方程）"。换句话说，此时学生把函数看作是一个方程（含 2 个未知数）或一个等式（用多项式表示一个数）。为进一步研究此时学生的"式或方程"与其以前所学过的多项式和方程的关系，我们通过访谈了解到，有的学生回答说是一样的，有的觉得没有区别，还有的认为在形式上有所区别，如书写。也有学生觉得其意义不同，"现在的方程或多项式似乎多了一层意义，它们反映了 x 取一个数值，我们可以算出一个 y 来。"另外，在这个理解中，学生并不把"一个 x 对应唯一一个 y"来判断是否为函数。他们的标准多为：是否学习过，是否熟悉。形成这种认识的原因是什么呢？认知理论认为：影响学习的最重要的一个因素就是学习的人已经知道的是什么。在开始接触函数概念之前，学生所学的代数内容有：方程、不等式、整式、因式分解和分式。初中阶段学生主要学了正、反比例函数，一次及二次函数，它们的表达式均为一个二元方程（或者说是 y 等于 x 的一个代数式）。

学生要理解函数，首先是把这一概念与自己已知的知识联系起来。由于书面形式的相似性，此时最易发生的是把函数与式联系起来进行理解。对函数来讲，x 给定一值，就能算出 y 的值，而多项式或方程也有类似性质，但这种性质原先并没有被特殊强调，所以对函数体会也就肤浅。

在对初三学生所作的问卷调查中我们发现，几乎所有学生在解决与函数有关的问题时不用函数的定义来解题。举例来说，学生对于图 1 所反映的 y 与 x 之间的关系，都判断为不能把 y 称之为 x 的函数。其中有 4 人认为，它既不是一次函数也不是二次函数；有 2 人因为没学过这种形式；其他 3 个学生中有的认为，因为它不能用解析式表示，也有的觉得不能称为函数是因为它太不规则了。显然，学生此时使用大脑中的函数的表象解题，不过表象是错误的。

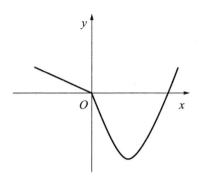

图 1　y 与 x 的关系

访谈中我们发现，学生在利用函数概念解决问题时，首先想到的概念表象是函数解析式，如熟悉的一次、二次函数或正、反比例函数等，图像很少被学生使用。学生常常把函数图像与函数解析式孤立对待，在作代数运算时很少想起图像性质。当被问起为什么要画函数图像或函数图像有什么作用时，很多学生都很茫然，很难把图像特点与解析式反映的性质结合起来。

例如，"已知 $y=-2x+1$，如果 $-1\leqslant x\leqslant 1$，求 y 的取值范围"，一些学生给出错误回答："$x=-1$ 时 $y=3$，$x=1$ 时 $y=-1$，所以 $3\leqslant y\leqslant -1$。"可以看出，他们解题的出发点是多项式求值，没有想到利用函数的图像，这种情况同样出现在求二次函数的值域上。一位有经验的教师指出：在教函数内容时，最难教的就是数形结合，学生在数形之间不能形成有效的联系。

3.2　作为"变化过程"的函数

笔者在研究中发现，多数学生直到高一第一学期末，在系统学习了函数的性质后，才逐渐认识到函数是一个表示变化过程的概念。问卷调查要求高一学生根据理解叙述函数的概念，学生的回答多种多样，例如认为"函数是一个带有自变量和因变量的解析式"、"函数就是有定义域、值域和解析式的整体"以及"函数是反映因变量随着自变量的变化而变化的式子"等等。虽然，学生所指出的函数的概念不一定完全准确，但是在他们的回答中，涉及到"变量"和"过程"的回答增多了，被调查的 100 名学生中，有变量意识的回答有 78 人。其中能准确指出函数定义的有 32 人，但是"一个 x 对应唯一的 y"这个最核心内容并没有被多数学生回忆起来。

Sfard 提出，数学概念既可以作为对象，又可以作为过程，并从运算过程向结构对象发展。我们发现，学生到高一已经渐渐认识了函数的运算性特点，而且是反映 2 个变量相互关系的变化过程。函数作为一个表示变化过程的对象，在学生的知识结构中逐渐与原先的形式脱离。我们把产生这一认识的原因归结为以下 2 点：一是，学生自身的认识能力即抽象思维能力和形式运算水平有了明显的提高；二是，函数知识的丰富促进了学生对函数概念的进一步认识。

皮亚杰的形式运算阶段从十一二岁开始到十四五岁，儿童可以脱离具体对象在抽象水平上进行运算。初二、初三的学生也正处于此阶段。然而在教学中发现，他们的抽象思维水平相对较低，笔者把它归结为是思维的惯性。过去的学习一直是进行具体的思维运算。进入高中以后有些学生感到学习吃力，不适应，因为他们延续了过去的思维习惯和学习方法。随着学习的深入，学生渐渐能接受一些结构性相对较强的概念，他们的形式思维水平也渐渐显现出来，抽象思维能力有了质的飞跃，对函数的认识也就深刻了。

在学习内容方面，集合、不等式、复数知识使学生更习惯考虑那些抽象性较强的概念。另外函数内容的丰富也是学生深刻认识函数概念的重要原因。纵观函数这一章节的学习，求函数的定义域、值域、函数解析式或函数关系的建立，函数的性质尤其是单调性的认识，函数最大、最小值的学习，这些具体知识的学习让学生能时刻体验到函数的 y 与 x 的协调变化过程，因此，函数知识的丰富使学生进一步领会到函数是一个表示变化过程的概念。

对高一学生所作的问卷结果显示，有 32% 的学生能用自己的语言比较准确地叙述函数的概念；在对利用定义判断图像所反映的 y 和 x 的关系是否是函数关系这个问题时，有 21% 的学生作出了正确的回答，与初三学生相比有很大进步。我们注意到有这样 2 份答卷，学生 A 关于函数定义的叙述完全正确，但利用定义解决问题时却错了。学生 B 关于函数定义的叙述并不完整，但对相关问题却回答正确，笔者对此进行了访谈。B 同学指出，图像所反映的变化过程中，如果一个 x 对应 2 个不同的 y，那就不能认为 y 是 x 的函数，他还以图形示意。显然，B 同学虽然定义记得不全面，但却有一个正确的心理表象，关于函数的定义，B 同学的认识更深刻。

利用图像作为表象的能力，高一学生有明显进步。在研究过程中，学生遇到这样的问题，"求二次函数 $y=x^2-2x+3$，$x \in [-1,4]$ 的最大值和最小值"。此题有 3 种典型的解法，一类解法为"因为 $y=x^2-2x+3$，$x \in [-1,4]$，所以 $y \in [f(-1), f(4)]$，即 $y \in [6,11]$"；另一类解法为"画出 $y=x^2-2x+3$，$x \in [-1,4]$ 的图像，如图 2 所示。由图形知：$y_{min}=f(1)=2$，$y_{max}=f(4)=11$"；第三类解法是："因为 $y=x^2-2x+3$，所以 $y=(x-1)^2+2$，因为 $x \in [-1,4]$，所以 $(x-1)^2 \in [0,9]$，所以 $y \in [2,11]$，所以 $y_{min}=2$，$y_{max}=11$"。比较 3 类解法，采用第一类解法的同学显然对二次函数的理解还局限在"算法过程"的阶段，认为只需直接代入即可，结果是错误的。采用第二类解法的同学，已经能灵活应用二次函

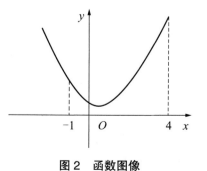

图 2　函数图像

数图像的表象功能，并正确作出解答。第三类解法的同学经过调查发现又可以分为2类，A类同学在遇到该问题时并没有想到图像，而是直接把它作为不等式问题，而B类同学想到了图像，觉得简单，就采用了。

Vinner用表象的形成和发展过程来描述概念的形成过程，他认为，数学概念的学习过程分为4个阶段：（1）使用单个的表象；（2）在同一水平上使用多个表象；（3）在同一水平的表象之间建立并产生联系；（4）综合表象，并在表象之间可以转换。用这一理论分析，可以认为采用第一类解法的学生的认识是原始的，概念表象是单一的，属于第一个阶段。对采用第二类解法及第三类解法的学生中的A类同学来讲，他们对二次函数的认识已经进入到第二阶段，即在同一水平上使用多个表象，而采用第三类解法的学生中的B类学生对二次函数概念的认识要深刻得多，并能在不同的表象间进行转换，可以说已经进入第四阶段。

3.3 作为"对应关系"的函数

把函数看作是一种对应关系，这种认识相对前面2种对函数的认识来说是最接近函数的现代定义的。然而在上海版教材中，从开始学习到系统研究函数的性质，都是建立在"变量说"定义基础上的。那么有没有学生把函数理解成某种对应关系呢？在对高二学生的问卷中准备了这样的问题："对于函数概念，下面哪种说法可以接受？（可选择多个答案）A.函数其实是一个算式；B.函数反映了一个变化过程；C.函数是一种对应关系。"在被调查的100名学生中有7人选A，42人选B，9人选C，11人选A、B，3人选A、C，20人选B、C，8人选A、B、C。共计有40人选了C。我们从中选择了一批同学进行访谈，发现在9位单独选C的学生中，有2位以为是单选题，如果再允许其选择的话，他们还愿意选择B；其他7位同学都认为，函数是一种对应关系更准确些，因为"函数的定义中一个x对应唯一的y很重要，所以我们可把函数看成特殊的对应关系"。另外，发现选择 C 的 9 位同学，数学学习成绩较出色。在选 A、C 的 3 位同学中，没人能说出理由。在选 B、C 的同学中，如果让其只选一个，有 3 人选 C，3 人认为，"C 是正确的，为什么不能选呢"，"我认为 C 比 B 还准确"。可以看出，把函数看成一种对应关系，多数同学出于自己的理解。另外，在利用定义解决函数概念判断的问题时正确率高达 74%，大多数人对"一个 x 对应唯一的 y"的印象深刻。40 人中大概有 30 个左右是把函数当成一种对应关系来看待。显然，持有这种理解的学生是幸运的，因为他们的认识更接近函数的本质特点。

教材中没有指出函数是一种对应关系，课堂上也没有讲解，那么促成这种认识的因素是什么？我们经过分析发现，原因可归结为 2 方面：一是，反函数概念的学习；二是，自身认识的需要。学生做了大量求反函数的习题，与反函数联系在一起的"一一对应"渐渐得到强化，使学生悟出函数本身就是一种对应关系并内化。根据 Sfard 二重性理论，把函数看作一个变化过程是真正理解函数的开始，但在使用函数概念过程中，过程性强的概念不利于进一步深刻认识。出于自身认识的需要，学生的认识必然要过渡到更强的结构性上，函数的结构性体现在它所反映的对应关系上。

笔者对将函数理解成对应关系的 30 名同学进行访谈，结果发现：在只选择答案 C 的同学中，能叙述准确函数定义的同学（函数定义是指书本上的变量定义）只有 2 人，而其他同学指出"函数就是一个 x 对应唯一的 y"并把它作为判断是否是函数的标准。从定义和表象角度分析，学生把自己根据定义所产生的理解化为表象，并且无意识地等同起来，因为表象是正确的，所以不会发生错误，解决问题运用自如。笔者也发现，有的学生虽然认为函数可看成对应关系，但函数的定义仍然以课本为标准，在判断概念时仍使用自己所拥有的表象。

范例 4：竖式除法

六　除　法

有48个桃子，平均分给2只猴子，每只猴子分多少个？

$$\square \bigcirc \square = \square （个）$$

答：_____。

试一试

$4 \overline{)4\ 8}$　　　　$3 \overline{)6\ 9}$　　　　$2 \overline{)8\ 6}$

54

（北师大版小学《数学》三年级上册）

反思契机与问题界定

上面列出的"分桃子"的教例，是三年级笔算除法的第一课时。在这套教材中，在二年级时已经初步介绍了除法的横式和竖式运算。在"分桃子"这一课里，教材内容主要指向除法竖式运算。在实际使用的数学问题中，被除数是两位数，除数是一位数。教材设计了两次分桃子的情境：第一次是两只猴子平分48只桃子，第二次是三只猴子平分48只桃子。其中，第二个情境更加复杂，因为十位上的数不能被除数平分，是一种有余数的除法。

在教学设计过程中，执教教师进行了教材分析，提出了有关本课教学的一些困惑：两位数除以一位数的许多问题，如"28÷2、36÷3"，许多孩子可以口算出正确的"商"，但他们却无法正确书写竖式。这个情况说明孩子们虽然能完成运算，但是还没有感知到竖式运算的必要性。在一部分孩子看来，竖式是一种不得不学而又没有什么用处的繁琐技术。结果，在竖式运算上的学习缺陷，会在今后无法继续心算的问题上，集中暴露出来。基于这些考虑，教师将本课教学的难点放在"竖式"与"实际操作"之间的联系上。具体到"48÷3"这样的除法问题，教师努力的方向是让孩子们明白，除法竖式中的每一个元素，都分别对应于"分桃子"过程中的一些实物。在教学设计中，教师希望通过分配过程与竖式计算过程的反复比较，帮助孩子们建立这种联系。课堂上教师使用各种实物，帮助学生在除法竖式的各个元素和实物之间建立联系。这些实物包括成打的铅笔、整张标签纸、成叠的练习簿等等。

这种实物与除法竖式相比照的思路，取得的实际教学效果并不理想。有些孩子即使在课上弄明白了，过一段时间以后，还是会在书写竖式时出现错误。有些孩子干脆在课上先心算出答案，再来玩分配实物的游戏。我在课例研究中提出，教师最初的观察是很精当的。孩子们即使能够口算出简单的除法，也未必意味着他们掌握了除法这种运算的意义和方法。教师不应当以孩子们能够得到正确的计算结果而终止教学努力。但是，教师将教学的努力方向放在数学符号、除法运算规则与实物的比照上，这是不适当的。这个过程，并未凸显出除法的本质来。孩子们在课后仍然在竖式除法上出现各种困难，这表明他们的确未了解竖式的独特意义。教师在课堂上利用实物进行教学，试图让孩子们记住那些看似机械的规则，效果并不理想。问题的关键，是要让孩子们透过竖式运算，了解除法的数学意义。

知识基础

在小学教科书中，一种常见的除法定义是这样的：已知两个因数的积与其中一个因数，求另一个因数的运算，叫做除法。在这个定义中，除法是被作为乘法的逆运算来进行的。而实际上，除法在漫长的数学发展历史上是人类分配活动的产物，一直被作为连续减来应用。也就是说，除法是可以用减法来理解的。皮亚杰（柯普兰，1985, pp.166-167）就曾区分除法的两种含义，分别是"等分除法"和"包含除法"。这两个除法的含义，就都是在具体运算水平上，被理解为不同形式的连续减。以"6÷2"这个运算为例，在"等分除法"中，这个运算在具体水平上可以被设想为"6被等分到2个集合中，每个集合有多少？""等分除法"中的除数是集合的个数。另外，"6÷2"这个运算还可以在具体水平上被设想为"6可以被分成多少个含有2个元素的集合？"在这种"包含除法"的理解中，除数代表了每个集合中的元素的数目。用连续减来理解除法，十分便宜。没有余数的除法，是正好可以分配完的情况；有余数的除法，是最后分配不尽的情况。把除法理解为连续减，更加符合数学发展史的实际状况。

在学习竖式除法问题上，小学生有一些特殊的困难。俞子夷（1951，pp.32-35）就发现即使"一二得2、一九得9"这样的九九表中最简单的内容，我们想当然地认为孩子们一定不会出错的内容，也可能是造成简除法困难的原因。另外，在竖式除法的学习中，更普遍的错误恐怕就是竖式除法的复杂规则，尤其是数位对齐、借位、试商等等，格外容易记错、算错。许多教师反映，即使在课堂上学会了，孩子们也会很快混淆、遗忘。在这种情况下，教师们格外愿意想一些办法，帮助孩子们记住运算规则。似乎这些规则是刻板的，没有什么道理好讲，是不可理解的。事实是这样的吗？答案是否定的。阅读更多关于除法运算的资料，可以帮助我们理解今天教科书中应用的这种竖式除法的意义。我们会发现，那些运算规则并不是没有道理的规定，而是对除法的连续减意义的精确表达和记录。

为了挖掘除法竖式的独特意义，我检索、阅读了一些数学文献，结果发现，除法完全可采用不同的运算形式来完成。通过不同运算形式的比较，我们可以更清晰地感受到教科书中的除法竖式的意义。为了更清晰地展现不同的除法运算形式，我选择被除数是三位数的问题来示范。以下三种计算形式都可以正确解答"726÷6"这类问题。其中，除了"竖式除法"这种我们耳熟能详的形式以外，"二进制除法"（基于二进制数的算法）和"帆船法"（17世纪以前在欧洲流行的一种算法）都不是小学数学教学中经常使用的。但是，恰恰是后面这两种办法，更加能够体现除法作为连续减的意义。

图中的"二进制除法"和"帆船法"，都明确显现出"分配"或者"连续减"的思想。在运算过程中，进行的最多的运算是减法。掌握了这两种除法的人，可以很清晰地感受到对整百、整十以及个

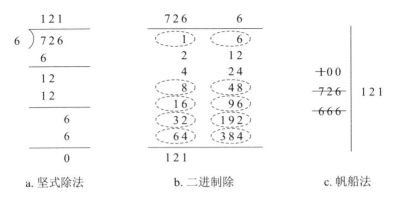

a. 坚式除法　　　　b. 二进制除　　　　c. 帆船法

图7　竖式除法的三种计算形式

位的分配思路。（很可惜，帆船法的运算过程，在最终的记录上没法展示出来。有兴趣的读者，可以通过网络检索到这种古老的运算方法。）同样的，现在小学中所教的"竖式除法"，也是一种体现了"分配"和"连续减"思想的运算形式，除法竖式是一种记录分配过程的很好的工具。各种看似古怪、苛刻的运算规则，只是为了更简洁、清晰地做好分配记录而已。这样看来，竖式除法就变得有意义，可以理解了。

行动选择

在上述三种除法运算中，都使用到"连续减"，只是减法的步骤各不相同，记录方式也各不相同。经过对比，我们可以较为确定地得出结论：其一，竖式的形式不具有唯一性；其二，竖式是一项有价值的记录工具。诸如"数位对齐"等书写要求，我们往往误以为是武断的规定。上述执教教师最初的困惑，就是来源于此。越武断的东西，理解起来越困难，越容易淡忘和混淆。而实际上，这些要求本身都有明确的意义，是"连续减"的分配思路的忠实体现。我认为，在竖式除法的教学中，教师的努力方向不应是各种生活事实的介入，而应是帮助学生理解除法竖式与连续减的思维过程的关系。

基于这种建议，竖式除法的教学重点不在于想方设法让孩子们记住竖式中各个部分的意义。重点应该是通过竖式，帮助孩子们体验"除法是连续减"的原理。在这个过程中，孩子们可以体验用除法竖式进行记录的合理性。这时候，教师努力的方向是要恢复竖式本身的意义，而不是设法为竖式额外附加一些意义（例如：把被除数与48个桃子联系起来，把除数与3只猴子联系起来。这是教师为竖式附加意义的表现。）教师的独特性不在于教授一些正确的知识，而在于恢复数学知识本身的意义。这是教师作为一个学科专家应当具备的能力。发掘这种有意义的联系，可以真正让数学课堂意义化。回到"分桃子"这节课上来，如果孩子们能够通过教师的教学，体验到除法竖式在记录分配过程上的便宜性，体验到看似枯燥、苛刻的除法竖式，原来是那么精妙。那么，这样的运算教学，将是富有活力和魅力的。

研读材料选录：除法的教育含义 [①]

从发展的角度来看，儿童大约到七岁就能在学习加法的同时学习乘法。但在许多学校中，乘法的教学放在加法之后。儿童做较小数目的乘法，就象做加法那样容易，这可能是因为乘法和加法紧密相关的缘故。例如，3+3=6，那么很容易算出 2 个 3 是多少。如果这些前提是正确的，那么，抽象或符号水平的乘法应该几乎与加法同时（一般

---

① 节选自：柯普兰著，李其维、康清镳译：《儿童怎样学习数学：皮亚杰研究的教育含义》，上海：上海教育出版社 1985 年版，第 164-169 页。

约七岁左右）向儿童介绍。很明显，需要一种个别指导的教学程序。有的儿童在六岁后就具有学习加和乘的准备性了，有的直到七岁半，还没有这种准备性。如果不能对儿童进行个别指导，而理解又是十分重要的，那么，运用数字符号的书面的加法和乘法，可以延迟至二年级再教。换言之，以具体材料进行的乘法活动作为纯数学的乘法的准备，应该在五至六岁时就开展起来。在普通分年级的学校中（从幼儿园到三年级），不可能实行个别化的教学程序，但儿童应以皮亚杰所说的三个阶段为基础进行编组，这是可以做到的。

儿童是如何把一个物体的集合分为两个等价的集合的呢？把一个 6 个物体的集合分成两个等价的集合，每个集合有多少个物体？

000000=（？）（？）

如果分得正确，再接着问儿童："两个 3 个物体的集合共有多少个物体？"

000 000=？

运用符号系统的书面计算，应该在理解了运用具体材料进行的乘法和除法之间的可逆关系后开始。对物体的集合加以组合和分离的许多问题应在具体材料的水平上进行。在实际操作物体的集合时，乘法事实（2×3=6）就包含着相应的除法事实（如 6÷3=2）。

儿童是否获得了作为第三阶段或"运算"思维阶段特点的思维的可逆性呢？在他具有这种可逆性之后才能开始书面的教学。例如，在理解了 4×3=12 后，就可以教 4× □ =12 或□ ×3=12 了，同样也可以教 12÷3= □ 和 12÷4= □。

用算珠排成 4×3 的阵式，如下图所示：4×3= □

$$1 \quad 0 \quad 0 \quad 0$$

$$2 \quad 0 \quad 0 \quad 0$$

$$3 \quad 0 \quad 0 \quad 0$$

$$4 \quad 0 \quad 0 \quad 0$$

同样，方程式 12÷4=□，意即把 12 个物体的一个集合分为 4 个等价的集合，每个集合有几个元素。它可以表示为 000000000000

$$1 \quad 0 \quad 0 \quad 0$$

$$2 \quad 0 \quad 0 \quad 0$$

$$3 \quad 0 \quad 0 \quad 0$$

$$4 \quad 0 \quad 0 \quad 0$$

或

$$(?) \qquad (?) \qquad (?) \qquad (?)$$

$$1 \qquad 2 \qquad 3 \qquad 4$$

等分除法和包含除法

开始教象 6÷2=□ 这样的方程式时教师不应把它说成是 "6 被 2 除" 或 "用 2 去除 6"。用一种儿童能够想象出什么意思的方式来表述一个问题，对启蒙教师来说，是最困难的问题之一。在除法中尤其如此，因为象 6÷2 这种形式在具体水平上可以有两种含义。

（1）000000=（?）（?）这可以表述为 "6 被等分到 2 个集合中，每个集合有多少？"（3）。这就是等分除法，除数代表集合的个数。

6÷2=□ 的形式也可以表示成：

（2）000000=00 00 00。这可以表述为 "6 可以被分成多少个含有 2 个元素的集合？"（3）。这就是包含除法，这时除数代表每个集合中元素的数目。

碰到把物体的集合加以分割这样的问题时，教师应鉴别出究竟是两种意思中的哪一种意思，并予以正确表述。下图 000000=000 000 可表示为 6÷3，在这种情况下，应表述为包含除法：6 可以被分成多少个含有 3 个元素的集？（2 个集合）。

同样，000000=（?）（?）（?），也可表示为 6÷2，在这种情况下，应表述为 "6 被平均分到 3 个集合中，每个集合有多少？"（2）这是等分除法，除数是表示集合的个数而不是表示每个集合中物体的数目，后者则是包含除法。

掌握乘法口诀

在向具体水平的儿童讲乘法问题时，如讲 3×2=6，可把它展示为 00 00 00=000000，而不是 000 000=000000。

3×2=6 表示 3 个含有 2 个物体的集合。同样，4×2=8 是 4 个含有 2 个物体的集合，5×2 是 5 个含有 2 个物体的集合。这些式子都是属于乘法表中 "第二" 栏的问题。但是，许多教师却把意思表达反了，就是说，他们先写的是集合中元素的数目。虽然 5×2 与 2×5 在抽象水平上是相等的，但在开始时的具体水平上，首先说出的数应是集合的个数，其次再说出每个集合中物体的数目。根据正规的英语表示方法，我们不说：我要 5 磅一袋的糖 2 袋；而是说：我要 2 袋 5 磅一袋的糖。2×5=10 表示的也是这样一句话：2 个含有 5 个物体的集合共有 10 个物体。

让儿童操作具体材料，是为了发展他们对表内加法和乘法以及相对应的减法和除法的理解。当然，他们将来需要把这些活动符号化。例如：00 00 00=000000 表示成 2+2+2=6 或 3×2=6。

皮亚杰的研究表明，对许多儿童来说，符号的或抽象的工作最好在一年级下学期开始以系统的方式进行，因为许多儿童大约要到七岁之后，必要的运算思维才能产生。有的儿童到九岁时还不能区别 3+2 和 3×2。

当儿童能够在抽象水平上相乘的时候，他就会把乘法口诀组成下面这样的表，只有在必要的时候，才使用可操作的具体材料。

例如，为了求出乘法表的 "第三" 栏，儿童会以含有 3 个物体的集合作为必要的基础，然后算出这样的 2 个集合是多少，3 个集合是多少，4 个集合是多少，等等。

研究表内乘法的第二种方法是考虑能表示成两个一位数相乘的数。例如，12 这个数，就可以表示为 6×2，2×6，3×4 和 4×3。这跟教加法时的数族方法类似，即 5 可写成 4+1，1+4，3+2 和 2+3。

表内乘法全部算出后，可整理如下：

×	0	1	2	3	4	5	6	7	8	9
0	0	0	0	0	0	0	0	0	0	0
1	0	1	2	3	4	5	6	7	8	9
2	0	2	4	6	8	10	12	14	16	18
3	0	3	6	9	12	15	18	21	24	27
4	0	4	8	12	16	20	24	28	32	36
5	0	5	10	15	20	25	30	35	40	45
6	0	6	12	18	24	30	36	42	48	54
7	0	7	14	21	28	35	42	49	56	63
8	0	8	16	24	32	40	48	56	64	72
9	0	9	18	27	36	45	54	63	72	81

这些乘法应通过一些强化活动使儿童熟记。

有许多有趣的强化游戏，它们可为这些乘法口诀提供复习回忆的实践机会。

进一步，要学会用简便的方法计算较大数目的乘法和除法，儿童还需要理解位值以及交换性、结合性和分配性等重要观念。

儿童发现乘法和加法一样也有交换性，比如 $3 \times 4 = 4 \times 3$。还可发现，结合性对于乘法也是成立的，如 $3 \times （4 \times 5）=（3 \times 4）\times 5$。

范例5：饮湖上初晴后雨

饮湖上初晴后雨

苏 轼

水光潋滟①晴方好，

山色空蒙②雨亦奇③。

欲把西湖比西子④，

淡妆浓抹总相宜。

注释

①潋滟：波光闪动的样子。

②空蒙：云雾迷茫的样子。

③奇：奇妙。

④西子：即西施，春秋时代越国有名的美女。

85

（人教版小学《语文》三年级上册）

反思契机与问题界定

在教学《饮湖上初晴后雨》这首诗时，执教教师创设了一系列的情境，帮助学生感受苏轼笔下的西湖之美。在课上，教师用视频、图片等，介绍了西湖十景。继而，让学生谈对这些图片的观感。语言文字的学习，就穿插在这些介绍当中。这次的课例研究，就是从质疑教师的这种铺垫方法入手的。

我认为，作品往往与作者当时的心境有关，诗作更是如此。优秀诗作总是反映了诗人的某种心境，正所谓"言为心声"。例如，《饮湖上初晴后雨》这首诗，之所以有"淡妆浓抹总相宜"这一句，说明苏轼当天的心情很不错。这样，我们紧接着就可以问了，苏轼那时在杭州干什么？在他的人生中这是个什么时期？在最初的教学设计中，完全看不到这些信息。在设计这节课时，教师走入了一个死胡同。就是说，以为作者是"为写景而写景"，结果在教学时就是"就写景来分析诗"，所以在课上做了大量铺垫来讲"美"景。我们都知道，不同的边塞诗人，写同样的边塞风光，结果千差万别。同样，很多人都参观过西湖，但是观感颇异。说实话，在旅游高峰期的西湖，真的很难让人感觉到美！那么多的游客、取个景都很困难、随处都要排大队……在这样的情况下，我们往往觉得西湖也不过如此嘛。这里的问题不在西湖，在我们自己。对那时候的我们来说，哪有"浓妆淡抹总相宜"的心境啊？

执教教师在课堂上用了很多美丽景致的图片。孩子们在观察这些图片后，回答说感受到了"美"。说实话，在这个环节，我感到很不舒服，感觉孩子们被"胁迫"了。这种风景图片网上是一抓一大把的。很可能这些图片也是执教老师从网上下载，而不是自己采风得来的。举个例子来说，我们都熟悉的 windows 系统的开机画面，实际上是一张风景照片，是世界上少数的版权费最高的照片之一。但是，有谁会觉得那块草地和天空很美呢？大多数的人，是青睐自己选择的桌面图片。我也替换了这张桌面图片。不过，我相信摄影师在拍下它时是觉得美的。这个例子说明了同一个道理。从这个角度来说，没有会欣赏的人，就没有值得欣赏的景。《饮湖上初晴后雨》这首诗，绝对不能就景致去谈景致。对同一首诗，可能有多种理解。我的理解就是：苏轼作为一个中央干部，被下放到地方，心情正郁闷着。某一天与三两好友考察西湖，寄情于山水，宦途上的个人得失、起起伏伏显得不再重要了。在这样一个粗浅的解释里，"苏轼在哪"对于理解诗歌就显得特别重要。

总之，这次的课例研究就是从否定执教教师的第一次教学设计开始的。也就是说，反思的契机是重新考虑把"赏析美景"作为这首诗的教学重点是否合适。经过讨论，最终我们确定的课例研究主题，将教学重点转换到了诗句的语言表达上。执教教师要努力的不是让学生"体会美景"，而是体会诗句写得好。甚至可以说，这首诗中字字珠玑，轻易动不得一毫一分。教师的努力方向就是让学生获得这种感受。

知识基础

赞科夫（1980, pp.115-119）的研究，专门处理过发展语言的问题。其中，他引用的乌申斯基的一段话，我认为很有道理："让学生用自己的话转述读过的东西，也是一种很坏的语言才能的练习。在这里，儿童是跟远远高于自己本身发展的发达的思维和语言形式做斗争，所能做到的只是结结巴巴，错漏迭出，逻辑混乱，走失原意，既歪曲了作家的思想，又糟蹋了作家的语言。"在赞科夫的实验中是完全不采用这种办法的。在他看来，用别的意义相近的词来替换作品中的原文，是一件很糟糕的事情。其结果是，抹杀了生词的特殊含义，使得原文的那些细微差异都被忽略掉了。而优秀作家的独特天分，往往体现在这些细微处。在这种阅读经验中，儿童的语言不是越来越精确，而是越来越贫乏。这种阅读经验，不是在发展儿童的语言，而是在抑制儿童语言的发展。

在一篇题为《母牛和狼》的俄文课文中，有这样一句话："这时候，饥饿的狼在田野里到处搜索。"其中的"搜索"是个生字。那么，怎么讲"搜索"这个词的意思呢？过往的教师喜欢用别的词去替换"搜索"这个词："搜索"就是"来回找"或"走来走去"。这是典型的"同义词替换"的办法。赞科夫的办法不是这样的，他要求教师去研究为什么不能用这些同义词来替换？在做同义词替换的时候，丢失了什么意义？照我的理解，如果我们把"搜索"替换为"来回找"、"走来走去"，就没有把狼的那种想进村庄找吃的又害怕猎人、肚子很饿又害怕猎狗等等复杂的心态描述出来。在赞科夫看来，只有区分清楚"搜索"和那些近义词的意义差异，才是真的体会了作者用语的考究，这样的教学才称得上是对儿童语言的发展。我认为，赞可夫的主张也适合于诗歌教学。把诗句中的用词，用孩子们能掌握的语言替换出来，也就是用自己的语言来说出诗句的意思。这在应付考试时可能有用，但是还没有开始对作品语言展开赏析。

行动选择

在第一次教学展示活动中，执教教师对诗句中的字词讲解方式，仍然是同义词替换式的。这是一种常见的讲法，但是我认为不大适用于诗歌教学。以前有一个故事，是讲"推敲"这个词的来历。故事的主人公是贾岛：贾岛这些天正在琢磨自己的一句诗，拿不定主意到底是"僧推月下门"好，还是"僧敲月下门"好。结果这一天，他恰巧夜宿山寺，外出应酬回来得晚了，趁着月色紧赶慢赶往回走。在敲山门的时候，贾岛终于下定决心用"敲"字。为什么呢？原来，在一个月光皎洁、静谧的夜晚，"敲"是有声音的，在意向中增加了听觉这个维度，更有美感。我在昆明观看的"云南印象"这部音乐剧中，有一幕类似的设计。剧情表现了一位藏族老阿爸在风雪中砌玛尼堆的情景。整个舞台，只有一位演员，什么音乐也没有，他一块一块费力地搬运石头，堆放的时候发出一点声音，"咚"。就这一点点声音，但很有穿透力，全场都在听。这个地方的"咚"与贾岛的"敲"，有异曲同工的地方。我用这两个例子，是想说明这样一个信念：作家写出来的能够传世的诗句，其词句是难以替换的。但是，我们在教诗句的时候，的确会遇到要解释的词句。怎么办呢？不要总是让孩子们谈自己的"理解"。要知道，我们用同义词替换的方式，进行的所谓"解释"，往往都是拙劣的、粗鄙的、繁琐的、不精练的，往往是用较低水平的表达来替换较高水平的表达。经常这么学习，只会让孩子们忽略诗句的语言美，而不是学会了慎重地鉴赏。当然，这不是老师水平低的原因，而是这些诗人太高明了。要知道，苏轼是多么伟大的文学家！

回到这个课例上来，执教教师在讲解诗句的时候，使用的正是"同义词替换"的办法。例如，"浓妆淡抹总相宜"，"相宜"是"合适"的意思；"雨亦奇"中的"亦"是"也"的意思。基于赞科夫关于语言发展的相关理论，我的具体教学建议是，教师的指导语应做改变。原来的指导语可能是："'相宜'还可以用什么词表示？"现在需要换成："用'合适'来替换'相宜'可以吗？有什么不一样？"基于这个改变，在词句的教学环节，就不再是把诗句读薄，而是深入挖掘那些重点词句的独特意义来。

我们可以从执教教师的教学中，找到具体的范例，来说明这样做的好处。在品读"欲把西湖比西子"这一句时，执教教师的指导语是："西子是谁啊？"学生们回答："西子就是西施。西施是四大美人之一。"执教教师进一步补充："西施是四大美人之首。"基于这段问答，我们可以这样改造："欲把西湖比西子"能改成"欲把西湖比玉环"吗？为什么？当我们这样追问的时候，就是进入鉴赏的层面了。有的人可能以为，用西施做比，主要是因为她是天下第一美女。把西湖比西施，就是赞扬西湖芳华绝代。我看不是这样。在这个地方，第一、第二、第三、第四的排名，并不非常重要。哪里有那么一场选美呢？在这个地方把西子说出来，告诉孩子们她是四大美人之首。这仍然是比较浅的教学拓展方式。为什么说比较浅？因为，这种说明仍然只是对字词的解读，是一种文史知识的穿插，还没有把作者的"妙笔"给凸显出来。要知道，西施不仅在正常的时候漂亮，病西施也另有一番韵味。这样的西施用来比喻西湖的"淡妆浓抹总相宜"，不是很贴切吗？玉环不适合比西湖，恐怕是因为她只有雍容华贵这一种美。

研读材料选录：阅读中的言语发展[①]

按照新教学大纲进行教学的教学法，主要特点是要求学生复述读过的东西。"你把读过的课文内容转述一遍"，"你把这个故事讲一遍"，"你复述一下课文"，"说说这个寓言的内容"——阅读课本《祖国语言》（一年级）（莫斯科，教育出版社 1972 年版）里简直到处都是这一类习题。

乌申斯基早就完全正确地指出过："让学生用自己的话转述读过的东西，也是一种很坏的语言才能的练习。在这里，儿童是跟远远高于自己本身发展的发达的思维和语言形式作斗争，所能做到的只是结结

---

① 节选自：赞科夫著，杜殿坤、张世臣、俞翔辉、张渭城、丁酉成、叶玉华译：《教学与发展》，北京：文化教育出版社 1980 年版，第 116-119 页。

巴巴，错漏迭出，逻辑混乱，走失原意，既歪曲了作家的思想，又糟蹋了作家的语言。"复述读过的东西这一方法，我们的实验教学法是完全彻底地不采用的。乌申斯基已经这么明确而令人信服地揭露了这种教学方式，并且这么肯定地指出了它的害处，所以再也没有补充说明的必要了。

按照我们的教学法，在读过课文以后，只建议学生结合所读的东西进行无拘无束的谈话。孩子们自己陈述自己的思想感情，说出自己对作品中的人物和课文中的事件的态度。从教学法的职能来说，《生动的语言》这套阅读课本只不过是帮助开展内容充实的谈话而已。

在新的正式教学大纲所采取的教学法里，所谓词汇工作占很重要的地位。这里还是在重复（甚至比重复更差）幼年以至更多年以前的做法。例如，1958年出版的谢佩托娃写的教学参考书里，举了下面这些用同义词替换的方法来解释生词的例子：生词 замешкались（迟延）可以用 задержались（耽搁）替换，生词 лютые（морозы）（严寒）可以用 сильные（强烈的）或 жестокие（厉害的）代替。

1965年出版的《小学俄语教学法原理》一书中，提出一条总的规定："……在阅读课上，使用同义词应当是词汇工作的重点。"但是，用同义词替换的方法绝不会有助于学生体会俄语的丰富多采。事实上，замешкались（迟延）这个词还具有与 задержались（耽搁）这个词不同的特殊含义。замешкаться（迟延）的意思不仅是 задержаться（耽搁），还有"经过的时间过长"的含义。лютый мороз（严寒）则不单是"很冷"的意思，而且有一种冷得使人难耐的、感到痛苦的意味。由此可见，用同义词替换生词的方法，教师就失掉了从实质上丰富学生的词汇，即解释词的新的含义的机会。只把一个生词换成熟词，学生在原来已经掌握的意义之外，并没有增加任何新的概念。本来出现的是声音构造不同的新词，而教师立刻换成含义熟悉的旧词，在学生的言语和思维的发展方面丝毫没有前进。这就没有利用有利时机，帮助学生形成概念的细微差别，这些概念虽有某种共同之处，但同时却有着相互区别的特点。

用同义词替换的方法来解释生词，其结果是抹煞了这个生词的特殊含义，失去了表达词的含义的各种细微差别的可能性。这样做，不但没有使儿童的言语变得更精确更鲜明，而是恰恰相反，使儿童说出来的话更加贫乏，更加千篇一律。这就是说，不仅没有促进作用，反而阻碍了言语的发展。

1972 年出版的一年级阅读课本《祖国语言》里，就充满了这一类词汇工作的典型习题。例如："用别的意义相近的词代替这些词"，"在课文里找出与这个词（指出一个词）意义相近的词"，"作者可以使用什么词来代替这个词（举出读过的课文里的一个词）？"，"怎样换一个说法？"。

这些替换跟课文有什么关系呢？这能使学生学到些什么呢？在马尔夏克的短诗《男孩生了什么病？》里，开头的几行是："他躺在被窝里，有气无力地呼吸着。面前的椅子上，放着药水和药丸。"对这首短诗提出的习题是："'有气无力地呼吸着'，用别的意义相近的词来代替这些词。"这样的习题有什么意思呢？它对理解短诗这种艺术作品有什么关系呢？也许，教科书的编者们认为，如果儿童能想出替换的词来，马尔夏克的这首诗就会变得更好了？即使出现了这样的奇迹，那也并不是丰富了学生的词汇，而只不过是改善了《祖国语言》课本而已。但是，教科书的作者并不适可而止，他们简直是让学生直接修改著名诗人们所写的东西。最有说服力的一个例证是对普列谢耶夫的一首诗所提出的习题。原诗是：

> 雪融化了，小溪在奔流；
> 春天的气息涌进了窗口……

夜鹰很快会引吭高唱，

树林也将披上绿色的新装！

蔚蓝的天空是那么清澈，

太阳照耀得更加温暖明亮。

凶猛的暴风雪的日子，

又将被人们长时间地遗忘。

习题是："'披上绿色的新装'，怎样换一个说法？要记住：лазурь（浅蓝色）在这里就是голубизна（蔚蓝色）。"这样一些习题（《祖国语言》课本里充满了这一类习题）只能把学生阅读文艺作品变成毫无意义的事。

在实验班里进行词汇工作的过程中，我们从第一学年起就竭力把生词的解释建立在揭示这个词的特殊含义的基础上。例如，在《母牛和狼》这篇故事里有这样一个句子："这时候，饥饿的狼在田野里到处搜索。"女教师问："рыскал（搜索）这个词，你们是怎么理解的？"尼娜说："意思是狼走来走去和寻找。"从使用同义词替换生词的方式来说，学生的回答可以说是正确的，因为按这种"办法"，用ходил（走来走去）和искал（寻找）可以代替рыскал（搜索）这个词。但这还没有反映出рыскал这个词的特殊含义，所以教师又把儿童的思想引向深入。教师启发儿童思考：尼娜是不是确切地揭示了рыскал这个词的含义呢？比如一个人在街道上走来走去，能不能使用这个词？于是，学生们开始理解，这样的解释是不够的，萨沙提出一个比较确切的说法："狼一直在走来走去和寻找。"教师又利用这个回答，使学生朝着更精确地理解рыскал的词义的方向前进一步。教师问："狼在寻找什么？"维佳说："想找到什么可以吃的东西。"这又朝着正确揭示词义接近了一步。另一个学生亚罗斯拉夫又指出另一个重要的因素："狼到处乱跑。"现在已经有了足够的因索，能够说明这个词所特有的细微含义。教师把学生分别指出的各个因素结合起来，给 рыскал 这个词下一个完满的定义。

在这里，不仅揭示了这个词的含义，而且跟意义相近的词（例如，рыскал 寻找——бегал 跑来跑去）作了比较，这也是有益的。揭示所解释的词的特殊含义，同时又把它跟同义词区别开来，比较就起着重要的作用。

范例6：迟到

9 面对错误

迟　　到

林海音

我的父亲很疼我，但是他管教我很严，很严很严。有一件事我永远忘不了……

当我上一年级的时候，就有早晨赖在床上不起来的毛病。每天早晨醒来，看到阳光照到玻璃窗上了，我的心里就是一阵愁。心想，已经这么晚了，等起来，洗脸，扎辫子，换制服，再走到学校去，准又是一进教室就被罚站在门边，同学们的眼光，会一个个向你投过来。我虽然很懒惰，可是也知道害羞呀！所以又愁又怕，常常都是怀着恐惧的心情，奔向学校去。最糟的是，爸爸是不许小孩子上学乘车的，他不管你晚不晚。

有一天，从早晨起下大雨，我醒来就知道不早了，因为爸爸已经在吃早点。我听着不停的大雨，心里愁得不得了。我上学不但要迟到了，而且在这夏天的时候，还要被妈妈打扮得穿着肥大的夹袄，拖着不合脚的大油鞋，举着一把大油纸伞，一路走到学校去。想到这么不舒服的上学，我竟很勇敢地赖在床上不起来了。

等一下，妈妈进来了。她看我还没有起来，吓了一跳，催促着我。但是我

皱紧了眉头，低声向妈哀求说：

"妈，今天已经晚了，我就不要去上学了吧？"

妈妈就是做不了爸爸的主。当她转身出去，爸爸就进来了。他瘦瘦高高的，站到床前来，瞪着我：

"怎么不起来？快起！快起！"

"晚了，爸！"我硬着头皮说。

"晚也得去，怎么可以逃学？起！"

一个字的命令最可怕，但是我怎么啦？居然有勇气不挪动。

爸气极了，一下把我从床上拖起来，我的眼泪就流出来了。爸左看右看，结果从桌上抄起一把鸡毛掸子，倒转来拿，藤鞭子在空中一抡，就发出咻咻的声音。我挨打了！

爸把我从床头打到床尾，外面的雨声混合着我的哭声。我哭号，躲避，最后还是冒着大雨上学去了。我像是一只狼狈的小狗，被宋妈抱上了洋车。第一次花五大枚坐车去上学。

我坐在放下雨篷的洋车里，一边抽抽搭搭地哭着，一边撩起裤脚来检查我的伤痕。那一条条鼓起的鞭痕，红肿的，而且发着热。我把裤脚向下拉了拉，遮盖住最下面的一条伤痕，我是怕同学看见了要耻笑我。

虽然迟到了，但是，老师并没有罚我站，这是因为下雨天可以原谅的缘故。

老师教我们先静默再读书，坐直身子，手背在身后，闭上眼睛，静静地想五分钟。老师说："想想看，你是不是听爸妈和老师的话？昨天留的功课有没有做好？今天的功课全带来了吗？早晨跟爸妈有礼貌地道别了吗？……"我听到这儿，鼻子不禁抽搭了一大下，幸好我的眼睛是闭着的，泪水不至于流出来。

正在静默的当儿，有人拍了我的肩头一下，我急忙睁开了眼，原来是老师站在我的位子边。他用眼势告诉我，让我向教室的窗外看去。我猛一转头看，是爸爸那瘦高的影子！

我刚安静下来的心，又害怕起来了！爸爸为什么追到学校来？爸爸点头招我出去。我看看老师，征求他的同意。老师微笑着点点头，表示答应我出去。

我走出了教室，站在爸面前。爸没说什么，打开了手中的包袱，拿出来的是我的花夹袄。他递给我，看着我穿上，又拿出两个铜板给我。

后来怎么样，我已经不记得了。只记得从那以后，每天早晨我都是站在学校门口，等待着校工开大铁栅门的一个学生。冬天的早晨，站在校门前，戴着露出五个手指的那种手套，举着一块热乎乎的烤白薯在吃着。夏天的早晨，站在校门前，手上举着从家里花池里摘下来的玉簪花，预备送给亲爱的韩老师，她教我跳舞。

fá liāo chǐ fú
罚 撩 耻 袱

❀ 课文中的父亲是不是一个好父亲？

❀ 从爸爸来到学校给"我"送花夹袄和两个铜板的细节中，你能体会到什么？你能想象一下"我"当时的想法和心情吗？

📚 日积月累

* 恐惧　狼狈
　耻笑　恳求
　······

（北师大版小学《语文》五年级上册）

反思契机与问题界定

《迟到》这篇课文，选自林海音的《城南旧事》。相应的《教师教学用书》对文章内容的概括是："'我'在父亲的管教下，改正了上学迟到的毛病，从中体会到父亲对自己的爱。""'我'从原来一上学就'忧愁又怕'、被逼着上学，进步到每天都自觉地、快乐地上学，'我'真是长大了、懂事了。进步的转折点就是那一天'迟到'。……老师的启发、父亲的疼爱，又使'我'知错，感动。这些教育，帮助'我'迅速成长。"《教师教学用书》中的这些判断，在执教教师最初的教学设计中得到了忠实的体现。在教学中，执教教师将这节课的主题定位于"知错、改错"。教学中，重点品味的语料片段分别描写了"在家挨打"和"在校流泪"这两个情节。对于前一个情节，执教教师用角色朗读的方式，让学生反复读，试图读出爸爸的口气，读出打人时的现场感，强调了"咻咻"这样的象声词的作用。对于后一个情节，执教教师也是通过阅读，试图让学生理解小林海音"幡然悔悟"的情绪变化。总之，在执教教师最初的教学设计中，《迟到》中的林海音被理解为一个愿意改正错误的好孩子的形象。课例研究过程，就是从对这一林海音形象的怀疑入手的。研究的主题可以表述为，《迟到》中的林海音是谁？

知识基础

为了理解一篇文章，了解这篇文章的写作背景是很有必要的。弗莱雷（Paulo Freire）说过："阅读不仅仅包含了对于书面文字或语言的解码，而是在预先就包含并且卷入了有关世界的知识。语言和实际是动态地联系在一起的。通过批判阅读获得的对于文本的理解，意味着对于文本与背景之间关系的理解。（Freire, 1987, p.20 ）"在研究《迟到》这一课时，我们就以应用这样一种关于阅读行为的理解，即从作者信息中寻找有助于理解文章的线索。为此，我检索了一些关于作者生平的信息。

林海音的爸爸叫林焕，台湾人，早先在日本经商，1923 年搬到北京。林海音在 1918 年出生。这样，在 1925 年上小学时，她刚好六到七岁的样子。同年，林海音的一个大弟弟出生，1926 年四妹出生，1927 年五妹出生，1929 年最小的弟弟出生。随后，林家发生了大变故，1931 年林海音的爸爸病逝，1932 年四妹去世，同年最小的弟弟也去世了。这段资料告诉我们什么信息呢？ 1931、1932 年间是林家很艰难的几年，那时候林海音 13 岁，小学毕业。《迟到》这篇文章，写的就是 1925 ～ 1932 年间的事。林海音在 1948 年迁台之前，一直在北京生活、工作。《迟到》所出的《城南旧事》一书，是在 1960 年出版的，那年林海音 48 岁。综合这些关于作者生平的信息，我以为《城南旧事》的一个特色就是回忆。在时间上，是回忆在 1923 年以后在北京的那段生活。在主题上，是缅怀那段有父亲陪伴的日子里童年、亲情等等值得纪念的事。

基于这个定位，在读《迟到》这篇文章的时候，就知道有几个林海音同时在影响写作过程，也影响我们的理解。这篇文章里面至少可以读出三个林海音，而不是只有一个：第一个林海音，是现在这篇课文中讲到的一个上小学一年级"知错、改错"的六、七岁小女孩儿。第二个林海音四十多岁的样子，是回忆自己的童年往事的女作家林海音。最后一个林海音是十三岁时的林海音，是爸爸过世、必须马上长大的长姐林海音。如果我们认同有这三个林海音在场，再来读这篇文章，得到的感受就不一样了。我的理解是，第二个林海音最重要，因为文章就是这个林海音写出来的。文章是一个四十多岁、历经家国动荡、幼丧其祜、人生坎坷的女人的回忆。文章讲的是一个七岁小女孩的故事，但不是一个七岁小女孩在讲故事。如果仅仅是一个七岁小女孩儿挨打、受了教育，这个事儿也是不值得记录的。这个故事被记录下来，是因为一个四十多岁的女人觉得有必要记录下来。所以，在品读这篇课文的时候，千万不要只读出一个七岁小女孩儿。执教的老师们得知道，文章里还有好几个女人呢！在我看来，一个四十多岁的女人，对自己童年创伤的回忆很忧郁。但是，林海音的文字，却写得很温暖。这是文章的独特魅力所在。

基于这些背景信息，再来理解爸爸打人这件事情，我们就会发现这个故事完全不一样了。首先，林海音的爸爸可能不是一个教育家，他可能就是一位普通的父亲。女儿犯错、爸爸打人，很简单的一件事。因为林海音是长女，那时她们家已经有了好几个小孩子。头生子一般总要被赋予更多的爱，同时也最容易被忽视，最容易被苛责。因为，与别的孩子相比，他们已经长大了，是大孩子了。林海音挨打，可能有很多原因，但这些未必重要。在林海音看来，为什么要写这样一篇文字，恐怕不是因为挨打背后有多少教育意义，而是她很感谢父亲当年打了她，让她能够保留一点关于父亲的记忆。在一个四十多岁、幼年丧父的女人看来，跟父亲的任何一点点交集都是足可珍视的。即使林海音真的写了爸爸的管教对她有深远影响，那也要把"早年丧父"这一点考虑进去。在我看来，正是因为"早年丧父"，使得第三个林海音、第二个林海音都特别留意爸爸留给她的任何一点点教训、一点点回忆，那些"教训"也才更有实效。在文章中，两次写到爸爸"瘦瘦高高"的身影，就是这个道理。其实，在还与生父在一起的日子里，孩子们哪里会仔细观察父亲的样子啊。

行动选择

我给教师的建议，总的来说是要把这个故事看做一位四十多岁女作家的回忆，要结合林海音十三岁丧父的事实来看，而不要只当作一个七岁小女孩的受教育经历。基于这样的研究过程，执教教师最初的一些细节处理，就需要做调整。

第一个细节：在课文里有这样的话："我听到这儿，鼻子不禁抽搭了一下，幸好我的眼睛是闭着的，泪水不至于流出来。"在我看来，这句话不应该被理解成，小孩子因为老师的教育而幡然悔悟了。完全不是这样！在写这句话之前，林海音的老师说了什么呢？他说："想想看，你是不是听爸妈和老师的话？昨天留的功课有没有做好？今天的功课全带来了吗？早晨跟爸妈有礼貌地道别了吗？……"这段话十分普通，甚至可以认为是这位老师每天课前的一个常规环节。为什么林海音想要哭出来呢？委屈罢了！我们可以这样设想：这时候的林海音才七岁。之前在上学路上，她一直很委屈，到了学校以后跟同学一玩儿就忘记了。结果，上课的时候老师又开始讲"听话"的事情，让她又想起来早上那段难过的经历。在我看来，这个解释更加平常、更加可信。我更不愿意将小林海音的这个情绪理解为她对自己赖床的错误行径的反思，也不相信这是小林海音对老师的教育产生了共鸣。林海音在这时候还是个普通的小女孩。我们甚至可以在补充资料里找到证据。在补充资料里，记录了林海音十三岁时的一个情节：爸爸躺在病床上快死了，这时候林海音正好将要小学毕业，她就问爸爸能不能起来参加她的毕业典礼。这个情节已经是《迟到》这个故事数年以后的事了，但仍然充满了孩子气。这更可以证明，七岁时的林海音还是个孩子，拥有孩子的正常思维。所以，对于课上的"抽搭"，不能理解地太高拔了。越是平实，把七岁的林海音当个孩子来看，就越是可信。不能因为林海音后来的成就，就认为小时候的她也成熟得不像话。

第二个细节：课本里面出现了两个地方描写爸爸的身影。第一个地方是在打她的时候。课文中有这样一句话："妈妈就是做不了爸爸的主，当她转身出去，爸爸就进来了。他瘦瘦高高的，站到床前来。"问题是，为什么要写爸爸"瘦瘦高高"的呢？这跟挨打这件事有什么联系吗？第二个描写爸爸身影的地方是在学校里。老师用眼神让我朝窗外看："我猛一转头看，是爸爸那瘦高的影子！"为什么又出现"瘦高"这个词？林海音就不能用其它词来描写爸爸吗？为什么不具体描写爸爸的外貌甚至表情？我的理解是，这两个地方都跟挨打这件事没有关系。林海音在十三岁上就死了爸爸，她这一辈子都渴望着一切关于爸爸的记忆。在写这些回忆的时候，可能林海音心中爸爸的身影早已经模糊不清了。当年挨打这件事情因为印象深刻，所以让她留下了这样一个珍贵的印象，就是爸爸是"瘦高"的。如果我们认为作者有意为之，在这篇文章中反复出现两次描写爸爸的身影，并且写法都一样。那么，我更愿意相信，这是表达了一种怀念和依恋。尽管这只是细节，但是会影响到我们对整篇文章的解读。比如说，为什么在挨打之前，要写爸爸"瘦瘦高高"的影子？如果是讲严厉和疼爱的话，爸爸的形象是完全没有关系的，写在这里是浪费笔墨，更别说写两次了。出版《城南旧事》的时候，林海音已经48岁了。挨打这个事，之所以值得纪念、值得写下来，不是因为爸爸的严厉教育，而是因为那段记忆里有爸爸在。

这篇课文的重点，不在于打。课文里有证据表明这一点："爸气极了，一下把我从床上拖起来，我的眼泪就流出来了。爸左看右看，结果从桌上抄起一把鸡毛掸子，倒转来拿，藤鞭子在空中一抡，就发出咻咻的声音。我挨打了！"在读这句话的时候，执教老师让孩子们揣摩当时的情况，并努力读出爸爸的愤怒、生气。在我看来，大可不必。我读这段话的时候，是带着调侃的语气的，甚至是有一丝得意在里面。细心的读者会发现，藤鞭是很难发出咻咻的声音来的。而且，即使有声音，挨打的人怎么会注意到！课文中不是有证据吗："但是我怎么啦？居然有勇气不挪动。"很简单，一个六、七岁的孩子在那时已经吓呆了，什么都不知道了。平常温煦的爸爸像是变了一个人，这时的她哪里能听到什么啾啾的声音！这里的象声词是在写作的时候 48 岁的林海音附会上去的。尽管这篇文章被教材编写者放在"面对错误"这个主题单元下。但是，真的把课文理解成"面对错误"，我觉得就太假了、极其不真实。而且，我们不担心这是对体罚的鼓励吗？即使效果很好，仅仅从"面对错误"的角度来看，这个事也是不美好的，至少不美好、不值得孩子们去学。但是，如果像我所建议的那样去解读，"挨打"就是一个美好的回忆，是一个温暖的事情，满含着女作家温情脉脉的情绪。文章不惜笔墨描写打人的那个情节，如果让我来品读，我会读得很慢、很平静，没有丝毫愤怒的情绪。似乎这是在举行一场悼念，一个字一个字地读，把对爸爸的记忆尽量拉长，再拉长。

研读材料选录：阅读行为的重要性[①]

为了描写阅读的重要性，我打算说一些为今天出现在这里而做的准备，说一些有关本书写作过程的事。这其中就包括了对于阅读行动的批判性理解。阅读不仅仅包含了对于书面文字或语言的解码，而是在预先就包含并且卷入了有关世界的知识。语言和实际是动态地联系在一起的。通过批判阅读获得的对于文本的理解，意味着对于文本与背景之间关系的理解。

在开始写阅读行为的重要性的时候，我感觉到自己是很激动地被吸引去重新解读自己的阅读实践中的一些关键时刻。这是来自我的童年时代、少年时代以及青年时代的一些遥远记忆，正是在那些时刻，我关于阅读行为的批判性理解开始逐渐形成。在写作这本书时，我与自己之

---

① 节译自：Freire, P., D. Macedo. (1987). *Literacy: Reading the word and world.* London, UK: Routledge.

间获得了一种客观的距离，我与个人经验中的那些与阅读相关的时刻之间也是如此：首先，阅读那个让我感动的小小的世界；其次，阅读文字，但并不总是我在学校教育中读到的那个字面的世界。

仅就记忆所及，尽量去回溯遥远的童年时代，试图去理解那个特定的触动我的世界中的阅读行为，对我来说无疑是十分重要的。投入这件事，让我在这些文本中重新创造并重活了一次，那是一种我仍然没有阅读文字以前的生活。

在巴西 Recife 地方有一间普通的屋子，周围绿树成荫，我正是在那里出生。对我来说，有一些树就像活生生的人一样，我和这些树之间有着一种亲密的关系。我在树荫下玩耍，一些我可以够得着的低矮枝桠让我经历了一些小小的冒险，为我未来要面临的更大危机和历险提供准备。这座老房子是我的第一个世界，它的卧室、客厅、阁楼、阳台（放着我妈妈的绿植）、后院，就是世界的全部。在这个世界中，我学会了爬行、牙牙学语、第一次站立、迈出第一步、说出第一个字。真的，这个独特世界为我的理解活动提供了第一个舞台，是我阅读的第一个世界。其中的文本、文字和字母，被化身为一系列的事物、对象和标志。在理解这些的过程中，我体验到了自己。并且，我越是多地体验自己，我的理解能力越是增长。在与哥哥、姐姐以及爸爸妈妈的关系中，我应用这些事物、对象和标志，这样我也就学会了如何去理解它们。

这个世界中的文本、文字和字母，化身为小鸟的歌唱，无论是唐纳雀、捕蝇鸟还是画眉。化身为暴风雨来临前在风中摇曳的树枝的舞蹈，化身为雷与电，化身为在湖泊、岛屿、河流、小溪间嬉戏的雨水。其中的文本、文字和字母，同样化身为风的低语、乌云的色彩和流转，化身为植物的颜色、树叶的形状、花朵的馥郁芬芳（蔷薇、茉莉），化身为树干，甚至水果皮（水果的表皮在不同时间颜色也不同。芒果在长成后，一开始是绿色的，熟透的芒果表皮上则有黑点。这些不同颜色之间的关系、水果的长成、水果对控制的摆脱、水果的口味。）可能就是在这个时间，通过亲自做这些事，也通过观察别人做这些事，我学会了及物动词。

动物在这个背景中也同样重要。以类似的方式，这个世界的文本、语词和字母，化身为擦着我们脚边的家猫，它的恳求或者愤怒的叫声。化身为不高兴的朱莉——这是我爸爸的一条老黑狗。这时有一只猫太靠近了，而朱莉正在吃东西。这时的朱莉，与高兴地追逐、捕捉和杀死一只负鼠时的情绪完全不同——这些负鼠怕是要为我奶奶养的肥鸡的消失负责。

周围年长者的语言，同样是我的直接世界中的一部分背景。这些语言表达了他们的信念、口味、恐惧和价值。这些将我的世界与那些我从未想象过的世界联系在了一起。

在尝试找回遥远童年的这种努力当中，为了理解我对那个特定世界的阅读行为，我重新创造并复活了一些当初的生活经验，那时的我并不能阅读文字。一些事情开始涌现，并与这些反思的背景有关：我对于鬼的害怕。在童年时代，鬼的话题总是出现在那些成长的话题当中。鬼需要黑暗或者半黑暗，才能以各种形式显现自己。这可以是悔罪的哭声、嘲弄的笑声，也可以是对祈祷者的恳求，或者告诉人们他们的木桶藏在哪里。也许是在我七岁的时候，我出生的那座屋子的边上，街道上点上了气灯。每当夜晚降临，那些优雅的灯就会屈从于那些点灯人的魔杖。从我家的地板上，我可以看到点灯人瘦瘦的身影。他们有节奏地从一个灯走到下一个灯的时候，点灯用的细蜡烛就挂在他的肩上。这是一种微弱的亮光，比我家里的灯光要弱，更像是黑暗包围了这些灯光，而不是灯光驱散了黑暗。

对鬼魂来说，这是再好不过的环境了。我记得那些充满了恐惧的夜晚，我等待着时间早早流逝、夜晚尽早结束、黎明赶快到来，期待着晨起鸟儿的歌声。在晨光中，恐惧让我对各种噪音的感知更加敏锐，而在明亮和喧闹的白天这都消失了，只是到了夜晚才神秘地得到强化。然而，当我熟悉自己的这个世界时，通过阅读我开始更好地感知和理解它，我的恐惧就逐渐消失了。

值得补充的是，阅读世界，并不能让我变得早熟，不会让我成为一个穿着男孩外衣的理性思考者。应用我作为一个男孩子的那些好奇心，并不会扰乱它的秩序。同样的，理解我的世界，也不会让我嘲弄那个魔幻的神秘世界。在这个方面，我得到了父母的帮助而不是打击。

在我对自己的世界有了丰富经验的某个时刻，我的父母开始引领我阅读文字。通过解读我自己的独特世界，解读文字就自然而然地开始了，不再是某些额外叠加在上面的东西。在自家后院的空地上，在芒果树的树荫下，我学会了阅读和书写。用的是我的世界的文字，而不是父母的那个广大世界的文字。大地是我的黑板，树枝是我的粉笔。

在进入 Eunice Vascancello 私立学校时，我已经识字了。我要衷心赞颂这所学校！最近它的关闭，让我伤心不已。Eunice 继承并加深了我父母的工作。在这间学校，阅读文字、短语和句子，从来不会与阅读世界相割裂。在这间学校，阅读就意味着阅读文字的世界。

不久前，我带着深切的感情，访问了自己的出生地。我重新站在自己第一次站立、走出第一步、开始说话、开始学习阅读的那个地方。正是这个世界，在当初通过阅读让我获得了理解。我重新看到了儿时的那些树。我一眼就认出了它们。我几乎是拥抱了那些大树干——它们在我儿时只是小树枝。然后，我喜欢叫做温柔的或者乖巧的乡愁，就开始从地面、树木、屋子里散播出来，开始包围着我。我满足地离开那里，感到满心欢喜，就跟那些与旧爱重逢的人一样。

继续重新解读我儿时、少年时以及青年时的重要时刻，我愿意回到我的中学时代。在那时，关于阅读行为的重要性的关键性理解，开始在行动中慢慢形成。那时，我在一位葡萄牙语教师的帮助下，获得了对文本的批判性解读的经验。对此，我铭记至今。那时，阅读不是单纯的练习、对于文本字面的理解，或者机械、单调的拼写，而是真正的读。这不是传统意义上的阅读课，文本包括年轻的 Jose Pessoa 老师在给我们提供无止境的探索的可能。

以后，在我二十岁左右、担任葡萄牙语老师的时候，我体验到了阅读和写作的特殊重要性。这二者是不可分的。我从来不会把句法规则简缩为图表让学生记忆，甚至是诸如具体动词之后的介词使用规则、性别和数的统一、缩写这些知识也是如此。相反，所有这些都会以一种动态的、生动的方式，呈现在学生的好奇心面前，作为文本中有待发现的对象。文本可以是学生自己的，也可以是一些作家的，但都不是由我来描述的某种停滞的东西。学生不必机械地去记忆什么描述，而是要学习其中内在的重要性。只有学会了其中的重要性，才能记住它，并且真正的学会它。机械地记忆对一个对象的描述，并不是真的认识了这个对象。这就是为什么阅读一个单纯描述对象的文本（就像是句法规则），并且要求记忆这些描述，既不是真正的阅读，也不会得到关于文本所描述对象的知识。

许多教师都要求学生在一个学期内阅读数不清的书，我相信这是出于一种常见的对于阅读的错误理解。我在世界各地的一些经历中，多次遇到年轻的学生谈到过他们在大量参考文献面前的痛苦挣扎。文献太多，结果只能囫囵吞枣，不能进行真正的阅读或研究。（而这正是旧时阅读课的真谛。）这些文献以科学训练之名提供给学生，数量之多，让学生只能通过阅读文献摘要才可能完成。在一些参考书目中，我甚至读到了某某书的这个或那个章节必须读的说明，就好像是必须读第 13-37 页。

强调阅读量而不是实质的内化，推崇的不是理解，而是机械记忆。这里面包含了一种关于书面文字富有魔力的观点。这种观点必须抛弃。从另一个角度来说，类似的观念在一些作者那里也可以找到，他们靠着所写的页码来判断作品的品质。然而，作为我们所拥有的最重要的文献之一，马克思的《关于费尔巴哈的提纲》只有两页半的长度。

为免误解，需要强调的是我关于书面文字富有魔力的观点，并不意味着对于自身义务采取不负责任的态度。对于特定领域的经典作品进行严肃的阅读，以便占有这些文本，创造新的知识学科。这是教师和学生的义务。若非如此，我们作为教师和学生的实践就不可能了。

回到我作为葡萄牙语教师的那些丰富经验，一些对于作品的分析至今仍然历历在目。这些作者是 Gilberto Freyre、Lins do Rego、Graciliano Ramo、Jorge Amado。我经常把他们的作品带回家与学生一起读，指出他们的语言的良好品味与句法结构之间的密切关系。在这些分析当中，我还会加入一些评论，指出葡萄牙的葡萄牙语与巴西的葡萄牙语之间的重要差异。

我总是把教导成年人读写作为一种政治活动，作为一种知识的行动，因此也是一种创造性的活动。我发现不可能专注于对元音的机械记忆，就像练习"ba-be-bi-bo-bu，la-le-li-lo-lu"的时候一样。我也不能把读写简化为简单的学习文字、提纲或者字母，一种由教师向学生空空的脑袋里填充文字的教学。相反的，学生是那些认识和创造的读写学习过程的主体。事实上，学生虽然需要教师的帮助，这是与其他任何教学情境一样，但是这并不意味着教师的帮助要牺牲学生的创造性。学生还是要在建构自己的书面语言以及阅读这些语言的过程中发挥这些创造性。

例如，当一名教师和一名学习者面对一个对象时，他们都感觉到了这个对象，能够口头表达他们的感知。与我类似，一个不识字的人也能够感觉到钢笔，能够理解钢笔，然后说"钢笔"。但是，我不仅是感觉到钢笔，理解钢笔、说出"钢笔"，而且能够写出"钢笔"，并且作为一种结果可以读出"钢笔"。学习阅读和写作，意味着为可以口头表达的东西创造和组合一种书面表达。教师不能替学生完成这件事，这是学生的创造性的任务。

我不能进一步讨论我在不同阶段的成人读写教学上发展出来的东西。不过，我还是希望回到本书的另外一个关注点，因为这个话题对于批判性理解读写行为十分重要，因此对于我所致力的教导成年人读写的工作也显得十分重要。

阅读世界总是先于阅读文字，阅读文字则意味着持续地阅读世界。就像我早先所说过的那样，从字面到世界的运动总是会发生。而且，即使口语文字也是来自于我们对世界的阅读。然而，在某种程度上，我们还能够更进一步说，先于阅读文字之前的并不仅仅是阅读世界，而且还包括某种形式的对世界的书写（writing it）或者重写（rewriting it）。这是通过有意识的、实际的活动来重构这个世界。对我来说，这个动态运动是读写过程的核心。

因此之故，我一直以来总是坚持认为，用来组织文学作品的文字是我所谓的人的"文字世界"，人们借此可以学习、表达他们的实际语言，他们的焦虑、恐惧、需求和梦想。文字应该负载着人们的生存经验的意义，而不只是教师自己的。通过考察文字世界，能够告诉我们人们的文字。这些文字来自人们对自己世界的阅读，而且也孕育着人的世界。我们这就把文字回归到人，插入我所谓的"汇编"，即对于真实境况的图像的表示之中去。例如，文字之砖就可以插入一群建筑工人建筑房屋的图像化表达之中去了。

然而，在为流行文字提供一个书面形式之前，我们通常会用一组经过编码的情境来挑战学习者。他们因此可以理解文字，而不仅仅是机械地记住它。通过引导学习者理解人类实践或工作是如何改造世界的，解码或者阅读这些图像化的情境，就带来了一种对于文化意义的批判性理解。基本上，具体情境的图像允许人们在继续阅读文字之前，反思自己对于世界的已有解释。这种对已有解释的更多批判性的阅读，对于世界的更少批判性的阅读，使得他们能够理解自己的贫困，并不同于他们经常所持的那种对于不公平的宿命论理解。

通过这种方式，对于现实的批判性阅读，不论是否在读写环境下发生，不论是否与明确的政治动员、政治组织实践相关，都构成了一种 Antonio Gramsci 所谓的"反霸权"的工具。

总而言之，阅读总是包括了批判性的理解、解读以及对于阅读内容的重写。

范例7：尊严

7 尊 严

一个寒冷的冬天，南加州沃(wò)尔逊(xùn)小镇上来了一群逃难[nàn]的人。他们面呈(chéng)菜色，疲惫(bèi)不堪(kān)。善良而朴实的沃尔逊人，家家烧火做饭，款待他们。这些逃难的人，显然很久没有吃到这么好的食物了，他们连一句感谢的话也顾不上说，就狼吞虎咽地吃起来。

只有一个人例外，这是一个脸色苍白、骨瘦如柴的年轻人。当镇长杰(jié)克逊大叔将食物送到他面前时，他仰起头，问："先生，吃您这么多东西，您有什么活儿需要我做吗？"杰克逊大叔心想，给逃难的人一顿饭吃，每个善良的人都会这么做。于是他回答："不，我没有什么活儿需要您做。"

这个年轻人的目光顿时灰暗了，他的喉结上下动了动，说："先生，那我不能吃您的东西，我不能不劳动，就得到这些食物！"杰克逊大叔想了想，说："我想起来了，我家确实有一些活儿需要您帮忙。不过，等您吃过饭，我再给您派活儿。"

"不，我现在就做，等做完了您的活儿，我再吃这些东西！"年轻人站起来说。杰克逊大叔十分赞赏地望着这位年轻人，他知道如果不让他干活儿，他是不会吃东西的。思量片刻后，杰克逊大叔说："小伙子，您愿意为我捶(chuí)捶背吗？"说着  就蹲在这个年轻人跟前。年轻人也蹲下来，轻轻地给杰克逊大叔捶背。

捶了几分钟，杰克逊大叔感到十分惬意。他站起来，说："好了，小伙子，您捶得好极了，刚才我的腰还很僵硬，现在舒服极了。"说着将食物递给了这个年轻人。年轻人立刻狼吞虎咽地吃起来。杰克逊大叔微笑地注视着这个年轻人，说："小伙子，我的庄园需要人手，如果您愿意留下来的话，我太高兴了。"

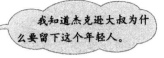

我知道杰克逊大叔为什么要留下这个年轻人。

年轻人留了下来，很快成了杰克逊大叔庄园里的一把好手。过了两年，杰克逊大叔把自己的女儿许配给他。杰克逊大叔对女儿说："别看他现在什么都没有，可他百分之百是个富翁，因为他有尊严！"

二十多年后，这个年轻人果然取得了巨大的成功。他就是石油大王哈默。

沃 呈 惫 堪 杰 捶

| 尊 | 沃 | 呈 | 惫 | 堪 | 善 | 款 |
| 例 | 瘦 | 杰 | 喉 | 捶 | 僵 | 配 |

📖 这个故事让我很受启发，我要多读几遍。

🎤 我们来讨论讨论：课文的题目为什么叫做"尊严"？从年轻人哈默和杰克逊大叔身上，我们学到了什么？

🎤 让我们找出描写年轻人外貌、动作和语言的句子，体会体会，再抄下来。

27

（人教版小学《语文》四年级下册）

反思契机与问题界定

在执教《尊严》时，任课教师将重点放在哈默身上。教学中，教师带领学生们赏析一系列对话过程，通过对当事人神态、语气的细节描绘，体验当事人内心感受的变化。文章包含了不少精彩的细节描写，例如，哈默听说没有活干的时候，"这个年轻人的目光顿时灰暗了，他的喉结上下动了动"；又例如，哈默的乡亲们拿到食物后，"连一句感谢的话也顾不上说，就狼吞虎咽地吃起来"。这些细节描写，都很好地烘托了主人公哈默所思所行的独特之处。在课堂上，教师带着学生们通过各种形式来朗读和体验这些细节，期望在这个过程中，让学生理解一个自尊自强的人该如何行动、如何赢得别人的尊重。

教师在教学过程中，把课文的结尾给虚化了。这是一个非常好的处理。结尾说哈默今后娶了杰克逊大叔的女儿，又成了石油大亨。按我看，这个结尾完全没必要。难道哈默非要娶了人家的女儿、成为石油大亨，这件事情才值得人纪念吗？这个故事的品质，跟这个结局一点关系都没有。事后，哈默也许再也没有见过杰克逊大叔，但是这个故事仍然是人间美谈。嫁女儿和当石油大亨，跟这个故事的主旨没有联系，甚至会给小读者造成困扰。更重要的是，在这篇文章里面，哈默根本是处在劣势地位。他是被怜悯、被照顾的角色。同样重要甚至更加重要的是杰克逊。在故事当中，杰克逊是更具有很美好的人文情感的那个人。他很有风度地保持了一个敏感的、一文不名的年轻人的自尊，友善地给予他急需的帮助。在这个故事中，杰克逊对时下正落魄的陌生人的关心和保护，是我们喜欢这个故事的真正理由。

可以说，课例中的教学设计严格遵循了《教师教学用书》的指导。也就是说，把这篇课文定位于"尊严"。这个故事被解读为一个懂得尊严的榜样人物的故事。教学的主要努力方向是帮助学生确认哈默是一个有"尊严"的人，进而学习做一个有"尊严"的人。但是，如果这样来理解这篇课文，就缺少了教师自己的判断。教师是先确认了这篇课文的主题，然后再设计教学。我们的课例研讨，重点就是把这个解读的确定性取消了。这篇课文真的是讲"尊严"的吗？我的感受是，这篇课文更让人印象深刻的是杰克逊，而不是哈默。在杰克逊身上有更值得我们学习的品性。

知识基础

诺丁斯（Nel Noddings）的关心理论，对"关心"这个概念进行了重新定义（Noddings, 2003）。在其中，关心关系被作为真正重要的核心元素。关心者与被关心者，在这个关系的建立上，都有不可或缺的贡献。也许正因为这样，关心伦理也被称为关系伦理（relational ethics）（Noddings, 1987）。关心伦理关心的是关心关系是否得以建立，而不只是关心某一方做了什么。一个教师可以说自己很关心学生，但是也许他的学生们会认为没有人真地关心他们。这时候，即使教师付出了很多努力，甚至付出了巨大的个人牺牲，也不能说在师生之间存在关心关系。也就是说，关心者的行动，需要被关心者的"成全"，需要被关心者做出某种反应，才能建立起关心关系来。一个合理的结论是，一个人是不是一个关心人的人，并不是完全由他自己决定的。我们是个什么样的人，还由那些与我们交往的人来决定。

作为真正的关心者，我们的注意力不是在自身，而是在我们关心的人身上。这样的关心关系，最典型的就是母婴关系。母亲去关心自己的孩子，很少有母亲会基于加诸在她身上的道德要求来行事，母亲多是出于对孩子的一种天然的关切。母亲分享了哭泣的婴儿的某种感受，好似与婴儿一道进入了那种不舒适的状态中，急切地要从这种不舒适的状态中走出来。在那一刻，她是和婴儿连成一体的。关心伦理所要求的关心关系，在这个方面就与道义伦理区分开了：基于对道德原则的考虑，再去做出关心的行动，这已经不符合关心伦理的要求了。在关心伦理中，关心在前，道德在后。一个关心道德行为的人，总是试图保持或者转化一个特定的关系，使之成为一种关心关系。换句话说，我们为什么要道德，主要还是希望保持在一种关心关系中。

诺丁斯的关心伦理将一种女性视角本体论化。这个理论的生命力，来源于极强的现实针对性。二战以后的美国社会发生了许多变化，涉及工作方式、居住稳定性、家居方式、性习惯、衣着、仪表、语言、音乐、娱乐等几乎所有重要的方面。在这些变化面前，学校教育往往表现为一种碎片化的风格，强调的往往是问题的某一个孤立的片面，例如：认识到有些孩子饿着肚子上学，学校就为穷苦孩子提供午餐；受到少女怀孕率上升及性病传播的影响，学校就提供性教育。这些"头疼医头、脚疼医脚"的办法，显然不能全面应对这些社会变革。诺丁斯（Noddings, 1995）认为，学校教育的恰当定位应该是将目标定位于培养关心、爱和可爱的人。中国社会一贯被认为是高度重视人际关系的。但是，近些年来也出现了一些利义冲突的难题。中国人的"温良恭俭让"的形象，被一夜暴富的消费机器的形象所代替。中国社会再也不是"四维俱张"的形象了。在这样的社会变化面前，我认为诺丁斯的理论，不但适用于30年前的美国，也适用于当代中国。

行动选择

《尊严》这篇课文不是真的在讲"尊严"这个话题，而是在讲"关心"。在这个故事中，不是哈默最有尊严，而是那个杰克逊大叔真正懂得什么叫尊重人家的尊严。并且，我给教师的建议是，如果准备讲"关心"这个话题，《尊严》这篇课文未必好。屠格涅夫的《乞丐》，把"关心"给写透了。

> 我在街上走着，一个乞丐——一个衰弱的老人挡住了我。红肿的、流着泪水的眼睛，发青的嘴唇，粗糙、褴褛的衣服，龌龊的伤口。呵，贫穷把这个不幸的人折磨成了什么样子啊！他向我伸出一只红肿、肮脏的手。他呻吟着，他喃喃地乞求帮助。我伸手搜索自己身上所有口袋……既没有钱包，也没有怀表，甚至连一块手帕也没有。我随身什么东西也没有带。但乞丐在等待着。他伸出来的手，微微地摆动着和颤动着。我惘然无措，惶惑不安，紧紧地握了握这只肮脏的、发抖的手。"请别见怪，兄弟；我什么也没有带，兄弟。"乞丐那对红肿的眼睛凝视着我；他发青的嘴唇微笑了一下。接着，他也照样紧握了我的变得冷起来的手指。"哪儿的话，兄弟，"他吃力地说道，"这也应当谢谢啦。这也是一种施舍啊，兄弟。"我明白，我也从我的兄弟那儿得到了施舍。

在这个故事中，最精彩的地方在最后一句。施舍并不意味着关心关系的成立，倒是故事中这个没有施舍的施舍，使得乞丐体验到了关切，并且施予者本人也同时得到了些"施舍"。在这种关系中，重要的不是对与错的判断，而是施舍者和乞丐之间建立的关系。一个和善平等的握手，建立了关心关系。

回到《尊严》这篇课文，我建议执教教师以"关心"为主题来解读文章。杰克逊是一个关心人的人，因为他能够理解和体谅哈默的感受。他懂得一个年轻人仅有的一点矜持，不可以随意地破坏它。更难得的是，杰克逊知道用一种温和的方式，来对哈默的要求做出回应。所以，用这个故事也可以把"关心"这种美好的人类关系讲明白：我们在关心别人的时候，也从别人那里得到了许多；这种收获，除非身处关系之中，否则无法理解，也无法通过别种替代形式得到；仅仅是做一个很慷慨的人，施舍给别人一些东西，不见得能成立关心关系；真正的关心是包含了对别人的真切同情和理解。《尊严》这篇课文里的主要人物是哈默和杰克逊。教学这篇文章时，更恰当的做法是把理解杰克逊作为教学的重点。并且，即使是以哈默的言行为核心，也应该指向他与杰克逊关系的发展上。届时，这篇课文将成为一个美好的人类情感的展示，而不仅是学习一个显得青涩、执拗的道德榜样。

研读材料选录：关心意味着什么[①]

字典告诉我们，"关心"是一种精神上的痛苦或专注的状态：关心就是要进入一种精神上的痛苦状态，一种对于某事、某人的焦虑、恐惧或者渴望。另一种对"关心"的理解是，如果某人考虑或爱好某事、某人，我们就说他关心这些事情或人物。如果我有数学的爱好，我可能愿意花更多时间来从事数学；如果我愿意考虑你，那么你的想法、情感、欲望对我就是有意义的。另外，"关心"还意味着给某事或某人提供保护、福利或供给的责任。

这些不同的定义，表现了不同的"关心"。但是，在最具人性的意义上，我们将会发现所有这些定义元素都包含在关心之中。在第一种意义上，我将把"关心"与"承担"等同起来：如果我对特定的事（专业的、个人的或者公共的）有承担或焦虑，如果对事情的现状和发展感到烦恼

---

① 节译自：Noddings, N. (2003). *Caring: A feminine approach to ethics and moral education* (2nd ed.). Berkeley, CA.: University of California Press, pp. 9-16.

的话，我就是在关心。在另一种意义上，如果我受到欲望或者爱好的影响的话，那么我就是在关心某人。在类似的意义上，如果我顾及某人的观点和利益，那么我就是在关心。在第三种意义上，如果亲长的身体健康由我负责的话，那我就是在关心。显然，如果这里的照顾是敷衍的或者勉强的，在最具人性的意义上，我是不会被认为是关心亲长的。

我们发现，在分析中有必要关注关心者一方。尽管在一些时候，我们是作为第三方、从外部来判断关心，但是很容易知道关心的核心元素在于关心者和被关心者的关系上。在一本可爱的小书《论关心》（On Caring）① 当中，米尔顿·梅尔奥夫（Milton Mayeroff）主要是从关心者的角度来描述关心。他在这本书的一开始就写道："关心别人，最重要的是帮助他人成长和帮助他人自我实现。"

我的理解与此略有不同，因为我认为强调他人的自我实现，可能让我们忽略了在关心者一方发生了什么。另外，考虑到互惠关系的问题，我们将感到检验被关心者一方的角色也很必要。但是，梅尔奥夫指出的一贯、内疚、互惠以及关心的局限，都为我们提供了重要的起点。稍后我们都将作更详细地讨论。

让我们首先从外部来观察关心，以发现梅尔奥夫的方法的局限。通常，我们对于所谓的关心者有某种行动上的预期，尽管不指望最终的行动真如我们所愿。我们如何判断史密斯先生是否关心老人院里的妈妈呢？可以肯定，史密斯先生自己说"我关心"，这是肯定不够的。（但是这个说法会引导我们另辟蹊径去做分析。我们还必须从内部来分析关心。）作为观察者，我们必须看到一些行动，一些史密斯先生的行动表现，才能判断他是不是关心。我们感到，关心要求一些代表了被关心者利益的行动。因此，如果史密斯从来没有去探望过妈妈，也没有写信给

---

① 此书已有台湾译本：梅洛夫著，陈正芬译：《关怀的力量》，台北：经济新潮社 2011 年版。

她，或者打电话问候，那么尽管他为妈妈买单、在形式上对妈妈负责，也并不是真的关心。我们指出，史密斯并不在乎，他没想着要亲眼看看妈妈的生活状况。他没有想要陪伴她，没有接近她。但是要注意，从这个例子中建立行动标准并不容易。毕竟，史密斯为妈妈做了一些事：他为了妈妈的身体健康买了单。但是，我们要找的是一种完全不同性质的行动。

可以直接从外部观察到的行动，对关心来说是必要的吗？关心能否在没有为被关心者做什么的情况下出现？试想那些为了圆满的、体面的婚姻，而不能进入婚姻殿堂的爱人们。爱人发现自己的心上人生病了。他的整个身心都渴望飞奔到她身边。但是，如果他担心自己的出现可能带给她的麻烦，那些可能出现的非议，那么他可能会最终选择不出现。当然，在这个例子中，我们不会说这个爱人不关心。他的确处在一种专注的精神状态之中，甚至承受着痛苦。他深感忧虑，并且出于爱情而希望保护对方，愿意牺牲自己的需求来减少心上人的痛苦。因此，他的关心是选择不去直接地、体贴地对心上人的生理痛苦做出反应。我们看到，如果深入考察关心的行动元素，就不仅仅要看到可观察的行动，还要把个人承诺包括进来。这种个人承诺只有行动者本人才能知道。

在心上人生病这个例子中，我们可能希望他在危机过后能够表达出来。但是，即使是这一点希望也未必会实现。他可能决心永不再见自己的心上人。那么，随着这个决定不断地落实，他的关心就只有自己知道了。我们当然不会否定这个爱人在关心，但是很显然有些事情在这种关系中丢失了：从被关心者一方来说，这样的关心是不完整的。或者，设想一位妈妈，她的儿子在年少时因为愤怒和叛逆而离家出走。她应该做点什么来调解吗？或许吧。那么，如果她没法让自己的儿子重新回归家人的怀抱，是不是就能说明她不关心呢？事实上，她可能很小心地选择放弃行动，因为觉得自己的儿子必须独立应对问题。对儿子的考虑，可能使得她感到痛苦并采取一种审慎的不作为。像刚才那位爱人一样，危机过后这个妈妈可能向儿子告白，但是也可能没有这种机会。一段时间，譬如两年以后，他们的母子关系可能稳定下来，妈妈的关心恢复了一般的形式。那时，我们能够说她"又开始关心"了，而前两年她"不关心"吗？

要找到关心的行动标准，还有更进一步的困难。设想我了解到有一个穷苦的家庭，并且决定要帮助他们。我给他们付房租、买食物、提供生活必需品。我很高兴地做着所有这些事，乐意在他们身上花时间。这时，能怀疑我的关心吗？这个例子也会带来问题。设想，这家的丈夫和妻子都渴望独立，或者至少隐隐地有这方面的念头。但是我的行动却压制了这种对独立性的渴望。那么，我到底是在帮助还是阻碍呢？我是在关心，还是仅仅看起来在关心？如果非要说我与这个穷苦人家的关系不是关心，那么到底是哪里出了错？

现在，通过对关心行动的简单考察，我们已经发现了不少问题。另外一些问题也随之而来。例如，什么是间接的关心？我们怎么看待那些为南非黑人、印度支那半岛的"船民"或者俄罗斯的犹太教徒举行示威的大学生们？在何种条件下，我们会说他们关心？同样的，这些问题只能由那些声称在关心的人自己来回答。例如，我们需要知道示威的动机是什么。届时我们就会看到，有一个不断复现的"完成"的问题，即关心如何传达给被关心者？在关心者和被关心者之间有何种交集？

当然，我们还不可能肯定地回答全部这些问题。事实上，本书并没有打算系统考察关心的标准。我更愿意相信，这种系统努力是一个错误，因为它将系统性作为自己的目标。我们努力表明何种努力没有结果，何种努力可以有结果。我的目标不是要在最后对这些范例做出排列：A 关心；B 不关心；C 关心，但不是关心 D 等等。如果我们能够理解关心是多么复杂，事实上是十分主观化，那么我们就更可能应对关心带来的冲突和痛苦。届时，我们也就能够理解，为什么在这样一个每年花费数十亿美元的国家，却到处都能听到这样的抱怨："没人关心。"

尽管困难重重，我们还是会在某种水平上对关心的行动指标进行考察。因为，我们将要讨论委托关心以及关心的检查和分配等问题。在我们考虑制度化关心的可能以及"关心学校"意味着什么的时候，我们应该知道自己要找些什么。因此，尽管这些探索不断指向"第一人称"、"第二人称"的关心视角，我们还是要去考察关心行动以及"第三人称"视角。在这里的粗浅分析中，我们将在第一人称、第二人称视角之外，回到第三人称的视角上来。

至此，我们已经谈论了关心的行动元素，但是还没有得到确定的标准。现在，让我们设想一下期望在关心者身上发现的专注。在我们看来只不过是敷衍的史密斯先生，当他说"我关心"的时候，是个什么意思？我们只有靠猜测来回答这个问题，因为这得史密斯先生自己做进一步的说明。他的意思可能是：（1）我关心。我经常想到我的妈妈，并且替她担心。这真是一个让人难以承受的负担。（2）我关心。我应该经常去看望她，但是我太忙了：一家子的小孩、长时间的工作、妻子也得陪一陪……。（3）我关心。我买单了，不是吗？我的妹妹可以去陪她……。

这些假设并没有穷尽史密斯先生那句话的可能性，但是也为我们提供了进一步讨论的素材。在第一个理解当中，我们可以确定地下结论说，史密斯先生关心自己是不是一个关心者，胜于关心自己的妈妈。他总是在担心自己是不是关心，他的注意力的核心转向了自己和自己内心的焦虑。我们将会看到，这是一种危及关心的风险。在各种关心情境中，都存在这种风险，关心者被各种责任和义务压倒了。结果他将停止关心他人，而是将自己变成"关心"的对象。现在，基于我们对关心的讨论，我们必须设法规避推诿。正像我们已经指出的那样，"关心"可能有几种常见的意义，但是并不包含我们要寻找的最深刻的涵义。当

"关心"指的是最严格意义上的，或者我们不确定关心是什么意思的时候，我会用双引号把它括起来。在史密斯先生为关心而苦恼的时候，他是"关心"的对象。

在第三个理解当中，我们也可以合理地作出结论，认为史密斯先生并不关心。他的兴趣是公平。他希望被别人认为是关心的。通过做一些事情，他希望找到某种真关心的替代品。我们看到，某些动物爱好者女士也有类似的行动，她们要把所有流浪动物都赶到收容所去。大多数动物一旦进入收容所，就只有接受死亡的结局。有人关心自己的关心对象，会在流浪还是安乐死之间做什么选择吗？的确，我们可能会说一切得看情况。要看我们的关心能力、交通状况、动物本身的身体状况。这些都没错。我们要怎么做不是看规则，或者至少不完全看规则——不是依赖于那些有关公平的既定说法——而是看关心者和被关心者理解的各种条件的相互配合。大体来说，如果某人是根据某些固定规则来行事，我们往往不会认为他是关心的。

第二个理解，比较难以分析。这位史密斯先生认为，关心包含了某种承诺，但是他发现自己难以履行。在应该怎么做的问题上，他正在经历某种冲突。经历冲突是另一种可能危及关心的风险，我们将要考虑各种各样可能的冲突。我们特别感兴趣的是这样一些问题：什么时候应该解决这些冲突，什么时候应该保留这些冲突？例如，假设我既关心猫也关心鸟。（这会，我必须在不完整的意义上来使用"关心"这个词。）在同一时间考虑猫而不考虑鸟，标志着我关心猫而不关心鸟。但是，在我的院子里有野鸟，它们有被猫捕获的危险。我可能会认真地琢磨这个问题。我把猫喂得好好的，这样它就不会因为饿肚子而出去捕猎了。我给它的颈圈上戴上小铃铛。我还准备好鸟笼子，给那些救下来的受猫祸害的鸟儿们使用。鸟儿洗澡和喂食的地方都不让猫进入。在所有这些之外，我还是会存在冲突。另外一些人可能会把猫的指甲剪掉，而我不这样做。现在，问题不在于我关心猫多一点还是关心鸟多一点，或者琼斯女士（剪猫指甲的那位）是不是比我更关心鸟。问题在于，哪些事是处在关心冲突中的我必须考虑的。当我的关心指向的是生物体的时候，我必须考虑他们的本性、生活方式、需求和欲望。并且，尽管我从来没有完成过，我总是试图去理解他们的现实。

这是从内部看来关心的最基本的方面。当我考虑在关心时的我是个什么样子的时候，我意识到总是试图用我的现实来替换他人的现实。（我们这里的讨论开始限于对人的关心。）克尔凯郭尔曾经说过，我们将别人的现实理解为一种可能。为了能被打动、为了激发起一些扰乱我道德现实的东西，我必须将他人的现实理解为一种可能。这不是说，我不能用别的方式来看待他人的现实。事实上，我的确有别的选择。我可以通过收集事实数据来客观地看待，也可以历史地看待。如果真是一个壮举，我可能会敬慕他。但是，这样一类的观看并没有触动我的道德现实，甚至它只是转移了我的注意。就像克尔凯郭尔所说的：从伦理上来说，没有什么比羡慕别人的道德现实更有益于睡眠的了。同样，从伦理上来说，如果有什么可以让人震惊和激动的话，就是作为一个人的可能的理想要求。

但是，我要补充的是，我们并不仅仅考虑成为更好的人的直接可能。我们还会激发"我必须做点什么"的情感。当我们将他人的现实当作自己的某种可能的时候，我们必须付出努力去排遣不耐、减少痛苦、满足需求、实现梦想。当我与他人处在这样一种关系的时候，当他人的现实真的成为我的某种可能的时候，我在关心。不论这种关心是否持续下去，是否足够持久以转达给他人，不论这个世界是否能看到它，端赖我对这种关系的维系；或者，至少在无视我自己的道德现实的情况下去行动，尽管我的道德现实还会继续下去。

在后一个例子当中，我体验到了某种真关心。这一度离开了我们的视野，并让我们感到困惑，但是最终被我们找到了。让这种对自我的关心，对道德自我的关心，只有在对他人的关心中才会出现。但是，一种对于生理自我的观念，关于什么带来痛苦与欢乐的知识，要先于我对他人的关心。否则，他人的现实作为我的一种可能现实，就是毫无意义的。当我们说某人"只关心自己"的时候，在最深刻的意义上，我们的意思是说他完全不关心。他只有某种物理自我的观念，只关心什么带来了痛苦、什么带来了欢乐。不论何时，他眼中的他人总是和自己的需求和欲望联系起来看的。他不会将他人的现实视为自己的某种可能，而只是早已决定的是自己或不是自己的一个例子。因此，在道德上他是零或者完成了的。他的唯一成就就是物理成就。当然，我显然还要多谈谈"道德现实"和"道德自我"是什么意思。我很快回到这个问题上来。

然而，我不会因为偶尔地只关心自己，就成为一个只关心自己的人。我有时候这样做，可能因为我考虑地不够周全，或者因为缺少时间、无暇思考。例如，设想我是一个热爱数学的教师。我遇到了一个学习不好的孩子，决定跟他谈谈话。他告诉我，他恨数学。看吧！我会想，现在出现了一个问题。我必须帮助这个可怜的男孩子爱上数学，这样他就可以学得好些了。我这样想着，接下来会做些什么呢？我不会认为他的那种他人的现实，对于我是一种可能。我甚至不会去问：恨数学是一种什么感觉？相反地，我将自己的现实投射到学生身上，我会说只要你爱上数学一切都会变好。我还有"数据"来支撑自己的想法。有证据表明，内部动机与学业成是相关的。（有人怀疑过这一点吗？）这样，我的学生就成为我的一个研究对象和操纵对象。在这里，我小心地选择了一个通常不会被认为是操纵的例子。通常，我们会认为让学生实现由我们预定的学习目标是一种操纵。让他"爱上数学"，这看起来是一个更高尚的目标。并且，如果学生是通过观察我或者别人，偶然地捕捉到某种生活可能，从而实现上面这个目标的话，就的确可以认为这个目标是高尚的。但是，在那种情况下，即使他还是不在乎数学，我也不会对他或者对我自己感到失望了。这不过是一种未被实现的可能性罢了。如果我真的关心他，我在乎的就是他找到了一些理由，一些他的内心接受的理由，来学习数学或者大胆、真诚地拒绝学习数学。恨数学是一种什么感觉？我能找到什么理由要人学数学？当我这样想的时候，我就已经放弃了寻找方法，让他坚持走下去的想法。他必须找到自己的奖赏。我不是通过一系列炫目的安排，让他感到兴趣或者改变他的看法。我会尽我所能地从他的视角来看问题：数学是让人沮丧的、混乱的、可怕的、无聊的、无聊的……到底有什么可以叫我去努力呢？从这个起点出发，我会与他一起去努力。

理解他人的现实，尽可能感受他所感受的，是从关心者一方面来说必要的元素。因为，如果我将他人的现实理解为一种可能，并且感知到这种现实的话，我同时会感到自己必须据此行动。这就是说，我的行动虽然是代表着他人来做的，但就好象代表着自己一样。当然，我据以行动的这种情感有可能不是持续性的。我必须作出某种行动承诺来。这是在一段时间内，对被关心者现实的持续关注，对行动承诺的不断强化。这些是从关心者的内部视角来看，关心的必要组成。梅尔奥夫强调了对被关心者的热诚和成长促进。我希望从专注和动机转移开始。这些概念都需要进一步推敲。

范例8：炮手

炮　　手

一百多年前的一个冬日，法国军队向侵入巴黎郊外的德国军队发动攻击。

将军用望远镜仔细地瞭望着河对岸的小村。

"喂，炮手！"将军没有回头，高声叫道。

"是，将军！"一个脸色苍白的士兵应道。

"你看到那座桥了吗？"

"看得很清楚，将军。"

"看到左边的农舍了吗？就在丛林后面，那座红瓦白墙的房子。"

士兵的脸色煞白："我看到了，将军。"

"这是德军的一个驻地，伙计，给它一炮！"

炮手的脸色更加惨白了。这时，裹着大衣的军官们在凛 (lǐn) 冽 (liè) 的寒风中打颤，可炮手的前额上却滚下了大粒的汗珠。他服从了命令，仔细瞄准目标，开了一炮。

硝烟过后，军官们纷纷拿起望远镜。

"干得好，伙计！这座农舍看来不太结实，它全垮了！"将军连声喝彩，回头微笑着看看炮手。

可是，他吃了一惊：炮手的脸颊上流下了两行热泪。

"你怎么啦，炮手？"将军不解地问。

"请您原谅，将军。"炮手低沉地说，"那是我家的房子。在这个世界上，它是我家仅有的一点财产。"

qīn	shà	zhù	miáo	kuǎ	hè
侵	煞	驻	瞄	垮	喝

cāng	shè	cǎn	hán	zhàn	gǔn	liàng	cái
苍	舍	惨	寒	颤	滚	谅	财

❋ 炮手知道那是自己家的房子，为什么还要瞄准房子开炮？

❋ 从文中找出表现炮手神态变化的词语和句子，体会炮手心情的变化。

102

（北师大版《小学语文》三年级下册）

反思契机与问题界定

对于《炮手》这篇课文，在配套的《教师教学用书》中给出了标准的解读："课文中的炮手是一个牺牲'小家'而保卫国家的光辉形象，是一个以国家利益为重、忠于职守的战士。炮手表现的奉献精神，是一个军人最崇高的品质。"这段话可以被认为是对文章主题的定位。另外，在写作方法的赏析上，《教师教学用书》提出了描写炮手脸色的三个词"苍白"、"煞白"、"惨白"。这三个词被认为是逐步递进的，很好地体现了炮手内心活动的变化过程，因此被推荐为教学的重点。譬如清华大学附属小学的窦桂梅（2010）老师在执教《炮手》这一课时，重点放在炮手的两种相互冲突的感情上：炮手"尽责"与之后的"自责"。她的努力方向是让孩子们了解英雄那颗"柔软的、充满人性的心"。如何理解战争时期英雄人物的选择？这被她设计为这一课的教学难点。总的来说，这篇课文被普遍认为是描写了一位英雄的不平凡事迹，文章是在讲一个体现了"奉献"精神的英雄故事。《教师教学用书》的解读，也是我在课例研究过程中看到的常态课的处理方式。窦桂梅的处理更加有人情味，但对文章主题的理解与《教师教学用书》的解读是一致的。

在我看来，《教师教学用书》中对这篇课文的解读，存在许多可以讨论的地方。例如，《教师教学用书》提醒教师不能"过分渲染炮手的痛苦，使学生错误地认为炮手不该开炮打自己的家、自己的亲人。炮手把他对祖国对家园的热爱，对敌人的仇恨，化作开炮的具体行为，表现了崇高的奉献精神，这是压倒性的起决定性作用的思想感情。"这种说法，在我看来颇为残忍。又例如，《教师教学用书》中的一些补充信息相互冲突。例如，《教学参考用书》一面说农舍是炮手亲手修建的，一面又说农舍是炮手穷尽家财买下来的。这两个答案虽然对于理解文意并不十分重要，但在内容上有明显的抵牾。更甚者，《教师教学用书》认为这篇文章的语言知识部分，重点在于三个近义词的递进关系，即"苍白"、"煞白"以及"惨白"。对于这个观点，我也难以认同。毕竟，这三个近义词之间很难说有明显的意义区分。在这则故事里，炮兵的脸色一直是白的。如果讲故事的人想要写出递进的意味，完全可以选择更好的手法，大可不必采用"没有最白，只有更白"的方式。

对于这篇文章的常规教学设计的辨析，我们得到的最重要，也是最具颠覆性的意见是：这篇文章是在讲奉献精神吗？炮手彼埃尔是一位英雄吗？一方面，我们看到炮手能够不顾惜自己的家庭利益，执行军队的命令。另一方面，炮手又表现出一个小人物的纠结，对于自己家的财产损失耿耿于怀、对于上级的命令不敢抗辩。可以说，这个故事的复杂性，完全允许我们解读出不同的"炮手"形象来。因此，这篇文章的立意并不是简单明白的，它还需要教师自己做判断。

知识基础

在社会科学领域，关于"服从"的研究，以米尔格莱姆（Milgram, 1963）的服从实验最为著名。在该实验中，研究者设计了一个假想的实验场景，让招募来的真正被试误以为这是一项有关学习和记忆的研究。实验设计者告诉这些真被试，在接下来的实验中，他们要负责向另外一些研究对象提出问题和做出反馈。遇到错误回答，应当给予答题者电击惩罚。这种惩罚的强度，会随着错误次数的增加，逐步提高。也就是说，那些负责答题的人，如果总是回答错误，受到的电击电压就会越来越高。需要注意，那些负责回答问题的人，实际上是研究者的助手扮演的。当真正的被试按下电键要施加电击给他们的时候，他们会根据电压大小做出适当的反应，比如痛苦的尖叫甚至辱骂等等。但是，实际上并没有谁真地被电击了。一切都是假的，只不过那些被招募来的真被试（提问题的那个）不知道而已。这项实验的真正目的是研究人的服从心理。研究者要记录这些真被试，愿意在研究者的命令下，施加多高的电压给答题者。

在实验过程中，主试和真被试呆在同一个房间，配合研究者的那个答题者呆在另一个房间。真被试看不到答题者，但是看着他进入另一个房间的，并且可以清晰地听到对面房间里的各种声音。实验开始后，真被试提出问题，如果假被试回答错误，就按下电键，施以电击。马上，真被试就会听到对面房间的答题者的痛苦反应。他不知道这只是研究助手的逼真表演。实验过程中，在真被试犹豫着要不要中止实验时，研究者会命令他坚持下去。结果，有一些人在听到答题者的痛苦尖叫时，很快退出了。但相当多一部分人服从了命令。研究结果令人震惊。在主试的命令下，几乎所有的被试都将电压提升到了 300 伏的水平。在全部的 40 名被试中，有 26 名被试按照主试的命令继续完成整个实验，使用了最高电压 450 伏来施加惩罚。米尔格莱姆的这项试验告诉人们，人的服从心理是多么强大。我们甚至可以推论，二战期间发生的那么多骇人听闻的惨案，是否也有士兵的服从命令的心理在作祟？即使命令是惨无人道的，他们也选择服从。这项实验自 1963 年发布以后，引起了广泛的争议。2010 年 3 月 18 日，法国一家电视台重复了这一实验，命名为"死亡游戏"，并作为纪录片播出。实验的结果同样惊人，并在节目播出后引起公众的新一轮热烈讨论。人类在 50 年后并没有改变服从心理的倾向。

要知道，上述实验是发生在西方文化背景中。而我们一贯以为，西方文化尤其是在文艺复兴以后，对于个人权利、自主判断是相当珍视的。服从实验的结果，似乎是对这个传统发出了耻笑。那些自以为是个独立判断主体的人，原来在心理上远远不是独立的。这就提出了一个与教育相关的问题，"服从"并不是一个完全令人乐观的概念。尤其是在中国这样的文化背景下，"服从"的心理也许会较西方文化更加严重。在教育中，教对"服从"的反思，比教"服从"本身，来得更加急迫和重要。教育应致力于培养学生的独立思考，而不是助长无条件的服从。教育者应该教会孩子们在什么情况下服从，教会孩子们服从命令与独立思考的关系，教会孩子们缺少独立思考的服从是多么可怕。

行动选择

为了体现上述知识准备对于教学的帮助，我亲自设计并执教了《炮手》这一课。与《教师教学用书》对《炮手》的分析不同，我认为这篇文章不是在强调"奉献精神"，我从这篇课文中读到的是"服从"。为了从课文中读出"服从"的主题，并且对这种"服从"进行批判分析，在我的这次教学中设计了这样一系列提问：

第一组问题："服从命令是军人的天职，为什么独独要写这位炮手？""从哪里看出来，炮手服从命令很不容易？课文是怎么描写的？""炮手为什么不及早向将军说明情况？""得手以后，炮手为什么要说'请您原谅'？他犯错了吗？"

第二组提问："炮手的家人如果在房子里，他还会服从命令吗？为什么？""炮手的妻子如果在房子里，他还会服从命令吗？为什么？""炮手的三个孩子如果在房子里，他还会服从命令吗？为什么？"

最后的思考题是："炮手刚刚亲手打死了一批德国人，转眼就为自己失去的财产感到难过，这是为什么？"

概括对《炮手》一课的设计，我发现备课的主要时间都用在对课文内容的解读上。而在解读课文的过程中，我重温并参考了对"服从"问题的相关研究。可以说，正是因为对无条件服从的厌恶，促使我设计了那些讨论题，并在课上和孩子们一起讨论。在教学过程中，我没有提供唯一正确的对"炮手"形象的解读。事实上，在讨论后孩子们共同建构出来的"炮手"形象是多面的、复杂的。炮手可爱、可敬，又可能是可恨、可鄙的。上面的讨论问题，在课上引起了孩子们的热烈讨论。几乎在每一项问题上，孩子们都有不同的意见。更有趣的是，在课后的教学研讨环节，参与评课的几位语文教师对我的问题设计，提出了近乎一致的批评。概括起来，他们批评的基础主要包括两点：其一，小学教学应以正面价值引导为主，不应出现有争议的观点。其二，服从命令是军人的天职，歼灭敌人总不会有错。我很高兴看到这些意见，因为批判的主题主要都是围绕着这类价值选择问题来进行的，讨论的核心是对课文内容的理解，而没有像大多数评课过程一样只是关注教学实施过程的行动细节。

研读材料选录：服从行为研究 [①]

　　服从是社会生活结构中的基本元素之一。在某些权威系统当中，甚至要求一种完全群体性的生活，唯独那些离群索居的人才可能规避这种强制。在其中，人们正是通过反抗或者屈从，来响应他人的要求。作为一种行动的决定力量，服从与我们这个时代，有着特殊的相关性。目前已经确知，在1933-1945年间成百万的无辜贫民因为某种指令，被有组织地屠杀掉。毒气室被建造起来、死亡集中营开始建立，每天收集尸体变得像工业生产一样富有效率。这些不人道的政策，可能只是来自某一个人的脑袋，但是却可以在大范围内得到执行，其前提就是许多人的服从。

---

① 译自：Milgram, S. (1963). Behavioral study of obedience. *Journal of Abnormal and Social Psychology,* *67*(4), 371-378.

服从这种心理机制与个人的政治性行为相联系。这是一种"精神水泥"，让人们紧密地绑缚在权威系统之中。最近的历史史实和日常观察都表明，对许多人来说，服从事实上是一种根深蒂固的行为倾向。这种倾向甚至超过了习俗训练、同情和道德的力量。C. P. Snow 指出了这种倾向的重要性，他写到：

> 当我们思考漫长而阴郁的人类历史时将会发现，人们因为服从比因为反叛而犯下更多的丑恶罪行。如果你怀疑这一点，可以去读 William Shirer 的《第三帝国兴亡史》。德国政府军的成长，正是来源于一种严格的服从伦理。……以服从之名，他们成为了人类历史上最邪恶的群体行为的一部分甚至是帮凶。

尽管这项研究所针对的特定形式的服从与这些事实相关，但是我们不能就此认为服从一定会带来对他人的侵犯。服从还拥有巨大的生产性功能。事实上，社会生活本身就昭示着服从的存在。服从可以是经过授权的、有教养的，可以指向慈悲与善意，但也可能导向毁灭。

一般程序

我们设计了一个程序来研究服从。其中，会要求不知情的人向另一个有过错者施加电击。一部模拟电击器，清楚地标记了 30 档电压，从 15 伏特逐步上升到 450 伏特。在相应档次上，同时标记了指示性语言，从"轻微电击"到"极度危险电击"。承受电击的有过错方，实际上是研究人员的同伴，受过专门训练。他对电击的反应是标准化的。参加实验的不知情者将接受实验员的一些命令。所使用的实验情境，表面上看来是要研究惩罚对于记忆的效果。在实验过程中，被试将被要求给犯错者施加越来越剧烈的电击，直到标记"极度危险"的电压水平。实验对象的内在抵制会越来越剧烈，并且在某一个点上将会拒绝继续进行实验。在终止实验之前，实验对象会屈服于研究者的命令，这就是"服从"。终止实验是一种不服从的行为。根据各个被试在终止实验前给予的最高电击强度，可以为他们各自的表现赋值。因此，各个实验对象和各种实验情境中的服从就可以被量化了。这项研究的关键是系统地改变一些可能影响服从水平的变量。

这项技术允许我们控制实验中的多个变量。这些变量可以是命令的来源、内容、形式、执行的工具、目标对象、一般的社会背景等等。因此，问题不是去设计更多的实验条件，而是从社会心理学的角度出发，选择最能说明服从过程的变量。

相关研究

这项研究与关于服从和权威的哲学分析、早期由 Frank 完成的关于服从的实验研究、对于极权主义的研究、以及最近的一系列关于社会权力的分析和实证研究之间，都有重要联系。这项研究从社会心理学关于暗示的持续研究中获益良多，这里的暗示既包括常规的形式，也包括在临床中的表现。但是，这项研究首先是源于对社会事实的直接观察。接受合法权威命令的个人，通常是选择了服从。服从既是轻易的，也是经常的，是社会生活中泛在的、不可或缺的特征之一。

方法

实验对象

实验对象是 40 名年龄在 20-50 岁的男性，来自 New Haven 及周边的社区。实验对象通过报纸广告来招募，并通过邮件来授权。响应这次招募的这批实验对象，以为自己是参与一项耶鲁大学关于记忆和学习的研究。该样本包含的职业类型多样，典型的实验对象包括邮局职员、中学教师、销售、工程师以及普通体力劳动者。实验对象的受教育水平彼此有差异，有一名实验对象小学肄业，也有被试取得了博士学位或其它专业资格。他们参与这项实验将获得 4.5 美元的酬劳。然而，实验对象将被告知，只要到实验室就可以得到这些酬劳。接下来不管发生什么，这些钱都已经是他们的了。表 1 呈现了实验对象的年龄和职业类型分布情况。

表 1　年龄和职业类型的分布

职业	20-29 岁	30-39 岁	40-50 岁	百分比（职业）
技工、非技工	4	5	6	37.5
销售、商人、白领	3	6	7	40.0
专业人员	1	5	3	22.5
百分比（年龄）	20	40	40	

人员与场地

实验安排在耶鲁大学的一间高级交互实验室里进行。（这个细节促使人们信任这项实验的合法性。更进一步的研究，将把实验从大学中剥离出去，以避免这项因素对结果的影响。）实验员由一名 31 岁的中学生物教师来担任。他的举止方式要显得冷漠，在整个实验中保持严厉。实验中的受害人由一名专门受训的会计师担任。这名 47 岁的爱尔兰裔美国人，在多数观察者看来都觉得是比较温顺的。

程序

每次实验包括一名实验对象和一名受害人（实际上是研究者的同谋）。为了让实验对象的电击行为变得合理，必须提供一个说得过去的理由。这可以通过一段前情陈述来完成。在介绍完惩罚和学习之间的假想的关系以后，实验对象被告知下面一些话：

但在事实上，我们对于惩罚在学习上的效果知之甚少，因为几乎没有在人类身上进行过这方面的科学研究。例如，我们不知道，多少惩罚对于学习最佳？不知道被施加惩罚的人到底出现了哪些不同？也不知道对成人来说，是从比自己年少的人那里，还是从比自己年长的人那里学习，效果更好？等等。因此在这项研究中，我们将汇集大量不同职业和年龄的成人，我们将要求他们去教他们当中的另外一些扮演学习者的人。我们希望发现不同人担任教师和学生的效果，并找到这些情境下惩罚对于学习的效果。因此，今晚我将要求你们其中的一个人当教师，另一个人当学生。那么，你们自己有什么偏好吗？

实验对象于是抽签决定在接下来的实验当中由谁来当教师、谁来当学习者。这里的抽签实际上是作了弊的，实验对象总是会被作为教师，实验员的同谋总是被作为学习者。（实际上，两张纸条上都写着"教师"。）抽签之后，教师和学生马上被分配到相邻的两间屋子里去，其中的学习者被绑在电椅上。

实验员解释说，绑带的作用是防止学习者在接受电击的时候出现过度动作，其作用是让学习者无法逃避处罚。学习者的手腕上绑了电极，且电极上敷有导电膏，"以防水泡或灼伤"。实验对象被告知，电极是被连接到隔壁房间的电击发生器上。

为了增加实验的可信度，实验员还会假装回答学习者的提问："尽管电击会很疼，但是不会造成永久性的身体伤害。"

学习任务：学习者所要完成的是配对学习任务。实验对象首先向学习者读出几对字组，然后实验对象读出其中某个字组中的第一个字，并给出另外的四个字作为选项。学习者的任务是指出其中的哪一个字与第一个字配对。学习者通过面前的四个按钮来反馈自己的答案，这些按钮可以点亮实验对象上方相应的某一盏测试灯。

电击发生器：仪表盘包含 30 档，开关呈水平方向排列。每一个开关都清楚标明了电压值，从 15 伏特到 450 伏特不等。从左至右，每两个相邻开关之间相差 15 伏特。另外，这些开关分组标有书面指示，从左至右，每四个开关为一组，分别是：轻微电击、中等电击、强烈电击、非常强烈的电击、极强烈的电击、超强电击、极度危险电击。（此后的两个开关不再标注文字，只标"×××"。）

按下开关：与开关相应的红灯亮起，并可以听到电流的嗡嗡声。有"电压触发器"字样的蓝色指示灯亮起，并不断闪烁。电压计指针偏右，并可以听到各继电器工作的声音。

在左手上方的角落摆放着电击发生器，注明"ZLB 型电击发生器"、"麻州沃尔瑟姆 Dyson 工业公司生产"、"输出 15-450 伏特"。

关于仪器的这些细节都是经过处理的，已确保看起来显得够权威。操作面板系采用工业雕刻设备制成，所有的部分都确保高品质。实验中，没有实验对象怀疑这个工具，实际上它是一部假的电击发生器。

体验电击：在扮演教师之前，每位实验对象都要接受一次体验电击。该电击的电压是 45 伏特，通过按下第三个电键来获得。电极会接入实验对象的手腕，而实际上这是通过电击发生器内部隐藏的一块 45 伏电池来获得的电压。这个步骤将进一步说服实验对象相信电击发生器的真实性。

电击指导：实验对象被告知，只要学习者给出错误答案，就对其施加电击。此外，关键的命令是："学习者每提供一次错误答案，就转向电击发生器上更高档次的电键。"同时，实验对象被要求在每次电击之前报出电压。这将提醒实验对象，他给学习者施加的电击强度在不断提高。

预实验与一般程序：前测结果表明，阅读文字和施加电击都需要经过练习，以确保实验顺利进行。因此，在进入正式测试之前，教师会有一组 10 个字的预测试题，其中有 3 组中性字（例如，学习者回答正确的字）。电击针对剩下的 7 个字，电击的最高电压是 105 伏特（中等电击）。几乎所有的实验对象都完成了这项预备测试。

实验对象随后收到第二份材料，并且被告知，接下来的程序与刚才第一组材料的情况一样。实验员会补充说：

> 当你念到最后一行的时候，再回过来重复一次，继续给予电击，直到学习者学会所有的字对为止。

实验员指导实验对象：

> 从 15 伏特开始，学习者每回答错误一次，就增加一档电击水平。

受害者的反馈：在各种情况下，实验员对这些配对字组的反应都是预设好的，给出的答案基本上是按着三次错误、一次正确的流程。在这次实验中，在 300 伏特以前，实验对象一直听不到学习者的任何声音上的反馈以及咒骂等。当施加 300 伏特电击以后，学习者开始捶墙。实验对象可以听到捶墙的声音。并且，从这个点以后，学习者的回答就不再出现在答题板上了。

在这个关键点上，实验对象常常会转向实验员，要求他们叫保安。实验员告诉实验对象，把不回答当作错误回答，并且根据正常程序继续给学习者施加电击。实验员还建议实验对象，在把不回答当作错误回答的时候，可以允许 5-10 秒钟的间隔。在 315 伏特的电击被给出以后，学习者捶墙的声音再次出现。此后，实验对象就听不到学习者的声音了，而且答题板上再也没有出现学习者的回答。

实验员的反馈：在实验的各个环节上，实验对象都可能转向实验员寻求建议，譬如是否应该继续电击，或者是说自己不希望继续下去。对此项实验来说，对这些询问或者反馈的反应如何标准化，是一个重要问题。

如果实验对象表示自己不想进行下去了，实验员的反应是通过一系列的刺激，让实验对象继续走下去。

刺激 1：请继续或者请做下去。

刺激 2：这项实验需要你继续下去。

刺激 3：你绝对有必要继续下去。

刺激 4：你别无选择，必须做下去。

这些刺激有一定的顺序：只有 1 号刺激无效的时候，才继续使用 2 号刺激。如果实验员在 4 号刺激之后，仍然拒绝服从实验员，实验就终止了。实验员始终是语气严厉的，但不能失礼。每当实验员表现出犹豫或者不愿意服从命令时，这些程序都将重复一次。

如果实验对象问学习者是否会发生永久性的身体伤害，实验员可以给一些特殊刺激：

尽管电击很疼，但是不会造成永久性身体伤害，请继续。（如果需要的话，接下来可以依次说出刺激 2、刺激 3、刺激 4。）

如果实验对象说学习者不愿意继续了，实验员的回应是：

不论学习者是否喜欢，你必须继续下去，直到他学会所有的字对为止。所以，请继续下去。（如果需要的话，接下来可以依次说出刺激 2、刺激 3、刺激 4。）

因变量的测量

针对各研究对象，首先要测量的因变量，是他拒绝施加电击以前，给出过的电击的次数。原则上，这个数字可能从 0（有一名实验对象拒绝第一档次的电击）到 30（有一名实验对象给出了最高档的电击）之间。在第 30 次电击以前的任何阶段退出实验的实验对象，被称为挑衅的实验对象。

进一步的记录：除极少数例外情况，实验步骤都会用磁带记录。有时会通过单向玻璃拍照。实验对象一旦出现任何异常行为，都要做笔记。偶尔会要求额外观察者们客观描述所观察到的实验对象的表现。电击的等待时间和持续时间都通过精密的计时设备记录下来。

访问和消除影响：实验后，实验对象要接受访问，使用的工具包括开放式问题、投射方法和态度量表。访问后，要采取特定步骤，确保研究对象能以一种良好的状态离开实验室。在实验对象和受害人之间安排了友善和解的环节，以减少给实验对象造成的压力。

结论

预实验的观念

在被要求电击他人时，人们有什么样的表现？在解读实验结果之前，考虑人们对这个问题的预测，这是有价值的。14 名耶鲁大学心理学专业的四年级学生，被告知实验情境的各种具体细节，然后被要求做细致地反思，并预测 100 名实验对象的行为。更具体一点，是要求他们画出 100 名不同职业、20-50 岁美国人在实验情境下的分布。

对于实验对象的行为，这些人的预测高度一致。所有的预测者都认为，只有极少数人会坚持到底。（比例在 0%-3% 之间。例如，班级里最

"悲观"的学生预测在100个人当中，有3个人可能会用最高电压450伏特。）班级平均数是1.2%。这个问题，同时也提供给了作者本人的一些同事，几乎没有人认为有人会使用超过标记"非常强烈的电击"的水平。

实验 1 的结果

实验对象接受情境设定：除了极少数例外，实验对象都认为实验情境是真实的。他们电击他人，也知道接受最高强度的电击会极其疼。在实验后的访问中，实验对象被问到："最后几下电击，学习者会有什么感觉？"实验对象被要求在一个14点的标尺上确定自己的答案，从"完全不疼"到"极其疼"。模态响应是14（极其疼），平均数是13.42。

高度紧张的一些标志：在实验情境中，许多实验对象都显示出高度紧张，尤其是那些给出更高强度电击的人。在许多案例中，这种紧张达到了极强烈的程度，这在社会心理学实验室中是极少能观察到的。实验对象会流汗、颤抖、结巴、咬嘴唇、呻吟、用手指抠自己等等。这些都是实验的特点，而不是实验所预期的反应。

一个经常出现的标志紧张的符号是大声地笑。40名实验对象中的14位，出现过确实可见的紧张的笑。这种笑看起来完全不合时宜，甚至显得怪诞。在3名实验对象身上观察到了典型的、不受控的痉挛。有一次这种痉挛强度过高，以至于不得不中断实验。那名46岁的百科全书销售员，为自己不幸的、不受控的行为感到万分窘迫。在实验后的访问中，实验对象尽力指出自己不是虐待狂，实验过程中的笑声并不意味着他在享受给他人电击。

数量分布：按照猜想，一般来说，人不会同意对人用超过"非常强的电击"。本实验中的最高电击的分布，如表2所示。实际的分数分布完全脱离了我们的估计。

表 2　终止点的分布

文字说明	轻微电击	中等电击	强烈电击	非常强的电击	极强烈的电击	超强电击	极度危险电击	XXX
伏特数值	15/30/ 45/60	75/90/ 105/120	135/150/ 165/ 180	195/210/ 225/240	255/270/ 285/300	315/330/ 345/360	375/390/ 405/420	435/450
作为最高电击水平的人数	0/0/0/0	0/0/0/0	0/0/0/0	0/0/0/0	0/0/0/5	4/2/1/1	1/0/0/0	0/26

　　基于实验员的命令，所有 40 名实验对象都超过了预期终止点。没有实验对象在第 20 级电击以前终止。（在此水平上，电击的电压是 300 伏特。学习者会踢墙，并且拒绝回答教师给的选择题。）

　　在 40 名实验对象中，有 5 人在电压是 300 伏特时拒绝服从实验员的命令。另外 4 名实验对象在又一次电击以后，拒绝继续下去。2 名实验对象在 330 伏特的时候终止。分别有 1 名被试在 345 伏特、360 伏特、375 伏特时终止。因此，总共有 14 名实验对象反抗了实验员。翻录他们在终止点时的评论，是有意义的。这些语言来自于录音转录：

　　[0124] 我想他是要交流，他踢……。嗯，电击那人不公平……这电压太恐怖了。我不觉得这是人道的……。哦，我不能继续了。不，这样不对。这是个邪恶的实验。那个人很难受。不，我不想继续下去了。这一切太疯狂了。[实验对象拒绝施加更多电击。]

　　[0123] 他那边在砰砰地响。我准备逃了。我是想继续，但不能对别人那样……。对不起，我不能对别人那样。我会伤害他的心脏。拿回你的支票吧。不，我不能这么做了。

这些实验对象经常处在一种骚动的状态中，甚至表现出了愤怒的姿态。有时候，他们会有很轻微的口头抗议。实验对象有时候会站起来，这表示他们希望离开这间实验室。

在 40 名实验对象中，26 人服从了实验员的命令，一直到坚持到最终，持续地惩罚学习者，直到最高档的电击强度。届时，实验员就要求终止实验。（最高等级的电击强度标记是 450 伏特，此后还有两个级别的电击。）尽管服从的实验对象继续给予电击，但是常常是在高度压力的状态下完成的。在超过 300 伏特时，一些人表现出了不情愿。与那些反抗实验员的实验对象一样，他们也表现出了恐惧。不过，他们最终还是服从了。

在最高等级的电击以后，实验员要求终止程序，许多服从的实验对象心口起伏、感觉松了一口气，抹了抹自己的眉毛，用手指揉揉眼睛，或者笨拙地摸出一支烟。有些人甩甩自己的头，明显感到在懊悔。一些人在实验中自始至终保持平静，只是在某些时候表现出轻微的紧张。

讨论

本实验有两项令人意外的发现。第一项是指情境中表现出来的服从倾向的强度。实验对象从童年时代开始就开始学习，违背他人意愿、伤害他人是违背道德的行为。然而，26 名实验对象都违背了这一信条，去服从一个并没有任何特殊力量的权威的命令。对于实验对象来说，不服从并没有任何物质上的损失，不会受到任何惩罚。通过说话和外部行为可以很清楚的看到，在惩罚学习者、施加电击的时候，实验对象是违背自己的价值观的。在面对受害人时，实验对象常常表现出对于电击的极度不赞同，还有人会说这是愚蠢的、没有意义的。然而，他们中的大部分人都服从了实验员的命令。这个结果在两个方面令人惊讶：第一是与前期问卷调查的预测相比。（这可能是因为填写者远离实际情境，很难领会实验细节，从而导致他们过分低估了自己的服从水平。）

实验结果同样令那些通过单向玻璃观察实验过程的人感到吃惊。在实验对象给受害人施加更强的电击时，观察者常常会说这是让人难以置信的。这些人充分了解了实验细节，但仍然全面地低估了实验对象可能表现出来的服从水平。

第二项意料之外的效果是实验过程造成的高度紧张。人们可能以为实验对象只是平心而论，要么终止、要么继续，应该是简单的事。然而，实际情况远不是如此。实验中出现了巨大的张力和情感反应。一位观察者讲到：

> 我观察到一位成熟、自信的商人进入实验室，带着微笑和自信。20分钟以后，他开始全身颤抖、口齿结巴，濒临精神崩溃的边缘。他不断地摸耳垂、甩手，有时把拳头抵在自己的前额上，喃喃自语："上帝呀，快停止吧。"但是，他还是继续对学习者的每个回答做出反应，一直持续到最后。

任何对于服从现象的理解，都不能脱离服从所发生的具体情境。本实验的下列特征可以用来进一步解释在此情境下观察到的高度服从：

1. 实验的执行者及实施场地，都在具有极高社会声望的耶鲁大学。可能人们会假设，实验的相关人员都是有能力的、值得尊敬的。关于这一背景性权威，目前正通过一系列在 New Havan 以外安排的与大学无关的实验来进行研究。

2. 表面上，实验设计是针对一项有价值的目标：探究关于学习和记忆方面的知识。因此，实验对象的服从并非目的，而是在一个他们认为重要的、有意义的情境中，被作为一种工具性的元素。他们可能认识不到这么做的全部意义，但是会假设实验员要求他们这么做总有充分的、正当的理由。

3. 实验对象认为受害人已经自愿参与了实验。他并非被迫做这件事。他已经知道参与实验可能带来的麻烦，但仍然愿意协助实验员。因此，尽管后来这些受害人开始不愿意，也改变不了一项事实，即他最初是无条件地参与者。因此，在某种程度上，是他自己招来了实验员的这些作为，也负有一定责任。

4. 实验对象同样也是自愿参与的，并且认可自己对于实验所负担的责任。他做出了某种承诺，因此中断实验实际上是对早先这些承诺的一种背弃。

5. 实验程序中的某些特点，强化了实验对象对于实验员的责任观念。例如，他到实验室来就会收到报酬。实验员的话已经取消了实验对象的一部分责任了：

> 当然，就像在所有的实验中一样，钱是你的是因为你能来这里。从这会儿开始，不管发生什么，钱都还是你的。

6. 从实验对象的角度来说，他是教师而对方是学习者，这只不过是一种或然的结果（通过抽签决定），因此他如果被抽中作为学习者也会承担类似的风险。既然实验中的角色分配是用的一种公平的方式，学习者也就没有什么抱怨的理由了。（类似的，在军队当中，如果一项十分危险的任务没有志愿者的话，就会通过抽签的方式来决定人选。同样的，人们会预期那些不幸者得承受自己的不幸。）

7. 心理学家的特权和被试的相应权利之间存在模糊性。心理学家可以对自己的研究对象提出什么期望？什么时候算是超出了可以接受的界限？在这些问题上是存在模糊性的。此外，这项实验发生在一个封闭的环境中，因此没有允许实验对象与别人讨论自身权利的机会。对许多研究对象来说，这是一个全新的环境，没有什么适合的参考标准。

8. 研究人员告诉研究对象，电击"很疼，但不危险"。因此，他们会以为这些不舒服是暂时性的，与之相比通过科学研究得来的研究发现是永恒的。

9. 一直到第20次电击，学习者都一直会反馈自己的回答。因此，研究被试可以因此假设学习者是希望"继续玩下去"的。只是在第20次电击以后，学习者才会反对规则，完全不回答问题。

这些特点都可以帮助解释本实验得到的高度服从。这类讨论不仅仅是推测，而且可以转变为可检测的命题，通过进一步的实验来证实或者证伪。

本实验的以下这些特征考虑到了实验对象所面对的冲突。

10. 实验对象实际上是处在这样一个位置：他必须对实验员和受害人发出的两个相互冲突的要求做出响应。选择满足其中一方，冲突才能得到解决。满足受害人，或者满足实验员，这两个选择是互斥的。此外，解决方案必须采取一种高度可视化的、行动的方式来呈现：要么继续施加电击，要么退出实验。因此，研究对象实际上面临着一个公开的冲突，完全没有和解的可能。

11. 尽管实验员的命令蒙上了科学研究的权威色彩，受害人的要求也会因为个人对于痛苦和苦难的经验而具有说服力。这两个方面的要求，不需要被认为有同等的压力水平或同样合法。研究者寻找的是一种抽象的科学数据，受害人则要求摆脱实验对象造成的身体伤害。

12. 在实验过程中没有时间让研究对象做反思。冲突反复出现。研究对象坐在电击发生器之前，总共不过几分钟，就开始听到受害人的抱怨。另外，在听到受害人的抱怨时，研究对象感到自己已经完成了2/3的电击。因此，他会认为这种冲突具有某种持续的属性，还能够预见到随着电击水平的提高这种抱怨的强度会增强。研究对象重复收到这样的抱怨，并且这种抱怨还是可以预见的，这可能是给研究对象造成压力的一个来源。

13. 在更一般的水平上，这种冲突来源于两种根深蒂固的行为取向之间的冲突：第一是不伤害他人的取向，第二是服从合法权威的取向。

总结　发现研究的力量

早在 20 世纪 60 年代，杰克逊（Philip W. Jackson）就对所谓的"教育工程学"提出过严厉的批评。这里的"教育工程学"，是一种在工业生产领域曾经大行其道的管理典范在教育领域中的应用。在工业生产中，老板要求工人尽量快速、高效，尽量减少无效动作。这种对工业生产效率的追求，应用到教育中来，就是要求教师在教学中尽量快速、高效，尽量减少无关动作。但是，这显然不符合今天人们对教师工作性质的认识。用杰克逊的话来说，"工程学观点作为一种观看教学过程的方式，主要的缺陷就在于对小学课堂中发生了什么，采取了一种过度简单的图像。"（Jackson, 1968, p.165）而事实上，小学教师的生活要复杂得多："每位教师平均每年有 1000 个小时在管理 25 ～ 30 名能力和背景各异的学生，并有可能得同时负责 4 ～ 5 门主要科目，因此要求每位教师清楚地了解他自己的每一个教育瞬间是不可能的。"尽管中国教师的实际工作状况略有不同，但是也大致如此。"教育工程学"所要求的实践工作者的理论自觉，显然是不适用的假说。更何况，此种研究典范下的"理论"本身，也是高度化约的、一般化的，不能描述教师专业生活的实际面貌。

杰克逊对"教育工程学"的批评、对教室生活的描述，已经过去半个世纪了。但是，今天中国的小学教研生活中，仍然在大量应用工程学的思路。一些看似先进，实则落后的做法，还十分流行。

第一，一些评价教师教学行为的量化工具大行其道。这些工具观看教师提问学生的频率、频次、覆盖面，甚至观看教师在教室里走动的路线等等。这些工具看似科学，是一种"摆事实、讲道理"的做法。但实际上，这些工具所基于的假设，是经不住反思的。要知道，教师的提问、与学生的肢体或眼神接触，都只是完成教学、促进学习的工具。教师首要的关注点还是教学，而不是这些工具的应用。在我看来，只是因为这些工具在管理上的应用价值，才赢得了人们的关注。

第二，教师的角色被压缩为执行者，结果教师的兴趣中心局限于行动策略。在与前线教师的沟通中，最经常听到的是这样一句话，"请告诉我们怎么做"。这是一个多么可怕的现象！承担了教书育人重任的教师，原来只是等待指令的流水线工人吗？绝对不行！今天的教师，应该成为一名课程专家，而不只是教书匠人。作为"课程专家"，教师要关心的问题，就不仅仅是"教科书"和"教学"。教师要关心的话题，应进一步扩展，包括"教育目的"和"课程设计"等等。

基于这一类的观察，我们可以说"教育工程学"的贻害，还远远没有被大家充分意识到。本书第二部分报告的课例研究，只是一些初步的尝试，是在这种普遍的无意识中，试图突破"教育工程学"的恶劣影响，试图扩展前线教师的兴趣中心，试图让教师研究回归本位、让研究成为教师角色的一部分。在这种课例研究过程中，教师同时也被看作合格的理论思考者。教师要跟着课例研究团队一起读书、一起思考。在课例研究过程中，真正精华的部分，恰恰是这个理论介入的环节，而不在于最终对教学设计的调整，尽管这些调整可以进一步鼓舞研究团队的士气。在这种模式中，参与研究的教师的主要工作是与理论打交道。这种课例研究过程，已经不同于针对教学技术、策略应用的那些课例研究了。

正如第4章所述，我将课例研究视为一种教师研究，并且是最常态化的一种。因此，教师从事此类课例研究所获得的经验，也与在其它教师研究上的经验别无二致。这样一种课例研究，如果可以让教师获得积极的科研体验，当然也就可以起到"吸引教师做研究"的目的了。说实话，这也正是本书要花如此大的篇幅介绍这些课例研究的最初动机。那么，教师在从事这一类课例研究的过程中，获得了怎样的科研经验呢？在回答这个问题之前，我们先看一些国外研究者对教师研究现象的观察。

在著名的《夺回课堂》一书的前言中，编者做了六项概括，概括了教师把从事研究作为自己角色的一部分时会发生哪些变化（Goswami & Stillman, 1987, preface）：其一，教学发生重要转变：教师成为了理论家，能表达自己的意向，分析这些意向背后的假设，并寻求与实务工作建立关系。其二，教师对于自己作为创作者以及教师的看法都有所转变。教师开始加强对资源的运用，在专业上更为活跃。其三，教师自身成为资源中心，可以为教育专业提供信息。教师可以带着特别的洞见、知识，长期从事贴近式的观察，能以外人所不及的方式了解自己的教室和学生。其四，对于当下的研究文献，教师成为批判的使用者和阅读者，不大会无条件地接受他人的理论或盲从潮流。教师对于课程、教材和教法的评估也更具权威性。其五，尽管仍需外部支持与认可，但是教师可以在不花费大量经费的情况下完成研究。尽管教师的研究不见得能得出确定的结论，但综合起来可以为我们提供一些专家也无法提供的帮助。其六，教师以创新的方式运用社区资源，和学生们一起去解答对双方都至关重要的问题。教室里的话语方式，会随着研究的开展而发生改变。和教师一起探讨真正的问题，可以引发学生内在的学习动机。

在《教师作为研究者：质性研究作为一种赋权方式》（*Teacher as researcher: Qualitative inquiry as a path to empowerment*）一书的导言中，金奇洛（Kincheloe, 2003, pp.18-19）认为，当前的教师与研究者并不生活在同一种专业文化之中。教育中的知识基础，往往还是由远离学校的专家们生产的。这样一种状况，会危及民主的教育实践，因此必须加以改造。随后，作者描述了教师从事研究会发生的一些变化。概括起来，有这样一些条目：其一，开始理解技术标准背后的权力应用。其二，珍视研究的价值，尤其是当这些研究可以揭示那些超出教师的直接经验，却塑造了当前教育面貌的那些力量的时候更是如此。其三，开始用一种更深入、丰富的方式来理解自己的经验。其四，更能意识到自己有可能为教育研究做出什么可能贡献。其五，开始被视为"学习者"，而不是对命令毫不怀疑的"执行者"。其六，开始被视为"高知工人"，能够对自己的专业需求和当前的理解进行反思。其七，开始理解学校教育过程的复杂性，认识到对这一过程的理解不能脱离塑造它们的社会的、历史的、哲学的、文化的、经济的、政治的、心理的背景。其八，开始研究自己的专业实践。其九，探索发生在自己班级中的学习过程，并试图解释它。其十，构造一种新的批判性的学校文化，取代过去由各种实证标准带来的压迫型的学校文化。其十一，逆转一种由于把教师视为接受者而非知识生产者，带来的教师技能蜕化、课程低俗化的趋势。

由上述这些观察可知，教师研究的影响所及不单是教师的行动，而且触及教师的观念；教师研究不单影响教师与学生的交往，而且会影响学校文化乃至更大范围内的教育设计。但是，艾力思（Ellis, 1998, p.7）发现，当教师首次接触研究的时候最关心的是"做得对"、"方法正确"以及"客观"地得到"有效结论"。这种认识特点，与中国教师对自身角色的传统认识几乎是一模一样的。教师不关心行动的理论依据，也不习惯依据理论来确立行动方案，他们往往更关心下一步怎么做。对这类教师来说，如果他们不了解教师研究的特征，就很有可能对研究活动产生自我疏离。即使有勇气从事研究，也会偏离教师研究本来的目的指向，转而努力去适应和模仿大学教育研究者，在研究群体中缺乏独立性。因此，对于有志于走近教师的教育研究者来说，重要的不是用某种先进理论去征服教师，而是培养教师做研究的兴趣和志向。可以说，教育研究者与前线教师的合作团队的最艰巨任务，应该是鼓励教师相信自己可以做研究，鼓励教师相信教室是个研究场所、相信自己可以做为知识生产者，把研究作为自己的核心任务。总的来说，教师研究可以影响教育专业的整体面貌，而不仅仅是作为教师的一部分工作内容。可以说，教师研究对教育专业领域内的各方力量，都进行了一次重新定义。

在"理论介入的课例研究"中，教师可以获得丰富的研究经验。上文的两则关于教师研究影响的引述，已经表述地比较充分了。作为一种补充，可以在这两则引述的基础上，增加一项十分富有本土气息的条目，即教师在此类研究中可以获得更强的专业自信。应该说，"自信"这个词目前还远没有成为一个成熟的教育研究术语。与"自信"概念相比，在当下的教育研究界，"反思"概念更为流行。"反思"概念更多地要求教师质疑自己的判断，而不是确认自己的判断。而在我看来，"自信"与"反思"都旨在塑造一种健康的教师思维，反对极端僵化或者极端缺乏主见的教师思维。因此，我在定义教师研究时，也是高度重视"反思"精神的。只是在"反思"概念之外，"自信"概念同样值得关注。尤其是在我们这个富有官本位传统、对专业缺乏尊重的社会来说，鼓励、保护专业工作者的专业自信显得十分重要。

按照基（Gee, 2000）的划分，有四种不同的认识身份的方式，分别是：与生俱来的身份、制度设计的身份、话语实践的身份和非职业团体的身份。对教师来说，一所学校包含各种科层机构，每位教师在其中都有自己的身份标志，这是一种制度设计的身份。同时，在学校的日常生活中，每位教师还会得到一种定位，如有些人善于交际，有些人特别"八卦"，这就是一种话语实践的身份。再如有些人喜爱读书，有些人嗜好打麻将，"书袋子"和"牌友"，就是这些教师的非职业团体身份。非职业团体身份与话语实践的身份一样，都是对制度设计的教师身份的超越。基（Gee, 2000）的理论告诉我们，当教师面对不同的人群时，其身份的认识方式是不同的，相应的所获得的身份标签也不相同。例如：

在面对学生、家长时，教师是成人，是教师职业的从业者，这些身份可以为教师提供专业自信。当面对教育专业的同行时，天然条件和制度设计所赋予的职业标签都不再起主要作用。教师需要在与同行的沟通中，体现自己的个体特征。这时的教师身份主要来自话语实践，以及更为具体的个性特征。例如：该教师是不是特定教研团队的成员？是否承担课题研究？等等。总之，在面对教育专业内部人员时，教师的身份界定方式发生了变化。此时，重要的判断依据不再是"是不是教师"，而是"合格－不合格"、"优秀－不优秀"等具体特质，回答的问题是"何种教师"。

基（Gee, 2000）的理论为我们讨论教师的"专业自信"问题，提供了两个重要的观察点：一个是教育专业内外部之间的边界，另一个是教师个人与其他教育专业人员之间的边界。其中，教师的专业内部自信，主要的参考对象都来自教育专业内部，包括其他教师、学校管理者、学科教研员、大学教育研究人员等；教师的专业外部自信，其主要参考对象都来自教育专业外部，包括学生、家长以及其他非教育行业从业人员。据我观察，教师在专业自信上遇到的问题，往往是专业内部自信的危机，是在与其他教育专业人员的比较中出现的。表现为，教师在家长和一般的非教育行业从业人员面前，富有相当高的专业自信；但是，在教育系统内部，前线教师往往是个弱势群体，其专业自信受到学科教研员、大学教育研究者、学校管理者乃至同行教师的冲击。在谈论专业问题时，前线教师在自己的这批同行面前往往是弱势甚至是干脆"失声"的。基（Gee, 2000）的理论已经告诉我们，这样一种专业内部自信的面貌，是无法通过制度设计来改善的。所以说，塑造教师的专业自信，核心正是发展教师的专业内部自信。简言之，就是让教师在同行面前拥有自信。那么，如何才能塑造和保护个体教师在专业群体内部的自信呢？

如前所述，制度设计对教师建立专业内部自信的价值不大。因此，教师只有付出额外的努力，才可能在同行中取得更独特的身份，从而保持和发展专业自信。"理论介入的课例研究"是我们在与前线教师合作开展研究的过程中形成的一种研究模式。教师在研究过程中要完成的工作，主要是理论性的。在这种"理论介入的课例研究"过程中，教师参与的工作，与通常的学科教研员工作、教育理论研究工作都有所区别。这样，该教师与其他教育专业人群（包括其他教师同侪、教育管理者、学科教研员以及大学教育研究者）相比，就有了更具个性的表现。在选择教学设计时，教师就可能免于受到上述专业人群中的个人权威和其它考虑的宰制（参看本书附录的教师个人报告）。正是"理论介入"部分的理智特色，让教师在面对各方人员的不同意见时，能够获得独立的立场和判断基础。甚至可以说，这时候的课例研究者不仅仅是代表自己，而是代表了自己熟悉的知识社群在说话。这种课例研究的过程，为教师提供了更多的在圈内人面前自信"说话"的筹码。在谈论"研究的力量"时，不可不谈专业"自信"的问题。

第三部分

教师的专业生活

第7章　未来教师的专业生活

第7章　未来教师的专业生活

2013年秋季学期开学前，我在微信上看到这样一条记录。作者是一位即将开始教师生涯的年轻朋友，此前她刚刚从北师大毕业、刚刚结束自己的研究生生活："二十多年来一直说我最不想做的就是去当老师，因为大多数老师在我心中的印象都是不讨人喜欢的，他们规范、官僚、传统、刻板、严厉、唠叨、乏味、俗气、毫无人格魅力，完全支撑不起教师原本在我心中应有的那份情操和气质。……话说过来，也就是后天，我就要去给孩子们上课了！妈的，我也有站在讲台为人师的这么一刻，我这心里五味杂陈啊。讽刺无奈、害怕期待。我为什么要去教课？我怎么教？我应该和学生是一种什么样的关系？全是问号。"

这段文字描述了一种"不讨喜"的教师形象，也是本书反对的教师形象。一种理想的研究型教师的生活，应该是充满了探索的热情、勇气和技巧，而完全不是沉闷无聊的。一种理想的教师生活，应该是充满了研究的契机，而不是千日一面的状态。我当然知道，本书对于教师研究的定位，在目前看来还是一种理想状态。但是，尽管对于教师研究的正本清源之路可能很漫长、艰难，我还是很乐观地相信，教师研究终有一天会更充分地实现。届时，研究将成为教师工作的一项日常特征，教师在应对自己工作的过程中，始终带有问题意识、反思精神。教师在自己的工作中贯彻研究的视角，并且也可以凭借研究的力量获得一种生机勃勃的专业生活。可以说，我是将教师研究当成了未来教师专业生活的基本组成部分。这种关于教师研究的定位，比介绍一些研究中可能要应用的具体研究方法来得更加重要，因为它描述了一种教师发展的愿景。我相信，做好教师研究就可以改观教师的专业生活。

在教育文献中展望未来，这种做法不乏其人。例如，在《我的教育信条》（*My pedagogic creed*）一文中，杜威（1981）曾表达自己的五项教育信条，谈论的话题分别是"什么是教育"、"什么是学校"、"教材"、"方法"以及"学校在社会进步中的作用"。这些表达，就涉及对理想教育、理想教师的描述。又譬如，在《课程：视角、范式与可能性》（*Curriculum: Perspective, paradigm, and possibility*）一书的末尾，舒伯特（Schubert, 1986, pp.417-424）也表达过自己的教育希望。与杜威的教育信条类似，这十项希望在今天看来也仍然是我们要努力的方向。在这些希望当中，有一些条目就是在描述未来的教师形象。那么，沿着本书规划的方向，未来教师的专业生活是个什么面貌呢？当然，展望的前提是教师研究恢复其合理面貌、教师研究突破了今天的这种两难境地。

科克伦－史密斯和莱特尔（Cochran-Smith & Lytle, 1993, pp.85-103）曾概述过教师研究的阻碍。在未来教师的专业生活中，教师研究已经得到了普及。这些今天的困难，已经被克服了。这些有关困难的描述，正彰显了今天的教师与未来教师在专业生活上的关键区别。其一，教师隔离：教师主要是按照其独立完成的教学工作来评价的，教学的默认形象是孤独的，学校生活也很少提供时间供教师谈话、反思和交换观念。其二，职业社会化：教师职业被认为是自足的、独立的，问问题是新手教师才会做的事，成熟的教师不大会谈论自己的失败。其三，教学的知识基础：教学的合法性是依靠系统化的技术符码。问题不是"是否需要知识基础"，而是"需要什么样的知识基础"。技术模式的教师专业化认为，教师是日益精致化的、其他人生产的知识的消费者。其四，教育研究的声望：教育研究本身构成了教师研究的障碍。教育研究在教师眼中表现为遥远、无趣、古奥的东西。教育研究按照一套框架来训练教师，使得教师去技能化，可以轻易地被替代。也就是说，教育研究本身往往不能引起教师的兴趣。即使让教师感到有趣的研究主题，也常常被表述为一种让人难以接受的方式，看起来与日常的教学活动不相关。

上述四个方面的困难，恰恰反映了教师研究的健康发展对于教师专业生活面貌的改造。其中，应对"教师隔离"问题而出现的关键变化是"教师中兴起合作文化"；应对"职业社会化"、"教学的知识基础"问题，出现的关键变化是"教师研究被纳入教师教育"、"教学知识的专业地位上升"；应对"教育研究的声望"问题，出现的关键变化是学校组织内部对教学专业工作的强调。

一、教师研究被纳入教师教育

在著名的《教学研究》（*The study of teaching*）一书的"前言"中，邓肯与比德尔（Dunkin & Biddle, 1974）有这样一段话："我们梦想着这样一种教育系统，它的程序受实证研究和理论的控制。我们相信，对教学的研究是所有这些控制教育的实证研究的核心。我们假设，关于教学的科学研究已经完备了。"这段话虽然已经有 40 年的历史，并且教学研究在这期间仍然在不断发展，但是这段话仍然很有历史价值，因为它正反映了今日教师教育的哲学基础，生动地描述了教师教育希望基于实证科学、教育研究希望成为实证科学的趋向。尽管"知识基础"这个概念，从 20 世纪 80 年代以来，就被多次讨论过，并已经被规划出多种知识类型（Shulman, 1987）。但是，一些具备实证基础的知识，一直在教师教育的知识基础中占据重要的位置。在 2005 年出版的《为变化的世界培养教师》（*Preparing teachers for a changing world*）一书中，就秉持了这样一种信念，认为有那么一些重要的研究，应该进入新教师培训中去。这本书的第 2～9 章就分别讨论了学习理论、学生发展理论、语言学习理论、教育目标的理论、教学内容知识、教育装备的知识、评价理论、课堂管理理论等。其中有相当一部分都与心理学相关（Darling-Hammond & Bransford, 2005）。教师教育中心理学知识的长期存在，反映了上述教师教育的哲学基础。

把教育心理学作为教师教育的一部分，开始于19世纪末[①]。这一做法，往往被认为是不言自明的，可实际上并非如此。教师教育课程为什么要包含心理学？为回答这个问题，芬德勒（Fendler, 2012）考察了四个假设：其一，效率假设：教师教育之所以需要教育心理学，是因为心理学知识可以促进教学。其二，专业化假设：教师教育之所以需要教育心理学，是因为包含这个学科以后，教学和教师教育的专业地位可以得到提升。其三，政策或管理假设：在教师教育中包含教育心理学课程，是因为心理学的语言，可以为教师教育者在政策制定过程中提供发声机会。心理学话语将教学和管理的复杂、不规整的面貌，整合为一种更加合理的、可控制的面貌。其四，习惯假设：教育心理学在教师教育课程中的存续，只是因为这个行业的习惯使然。考察的结果是：第一，效率假设不成立：没有证据表明，学习教育心理学对教师或教学质量有可测的效果。而且，在整个教师教育课程与教学质量之间也没有显著关联。第二，专业化假设可以部分成立：心理学帮助教师教育成为一个大学的系科，提升了后者的专业地位，但是同时也削弱了教师的专业地位。而且，有证据显示，教育心理学的学术影响力正在下降。第三，政策或管理假设可以成立：政策制定者喜

---

① 美国出版的第一本《给教师的心理学手册》（*The teacher's handbook of psychology*）出版于1886年（Sully, 1886）。在这本书的前言中，作者写道："本书是基于作者的一本更大部头的作品《心理学概览》（*Outlines of psychology*）。通过大幅度地削减和简化其中陈述的科学原理，扩展其在教育艺术上的实际应用。作者希望能够满足在教师中不断增加的需求，亦即在训练和发展年轻人的心智的过程中，展现心理科学的要素。"

欢用科学研究的发现来佐证自己，因此心理学研究在证成政策方面，比哲学的或历史的语言要有用得多。但实际上，教育政策更多受到政治的影响，而不是科学研究的影响。因此，科学研究往往被用来为已经确定下来的政策提供说法，并没有为政策制定提供实质上的支持。

第四、习惯假设成立：教育心理学自视为一种实证的科学，多数教育心理学家也声称心理学知识改善了教学质量。但事实上，没有证据表明心理学有这样的效果。教师教育之所以要包含心理学，不过是出于一种虚幻的信念罢了。综合这四项考察结果，我们发现在四个假设中，唯有第一个假设是在谈论前线教师关心的问题，即"学习教育心理学知识对教学到底有没有用？"。而教育心理学之所以在教师教育中持续存在，竟然主要是因为另外的非效率假设。要知道，无论是教师教育者、政策制定者还是教育管理者，往往都是基于效率假设来强调心理学知识的价值。所以说，教师不能再盲目信任心理学对于教育教学的价值了，也不能盲目信任教育行业中其他人员的推介了。什么知识对于教师更有实际的帮助，看来应该交给教师自己来做判断。

在同一期当中，斯迈尔斯和德佩皮（Smeyers & Depaepe, 2012）强调教育研究应该夺回自己的领地，抵制心理学对于教育研究的恶劣影响。原来，在他们看来，心理学对于教育界的吸引力以及教育研究对于心理学的模仿，都基于心理学在成长为一种实证科学方面的成功。但是，心理学的方法论和方法本身存在缺陷，会忽略一些它无法涵盖的人类条件的重要方面以及情境特殊性。结果在模仿心理学研究的那些教育研究中，教师和父母所处的境况的特殊性往往被忽略了。儿童及其可能的动机、抱负等等，也被忽略了。这些是教育研究模仿心理学研究带来的恶果。未来的教育研究，开始强调自身研究对象的独特性，不再纠结于教育研究是否能成为一门"科学"。教育学科开始关注教师专业工作的独特性，并基于对这种独特性的研究，找到了一种教师教育的独特知识基础。这里的独特知识基础就包含了教师研究，包括其研究方法、研究发现等等。这是一种有别于现有的教师教育哲学的新的原理。

二、教学知识的专业地位上升

哈格里夫斯（D. Hargreaves, 2000）曾对教育与医学在知识基础上的区别，做了概括①：其一，共享的技术语言：医学有专业的技术语言，教育没有。其二，累积性：医学与其它自然科学一样有累积性，而大多数教育研究不具备累积性。其三，研究者：两者都可以应用其它学科的基础，但是应用研究成果的方式不同。许多医学研究本身是应用性的，而教育研究多是由大学研究者完成的学术性研究。医学领域的研究者和使用者都卷入实践，而教育研究者则主要是为了争取同行评价。由于教育领域的研究者很少同时是研究成果的使用者，导致了理论与应用的沟通难题。其四，知识基础：医生强调基于证据的方法，而许多教师感到自己没有必要紧跟教育研究的发展，认为学术期刊仅仅是供教育学者们阅读的。教师更多地是依靠自己的个人经验开展工作。其五，专家：医院里的专家不仅仅具备熟练的技能，也熟悉与实践相关的研究。而在教育领域中，专业知识方面的专家与实践经验方面的专家，往往是不同的

---

① 从已有的研究发现来看，哈格里夫斯的这一概括，可能也包含了对医学的误解。至少，在实际履职的医生和医学院学生之间，在专业判断的知识基础和思考方式上是有明显区别的。更早期的一份关于医生的思考过程的研究（Elstein, Shulman & Sprafka, 1978, pp.ix-xi）表明，医生的判断也是高度经验式的。也就是说，医学的专业知识基础，未必像哈格里夫斯所说的那样明确：第一、一位有经验的医生并不是等待检验结果再做出判断，而是在接触病人的最初阶段就建立了一些假设。第二、医生同时能够考虑的假设的数量是有限的，往往不会超过5个，尽管他们要处理的问题是高度复杂的。第三、忽略或曲解一些与已有假设不相符的信息。第四、医生的专业能力是案例式的，无法通过几次正式的考试或者病例来判断。第五、在医生处理病患的能力方面，足够的相关信息和足够的经验是两个基本构成。

两个人群。其六，判断自己实践的基础：医生的判断基础也包括传统、成见、教条乃至意识形态，但是医生更注重那些经过证据检验的专业判断。教师的工作则更强调前一组判断基础。

基于这些比较，教师工作的专业知识基础是不明确的。教师工作很难获得与医生工作一样高的专业地位，就与此相关。教师工作的这些特性，在现实中表现出来就是：教师工作有很强的可替代性，而医生工作则有很强的排他性。要成为一名医生，非经过专门的培训不可。而教师教育对于一名优秀教师的成长，未必有太大帮助。在这样一组比较中，已经包含了对专业工作知识基础的概念前设。具体来说，就是认为一项工作如果有可表达出来的、明确的知识基础，它在工作之林中的专业地位就较高。这个概念前设，应该说早已经是教育研究领域的过时概念了。例如，布鲁纳（Bruner, 1986, pp.11-43）就提出过两种认识模式，分别是典范的思考和叙事的思考。两种模式分别为人们提供了一种独特的方式来组织经验、建构现实。其中，前者与科学知识相关，是分析的、概括的、抽象的、非个人化的、与背景无关的。后者是具体的、当地的、个人化的、与背景相关的。举例来说，一个好的论证和一个好的故事之间，就有完全不同的评判标准。这就是因为，论证属于典范的思考，而故事属于叙事的思考。尽管"叙事的思考"还未得到公认，但是已经触及了教师工作的独特性。这两种认识模式，在教育研究领域内也已经颇为著名了。

与此同时，现在的教育研究界还流行一种观点，认为研究以及研究所报告的知识是中性的。基于这个观点，就不应该区分应用者与大学教育研究者。教师和研究者被认为有共同的论述平台，有共同的文献和写作实践。但是，对教师在学术文章上的消费和观点的研究发现，这些文章并未发挥信息沟通的功能（Bartels, 2003）。这样一个描述性的事实告诉我们，关于研究和知识的"中性"假设，可能是错误的。这进一步应和了上一段谈论的观点：教师专业的知识基础，不只是那些明确被表达出来的部分。可惜的是，现在的教师教育仍然迷恋可表达的、明确的知识基础。譬如，教师培训的主要方式还是由大学教育研究者来讲解专业研究的成果（当然也有许多不讲专业研究的培训者）。

在未来的教师专业生活中，教师研究将成为教师专业发展的主要形式。在教师培训方式上，除了专家主讲，还一定会强调专家型教师带领完成的教师研究。教育的专业知识在类型、表现方式、来源上都更加多元，而不仅仅是以学术研究成果为主。在未来教师的专业生活中，教育研究占据了相当重要的地位。这一改变的前提，包括对教师研究所贡献的知识的认可。并且由于此类实践者知识的重要性的改观，促成了教师工作的专业地位得到进一步提升。在教育研究中，教师赖以开展工作的那些实际的知识基础，成为各类教育研究者的关切重点。这类只有教师才最了解的知识，替代了现在的只有大学教育研究者才熟悉的知识，成为新的界定教师工作专业特性的根据。教育专业的"行话"，开始由前线教师来述说，而不是交给大学教育研究者来发明、规定。

三、教师中兴起合作文化

教师的合作包括两个方面，分别是教师同侪内部的合作、教师与外部智力资源的合作。应该说，这两类合作在目前的发达程度都远未尽如人意。前者是教师工作的个体化特性使然（见本书第 4 章），后者则是对教育研究的错误定位造成的。现在，在大学和中小学之间流行一种错误的"等级制"假设（Forni, 1991），认为所教的学生越年长，或者所教的领域越专门化，教师就越有知识。结果，在小学与中学、中小学与大学之间形成了一种等级假象，认为中学教师比小学教师更有知识、大学教师比中小学教师更有知识。大学教育研究者在中小学从事研究时，往往被称为"专家"，就来源于此。在这种假象下，更多教师教育反而可能加剧教师对大学教育研究者的不信任甚至憎恨：教师认为自己处于真实的教育情境中，而教师资格课程是被大学控制的。对于在大学的教育研究者来说，也感受到了这种来自前线教师的普遍质疑。一种常见的表达是："你说得很好。你来教教看！"来自两类校园的两类人员，各自采取防卫的姿态。结果，双方都难以真切地了解对方，合作难以达成。这种"等级制"假设以及相应的问题，在我们的学校教育系统中也同样存在。作为在大学工作的一名教育研究者，我就时常感受到礼遇与怀疑的双重待遇。这可以认为是上述等级制假象的一种实际表现，与本书谈论的教师研究的两难如出一辙。因此，解决教师研究的两难，需要一种合作的教师文化，改变与教育相关的这两大类人群之间的疏离甚至敌视。

休伯曼（Huberman, 1993）研究了教育研究的传播问题。结果发现，通过一种持续地互动，传递知识、沟通需求，教育研究的传播者（大学教育研究者）和使用者都可以受益。他说："尽管双方（研究者、应用者）不在同一个概念化水平上，也没有同样的背景，但是他们在思考同样的现象。结果，只要他们克服了在界定共同理解、处理社会动力问题时那些最初的不适，每一方都会为对方提供的信息和推理而感到惊讶、苦恼甚至沮丧。双方的知识都是'有效的'，尽管有不同的基础，但都被认为是重要的。"休伯曼（Huberman, 1999）进而认为，研究者与实践者的互动，是两个微观世界之间的互动。这种互动，决定了知识的流动，对互动双方都有利。这种观点，反对给任何一个群体的研究产品赋予特权（Maclaughling, 2004）。这进一步支持了我的看法，即教师中有必要建立合作文化。

教师与大学教育研究者合作，包括其重要性、可能性、工作方式等问题，未来将得到教育事业相关各方的充分认知。研究不再是研究者的特殊工作，也不是适合教师用"单打独斗"的方式去完成的工作。对研究者一方来说，研究问题的来源、内容、目的，都受到前线教育实践的影响。对教师一方来说，教育研究者成为帮助他们的同行，而不再是"在岸上"指手划脚的旁观者。在这样一种合作文化中，更主动的一方应该由大学教育研究者来扮演。他们开始自觉地将学校、教室作为自己的工作场所之一。教师与大学教育研究者的合作，主要由后者的主动改变来完成。当然，在这种与学校外部智力资源的合作中，教师之间的合作也开始增多。

四、学校组织强调专业分工

达林－哈蒙德（Darling-Hammond, 1983）概述过两种学校组织理论。一种是理性主义的学校组织模型。这种模型的学校过程的特点是官僚化，具体包括：劳动按照功能分工、职员个人被化约为一般员工、职员之间存在等级制、按照预定程序办事等。另一种理论是自然系统的学校组织模型。这种模型的学校过程的特点是非计划性：不要求成员间高度一致、组织的各个部分充分自主、大量应用谈判和妥协、权力去中心化等。在前一种模型的学校中，教师的独特性被忽略了，教学过程被认为有既定的秩序，教学的产出也是预定的。在后一种模型的学校中，教师可以保持自己的价值、追求自己的目标，教师有更大空间发挥自己的能动性。显然，此类学校更有可能为教师研究提供空间。作为研究者的教师，更适合生存在后一种理论所描述的学校当中。现在遗留的问题是，为什么我们要放弃前一种学校组织模型？答案显然不应是某种实用的考虑。主要的根据是，学校组织的理性主义模型对学校组织特性的描述是失真的，在现实中找不到官僚化的学校组织模型的范本。与理性主义学校组织模型相比，新制度主义社会学对学校的组织特性的描述更加可信，考虑了学校的各种不成文的"准制度"。基于此类描述，我们可以获得一种有关学校组织的整体图像。

新制度主义社会学将教育组织视为一种"弱耦合"系统（Meyer & Rowan, 1978）。"弱耦合"的意思是，组织结构与技术活动不联系，技术活动与活动效果不联系。按照这种理解，学校组织的特点是，教学活动及其结果不受教育官僚体制的控制和监督。这种"弱耦合"的特性，加剧了学校组织内部的各种形式化倾向。在组织管理者和教师那里形成了两种不同的文化，分别接受不同的原理指导，进而在学校内部造成了两种不同的组织环境，分别是制度环境和技术环境（Rowan, 2006）。教师既生活在前一种官僚制的制度环境当中，又生活在后一种涉及业务的技术环境之中。学校组织的这一双重特性，决定了学校组织很难满足上述理性主义模型的要求，因为管理者很难真正介入教师工作的技术细节。所以，与银行、工厂不同，一种完全的理性主义模型的学校组织是找不到的。工厂管理者可以具体规范工人的技术动作，而学校校长则很难有效规范教师的教室行为。学校管理者的工作往往只是形式化的，不触及教师活动的实质内容。学校组织的这一特性，道出了各种假教师研究大行其道的部分原因：正是学校组织的这一双重特性，决定了学校管理者可以接受一些让教师颇觉反感的形式化工作。我也常常观察到，即使是十分热衷于业务的校长，也时常有这种"管理者姿态"表现出来。这不过是学校组织的特性，显现于外的一种表现罢了。

学校组织的这种双重特性，以及相应的教育过程中的技术细节的特殊独立性，在未来都将得到管理者的充分认可。教师的专业权力得到尊重，在学校中甚至可以和管理者的行政权力分庭抗礼。学校工作进一步被区分为专业工作和管理工作两个层面。这里的"专业工作"指的是教师的教育教学工作。管理工作因为不直接涉及对学生的教育教学，而被从学校的特殊专业工作总体中剥离出来①。例如，针对教师的能力评估、针对学生的学业评估，包括教师研究的设计，都被归入教育专业工作之列。但凡此类专业判断，都不再是学校管理者的工作职责。当需要做此类专业判断的时候，未来的学校管理者即寻求第三方机构的专业协助。这种第三方机构也可能不是单个学校的组成部分。"当政策的发生和执行都被科层化的时候，管理系统会危及实践者的专业自主性（Handy, 1984）。"把管理工作与教师的专业判断区分开来，这是一个未来的发展方向②，是避免教师的专业自主权受到伤害的一个选择。与本书主题相关的结论是，要想发挥教师研究的力量，就要将研究权交给教师。教师研究被认为是教师专业工作的一部分，应免于受到管理工作的干扰。与大学教师从事研究工作时的心态一样，中小学教师也迫切希望学术自由、免于受到行政命令的干扰。所以说，校长应该努力的是让教师接受研究，然后积极地为教师研究提供支持，而不是直接去"安排"研究。

---

① 尽管"管理"也是一个高度专门化的工作部门，但它不代表学校的特殊专业属性。实际上，现在的学校管理者，往往是从教学能手中选拔出来的。许多这类管理者在过往的优势，主要是在业务上，而不是在管理上。因此，倡导学校组织的专业分工，既是对前线教师的赋权，也是对学校管理者专业化身份的强调。由教学能手而转变为校长，需要有管理方面的专业支援。只凭靠个人感悟和机缘巧合，来选拔和培养学校管理者，是用一种非专业的方式，来寻求在管理这个专业工作上的成长。这种做法显然是不够好的。

② 在高等教育领域，正在探索专家治校模式。在我看来，这里的专家包含两种身份，一种是专业能力所提供的身份，一种是工作职责所提供的身份。尽管有实证研究表明，专家治校更加有成效。但是，我的个人经验对此表示怀疑。专业工作者担当的领导，往往会放弃前一种专业能力所提供的身份。结果，在他们的管理实践中，判断的基础仍然是脱离技术细节的。具体到基础教育段的学校中来，尽管许多学校管理者是搞业务出身，但是一旦走上管理岗位，其判断基础往往就是出于管理的需求，而不再是基于教育教学的规律了。"位子"、"本位"的概念，就很好地概括了这一难题。一些学校发展计划，可能符合管理的需求，而不符合前线教师所认可的业务需求。

参考文献

陈伯璋:《新世纪课程改革的省思与挑战》,台北:师大书苑 2001 年版。

陈立军:《学生对函数概念学习困难的成因分析及对策》,《新课程(教育学术版)》,2009 年第 2 期。

笛卡尔著,关琪桐译:《笛卡尔方法论》,北京:商务印书馆 1935 年版。

笛卡尔著,关琪桐译:《哲学原理》,北京:商务印书馆 1958 年版。

窦桂梅:《战争题材课文的朗读:〈炮手〉课堂教学实录》,《小学教学·语文版》,2010 年 7-8 期。

杜威著,傅统先译:《确定性的寻求》(《哲学研究》编辑部编:《资产阶级哲学资料选辑·第九辑(内部读物)》),上海:上海人民出版社 1966 年版。

杜威著,赵祥麟译:《我的教育信条》,载:赵祥麟、王承绪编译:《杜威教育论著选》(第 1-12 页),上海:华东师范大学出版社 1981 年版。

杜威著,姜文闵译:《我们怎样思维·经验与教育》,北京:人民教育出版社 1991 年版。

杜威著,王承绪译:《民主主义与教育》,北京:人民教育出版社 1990 年版。

甘雪梅:《"校本教研"调查分析》,《成都教育学院学报》,2004 年第 4 期。

顾泠沅:《再造教师的学习文化》,《上海教育》,2005 年第 3A 期。

胡庆芳:《课例研究,我们一起来:中小学教师指南》,北京:教育科学出版社 2011 年版。

加涅等著,皮连生等译:《教学设计原理》,上海:华东师范大学出版社 1999 年版。

卡尔著,温明丽译:《新教育学》,台北:师大书苑 1996 年版。

柯普兰著,李其维、康清镳译:《儿童怎样学习数学:皮亚杰研究的教育含义》,上海:上海教育出版社 1985 年版。

李文林:《数学史与数学教育》,载:李兆华主编:《汉字文化圈数学传统与数学教育》(第 178-191 页),北京:科学出版社 2004 年版。

卢梭著,李平沤译:《爱弥尔》,北京:商务印书馆 1996 年版。

马克思著,中共中央马克思、恩格斯、列宁、斯大林著作编译局译:《关于费尔巴哈的提纲》,载:《马克思恩格斯全集(第 3 卷)》(第 3-8 页),北京:人民出版社 1960 年版。

梅洛夫著,陈正芬译:《关怀的力量》,台北:经济新潮社 2011 年版。

潘光文、李森:《论课程实施转向条件下的新型教学研究制度:校本教研》,《教书育人》,2006 年第 8 期。

舍恩著,郝彩虹等译:《培养反映的实践者》,北京:教育科学出版社 2008 年版。

泰罗著,胡隆昶、冼子恩、曹丽顺译:《科学管理原理》,北京:中国社会科学出版社 1984 年版。

王荣生:《听王荣生教授评课》,上海:华东师范大学出版社 2007 年版。

俞子夷:《教算一得》,北京:新华书店 1951 年版。

赞科夫著,杜殿坤、张世臣、俞翔辉、张渭城、丁酉成、叶玉华译:《教学与发展》，北京：文化教育出版社 1980 年版。

曾国光:《中学生函数概念认知发展研究》,《数学教育学报》，2002年第 2 期。

钟启泉、方明生著:《当代日本授业研究》，太原：山西教育出版社 1994 年版。

Aaboe, A. (1964). *Episodes from the early history of mathematics*. Washington, DC: Mathematical Association of America. （艾鲍著，周民强译:《早期数学史选篇》，北京：北京大学出版社 1990 年版。）

Andrews, T. E, & Barnes, S. (1990). Assessment of teaching. In W. R. Houston, M. Haberman, & J. Sikula (Eds.), *Handbook of research on teacher education* (pp. 569-598). New York, NY: Mcmillan.

Anscombe, G. E. M. (1963). *Intention* (2nd ed.). Cambridge, MA: Harvard University Press. （安斯康姆著，张留华译:《意向》，北京：中国人民大学出版社 2008 年版。）

Ball, S. J. (1999). *Educational reform and the struggle for the soul of the teacher*. Hong Kong，China: Faculty of Education & Hong Kong Institute of Educational Research.

Bartels, N. (2003). How teachers and researchers read academic articles. *Teaching and Teacher Education, 19*(7), 737-753.

Bass, H., Burrill, G., & Usiskin, Z. (2002). *Studying classroom teaching as a medium for professional development: Proceedings of a U.S.-Japan workshop*. Washington, DC: National Academy Press.

Bassey, M. (1999). *Case study in educational settings*. Buckingham，England: Open University Press.

Bengtsson, J. (2003). Possibilities and limits of self-reflection in the teaching profession. *Studies in Philosophy and Education, 22*(3-4), 295-316.

Berg, H. C., & Grammes, T. (2006). Lehrkunst (teaching art): A German version of lesson study? Examples from science and humanities education. In M. Matoba, K. A. Crawford, & M. R. S. Arani (Eds.), *Lesson study: International perspective on policy and practice* (Chap.10, pp. 239-256). Beijing, China: Educational Science Publishing House.

Bergtsson, J. (1995). What is reflection? On reflection in the teaching profession and teacher education. *Teachers and Teaching: Theory and Practice, 1*(1), 23-32.

Berthoff, A. (1987). The teacher as REsearcher. In D. Goswami, & P. R. Stillman (Eds.), *Reclaiming the classroom: Teacher research as an agency for change* (pp.28-39). Upper Montclair, NJ: Boynton/Cook.

Bobbitt, F. (1918). *The curriculum.* Cambridge, MA: Houghton Mifflin Company. (波比忒著, 张师竹译:《课程》, 上海: 商务印书馆 1928 年版。)

Bobbitt, F. (1924). *How to make a curriculum.* Cambridge, MA: Houghton Mifflin Company. (波比忒著, 熊子容译:《课程编制》, 上海: 商务印书馆 1943 年版。)

Boyd, W. (1956). Editorial epilogue (W. Boyd, Trans.). In W. Boyd (Ed.), *The Emile of Jean Jacques Rousseau* (pp. 169-198). New York, NY: Teachers College Press.

Bruner, J. S. (1986). *Actual minds, possible worlds.* Cambridge, MA: Harvard University Press.

Calderhead, J. (1992). The role of reflection in learning to teach. In L. Valli (Ed.), *Reflective teacher education: Cases and critiques* (pp. 139-146). Albany, NY: State University of New York Press.

Calderhead, J. (1996). Teachers: Beliefs and knowledge. In D. C.

Berliner, & R. C. Calfee (Eds.), *Handbook of educational psychology* (pp. 709-725). New York, NY: Macmillan.

Campoy, R. (2005). *Case study analysis in the classroom: Becoming a reflective teacher*. Thousand Oaks, CA: SAGE.

Carr, W., & Kemmis, S. (1986). *Becoming critical: Education, knowledge, and action research* (rev. ed.). London, England: Falmer.

Chambers, J. H. (1992). *Empiricist research on teaching: A philosophical and practical critique of its scientific pretensions*. Boston, MA: Kluwer.

Cochran-Smith, M., & Lytle, S. (1993). *Inside/outside: Teacher research and konwledge*. New York, NY: Teachers College.

Cochran-Smith, M., & Lytle, S. (1999). The teacher research movement: A decade later. *Educational Researcher, 28*(7), 15-25.

Cochran-Smith, M. (2006). *Policy, practice, and politics in teacher education: Editorials from the Journal of Teacher Education*. Thousand Oaks, CA: Corwin.

Cochran-Smith, M., & Demers, K. E. (2008). How do we know what we know? Research and teacher education. In M. Cochran-Smith, S. Feiman-Nemser, D. J. McIntyre, & K. E. Demers (Eds), *Handbook of research on teacher education* (3rd ed.) (pp.1009-1016). New York, NY: Routledge.

Connelly, F. M., & Ben-Peretz, M. (1980). Teachers' roles in the using and doing of research and curriculum development. *Journal of Curriculum Studies, 12*(2), 95-107.

Convery, A. (1998). A teacher's response to 'reflection-in-action'. *Cambridge Journal of Education, 28*(1), 197-205.

Creswell, J. W. (1998). *Qualitative inquiry and research design:*

Choosing among five traditions. New York, NY: SAGE.

Dale, R. R., & Griffith, S. (1965). *Down stream: Failure in the grammar school.* London, England: Routledge.

Dewey, J. (1904). The relation of theory to practice in education. In C. A. McMurry (Ed.), *The relation of theory to practice in the education of teachers* (pp.9-30). Chicago, IL: University of Chicago Press.

Darling-Hammond, L. (1983). Teacher evaluation in the organizational context: A review of the literature. *Review of Educational Research, 53*(3), 285-328.

Darling-Hammond, L., & Bransford, J. (2005). *Preparing teachers for a changing world: What teachers should learn and be able to do.* San Francisco, CA: John Wiley & Sons.（达林－哈蒙德、布兰斯福德著，陈允明等编译:《教师应该做到的和能够做到的》，北京：中国青年出版社2006年版。）

Donmoyer, R. (1996). The concept of a knowledge base. In F. B. Murray (Ed.), *The teacher educator's handbook : Building a knowledge base for the preparation of teachers* (pp. 92-119). San Francisco, CA: Jossey-Bass.

Dunkin, M. J., & Biddle, B. J. (1974). *The study of teaching.* New York, NY: Holt Rinehart & Winston.

Elbaz, F. (1983). *Teacher thinking: A study of practical knowledge.* London, England: Croom Helm.

Elliott, J. (1998). *The curriculum experiment: Meeting the challenge of social change.* Buckingham, England: Open University Press.（埃利奥特著，赵中建译:《课程实验：迎接社会变革之挑战》，上海：华东师范大学出版社2009年版。）

Ellis, J. L. (1998). *Teaching from understanding: Teacher as interpretive inquirer*. New York, NY: Garland.

Elstein, A. S., Shulman, L. S., & Sprafka, S. (1978). *Medical problem solving: The analysis of clinical reasoning.* Cambridge, MA: Harvard University Press.

Eraut, M. (1995). Schön shock: A case for reframing reflection-in-action? *Teachers and Teaching: Theory and Practice, 1*(1), 9-22.

Erickson, F. (1986). Qualitative methods in research on teaching. In M. Wittrock (Ed.), *Handbook of research on teaching* (3rd ed., pp. 119-161). New York, NY: Macmillan.

Fendler, L. (2003). Teacher reflection in a hall of mirrors: Historical influences and political reverberations. *Educational Researcher, 32*(3), 16-25.

Fendelr, L. (2012). The magic of pshcology in teacher education. *Journal of Philosophy of Education, 46*(3), 332-351.

Fenstermachcr, G. D. (1978). A philosophical consideration of recent research on teacher effectiveness. *Review of Research in Education,* （6）, 157-185.

Forni, R. (1991). Cultural politics of collaborative research. In C. Cornbleth, J. Ellsworth, R. Forni, S. E. Noffke, & L. Pfalzer (Eds.), *Understanding teacher knowledge-in-use* (pp. 57-63). Buffalo, NY: GSE.

Freire, P., & Macedo, D. (1987). *Literacy: Reading the word and world.* London, UK: Routledge.

Furinghetti, F., & Radford L. (2002). Historical conceptual developments and the teaching of mathematics: From phylogenesis and ontogenesis theory to classroom practice. In L. English (Ed.), *Handbook of international research in mathematics education* (pp. 631-654). Mahwah, NJ:

Erlbaum.

Gage, N. L. (2009). *A conception of teaching*. New York, NY: Springer.

Gee, J. P. (2000). Identity as an analytic lens for research in education. *Review of Research in Education, 25*(1), 99-125.

Goodlad, J. I. (1979). The scope of curriculum field. In J. I. Goodlad (Ed.), *Curriculum inquiry: The study of curriculum practice*. New York, NY: McGraw-Hill.

Goodman, J. (1992). Feminist pedagogy as a foundation for reflective teacher education. In L. Valli (Ed.), *Reflective teacher education* (pp. 174-186). Albany, NY: State University of New York.

Goswami, D., & Stillman, P. R. (1987). *Reclaiming the classroom: Teacher research as an agency for change*. Upper Montclair, NJ: Boynton/ Cook.

Greene, M. (1978). *Landscapes of learning*. New York, NY: Teachers College Press.

Greene, M. (1973). *Teacher as stranger: Educational philosophy for the modern age*. Belmont, CA: Wadsworth.

Grimmett, P. P., & Mackinnon, A. M. (1990). Reflective practice in teacher education. In R. T. Clift, W. R. Houston, & M. C. Pugach (Eds.), *Encouraging reflective practice in education: An analysis of issues and programs* (pp. 20-38). New York, NY: Teachers College Press.

Habermas, J. (1971). *Knowledge and human interests* (J. J. Shapiro Trans.). Boston，MA: Beacon. （哈贝马斯著，郭官义、李黎译:《认识与兴趣》，上海：学林出版社 1999 年版。）

Handy, C. (1984). Education for management outside business. In S. Goodlad (Ed.), *Education for the professions* (pp. 289-296). Guildford，

England: The Society for Research into Higher Education & NFER-NELSON.

Hargreaves, A. (1991). Contrived collegiality: The micropolitics of teacher collaboration. In J. Blase (Ed.), *The politics of life in schools: Power, conflicts, and cooperation* (pp. 46-72). Newbury Park, CA: SAGE.

Hargreaves, D. H. (1980). A sociological critique of individualism in education. *British Journal of Educational Stueis, 28*(3), 187-198.

Hargreaves, D. H. (1999). The knowledge-creating school. *British Journal of Education Studies, 47*(2), 122-144.

Hargreaves, D. H. (2000). Teaching as a research-based profession: Possibilities and prospects. In B. Moon, J. Butcher, & E. Bird (Eds.), *Leading professional development in education* (pp. 200-210). London, England: Routledge.

Hook, S. (1939). *John Dewey: An intellectual portrait*. New York, NY: The John Day Company.

Huberman, M. (1993). Changing minds: The dissemination of research and its effects on practice and theory. In C. Day, J. Calderhead, & P. Denicolo (Eds.), *Research on teacher thinking: Understanding professional development* (pp. 34-52). London, England: Falmer.

Huberman, M. (1999). The mind is its own place: The influence of sustained interactivity with practitioners on educational researchers. *Harvard Educational Review, 69*(3), 289-319.

Jackson, P. W. (1968). *Life in classrooms*. New York, NY: Holt.

Jankvist, U. T. (2009). Using history to teach mathematics: An international perspective. *Educational Studies in Mathematics, 71*(3), 235-261.

Johnson, D. (1994). *Research methods in educational management.* London, England: Pitman.

Kihamn, C. (2011). *Making sense of negative numbers.* (Doctoral drsserfatron).Gotherburg Uriversity, Gouthenburg, Sweden.

Kincheloe, J. (2003). *Teachers as researchers: Qualitative inquiry as a path to empowerment* (2nd ed.). New York, NY: Falmer.

Korthagen, F. A. J. (2004). In search of the essence of a good teacher: Towards a more holistic approach in teacher education. *Teaching and Teacher Education, 20,* 77-97.

Lankshear, C., & Knobel, M. (2004). *A handbook for teacher research: From design to implementation.* Berkshire, England: Open University Press.

Lassonde, C. A., Ritchie, G. V., & Fox, R. R. (2008). How teacher research can become your way of being. In C. A. Lassonde, & S. E. Israel (Eds.), *Teachers taking action: A comprehensive guide to teacher research* (pp. 3-14). Newark, DE: International Reading Association..

Law, A. S. Y. (2001). Building the culture of lesson observation: Hong Kong and Guangzhou in comparison. In C. C. Yin, M. C. M. Mo, & K. T. Tsui (Eds.), *Teaching effectiveness and teacher development: Towards a new knowledge base* (pp. 254-269). Hong Kong, China: Hong Kong Institute of Education & Kluwer.

Lewis, C. (2002). Does lesson study have a future in the United States? *Nagoya Journal of Education and Human Development,* (1), 1-23.

Lim, C. S., White, A. L., & Chiew, C. M. (2005). *Promoting mathematics teacher collaboration through lesson study: What can we learn from two countries experience?* Paper presented at the Eight International Conference of the Mathematics Education into the 21st Century Project:

Reform, Revolution and Paradigm Shifts in Mathematics Education, Johor Bahru, Malaysia.

Lo, M. L. (2006). Learning study: The Hong Kong version of lesson study: Development, impact and challenges. In M. Matoba, K. A. Crawford, & M. R. S. Arani (Eds.), *Lesson study: International perspective on policy and practice* (Chap.6, pp. 133-142). Beijing, China: Educational Science Publishing House.

Marshall, G. L., & Rich, B. S. (2000). The role of history in a mathematics class. *Mathematics Teacher, 93*(8), 704-706.

Maclaughlin, C. (2004). Partners in research: What's in it for you? *Teacher Development, 8*(2-3), 127-136.

McNiff, J., & Whitehead, J. (2002). *Action research: Principles and practice* (2nd ed.). London,England: Routledge. （McNiff, J., & Whitehead, J. 著，朱仲谋译:《行动研究：原理与实作（第二版）》，台北：五南图书出版股份有限公司 2004 年版。)

McTaggart, R. M. (1997a). Reading the collection. In. R. M. McTaggart (Ed.), *Participatory action research: International contexts and consequences* (pp. 1-23). Albany, NY: State University of New York Press.

McTaggart, R. M. (1997b). Guiding principles for participatory action research. In. R. M. McTaggart (Ed.), *Participatory action research: International contexts and consequences* (pp.25-43). Albany, NY: State University of New York Press.

Merzbach, U. C., & Boyer, C. B. (2011). *A history of mathematics* (3rd ed.). Hoboken, NJ: Wiley.

Meyer, J .W., & Rowan, B. (1978). The structure of educational organizations. In M. W. Meyer, & Associates (Eds.), *Environments and organizations* (pp.78-109). San Francisco, CA: Jossey-Bass.

Milgram, S. (1963). Behavioral study of obedience. *Journal of Abnormal and Social Psychology, 67*(4), 371-378.

Moore, A. (2004). *The good teacher: Dominant discourses in teaching and teacher education*. New York, NY: RoutledgeFalmer.

Noddings, N. (2003). *Caring: A feminine approach to ethics and moral education* (2nd ed.). Berkeley, CA.: University of California Press.

Noddings, N. (1987). Caring as a moral orientation in teaching. *Ethics in Education, 7*(2), 6-7.

Noddings, N. (1995). A morally defensible mission for schools in the 21st century. *Phi Delta Kappa, 76*(5), 365-369.

Nucci, L. (2008). Social cognitivfe demain theory and moral education. In L. Nucci, & D. Narvaez (Eds.), *Handbook of moral and character education* (pp. 291-309). New York, NY: Routledge.

Pang, M. F., & Marton, F. (2003). Beyond 'lesson study': Comparing two ways of facilitating the grasp of some economic concepts. *Instructional Science, 31*(3), 175-194.

Popkewitz, T. S. (1984). *Paradigm and ideology in educational research: The social functions of the intellectual*. London，England: Falmer.

Rearden, K. T., Taylor, P. M., & Hopkins, T. (2005). Workshop study: A modified lesson study model for analysis of professional development opportunities. *Current Issues in Education, 8*(15). Retrieved from: http://cie.asu.edu/volume8/number15/

Reis-Jorge, J. (2007). Teachers' conceptions of teacher-research and self-perceptions as enquiring practitioners: A longitudinal case study. *Teaching and Teacher Education, 23*, 402-417.

Rokeach, M. (1960). *The open and closed mind: Investigations into the nature of belief systems and personality systems*. New York, NY: Basic Books. (罗奇克著，张平男译:《开放与封闭的心理》，台北：黎明文化 1987 年版。)

Rowan, B. (2006). The new institutionalism and the study of educational organizations: Changing ideas for changing times. In H-D. Meyer, & B. Rowan (Eds.), *The new institutionalism in education* (pp.15-32), Albany, NY: State University of New York Press.

Rust, F. (2009). Teacher research and the problem of practice. *Teachers College Record, 111*(8), 3-4.

Schön, D. A. (1983). *The reflective practitioner: How professionals think in action*. London, England: Temple Smith. (舍恩著，夏林清译:《反映的实践者》，北京：教育科学出版社 2007 年版。)

Schubert, W. H. (1986). *Curriculum: Perspective, paradigm, and possibility*. New York, NY: Macmillan.

Schultz, K. (2009). *Rethinking classroom participation: Listening to silent voices*. NewYork, NY: Teacher College Press.

Shulman, L. S. (1981). Disciplines of inquiry in education: An overview. *Educaitonal Researcher, 10*(6), pp.5-12.

Shulman, L. S. (1986). Paradigms and research programs in the study of teaching: A contemporary perspective. In M. C. Wittrock (Ed.), *Handbook of research on teaching* (3rd ed., pp. 3-36). New York, NY: Macmillan.

Shulman, L. S. (1987). Knowledge and teaching: Foundations of the new reform. *Harvard Educational Review, 57*, 1-22.

Shulman, L. S. (1992). Toward a pedagogy of cases. In J. H. Shulman. (Ed.), *Case methods in teacher education* (pp.1-30). New York，NY:

Teachers college Press.（舒尔曼主编，郅庭瑾主译：《教师教育中的案例教学法》，上海：华东师范大学出版社 2007 年版。）

Smeyers, P., & Depaepe, M. (2012). The lure of psychology for education and educational research. *Journal of Philsophy of Education, 46*(3), 315-331.

Stenhouse, L. (1975). *An introduction to curriculum research and development*. London, England: Heinemann.（斯坦豪斯著，诸平译：《课程研究与课程编制入门》，北京：春秋出版社 1989 年版。）

Stenhouse, L. (1980). Curriculum research and the art of the teacher. *Curriculum, 1*(1), 40-44. In J. Rudduck, & D. Hopkins (Eds.), *Research as a basis for teaching: Readings from the work of Lawrence Stenhouse* (pp. 67-69). London, England: Heinemann .

Stenhouse, L. (1983). *Authority, education and emancipation: A collection of papers*. London, England: Heinemann .

Stigler, J. W., & Hiebert, J. (1999). *The teaching gap: Best ideas from the world's teachers for improving education in the classroom*. New York, NY: Free Press.

Stoutland, F. (2011). Summary of Anscombe's *Intention*. In A. Ford, J. Hornsby, & F. Stoutland (Eds.), *Essays on Anscombe's Intention* (pp.23-32). Cambridge, MA: Harvard University Press.

Sully, J. (1886). *The teacher's handbook of psychology: On the basis of the 'Outlines of psychology'*. New York, NY: D. Appleton & Co.

Taylor, C. (1985). *Philosophy and the human sciences: Philosophical papers II*. New York, NY: Cambridge University Press.

Tyler, R. W. (1949). *Basic principles of curriculum and instruction*. Chicago, IL: Chicago University Press.（泰勒著，黄炳煌译：《课程与教学

的基本原理》，台北：桂冠图书1986年版。泰勒著，施良方译：《课程与教学的基本原理》，北京：人民教育出版社1994年版。）

Thomaidis, Y., & Tzanakis, C. (2007). The notion of historical 'parallelism' revisited: Historical evolution and students' conception of the order relation on the number line. *Educational Studies in Mathematics, 66,* 165-183.

Waples, D. (1927). *Problems in classroom method: A manual of case analysis for high-school supervisors and teachers in service*. New York, NY: Macmillan.

Waples, D. (1928). *Problem exercises for high-school teachers*. Chicago, IL: University of Chicago Press.

Watzlawick, P., Weakland, J., & Fisch, R. 著，郑村棋、陈文聪、夏林清译：《Change：与改变共舞》，台北：远流出版事业股份有限公司2005年版。（瓦茨拉维克、威克兰德、菲什著，夏林清、郑村棋译：《改变：问题形成和解决的原则》，北京：教育科学出版社2007年版。）

Wilson, S. M., & Gudmundsdottir, S. (1987). What is this a case of? Exploring some conceptual issues in case study research. *Education and Urban Society, 20*(1), 42-45.

Winch, C. (1998). *The philosophy of human learning*. New York, NY: Routledge.

Wray, H. (1999). *Japanese and American education: Attitudes and practices*. Westport, CT: Bergin & Garvey.

附录　触及理想的教育研究

——和大学老师一起研究课例的点滴感受

张锦玉[①]

一直认为，丁博士"闯进"我的课堂纯属偶然。因为事先没有接到任何通知，还因为那节课原本不是我的数学课，我是在上课铃响过之后被"牵"来的，说是丁博士要听一节数学课（应该是谁上课都无所谓，是数学课就行！）。

其实，在丁博士听我课之前，我已经认识他了。因为学校要进行一项重要的校本研究，在这项重要研究的理论形成阶段，校长特别邀请了很多从事教育研究的专业人才加盟，其中就包括丁老师。虽然，老师们都知道他们在为学校做一些很重要的研究，但我和很多同事一样，觉得他们这些从事理论研究的"大家"，好像与我们这些从事教学的老师没有什么关系。可能在绝大多数老师的眼中，学校邀请的这些搞研究的专业人才和其他的理论工作者没什么实质的区别，他们轰轰烈烈地搞他们的理论研究，我们实实在在地解决我们教学中的问题；总之，那些大学教育研究者好像离我们的小学课堂距离太远。

由于我本人对听课者"特殊身份"——大学教育研究者的敬畏，再加上是头一次受到这种没有任何预兆的"突然袭击"，这节非常仓促的

---

① 张锦玉，现为北京市建华实验学校数学教师，北京市"紫禁杯"优秀班主任一等奖获得者，2014 年第八届北京民办教育园丁奖优秀教师奖。2013 年她所带的班级，被评为"北京市先进班集体"。

数学课让我感觉很有挫败感。可以说，整节课没有任何的前期设计，就是根据学生作业出错率过高而进行的练习题讲解。正是在这种对学生状况没有任何预设和我本人的一些情绪干扰之下，讨论最后一道题时出现了"意外状况"："一根铁丝正好围成边长为 4 分米的正方形，如果用这根铁丝围成长方形，它的面积有多大？"——就在这道题预期的目标达到之后，有一个孩子把手高高地举起，表现出非说不可的"急切"！他说："我发现面积'7 乘 1 等于 7'和'2 乘 6 等于 12'之间相差 5，12 和'5 乘 3 等于 15'之间相差 3，'4 乘 4 等于 16'后面相差 1，正好每次减 2！"。"是吗？老师真没考虑过这个问题！"——这确实让我很意外，我根本就没想过这是不是一个规律！

面积差所呈现的数据到底是不是存在着一个普遍的规律？我很疑惑！我就此问题请教丁博士。有趣的是他没有直接告诉我答案，而是以这个问题为话题"拽"进来了一个"重量级人物"——学校主抓教学的谭静校长来一起讨论。由于我迫切想知道"规律是什么"，谭校长给了个思路：设函数来解决。可我没能很好地理解谭校长的意思，自己回到办公室想了半天，还是不明白！后来我又问身边的同事，大家好像都没有发现"这是个问题"，在同事们那里我也没有得到答案！

两节课后，我被谭校长叫到了办公室。在谭校长的办公室我又见到了丁博士，谭校长和丁博士看上去都很开心的样子，我想可能有答案了！事实上，他们感兴趣的不是这个问题的答案是什么，他们在策划一些比"答案"更重要的事情！虽然我想要的答案没有直接得到，但我将参与这些"重要"事情，成为其中的一个成员，要进行一些真正意义上的研究。这让我很激动！在激动的同时，内心却很犯难：我一直期望自己能像学校倡导的那样——"在教学中研究，在研究中教学"，可行动起来总是有很多实际的困难，比如，不知道研究什么，更不知道怎么研究等。实际上在参与谭校长和丁博士的讨论时，由于我本人学识背景和理论水平与他们的差距太大，他们的谈话有很多我都听不懂！什么"线性规划"、什么"课程论"……

想要不至于有太多的"不懂"，想要和真正从事研究的这些专业人士进行对话，必须尽快地有针对性地学习相关理论——我看只能这样了。让我很意外的是：就在我正着急没途径找相关理论的时候，丁博士针对课上遇到的那个"问题"提供很多关于儿童函数学习的心理学文献，在部分很前沿的文章中，还特意做了细致的批注！这些针对性很强的文章和批注式的"导读"，让我对自己纠结的那个"问题"有了很多不一样的认识，也让我对从事教育研究的丁博士有了一个全新的判断。我觉得他懂我们这些坚守在课堂中的实践者们，他了解我们要做教学研究存在的真正困难！他的这种"雪中送炭"方式我很喜欢，让我对自己，对我们一起进行研究有了信心，也满怀期待！

在对大量有针对性的文献学习之后，我们就"面积差所呈现的数据是不是存在着一个普遍的规律？"这一问题展开了更深入的研究。当时正值学校要举行"教学节"——老师们要准备一节展示课，在学校规定的某一天展示给学校请来的研究小学教育的专家、教研员、兄弟学校领导等校外人士。对于老师，这是一次提升的机会，我们会花相对来说比较长的时间准备这节课。我原本在准备一节其它内容的展示课，当我对丁博士提供的资料进行学习后，觉得从"函数"的角度去挖掘"面积差所呈现的数据是不是存在着一个普遍的规律？"这道题，将有非同一般的意义。因此，我决定以这道题为切入点来渗透函数的思想，并以此来设计一节展示课，我放弃了已经准备了很久的那节展示课，准备开始新的尝试。当时，离教学节已经很近，我的时间很紧，敢于放弃原来设计好的课，有两个原因：其一，通过对很多文献的学习让我对所教学的知识有了一种全新的认识，这种认识远远高于之前的认识水平；这种认识也让我对自己的课有一个更高的期待；其二，丁博士愿意和我们一起研究这节课，我很想看看真正从事研究的专家是怎样研究一节具体的课的，我认为这是我教师职业身涯中一个难能可贵的成长机会，也一定会对我的职业成长产生非同一般的影响。

接下来的几天内，我们对我要展示的这节课进行了反复的研讨。整个研究过程中给我感受最深刻的是对知识点的背景分析——对知识背景的深度挖掘，让我本人对一节课的价值、对教师的价值与一个学科的价值都有了新的定位；如果每节课都能按着这样的方式做设计前的知识背景的挖掘，我们相信对于一节课是可以有更高追求的。后来丁博士将这个过程提炼成一种我们能读懂的理论——学科加工，即"与其母学科相比，一节课要处理的知识点，总是对应于某些主题、服务于某些目标。教师在教学设计过程中，试图恢复教学内容与其母学科之间的联系。"丁老师说："一个善于做学科加工的教师，在思考教学问题时，始终具有独到的学科眼光。每一节课的教学，都有较为明确的学科定位。"这节课最后的亮点也确实在于这节课的"独到的学科眼光"——这节课的内容设计和放在"函数"这样的大背景下探究课的价值的观点，以及在探索"有没有最小面积"的课堂具体环节中所渗透的"极限思想"都得到了专家的认可！参与听课的专家说："这节课一看就知道背后有高人指点"！

一节课会因为"有高人指点"，而有了一个明显的高度，这个高度应归功于与丁博士这位高人指点下的"学科加工"。紧接着，我们用同样的方式对"生活中的负数"这一在小学生理解起来较为抽象的内容进行了"学科加工"，收效依旧很好。经历两次课例研究的过程使我受益不小。我很快将感受到的一些做法在日常教学中进行了尝试，自我感觉教学水平较之前有很大的提升，我想带给学生的影响也会更加的深远吧。

和丁博士一起研究课例的过程在校内很受大家关注，总会有同事跟我开玩笑："锦玉，丁博士说话你能听懂吗？"、"锦玉，快给我们说说博士是怎么给你备课的！"、"锦玉，不错呀，最近说话都一套一套的，博士还真能把你给培养成专家教师啊！"……我想这些关注能表达一些普通老师渴望发展又迫于没找到发展路径的复杂心情。

回顾自己和丁博士一起研究课例的过程，再比较通常的教学研究，我认为有以下两方面给我感触很深：一、研究团队中有丁老师这样的真正从事教育研究的成员，他会以更专业的研究方式引领团队，让我们的研究过程本身更科学；二、一线老师们的一些感受能很快找到理论支持，让我们的研究总能在正确的理论导引之下，这样会让老师们更自信，更有研究的信心。

曾经就"普通的小学教师和大学教育研究者一起研究课例"这一话题和一些非教育人士进行过讨论，其中持否定态度者居多，这让我很恼火，同时也让我对这件事本身的价值有了更深刻的认识："普通的小学教师和大学教育研究者一起研究课例"这样的方式，可能真会成为能快速培养出更多教师教育家的路径。

大夏书系·全国中小学班主任培训用书

不拘一格做老班

钱碧玉——

著

华东师范大学出版社

ECNUP

全国百佳图书出版单位

·上海·

目 录

序一　享受"不拘一格"　001

序二　不拘一格，自然独具魅力　007

————

第一辑
匠心独运，让开学第一课成为魅力课堂
————

◎　彼此喜欢，喜欢彼此　003

◎　点名游戏　006

◎　做聪明的"一休哥"　008

◎　你最珍贵　011

◎　种下三颗优质的种子　015

◎　年味课堂　019

◎　从"新"开始，让"心"飞翔　023

第二辑
人文管理，创建有温度的班集体

◎ 今天，我们喜相逢 029

◎ 以生为本，打造班级成长共同体 035

◎ 创建有序有爱的班集体 042

◎ 班委干部炼成记 047

◎ 不让一个孩子向隅而泣 050

◎ 向我们班看齐！ 054

◎ 仪式感，让美好成为共同的记忆 059

第三辑

智慧施教，绽放学生的个性色彩

◎ 你不是最弱小的！　071

◎ 孩子，你可以慢慢来……　076

◎ 你是你，是不一样的烟火　080

◎ 我是你的力量　083

◎ 小花，也楚楚动人　088

◎ 用一颗心温暖另一颗心　092

◎ 孩子，你飞得累不累？　095

◎ 做自己的英雄　100

◎ 有缘遇见你　103

◎ 细节中的柔软　107

◎ 给生命一个助跑的过程　110

第四辑

人格感召，开启师生心灵密码

◎ 靠着我　115

◎ 不做一本正经的老师　117

◎ 小张老师和钱同学　122

◎ 巧妙的"QQ"组合　126

◎ 岁月很美，您亦很美　130

◎ 我喜欢喊他——小胖　134

◎ 成为美好，成就美好　139

◎ 什么都比不了孩子给予我的那份纯粹　145

第五辑

不拘一格，开展多元立体化的班级活动

◎ 让歌声唱响在春天里　155

◎ 教育的诗意和远方　160

◎ 节日不变味　165

◎ 敞开教室做教育　169

◎ 让学生站在前排　175

◎ "废旧"变"惊艳"：来一场创意时装秀　180

◎ 创意节日快乐多　183

◎ 温暖和百感交集的旅程　188

第六辑

不吼不怒，巧妙应对"不乖"的学生

◎ 带着微笑，一路向前　195

◎ 温柔而坚定　198

◎ 爱的教育　201

◎ 你的心，我最懂　204

◎ 谁的试卷？　208

◎ 这个任务，交给你　211

◎ 遇上"优点零"的孩子　214

◎ 护心之心　220

◎ 我喜欢你有个性的样子　225

◎ 感谢你们的"不乖"　230

序一 》》》
享受"不拘一格"

张万祥

　　《不拘一格做老班》是一本积累素材十余年，边写作边修改，几易其稿写就的书。作为作者钱碧玉的师父，我数次审阅了她的书稿，提出修改建议，并为其写了序。我满怀信心，相信大夏书系一定会毫不犹豫地接纳。但是，大夏书系编辑部杨坤主任又一次提出中肯的修改意见，包括书名。钱碧玉又一次用半年时间进行大幅度修改，现在终于要与大家见面了，真是"千呼万唤始出来"。我之所以简述这个艰辛的写作、修改、出版的过程，就是想说明，"宝剑锋从磨砺出"，出版一本像样的作品是要经受"九九八十一难"的；也说明我们师徒团队的老朋友——大夏书系对我们的厚爱，对出版的每一本书都是精雕细刻的。

　　"不拘一格"就是不断创新，不墨守成规。创新是班主任工作的灵魂。我一向主张班主任工作要创新，我的第一本书就是《班主任工作创新艺术100招》。我认为："很多班主任一向擅长板起面孔，摆出凛凛然的样子，甚至不苟言笑，不怒而威。其实，这是'师道尊严'的一种表现形式。岂不知，时代发展到今天，这种做法只能碰壁。教育是心灵的艺术，班主任要想切实走进青少年的心灵，就必须淡化教育者的形象，给受教育者以更多的尊重、信任、平等与期待，真正地和受教育者沟通思想感情，切实抛弃以教育者自居的教育意识与教育心态。"我说过："将班主任工作看成简单机械的重复，将鲜活的生命看成毫无个性的产品；只看到'年年岁岁花相似'，看不到'岁岁年年人不同'；对自己的工作只想到量的累积，不追求质的飞跃。

这样的班主任一害己，二害人，早晚会变成家长和学生心目中'不受欢迎的人'。"我还说过："创新是时代的要求，没有创新就没有社会的进步、科学技术的发展及人类的前进；同样，班主任工作如果因循守旧，就会成为落伍者。而且，社会的发展势必产生诸多新的问题、新的挑战。班主任工作如果不创新，就不能帮助青少年解除困惑。如果缺乏创新，班主任工作就失去了吸引力、感召力、说服力、影响力。"而今，不少班主任故步自封，现在还津津有味地采用20世纪的德育方法、德育资料。我们不能只是"复制"老观念，不能总是"粘贴"老方法，不能一味地"链接"老资料。优秀班主任绝不会满足于吃老本，他们认识到生活是丰富多彩的，青少年的内心是丰富多彩的，人类创造的知识是丰富多彩的，思想教育也应该是丰富多彩的，只有在丰富多彩上做好文章，思想教育才能富有魅力，才能产生实效。

《不拘一格做老班》就是实践创新的硕果，书中"不拘一格"的例子俯拾皆是：《做聪明的"一休哥"》《孩子，你飞得累不累？》《做自己的英雄》《不做一本正经的老师》《"废旧"变"惊艳"：来一场创意时装秀》《创意节日快乐多》《遇上"优点零"的孩子》《感谢你们的"不乖"》……这些充满悬念的小标题吸引读者去读那些"不拘一格"的教育故事。

开学第一课是重头戏，每年央视都要举办活动。让我们看看钱碧玉是怎样做到"不拘一格"的。

第一招：引学生观看她的照片。照片中的她在海边，在湖畔，在竹林中，在樱花丛中，在落日余晖下；在苏州平江路，在天津五大道，在北海银滩……美的姿态，美的神情，美的身影，美的每一个瞬间都淋漓尽致地被摄影师捕捉。孩子们凝神注目，看得专注极了。——让学生在开学第一天，轻松认识"老班"。

第二招：请学生吃棒棒糖。她说："开学第一天，开学第一课，我们的课堂作业就是品尝棒棒糖。"教室里一片哗然，一片惊喜。开学第一天，是喜悦，是甜蜜，是快乐，是幸福，是期待，是希望，是祝愿，是真正的师爱。——让孩子们在开学第一天，就享受甜甜蜜蜜和棒棒哒的感觉。

第三招：猜谜语。她让学生猜谜语："左一片，右一片，隔座茅山看不见。""上边毛，下边毛，中间一颗黑葡萄。""红门槛，白城墙，里面睡个红孩儿。""墙内有只桃，墙外看不见，隔墙用耳听，它在怦怦跳。"学生惊喜地发现，四则谜语的谜底组成了一个"聪"字，从而启发学生领悟，上课时做到用"耳"去倾听，用"眼"去注视，用"口"去表达，用"心"去思考，就能成为一个聪明的孩子。——无形中，孩子们就接受了行为规范教育。

第四招：让学生在镜子中看见自己。开学第一课，她两手空空地走进了教室。在孩子们诧异的目光中，她说道："新学期的第一天，钱老师给大家带来了一件宝贝。"一听"宝贝"二字，孩子们顿时来了兴致，一双双眼睛亮了。她继续卖关子："这件宝贝可不是一件一般的宝贝，它是世界上最珍贵、最独特、最与众不同的宝贝。"在孩子猜想无果之后，她让每一个孩子走上讲台观看礼盒中的宝贝——镜子中的自己，然后告诉孩子们："每一个生命都是珍贵的，每一个生命都是这个世界的唯一！对于你的父母来讲，你是他们独一无二的孩子；对于老师来说，你们都是我与众不同的学生。正是由于你们的独一无二、与众不同，才构成了我们班级的多姿多彩。你很重要！你们都很重要！希望你们无比重要地生活着，爱自己，做自己，成为独一无二、与众不同的自己！"——在无声无息中教育孩子们珍爱生命，快乐自信。

第五招："聊课"种下三颗优质的种子。开学第一课的内容，钱老师从不刻意绞尽脑汁，往往心随所动。随心、随意、自然的方式，那就是跟学生聊天，她将这种聊天式的上课称为"聊课"。看似随意、实则刻意的"聊课"，在不知不觉中将学生引入了设定的教育情境之中，化枯燥为有趣，化深奥为浅显。最后，钱老师在黑板上写了三个词：想念、美、幸福。她说："这些词非常美好，值得我们一辈子用心灵去感悟和体验。今天是开学第一课，我将它们送给你们，希望你们开启新学期美的幸福的旅程。"师生之间就像朋友一样，敞开心扉，尽情表达，产生心灵的碰撞和情感的交流，教育的过程轻松愉悦，教育的目的也就顺理成章、水到渠成地达成了。——这是富有智慧的无痕教育。

第六招：一字开花。新学期开学，钱老师让学生用"新"字组词。孩子们组了很多的词语："新年、崭新、新鲜、新奇、新颖……"她说道："新老师，新同学，新环境。"孩子们一下明白了老班的用意，纷纷接龙："新学校，新班级，新教室。""新学期，新起点，新希望。""新面貌，新目标，新进步。""新生活，新篇章，新天地。""新开端，新台阶，新挑战。"……这些"新"打开学生的新思路、新期盼。

掌声中，她再次说道："新的学期，新的开始，但要想真正拥有新的希望，光靠憧憬、祈愿、祝福还是不够的。从'新'开始，用'心'飞翔，我们才能到达理想的彼岸。"转身，她在黑板上写了一个"心"字，"心"字周围，又画上了一对对翅膀："孩子们，想想看，我们的智慧背囊中装着哪几颗心，才能助我们梦想成真呢？"接着，学生找出"自信心""感恩心""责任心""进取心""恒心""爱心""决心""耐心""专心""静心"……钱老师还补上了最重要的一颗心——"开心"，并且语重心长地教育孩子们："我们要使劲儿让自己开心，认认真真过好每一天。记住，微笑的你最美，健康的你最好！希望你们每一天都开开心心，健健康康！"

……

一个班级，几十个学生，每天会发生许许多多大大小小的事情，如果都是千篇一律去处理，那么问题不能得到切实的解决，学生得不到真正的警示。如果我们都像钱碧玉老师这样"不拘一格"，坚持在班主任工作中的每一件事情上都创出新意，班级日常工作就会产生魅力。班主任如果从某个点、某些点去"不拘一格"，然后将之变成自己的优势，再推而广之，就能成为班主任工作的创新专家。

"不拘一格"，才会激起工作的激情，克服职业倦怠感；"不拘一格"，才会产生德育的魅力、吸引力。让我们都像钱碧玉老师一样"不拘一格做老班"，体会班主任工作的魅力。

钱碧玉是一位普普通通的班主任，但也是一位富有才华的班主任。

我赞赏她卓越的文笔——钱碧玉是江南女子，天生就有丰富的情愫，丰富的感情，有一种悟性与一股灵气。多年的捧卷读书提升了她高雅的素质，经年的笔耕不辍形成了她浓郁的文采，这一切都凝聚于班主任工作中，奉献给一届届的孩子们。所以这本书中的很多章节诗意浓郁，拿起来便可以朗诵。如果配上音乐，更可以让人如醉如痴，流连忘返。

我赞叹她的教育思想——我认为一本好书，不仅要有血有肉，而且要有筋有骨。有血有肉，才会风姿绰约、神采飞扬、楚楚动人、顾盼生辉，吸引读者的眼光；有筋有骨，就是不能徒有漂亮的外表，还应该有挺拔的、巍峨的、刚强的、柔韧的精神，这样才能灵动，震撼读者的心灵，给人以感悟、启迪。一个个荡气回肠的教育故事就是这本书的血肉。而对教育、对德育的认识、理解、感悟就是这本书的筋骨。

她的教育理想——"我希冀我的孩子有健康的体魄，有健全的人格，有美好的情感，有幸福的人生；我希冀我的教育温润如玉，柔情似水，随风潜入，润物无声。""感谢教育路上遇见的那些活泼可爱、调皮好动、经常闯祸、经常犯错、惹是生非的孩子，你们是原汁原味、纯天然的好孩子！是你们的'不乖'，是你们如水一般的载歌载舞，让我日臻完美。"

她的教育追求——"遇见孩子是最好的缘分，守望孩子是最深的幸福；我相信，每一棵草都会开花，另起一行，每一个孩子都是'第一'；我相信，每一个孩子都有属于自己的一座天堂，每一个孩子都在向着明亮那方生长；我相信，教育是一件浪漫、诗意、快乐、幸福的事情；我相信，一个老师给予的种种美好，会深深浸入学生的骨髓、血液、心灵……我愿意用慈爱的双手，温柔的眼神呵护心灵，让所有生命都幸福；我愿意以一棵草的从容姿态，为孩子们的心灵世界装点一抹春绿；我愿意是和煦的春风，放飞理想的风筝；我愿意成为擦星星的人，擦亮每一颗蒙尘的星星……"

我称颂她的教育理念——把自己带的班级建设成什么样的集体，把自己带的学生培养成什么样的人，每一位班主任都要深刻思考，必须有教育理念作支撑。她对教育的理解："作为教师，我觉得教育的最大意义和终极目标在于培养人，培养终身快乐和幸福的人，塑造健全的人格，提升心灵的高洁，彰显人性的光辉。因此，作为老师，理当让孩子因我的存在感到幸福，理当让他们的幸福人生从我的手中开始。这是我应尽的义务，更是我不可推卸的责任。"她对班主任角色的理解："和孩子们在一起的时候，我很少顾及自己为人师的地位，从不在意自己的师者形象，也不去费劲琢磨如何建立一个老师的威严。我喜欢亮出生活中真我的风采，完完全全地将外表和内在呈现在孩子们面前，不雕琢，不掩饰，不做圣人，袒露我的真性情，流露我的真表情，很本真地和孩子们在一起，真实相处，真诚相待。或许就是因为这样的'真'，带着点孩子气，甚至还有一些傻气，让我更接地气，更有亲和力，更招孩子们喜欢。"

我赞同她的教育感悟——她是柔弱的，却有水滴石穿的力量。这种力量来自她对教育的痴迷，来自她对孩子们的挚爱，来自她的人格魅力，来自她的工作艺术，来自她的渊博学识……在她的眼里没有"差生"，只有富有个性的孩子；在她的手里没有差班，任何班级都会风生水起。她对班主任工作的感悟至深。

我钦佩她的健康的心理素质——教师工作繁忙琐碎，千头万绪，班主任更是日理万机，责任和负担分外重。很多教师视班主任岗位为畏途，即使当班主任也往往是被迫的，整天战战兢兢、如履薄冰，而钱碧玉每天快快乐乐、开开心心，日子过得行云流水、活色生香，工作得心应手、风生水起，越来越滋润。有朋友问她原因，她回答道："享受。"说得太好了！热爱班主任工作的最高境界，是享受教育，享受孩子们生命成长的快乐。这种精神上的享受比物质上的享受更容易让人快乐，更能够让人体会教育的真谛。

让我们享受"不拘一格"，运用"不拘一格"，不断在工作中"不拘一格"！

（张万祥　德育特级教师，享受国务院政府特殊津贴专家）

序二 >>>
不拘一格，自然独具魅力

郑学志

看到这本书稿，我又想起钱碧玉老师那治愈的笑容，温暖、幸福、干净，纯粹得像五月碧蓝的天空和夏天深蓝的海洋。这和她做班主任的风格是一样的，不拘一格，率性纯真，不露痕迹，浑然天成。

"不拘一格做老班"，这个书名很适合她，也很适合她的做法。

她对班主任工作有着不拘一格的喜欢

喜欢就喜欢，没有任何理由和借口，也不需要任何条件和激励。钱碧玉老师天生就是做好老师的料子，给她一个班，让她自由发挥就够了。她爱学生，爱当班主任，珍惜和学生在一起的点点滴滴，这些就是她生命中的根。孩子们用她的相片做一个小视频，一小点灵感就让她高兴得惊为天人！哪怕她被孩子们误认为同伴，借用她的肩膀靠一靠，她也甘之如饴地贡献出自己的肩背。"刚才已经惊跑了一只害羞的小鸟，实在不忍心再打破另一个孩子美丽的梦境。"这不是一般的喜欢，是融进骨子里对孩子满怀的呵护、宠溺和喜爱。

"喜欢"是做班主任的一种境界，也是一位杰出班主任必备的优秀品质。因为喜欢，所有学生带来的麻烦，在她看来都是人生一次难得的机遇，孩子身上所发生的问题，对她都是一次智慧的挑战；因为喜欢，她会把普通的一间教室经营成童话城堡，城堡里的女孩子有自己的女生节，男孩子有自己的男生节，男生女生还有自己的伙伴节，她把教育生活过成节日一样快乐，每个孩子都是一件精美的艺术品；因为喜欢，她对顽皮捣蛋的孩子的教育就不是那种正襟危坐、中规中矩（其实是毫无作用）的说教，而是那种不拘一格、符合孩子们的审美需求又有效果的小惊喜行动；哪怕"优点零"的学生捣蛋，她也认定孩子是喜欢她，所以才和老师"闹着玩"，她经常"带着一颗欢喜心去学校，生活当真是一件赏心悦目的事情"。

孩子们也特别"喜欢"着她的"喜欢"。她的班级群叫"钱氏集团"，她就是孩子们的钱总——钱老师总是微笑，总是喜欢，总是爱，所以叫"钱总"。为了爱钱总，"体育弱班"在篮球赛中居然得了全校第二，孩子们的动力就是"为了能够看到您的回眸一笑，我们必须全力以赴！"好多孩子，晚上要抱着钱老师的照片睡觉……

艺术家和匠人的最大区别，就在于喜欢。

她具有不拘一格做班主任的心态

一千个人读《哈姆雷特》，会读出一千个哈姆雷特来。做班主任也是这样，尽管教育有法，但是也教无定法，一千个班主任应该有一千种做法。遗憾的是，在实际工作中，很多班主任都被表格、考核、指标弄得焦头烂额，美好的班主任工作被做成人人不想干、千篇一律的痛苦工作。好些学校找一个人来做班主任，比在沙子里找珍珠还难，因为珍珠会闪着光让您发现，而那些做班主任的人会躲着您。

在这种背景下，钱碧玉老师不拘一格做班主任的心态就显得尤其珍贵。学校有这样那样的条条框框约束班主任，也会有这样那样的评估和考核，但是钱碧玉老师并没有因为这些限制而放不开手脚。相反，她会以不拘一格的眼光和思维，在常规工作中开辟一片属于自己的快乐天空。尤其是在遭到同事告状，说自己的班级不如别的班、孩子们自卑的时候，钱碧玉老师不拘一格的做法真叫人拍案惊奇！

她没有像我们常见的班主任那样，到班里将同学们呵斥一顿，而是带领同学们一起赏析任课老师们的"批评艺术"。在孩子们很难受地说出老师是"运用对比的手法，更加鲜明地强调突出别的班级的好、我们班的差"时，钱老师巧妙地反问："我们（4）班真的如老师们口中所说的那般差吗？"然后引导孩子们看到自己的优势，鼓励孩子们由"向别的班级看齐"变成"向我们班看齐"，从正面建设上解决问题，差班很快就变成每个任课老师都喜欢的好班。

不拘一格的心态，其实就是回归教育的本质，用真性情、真想法、真情感去教育学生。少了很多条条框框，少了所谓师道尊严，多一份对孩子们的理解、欣赏和鼓励，孩子们自然努力。这也就是好些"差生"，到了钱老师班上之后脱胎换骨的原因。

"有时去治愈，常常去帮助，总是去安慰。"美国医生特鲁多的这句名言，是钱碧玉老师的信仰，也是她不拘一格好心态的重要原因。我们不要对自己过于苛求，能够"偶尔"去治愈学生和自己，能够"经常"去帮助他人，"总是"能够去安慰他人，我想，每位老师都将是一位受学生喜欢的好老师！

她书中有众多不拘一格的灵感

我常常惊讶钱碧玉的脑袋里怎么有那么多灵感。一般老师组织学生夸夸别人，钱碧玉老师组织学生自己夸自己：人手一本"熠熠生辉点赞本"，各种各样的表情贴、奖励贴往上砸，有可爱的笑脸、闪闪的星星、棒棒的大拇指，还有爱心、小葵花、奖杯等，放学前，孩子们"每天一自评"，笑盈盈、喜滋滋地为自己点赞。这做法真是绝了。靠别人点赞不是自信，自己认可自己才是自信！

她的班干部选拔，居然要过五关斩六将。哪五关？第一关——居然是"材料关"，仔细阅读，还真有道理——竞选海报做得好，特长、经历、座右铭，没两把刷子还真做不了。还有面试关、考察关、任用关、考核关，流程之严谨堪比组织部门任用干部！

学生对"您真棒""你真厉害"这样的赞美已经免疫，日常管理如何激发学生持续不断的积极性呢？碧玉老师不仅开辟了众多意想不到的奖励名称，什么"最具潜力奖""最给力奖""人气旺旺奖""最善良奖"，而且还有各种各样的个性化奖励命名，如"学习小达人""知识小博士""艺术小明星""班队小主人""环保小卫士""未来小作家"……完全是孩子们梦想中的称呼！至于奖品那就更加意外了，"奖励和好朋友同桌一周""奖励晨诵领读一次""奖励与老师拥抱一下""奖励和老师共进午餐""奖励做升旗手一次"……是孩子们的灵感，也是老师的灵感。阅读这样的教育叙事，您会感觉到灵感的喷涌，感觉到激情的燃烧。

倘若点子只有丰富，我觉得离灵感还远。灵感应该带有灵气，让人感觉意外、惊喜。从这个意义上说，钱碧玉的点子确实配得上"灵感"两个字。你们学校评过"三好学生"吗？评过。可是，你们班一定很难得去评"二好学生""一好学生"。钱老师班上评了！她说："'三好学生'值得表彰，值得我们学习，但是那些'二好学生''一好学生'，同样在努力，在进步，在成长，在成为最好的自己。能够坚持做最好的自己，这样的孩子同样值得表彰，值得奖励。"您有没有豁然开朗的感觉？对，这就叫灵感来敲我们的门了。

阅读是什么？阅读就是借助别人的灵感启迪自己的思维。一本好书的价值，就是能够在我们陷入"山重水复疑无路"的时候，一翻书，马上有"柳暗花明又一村"的惊喜。"偶尔有发现，经常被点燃，总是被启发"，我想，这就是一个有灵感的老师带给我的感受。

她不拘一格的做法极具吸引力

有想法，还要有做法，这样的灵感才有实际意义。在这一点上，我特别欣赏钱碧玉老师。我曾经在很多地方说过，钱碧玉老师的书具有"治愈能力"，不管是她的《正思维、正能量和正教育》，还是当下正在出版的这本书，都具有这方面的效果。她的治愈力，源于她不拘一格的做法，源于这些做法背后的那种人文、那种温暖、那种爱。

和学生撞衫了，一般老师会觉得尴尬，尤其是对于追求美、追求时尚的女老师来说，更是一种掉价。但是碧玉不，她不仅觉得惊喜，还邀请学生一起拍照留念。于是，在钱老师的策划下，一场"摄影秀"开始了。她和学生坐到一起，成为了同桌。她们摆着各种造型，一会儿托着下巴，一会儿深情对视，一会儿比心，成功实现了"同款又同框"。在她们的身后、周围，自然挤满了前来抢镜的孩子。这样化解撞衫尴尬，您是不是觉得很清新、很意外？

老师上课迟到，虽然罕见，但总意外地有一两次吧。最关键的是顽皮的学生抓住机会，大呼小叫地在教室里嚷嚷："钱碧玉，钱碧玉呢，钱碧玉去哪儿了？"钱老师听到后，张口就应答："来了来了，钱碧玉来了！"想象一下，大家是不是觉得特别搞笑？是不是比虎着脸训孩子们一顿更有意思？更何况，精彩的地方还在后面，在孩子们一阵哄堂大笑之后，钱老师很认真地看着他们说："没错呀，我的名字不就叫钱碧玉吗？"孩子们笑得更厉害了。于是，她利用"说名道姓"这一事件为契机，组织学生来一次对名字的理解，体会父母取名的艺术，教室里立马掌声四起。用她自己的话说："临时起意、随机应变、即时生成的一节课有意思极了。"

这样不拘一格的做法，书中有很多。在她的班上，学生会叫她"钱同学"，她呢，则叫学生为"小张老师"。她经常和学生互换身份，学生很开心，经常有事没事来找老师，围着老师转悠，"钱同学""小张老师"，喊得可亲昵了。不仅如此，钱老师还常常拜学生为师，一句"小徐师父，你可愿意收我为徒？"，听得学生合不拢嘴，小家伙高兴得每天都像吃了蜜一般。

好老师都不太像老师，更像孩子的同伴、朋友和亲人。钱碧玉老师不拘一格的做法，其实是从孩子内心的需求出发，把最需要的教育给他们。什么是好的教育？我想，钱老师这些不拘一格的做法就是好的教育！

最后，我想说的是，钱碧玉老师这些不拘一格的做法，带来了不同一般的关系，形成了不同一般的教育魅力。这些年流行一种说法："关系大于教育。"当师生关系好了，教育也更容易发生。这句话符合教育规律，也适合我表达对钱碧玉老师书稿阅读的感受。

碧玉老师和学生的关系，不是那种一般的好。她惦记着学生，知道班上的学生谁喜欢吃巧克力，谁喜欢吃大黄鱼；学生也惦记着她，看到花鸟市场上有一种植物叫"碧玉"，想尽办法买回来送给老师，还嘱咐老师"一定要好好养着它哦！"她经常给学生"不二家的棒棒糖"作为奖励，学生也经常花言巧语哄着她："钱老师，我们天天想着你，天天喜欢你，天天爱着你！""钱老师，我爱您，来自心脏，不是口腔。"甚至还从地摊上找来"好老师证"，给钱老师以衷心的赞美。

"师生缘，妙不可言！"这是钱老师的切身感受，也是孩子们的切身感受。学生就用写着这句话的卡片，将钱老师征服。读着书中关于这些师生美好关系的描述，我的心被柔化、被滋润，以至于逐渐滋长出一种信仰——好的关系一定会诞生好的教育。在这种背景下，学生犯错了，钱老师只要"不说话、不微笑、不理会"，就能够唤醒那些迷途的孩子努力改正，无须批评，无须指责。当孩子们改正错误，钱老师"对着孩子们绽开笑颜的那一刹那，孩子们欢呼雀跃，仿佛世界在这一刻亮了"。

我欣赏钱老师和学生这种亲密关系，也由衷地向往。无聊的假期，她是孩子入睡的安眠药；孩子孤单了，想老师了，就会把老师的书枕上枕头，还盖上被子，孩子说"这样就好像钱老师陪我一起入梦"。她想起孩子，"会有微妙独特的情感产生"，孩子们想起她，"心中就盛开了片片桃花"……天真无邪的孩子，用桃花来喻比老师，真是最美丽、最感人的联想。在中国，对一个老师最好的赞美，就是用"桃李遍天下"来形容。"桃李三千承雨露""桃李不言，下自成蹊"，这美好的句子，用在碧玉和孩子们身上，真的是再恰当不过了。

读一本好书，不仅仅是一段温暖的时光，还是一次灵魂的旅行。谢谢钱碧玉老师，用自己不拘一格做班主任的故事，让我们领会了一段旖旎的教育风光，开启了教育智慧的分享之旅。真心觉得，做老师，真好！

2021 年 5 月 6 日

（郑学志　郑州市创新实验学校中学执行校长，郑州市郑中国际学校总校德育校长，全国知名教育工作者）

第一辑

匠心独运，
让开学第一课成为魅力课堂

让每一个站在新学期入口的孩子，带着无限的憧憬和梦想，奔向新学期……

彼此喜欢，喜欢彼此

新学期，钱老师要努力做一个好老师，你们也要努力做好学生。让我们一起做最好的自己，彼此喜欢，喜欢彼此！

接手一个新班级，班主任首先要考虑的就是如何在新生面前"亮相"。"相"亮得好坏，直接影响班主任在孩子心目中的形象，关系到孩子在心理上是否愿意认可、接受你，对今后班主任的工作将产生重要影响。

又是一年开学时。

站在讲台前，我面带微笑，说："孩子们，今天是开学第一课。在这节课上，我们将很隆重地来认识一个人。她是谁呢？请看大屏幕。"

我手指一点，美妙悦耳的音乐便像叮咚的清泉一路欢快跳跃，在教室里流淌开来。大屏幕上，闪现着一张又一张我的各种照片，颗颗红色的爱心像调皮的小气泡不断地在屏幕上跳动着，画面甜蜜、温馨。

照片中的我在海边，在湖畔，在竹林中，在樱花丛中，在落日余晖下；或莞尔，或回眸，或眺望，或凝眉，或低首……每一个美的瞬间都淋漓尽致地被摄影师捕捉。孩子们凝神注目，看得专注极了。

大屏幕上播放的这个名为"love you 钱老师"的视频，是曾经的学生挑选了我的一些照片制作而成的。那个学生在 5 月 20 日那一天，作为爱的礼物送给了我。3 分钟的视频播放结束，孩子们叹为观止，意犹未尽。

我笑眯眯地问："孩子们，她是谁？"

"钱老师！"孩子们异口同声。

"你们喜欢视频里的钱老师吗？"

"喜欢！"又是异口同声。

"为什么呢？"我依然笑眯眯的。

孩子们不假思索，脱口而出：

"视频中的钱老师笑容灿烂，非常美丽。"

"视频中的钱老师像一个小孩子一样，童心未泯，对每一件事物都怀着好奇心，看什么景物都那么开心。"

"钱老师很爱美，很爱笑，很爱拍照，你穿的每一件衣服都很漂亮。"

"在钱老师的眼中，每一件事物都很美，你很喜欢它们，而且你很享受它们，很热爱它们。"

……

我说："现在，视频中的钱老师站在了你们的面前。本学期，钱老师将担任你们的班主任兼语文老师，你希望她是一个怎样的老师？"

"我希望钱老师能公正公平地对待我们，不因为女生乖巧、男生调皮而总是表扬女生、批评男生。"一个小男生直言不讳。

哈哈，我笑了："OK，没问题。男孩子们等着啊，本学期，钱老师将还你们一个公道。"

"希望钱老师每天上课都能像今天一样，很轻松，很放松，让我们不过度紧张，感觉不到上课时间的漫长。"

"希望钱老师每天上课都笑容满面，不要太严肃、太严厉。"

"希望钱老师能多开展班级活动，让我们在游戏中学习知识。"

"希望钱老师总是这样温柔可亲、温文尔雅，对我们客客气气。"

……

"孩子们，谢谢你们给我提了这么多宝贵的建议，其实这些也是钱老师新学期努力的目标。相信钱老师，我一定会努力成为你们喜欢的模样，成为你们喜欢的老师。"

话锋一转，我接着说："新学期开学，相信你对自己也有新的要求。作为学生，你对自己有哪些要求呢？"

"我希望自己能专心听课，不东张西望。"

"我希望自己能按时完成作业，做到今日事今日毕。"

"我希望能和钱老师成为好朋友。"

"我希望能和同学们友好相处，收获更多的友谊。"

"我希望能多关心集体，为班级出力。"

"我希望新学期不挑食，不偏食，身体长得棒棒的。"

……

我赞许道："新学期，每一个人都有美好的憧憬和向往，让我们将这些约定牢记在心，努力用行动去实现！来，孩子们，伸出你们的小手指，让我们互相拉钩。"

孩子们可兴奋了，一个个伸出小手指，互相拉钩，嘴里喊着："拉钩，上吊，一百年不许变！"阵阵笑声在教室里回荡。

"孩子们，你们猜一猜，这个视频是谁制作的？"

"钱老师，是你先生制作的！"有个孩子大喊。教室里顿时笑开了。

"我发现视频中一直在显示一行字幕：'钱老师，5201314，么么哒！'那这个视频肯定是你先生为你制作的了。"

"你的眼睛很明亮，想象也很合理。可是——恭喜你，答错了！"教室里又是一阵大笑。

终于有个孩子举起了手："钱老师，我觉得这个视频是你的学生为你制作的。"

我竖起了大拇指："完全正确！请问你是怎么想到的呢？"

"钱老师，我觉得你是一个好老师，好老师一定会教出好学生，好学生为了表达自己的感恩之心，就在'520'这一天制作了这个视频，作为礼物送给了你。"

接着孩子的话语，我由衷地感慨："是的，这是一份最珍贵的礼物，值得我珍藏一辈子。新学期，钱老师要努力做一个好老师，你们也要努力做好学生。让我们一起做最好的自己，彼此喜欢，喜欢彼此！"

亮一个漂亮的相，亮出的是教师的仪态、风度、涵养、学识，也是教师的育人理念、教育方式以及师生交往态度在学生面前的首次展示。犹如在孩子们面前推开了一扇门，吸引着他们一步一步地喜欢你、走向你、靠近你……

点名游戏

不二家的棒棒糖，只此一家，没有第二家，送给独一无二的棒棒的你！

开学，对学生而言，是一段旅程的开始，是一次充满激情与期盼的出发。用巧妙的方式，为开学注入新鲜感，让学生满怀激动又好奇的情绪，既传递给学生深切的期待和美好的祝福，又激发学生的自信心，让学生感受到开学的不同寻常和意义非凡。

开学第一天，开学第一课，不聊暑假生活，不学新课文，不讲新学期新打算，我只拿一份学生名单，手捧一盒棒棒糖，笑意盈盈地走进教室。

我和孩子们之间是完全陌生的，我们之间的第一次交流就从点名游戏开始。我说："孩子们，开学第一课，我们来玩一个点名的游戏。我按着名单依次点名，你用属于你自己的方式来应答我，越新奇越好，越与众不同越好。"一听到玩游戏，原本端坐着显得有些拘谨的孩子们一下子活跃起来。教室里叽叽喳喳热闹了一会儿，便恢复了平静。孩子们若有所思，在思索着如何应答我。

点名游戏开始！我不急不缓，按着名单依次响亮地喊出每一个孩子的名字。起初，孩子们的回答小心翼翼，很常规性地用"到""在""钱老师您好"来应答。但慢慢地，孩子们的心情放松了，应答的方式开始多种多样起来。有的孩子说："初次见面，请多多关照。""幸会幸会！"也有孩子开始大胆起来，说："钱老师，您真漂亮！""钱老师，I love you！"还有的甚至唱起歌来："我一见你就笑，你那翩翩风采太美妙……"有的孩子不用中文，改成英文应答，如"hi""hello""I am here""nice to meet you"，等等。害羞的女孩子忸怩着，学着古代女子请安的礼仪，轻声道一声："小女子这厢有礼了！""给娘娘请安！"引来阵阵掌声和笑声。调皮的男孩子则是一派英武作风，大喊一声："Yes，Madam！""末将听令！""御前带刀侍卫在此，看谁敢造次！"教室里一阵哄笑，孩子们在笑，我也在乐。有一个儒雅之气的男孩站起来，双手作揖，躬身施礼："臣在！"教室里又是掌声一片，我也禁不住为他的创意回答点赞。更有甚者，学着小动物的叫声，用"喵喵""汪汪""哼哼"来应答我，教室里欢笑声一片。

点名结束，每一个孩子都眉开眼笑。我作总结性发言："一次点名游戏，让我认识了多姿多彩的你们；一个个精彩纷呈的应答，让我领略了你们与众不同的风采。孩子们，你们真的很棒！今天是开学第一天，钱老师要送给你们一件特别的礼物——棒棒糖！不二家的棒棒糖，只此一家，没有第二家，送给独一无二的棒棒的你！"我挨个儿仔细地分发着棒棒糖，每一个孩子都欣喜得合不上嘴，忙不迭地说着"谢谢"，浓浓的笑意由内心焕发到了脸上。有些孩子迫不及待剥开糖纸，细细品尝起来；有些孩子怜惜地抚摩着棒棒糖，舍不得下口；还有些孩子小心地把玩着棒棒糖，仔细地察看，似有所悟。

我说："开学第一天，开学第一课，我们的课堂作业就是品尝棒棒糖。"教室里一片欢呼声。开学第一天品尝棒棒糖的滋味，我没有追问。我知道孩子们都懂。在他们的日记里，在他们以后的文章里，我读到了——开学第一天，是喜悦，是甜蜜，是快乐，是幸福，是期待，是希望，是祝愿，是真正的师爱……

开学第一课，富有创意、激情飞扬、爱意满怀，怎能不激起学生心中的浪花？又怎能不赢得学生的好感和喜爱，走进学生的心灵深处呢？如此，我们的班主任工作怎么会不成功呢？

做聪明的"一休哥"

聪明就是"四合一"。新学期，让我们都做聪明的"一休哥"！

新的学期，从培养好的学习习惯开始。良好的学习习惯，学会如何听课是关键。但我明白，好习惯不是靠严厉说教和硬性规定就能培养起来的，聪明的老师会在寓教于乐和生动有趣的游戏中，让孩子愉快地接受，最终达成目标。

新学期开学，站在讲台前，我笑眯眯地说："孩子们，今天是开学第一课，钱老师要考考大家，上课需要带上四件宝贝，你们知道是哪四件吗？"

"哗"的一下，教室里一下炸开了锅，孩子们七嘴八舌地说开了：文具盒、垫板、语文书、作业本、钢笔……罗列了一大串。我微笑着摇头再摇头。

"啊！那是哪四件宝贝呀？老师，你快告诉我们答案吧！"孩子们瞪圆了眼睛，迫不及待地等待我揭晓答案。

我开始卖关子："这样吧，孩子们，让我们先来猜几个谜语，好吗？"

"好！"一听猜谜语，一双双眼睛霎时明亮有神，闪出光彩来。

孩子们跃跃欲试，我抑扬顿挫道："左一片，右一片，隔座茅山看不见。"

很快，一只只小手举了起来。"是耳朵。"有人欣喜地叫道。

"恭喜你，答对了！"一转身，我在黑板上书写了一个大大的"耳"字。

"上边毛，下边毛，中间一颗黑葡萄。"我说出了第二个谜语。

"这太容易了，是我们的眼睛！"几乎是不假思索，孩子们齐声高喊起来。黑板上的"耳朵"旁多了一双"眼睛"。

我微笑依旧："红门槛，白城墙，里面睡个红孩儿。"

沉思了片刻，有孩子大喊："嘴巴！"于是，一个方方正正的"口"又写在了黑板上。

孩子们个个喜笑颜开，课堂上的气氛显然达到了高潮。我面带微笑报出最后一个谜语："墙内有只桃，墙外看不见，隔墙用耳听，它在怦怦跳。"

"是我们的心脏！"孩子们异口同声。我工工整整地写上了一个"心"字。

"啊，好奇妙哇，四个谜底正好组成了一个'聪'字！"孩子们兴奋不已。

"我们都是聪明的孩子！"有一个男孩子得意洋洋地大喊。

我说："对啊，孩子们，你们都是聪明的孩子！仔细看看这个'聪'字，你发现了什么？"

有一只小手举得最高："老师，我知道了！上课时做到用'耳'去倾听，用'眼'去注视，用'口'去表达，用'心'去思考，就能成为一个聪明的孩子。"

"老师，原来你说的四件'宝贝'就是指眼睛、耳朵、嘴巴和我们的心啊！"孩子们恍然大悟。

我微笑着点头："是的，这四件宝贝缺一不可，只有它们全部到位了，充分地使用起来了，你才能成为一个聪明的孩子。"

孩子们开心地大叫："哇！耳到、眼到、口到、心到，聪明原来就是四合一呀！"

我说："是啊，聪明就是四合一，缺一不可哦！"

有些孩子不好意思了，嘴巴里嘟囔着："我上课时东张西望，那不就是'眼'没到吗？"

"妈妈总说我是个'野耳朵'小孩，原来就是不会倾听的意思啊。"

我说："是啊，要成为一个聪明的孩子，学会倾听是前提。你看，聪明的'聪'字，耳朵占据了一半位置呢。"

"我上课时总是走神，心不在焉……"一个小家伙话还没说完，旁边的同桌就帮他接上话了："那是缺心眼儿！"教室里一下就笑开了，我也笑了。

好有趣的孩子们！

"今天，有一个聪明的孩子来到了我们的课堂，他是谁呢？"

"一休哥！"随着视频中一声清脆糯软的小女孩的喊声，熟悉的音乐声响起，一个熟悉的形象跳入眼帘。孩子们开心得哇哇叫。

"孩子们，新的学期，让我们都做聪明的'一休哥'，轻轻松松做个会专心听课的聪明孩子！"跟着熟悉的旋律，跟着聪明伶俐的小一休，孩子们摇头晃脑，浑身来劲，一边学着一休的招牌式动作，一边大声地唱：

格滴格滴格滴格滴格滴

我们爱你

格滴格滴格滴格滴格滴

聪明伶俐

……

困难重重　困难重重　你毫不介意

爱惜时光　学习知识　你却最努力

同情弱者　不怕邪恶　帮助别人不忘记

……

孩子们唱得好嗨，教室里成了欢乐的海洋。当歌声戛然而止的时候，一个调皮的男孩子忽然冒出来一句："不要着急，不要着急，休息，休息一下！"

"哗啦"一下，孩子们又笑倒了。

因着这"聪明的第一课"，我一下子成了孩子们心目中的"聪明老师"，由衷地受到孩子们的喜欢和欢迎，为班主任工作的顺利开展奠定了基础。"良好的开端，成功的一半"，对班主任而言，又何尝不是如此呢？当我们费尽心思、用心用情上好开学第一课，当有情有趣、有声有色的课堂吸引了孩子们，我们也就赢得了孩子们的好感、信赖与尊重。赢得了孩子的心，我们就赢得了教育的主动权。

你最珍贵

你很重要！你们都很重要！希望你们无比重要地生活着，爱自己，做自己，成为独一无二、与众不同的自己！

"你站在桥上看风景，看风景的人在楼上看你。明月装饰了你的窗子，你装饰了别人的梦。"卞之琳的这首《断章》似乎也蕴含着这样的哲理：当你在仰望他人的同时，说不准你也正是他人眼中的一道风景。

在人生的长河中，我们经常会忽略自身的特质，去追随他人的身影，这不能不说是生命的一个误区。在教育孩子的过程中，我们会经常为孩子设立榜样，却常常忘记告诉孩子你是最珍贵的唯一，你很重要，你这一生最重要的是认识自己，爱自己，做自己。

开学第一课，我两手空空地走进了教室。

在孩子们诧异的目光中，我说道："新学期的第一天，钱老师给大家带来了一件宝贝。"话至此，我故意停了下来。

一听"宝贝"二字，孩子们顿时来了兴致，一双双眼睛亮了。我继续卖关子："这件宝贝可不是一件一般的宝贝，它是世界上最珍贵、最独特、最与众不同的宝贝。"

孩子们更惊讶了，一脸狐疑，禁不住嚷嚷起来："钱老师，到底是什么宝贝呀？快给我们看看吧！"

"好！耐心等着啊。"我笑着，将手伸进了口袋，故意掏啊掏啊，惹得孩子的心直痒痒。

"千呼万唤始出来。"在孩子们急切的盼望中，我终于将"宝贝"托在了掌心。这是一个紫红色的礼盒，首饰盒一般大小，柔软的丝绒面，盒子上斜斜地系着一个同色的蝴蝶结，显得这个礼盒高雅、别致，又透着几丝神秘色彩。

"这个礼盒看起来有点像首饰盒，我猜盒子里装的一定是一颗钻石，钻石应该是很珍贵的东西了吧？"一个小男孩站起来大声说。

我哈哈大笑，说："恭喜你，答错了！"

"不是钻石，那肯定是项链！金项链？珍珠项链？"小男孩一再改口，我连连摇头。

"戒指！钱老师，我知道了，是您先生送给您的结婚戒指！"又一个男孩大声说道。我哈哈大笑，依然摇头。

"钱老师，盒子里装的是您的照片！您的照片就代表独一无二的您！"一个女孩子发话了。

我说："你的推断很有道理，但很遗憾，礼盒里装的不是我的照片。"

"是一块手表吗？""是一支钢笔吗？""是幸运星吗？""是吉祥物吗？"孩子们的答案五花八门，但没有一个孩子说中。

我笑了："下面钱老师就要来为大家揭开谜底啦！在揭开谜底之前，老师有个要求，请每一位上台来欣赏宝贝的同学必须遵守以下规则：只可意会，不可言传。"

我将紫红色的礼盒端端正正地摆放在讲台正中。小朱同学成了第一个观看宝贝的幸运儿。在孩子们羡慕的目光中，小朱一路蹦跳着走上台来。他轻轻捧起了礼盒，然后慢慢地打开。教室里的空气似乎凝固了一样，孩子们一个个屏息凝神，探头张望。呀，小朱看到了什么呢？只见他咧开的笑容一下收敛了，猛然愣住了，一脸吃惊的样子，但随即又咧开嘴笑了，笑得更欢更甜了。小朱开心地瞧向我，我向他做了个"禁声"的手势。他领会了，小心翼翼地将礼盒关闭，放回原位，之后满面笑容地跑了下去。

小朱的神情引起了孩子们更大的好奇心。有些孩子抑制不住，便向小朱"探秘"。小朱只顾坐着，笑而不答，似乎还在回味呢。

班长小祺第二个走上台。只见她慢慢地、慢慢地，开启了礼盒的一角，一丝亮光投射到了她的脸上。她一下就明白了，立马神采飞扬，笑意满满，对着礼盒露出了一个最灿烂的笑容。孩子们看着她美滋滋的模样，心里像有猫爪子挠似的，恨不得都冲上来一看究竟。

小勇同学打开了礼盒，惊喜得瞪大了眼睛，嘴巴张成了"O"形，似乎是不敢相信自己的眼睛，他那呆萌的模样让孩子们笑出了声；雨晨同学手捧着礼盒，爱不释手，忍不住做了个"么么哒"的动作，又引得孩子们哄堂大笑；小盟同学，捧着礼盒，一个劲儿地傻笑，终于没忍住，大喊了一声："耶！"……

一个个孩子满怀兴奋之情走上台来，之后心满意足地坐回座位，每个孩子的脸上都洋溢着激动与自豪。随着孩子们一个挨着一个走上台来观看宝贝，谜底也渐渐"浮出水面"，细心的孩子观察到了礼盒中的宝贝投射出来的反光。但即使如此，每一个孩子依然迫切期待着"一探究竟"。看着孩子们一个个如小雀儿般来回蹦跳着，之后坐在座位上泛着笑意、若有所思的模样，我的心中宽慰无比。

当我站在讲台前，再次捧起礼盒，教室里异常安静，孩子们凝神专注。我说："孩子们，宝贝的谜底已经揭晓……"未等我说完，一些孩子就大喊："是镜子！"但马上，一波更大的声音盖了过来："是我们自己！"

"对！在这个世界上，最珍贵、最独一无二、最与众不同的宝贝，是我们自己！"

接下来，孩子们发自肺腑的感言让我心颤。

"每一个人都是与众不同的，要学会爱自己！"

"相信自己，我能行！"

"做最好的自己！"

"我微笑，镜子中的我也在微笑，所以我要面带微笑迎接每一天！"

"钱老师，我想起了您给我们看的动画片《九色鹿》中的一句话——每一个生命都是珍贵的！"

……

我说："是的，每一个生命都是珍贵的，每一个生命都是这个世界的唯一！对于你的父母来讲，你是他们独一无二的孩子；对于老师来说，你们都是我与众不同的学生。正是由于你们的独一无二、与众不同，才构成了我们班级的多姿多彩。你很重要！你们都很重要！希望你们无比重要地生活着，爱自己，做自己，成为独一无二、与众不同的自己！"

掌声长时间地响着，经久不息。掌声，即为孩子们的心声。

小唐同学在日记中写道："我拿起了礼盒，看到了那份神秘的宝贝。只见一面圆溜溜的镜子躺在礼盒中，镜子里照出了我不可思议的表情。我想，不就是一面普普通通的镜子吗？怎么可能是独一无二的呢？但听了钱老师的话，我便恍然大悟了，也感动极了，差点热泪盈眶。啊，我真喜欢这一节粉红色的开学第一课！"

俗话说得好，人贵有自知之明。在古希腊一座智慧神庙的大门上，也写着一句箴言："认识你自己。"意思是说，一个人能正确认识自己是难能可贵的。大哲学家苏格拉底临终前有一个不小的遗憾，他多年的得力助手居然在半年的时间里没能给他找到一个最优秀的关门弟子。助手非常惭愧，泪流满面地坐在床边沉重地说："我真对不起您，让您失望了。"苏格拉底说："失望的是我，对不起的却是你自己。其实，每个人都是最优秀的，差别就在于如何认识自己，如何发掘和重用自己……"可见，帮助孩子正确认识自己、悦纳自己、找到自己，进而提升自我价值，把握自己的人生方向，是何等重要。

关注生命成长，绽放生命精彩。开学第一课，生命成长课，刻不容缓。

种下三颗优质的种子

能跟你们这样轻轻松松、开开心心地说说、聊聊、笑笑，有言语的交流，有情感的互动，作为老师，真的很幸福。

开学第一课对于我的学生来讲，总是充满期待：钱老师会给我们带来什么惊喜呢？从不去刻意绞尽脑汁，往往心随所动。随心、随意、自然的方式，就是跟学生聊天。我将这种聊天式的上课称为"聊课"。

1. 第一颗种子：想念

今天走进教室，孩子们笑意盈盈，一脸憧憬。

"孩子们，一个长长的暑假，你们想我了吗？"我一脸笑容，直入主题，"想念我的孩子请赶快举手告诉我。"

哗啦啦，几乎所有的孩子都举起了手。

"你在什么时候会想念钱老师呢？"我笑嘻嘻地问。

如林的小手一下缩了回去，孩子们面面相觑，在纠结，在为难，还有些难为情。这样的私人问题当众表达，是需要勇气的，难怪孩子们拘谨。

小孙同学忽然举起了手："我在无聊的时候就会想念钱老师。"

我笑了："无聊的时候想念我，那我的作用可大着呢。孩子们，你们想想，我在小孙的生活中充当了什么样的角色呢？"

一个孩子说："钱老师，我觉得您填补了他的情感空白。"哈哈，我忍俊不禁。

另一个孩子说："钱老师，我觉得您是他的心灵理疗师。"这下我得意了，不禁冲他竖起了大拇指。

小孙说："在我无聊的时候，就想起与钱老师之间的美好回忆，心里就充实了。"

小孙一向是个说话含糊、口齿不清的孩子，此时听了他的这番话，我很感动："小孙，谢谢你！钱老师也希望永远都能成为你无聊时的快乐天使。"

有了小孙的带动，气氛开始活跃起来。

班长小许说："钱老师，我在外出旅游的时候想起您，我在想钱老师是否也在旅游呢？"

"心里有我，才会如此牵挂。谢谢你！"

楚楚同学说："钱老师，我在晚上睡觉的时候会想起您，想着想着，我就睡着了。"

"啊，我是你的安眠药啊，有安定助眠的作用哦。"我乐不可支，孩子们也笑弯了腰。

"钱老师，我在上补习班的时候会想起您，我在想钱老师小时候也要上补习班吗？也要像我一样学很多的东西吗？"

"我的童年可是无忧无虑，毫无学习负担哦，尤其是暑假里，小孩子们下河去游泳、捉鱼虾、摸螺蛳，可有趣了。"听着我的话，孩子们的眼神羡慕极了。

"当爸爸妈妈批评我的时候，我就想起了钱老师，我想钱老师才不会对我那么凶呢！"我乐了。

"钱老师，我在写作业遇到困难的时候会想起您，要是您在我身边，我就万事 OK 啦。"这孩子说的倒是大实话。

"想我了，那你怎么办呢？"我追问。

孩子们的发言热闹了。

"我在 QQ 上留言，但有时钱老师您不在线，我就傻傻地看着您的头像发呆。"

"我在微信上发信息，和钱老师聊聊天、说说话。"

"我打电话，听到钱老师的声音好开心啊。"

"我会去钱老师的 QQ 空间逛逛，欣赏钱老师的照片。"

"想念一个人是一件非常美好的事情，虽不能见面，但心仍在一起。我也想念你们，就像你们想念我一样。心中有可想念的人，我们的内心就是温暖和幸福的。"

2. 第二颗种子：美

今天是开学第一天，我特意精心打扮了一下，穿了一条很喜欢的红色连衣裙，搭配了一双白色的高跟水晶鞋，优雅又不失时尚。

聊课继续进行。我问："孩子们，钱老师今天美吗？"

孩子们笑着大喊："美，很美。"

王同学说："钱老师就像一朵开放的玫瑰花。"

新同学小扬说："钱老师从头到脚都很美。"孩子们都笑了。

另一个新同学小林说："钱老师，我发现你始终是微笑着的，你的笑容很美。"

我很高兴地说："是啊，笑容是最美的花朵。愿我们每一位同学开心每一天，快乐生活每一天。"

"钱老师的裙子上面缀满了一片一片的花瓣，很美。"

"钱老师的高跟鞋好像童话中的水晶鞋，好漂亮。"

"钱老师的手表表带是红色的，跟裙子颜色一致，好搭啊。"

我笑了："我喜欢每天穿得美美的，以美美的心情度过每一天。外在形象是我们每个人的第一张名片，仪表文雅、端庄大方，是精神面貌的最好体现。"孩子们微笑着听着，饶有兴趣。

"我觉得钱老师外表和内心都很美。"一个斯斯文文的女孩子开了口。

有个男孩子接着说："内外兼修。"

我说道："对，真正的美必须内外兼修。钱老师是个女教师，用个很妥帖的词语，那就是秀外慧中。不管是做你们的老师还是在生活中，我都希望自己秀外慧中。当然，钱老师也希望你们每天身体好、精神棒、笑容美。"

孩子们很专心地听着，看得出来，他们很喜欢。

3. 第三颗种子：幸福

"今天是新学期的第一节课，能跟你们这样轻轻松松、开开心心地说说、聊聊、笑笑，有言语的交流，有情感的互动，作为老师，真的很幸福。在你心中，你认为幸福是什么？"很自然地，我抛出了幸福的话题。

"想念一个人是幸福的。"

"和亲爱的爸爸妈妈吃顿晚餐是幸福的。"

"生活在六（4）班这个大家庭是一种幸福。"

"能来到这个世界，被人关爱是幸福。"

"我能成为钱老师的学生感到很幸福。"

"与喜欢的人在一起是幸福。"

"为他人付出是一种幸福。"

"拥有健康的身体是幸福，快乐生活每一天是幸福。"

......

转身，我在黑板上写了三个词：想念、美、幸福。

我说："这些词非常美好，值得我们一辈子用心灵去感悟和体验。今天是开学第一课，我将它们送给你们，希望你们开启新学期美的幸福的旅程。"

看似随意、实则刻意的"聊课"，在不知不觉中将学生引入了设定的教育情境之中，化枯燥为有趣，化深奥为浅显。师生之间就像朋友一样，敞开心扉，尽情表达，产生心灵的碰撞和情感的交流。教育的过程轻松愉悦，教育的目的也就顺理成章、水到渠成了。这是富有智慧的无痕教育。

年味课堂

年俗让年更有仪式感，年俗让我们更懂中国年，更爱中国年！

除旧布新、迎禧接福、拜神祭祖、祈求丰年……年俗里有说不尽的故事，道不完的风情；年俗里凝聚着中华民族的传统文化精华，饱含着人们对幸福美好生活的渴望与追求。当孩子们带着一身年味走进教室，我想我的开学第一课就从"年味"开始吧。留住年味，传承年俗，让年文化更加厚重和令人向往。

1. 认识一种红——中国红

"红红火火中国年，欢欢喜喜过大年。如果年有颜色，如果用一种色彩去界定春节，你会首选哪一种颜色？"在《喜洋洋》的乐曲声中，我上了开学第一课。

孩子们异口同声、掷地有声："红色！"

"对，红色！非红色莫属！今天我们就来认识一种红——中国红！"

提起中国红，孩子们的话语就多了：迎风飘扬的五星红旗、高高挂起的大红灯笼、家家户户贴着的福字和窗花；一个个中国结、一副副新春对联、一挂挂鞭炮、一个个压岁红包、一串串冰糖葫芦，还有小孩子们穿的红肚兜、红棉袄……

"一抹中国红，迷醉了无数人。它不仅仅是一种色彩、一种渲染，更不仅仅是一种装点，它是我们中国人的文化图腾和精神皈依。中国红赋予了年怎样的寓意和内涵呢？"

这自然难不倒孩子们。

"红红火火、喜气洋洋、热热闹闹。""吉祥、喜庆、幸福、安康。""祥和、团圆、兴旺。""福禄康寿、鸿运高照。"……

"中国红是喜庆之色，它奔放、热烈、豪迈、振奋人心，给我们以视觉和心理上的巨大冲击力，让我们昂首阔步迈向新的一年！"

"中国红是高贵之色，它很正气、很大气，带有一种凛凛然不可冒犯的庄严之感，象征着我们中华民族的浩然正气。"

"中国红是吉祥之色，传说中是用来对抗怪兽'年'的，能够趋吉避凶，消灾免祸，护佑平安，给我们带来好运。"

"对对，今年是我爸爸的本命年，我妈妈还让他穿红衣、穿红袜，还穿红内裤呢！"此言一出，全班皆笑倒。

"中国红洋溢着热情奔放，象征着我们伟大的祖国繁荣昌盛，象征着人民生活蒸蒸日上、幸福安康，象征着我们的前途一片灿烂辉煌。"

这个小家伙的总结性发言博得了全场一片称赞声。

在激情澎湃、豪情万丈的《中国人》的歌声中，我的话语铿锵有力："最美不过中国红。年，是中国红最淋漓的体现。中国红，形成了我们的国色，成为我们中国人永远的精神底色。中国红，让世界知道我们都是中国人！"

2. 最吉祥的中国字——福

"在林林总总的汉字中，有一个字最吉祥、最受我们喜欢，想想看是哪一个字？"我故作神秘状。

孩子们一下子就猜中了，是"福"字。

看着孩子们幸福的表情，我说："一个'福'字寄托了人们对幸福生活的向往，也是对美好未来的祝愿。中华民族崇尚'福'、追求'福'。无论是现在还是过去，中国的老百姓都有一个共同的愿望，那就是企盼幸福的到来。可以说，中华民族的历史，就是人们孜孜追求'福'的历史，'福'字深深影响着每一个中国人的人生观和价值观。"

（1）解读"福"字。

《礼记》有曰："福者，百顺之名也。""福"者，需具备五福：第一福是"长寿"，第二福是"富贵"，第三福是"康宁"，第四福是"好德"，第五福是"善终"。

（2）介绍"福文化"。

"福"吉祥图案是"福"文化的重要组成部分。"福"吉祥图案主要表现形式有图画、剪纸、雕刻、纺织、刺绣等，最为久远和普及的是每逢新春佳节，家家户户都要在家门贴上"福"字。春节贴"福"字，是我国民间由来已久的风俗，有"求福""纳福""惜福""祝福"之意。

（3）欣赏"福"字：康熙御笔"天下第一福"、五台山"吉祥福寿"、万里长城中国福。

（4）趣话"贴福"。

小调查：你会贴福吗？

贴福正解：大门上的福字一定要正贴，意为"开门迎福"，倒着贴会把福气挡在门外。"福"字的偏旁"礻"有祈神的意思，而"畐"可拆分为"一""口""田"，即家里的每个人都有饭吃、有工作做、有学可上，就是"福"。如果把福字倒贴了，就失去了它本来的意义。倒贴福字，不是福"到"了，而是把福"倒掉"了。

倒福字应该贴在哪呢？应该贴在水缸、垃圾桶、柜子和牲口棚上。福字几点贴最好？很有讲究。真正贴福字的时间，应该是在年三十的下午，太阳还没落山之前。顺序应该是从外面往里面贴，先贴抬头福，再贴门福，最后才能贴倒福，意味着一年的福气，都从外面流进里面。

（5）小竞赛：含有福字的成语，看谁说得多。

（6）小结：有我们中国人的地方，就有福。中国人有福，我们中华民族是世界上最有福的国家。

3.过年年俗大聚会

"过年年俗多，你最爱哪一个？"这个问题一出口，孩子们的话匣子又打开了，教室里笑意浓浓。

"我最喜欢和爸爸妈妈一起去购买年货，因为我是一个地地道道的小吃货。"

"今年我家的春联都是我写的，贴春联时，我特别开心，很有成就感。"

"我喜欢吃年夜饭，一家人围坐在一起说说笑笑，团团圆圆，非常热闹。"

"我喜欢一边看着春晚一边守岁，辞旧迎新，见证自己又长大了一岁。"

"恭喜发财，红包拿来。我最喜欢拜年、拿红包，存私房钱。"听到此话，孩子们笑开了。

有一个孩子说得真好："过年的习俗，我都很喜欢，因为寓意都很吉祥美好。"

顺着这个孩子的话语，我说："是的，吉祥美好、幸福安康、顺遂如意、一帆风顺、心想事成……年俗让年更有仪式感，年俗让我们更懂中国年，更爱中国年！让我们在刘德华的歌声中，互相拜年，恭贺新禧吧！"

欢快的音乐声响起，孩子们一哄而散，蹦跳着离开座位，学着视频中刘德华拱手作揖的样儿，互相道贺，互相祝福，笑成一团，热闹成一团。

孩子们也奔到我面前，向我祝福，向我施礼，我回礼回祝福，并送上我事先准备好的礼物——一个装有贺年卡的压岁包和"步步糕"。

有心的孩子已经在教室里张贴自己书写的各种各样的"福"字了。各种字体，各种"福"，教室的后墙顿时变成了一面红彤彤的、热烈喜庆的幸福墙。

站在讲台前，我说："孩子们，新年幸福！"

从"新"开始，让"心"飞翔

每一双翅膀都渴望飞翔。每一次的飞翔都值得赞美。

挥别两个月的暑假，迎来又一个新学期。新学期，对学生而言，是新的起点，新的开始。开学第一课，是克服学生的不安和焦虑，树立学生自信心、积极性的良机。从"新"开始，让"心"飞翔，应该是对学生最美好和最真挚的祝福。

1. 从"新"开始

开学第一天，面对新接的班级，面对陌生的学生，我笑意盈盈："孩子们，今天是开学第一天，我们来认识一个字。"转身，我在黑板上写了一个大大的"新"字。

孩子们笑了。五年级的学生了，谁不认识这个字呀！

我也笑了："谁能给这个字组词呢？"

孩子们张口就答："新年、崭新、新鲜、新奇、新颖、重新、创新、更新……"课堂上顿时热闹了。

我说道："新老师，新同学，新环境。"孩子们一下明白了我的用意，纷纷接龙："新学校，新班级，新教室。""新书包，新课本，新文具。""新学期，新起点，新希望。""新面貌，新目标，新进步。""新气象，新征程，新成绩。""新生活，新篇章，新天地。""新开端，新台阶，新挑战。"……

听着那么多的"新"字涌现，孩子们惊呼：真的是一个新世界呀！我也由衷地感慨："是呀，新的学期，万象更新，一切都是全新的，就像春天，刚起了头儿，有的是工夫，有的是希望。"

或许是我的话语触动了孩子们的心弦，他们忽然之间有了新的感触。

"之前的我成绩并不优秀，对新学期的到来感到担忧和迷茫，但现在，我对新的学习生活充满了期盼与憧憬。"

"今天重新认识了'新'字，我的心中也增添了新的勇气和力量。"

"荣誉属于过去，新学期的我将迎接新挑战，攀登新高峰，取得新辉煌！"

"新的学期，新的开始，新的目标，我可以焕然一新，成为一个全新的自己。"

这时，有一个孩子忽然插嘴："老师，我还想到一个词。"他大喊，"新人！"

哈哈，孩子们哄堂大笑，我也笑出了声。

但我立马眼睛一闪，心里一动，马上赞叹："新人，这个词真好！新学期，来到新学校，走进新班级，站在新学期的新起点，你们都是怀揣新梦想、开启新征程的新人！祝贺你们成为我们学校的新学子、新人才、新希望！"

热烈的掌声响了起来，孩子们的眼睛里闪闪发亮。

2. 让"心"飞翔

掌声中，我再次说道："新的学期，新的开始，但要想真正拥有新的希望，光靠憧憬、祈愿、祝福还是不够的。从'新'开始，用'心'飞翔，我们才能到达理想的彼岸。"转身，我在黑板上写了一个"心"字。"心"字周围，又画上了一对对翅膀："孩子们，想想看，我们的智慧背囊中装着哪几颗心，才能助我们梦想成真呢？"

答案并不难。孩子们稍一思索，就形成了自己的观点，有了自己的表达。

"自信心。要相信自己，相信自己的能力，相信我能行！"

"感恩心。感恩我们的父母，感恩我们的老师，感恩我们的同学，感恩所有帮助过我们的人，是他们的无私付出和热忱帮助，让我们茁壮成长。"

"责任心。学会对自己负责，对集体负责，对他人负责。缺乏责任心，再远大的目标也只是空想。"

"进取心。有了进取心，我们才能不安于现状，勇于迎接挑战，不断追求完美。"

"恒心。有始有终，坚持不懈，不半途而废，才能采撷到丰硕的果实。"

"爱心。爱学习，爱生活，爱身边的每一个人和一切美好的事物。"

"决心""耐心""专心""静心""虚心""平常心"……

黑板上，写满了各种各样的"心"，每一颗"心"都有一双翅膀。那扇动的翅膀，仿佛载着孩子们勇往直前，不断飞翔。

听着孩子们的话语，我倍感欣慰，也由衷地感叹。我说："孩子们，你们的翅膀上还缺少了一颗最亮的心。如果没有了这颗心，我们的人生也就失去了所有的光彩。"孩子们显然没有意料到。我话语一转，说："猜个歇后语吧，钥匙挂在胸口上——猜猜是哪一颗心？"

孩子们竟然被我问倒了。终于，有个小机灵站起来大声说："是开心！"

"对，就是开心！万事都要全力以赴，开心也一样！我们要使劲儿让自己开心，认认真真过好每一天。记住，微笑的你最美，健康的你最好！希望你们每一天都开开心心，健健康康！"

孩子们的脸上乐开了花，掌声一浪高过一浪。

3. "星"计划

由此，新学期的"心"飞翔"星"计划诞生了——

保持一份开心——我快乐我健康！

树立一个信心——我能行我真棒！

培养一种责任心——我负责我担当！

拥有一颗进取心——我努力我追求！

坚守一颗恒心——我坚持我成功!

传递一份爱心——我奉献我幸福!

孩子们高声地朗读,字字铿锵。读到激情飞扬时,挥动双臂,握紧双拳,朗读变成了庄严的宣誓。这情景煞是动人。

在课堂总结时,在《夜空中最亮的星》的歌声中,我说:"每一颗心都有最向往的地方,内心充盈,脚步踏实,你将是新学期最闪亮的一颗星。"

随着我手指的方向,孩子们的视线落在了黑板上。

黑板上,三个大字映入孩子们的眼帘——新、心、星。

黑板上,一双双的"翅膀"跃跃欲飞。每一双翅膀都渴望飞翔。每一次的飞翔都值得赞美。

新学期,为每一个孩子的飞翔助力,让他们以全新的姿态展示自己光鲜亮丽的一面,更自信、更努力、更阳光地开启新的学习生活。

身心愉悦，身心回归，身心合一，让班集体成为学生精神的乐园、心灵的家园。

今天，我们喜相逢

师生的相遇，就像两条同源的河流，在此时此刻交汇……

1. 今天，我们喜相逢

"你曾对我说，相逢是首歌。眼睛是春天的海，青春是绿色的河……"
"相逢是首歌，同行是你和我。心儿是年轻的太阳，真诚也活泼……"

动听的旋律响起，我在唱，孩子们也在唱；我看着孩子们，孩子们也望向我，很美妙的感觉。那一瞬间，就像两条同源的河流，在此时此刻交汇。但我明白，此刻交汇的不只是我们的歌声，从此刻起，我将用始终如一的情怀去爱面前的每一个不一样的孩子。

教室里的一整面墙，被我布置成了照片墙。照片墙上，贴的是孩子们的"笑脸照"。各种笑容，只有孩子才能洋溢出来的笑容，纯净得不带一点儿杂质，抵得过世间所有的美好。

照片墙上，"今天，我们喜相逢"一行大字赫然入目。

你曾对我说

相逢是首歌

眼睛是春天的海

青春是绿色的河

相逢是首歌

同行是你和我

心儿是年轻的太阳

真诚也活泼

……

这首歌被我以诗歌的形式整齐排列，"笑脸墙"一下有了诗意。

朵朵盛开的鲜花包围着一个个孩子的笑脸，映衬着"今天，我们喜相逢"的字样，雪白的墙面充满了笑意、暖意和喜气。

这面"笑脸墙"成为教室里的一道风景，也是孩子们最爱逗留和关注的地方。每每抬头，看到的一幕，便是孩子们站在照片墙前脸上散发的笑容。那笑容轻轻微微的，像被春风拂过，湖面荡起的丝丝涟漪。

每一张"笑脸照"都标注着孩子的生日。每一个孩子的生日，就是全班同学共同的生日。这一天，便成为特别的一天。

在这一天，有心的孩子特意用各种方法将过生日的同学"哄骗"出教室，意在给他一个惊喜。教室里，宣传委员带着几个孩子将黑板改头换面，装饰成热热闹闹的"生日"主题。

在"祝你生日快乐"的歌声中，过生日的同学被隆重地请上台，接受老师和同学们的深情祝福。这个时候，我总会趁机"助兴"，笑盈盈地拉上我班的校园金牌小主持人小倪。

我将目光锁定小倪。小倪多机灵啊，立马领悟，即刻便进入主持人的角色："同学们，掌声不要停！""同学们，掌声再热烈一点！"

这一天，我会给过生日的孩子送上一张生日贺卡——特意去制作的、独一无二的、专属于我们班的贺卡。

贺卡上，依然是"今天，我们喜相逢"这一行字，依然是《相逢是首歌》的诗句。令孩子们心跳的，是环绕在"祝你生日快乐！"这句祝福语周围的那一个个熟悉的名字——我的签名，孩子们的签名。

记得学期初，当我说出要为全班每一个孩子过生日时，教室里掌声、欢呼声一片，此时却传来一个孩子的哭泣声。一问之下，才知道原来她的生日是在寒假里。她伤心地说："钱老师，每次我过生日，总是无法举行生日party，同学们都推托没空来参加我的生日会。"想想也是，寒假正值过年，同学们没时间参加她的生日会也是情有可原。

我安慰她，允诺可以提前帮她过生日，绝对不会落下。

惊喜意外降临了。那一天，是孩子们返校参加休业式的日子。第二天，寒假就要正式开始了。她跑来，异常激动地告诉我，当天是她的生日，如此机缘巧合！

当下我就决定，给她举行生日庆祝活动。

在经历了休业式的一系列活动之后，我们迎来了休业式最隆重的典礼——给小璐同学过生日。

PPT上显示着：今天是一个特殊的日子。

黑板上写着祝福：祝小璐生日快乐！

被请上台的小璐同学喜笑颜开，幸福满面。

时光沉淀，岁月流金；一路相伴，同行一程。师生情，同学缘，一生珍藏。就像小倪同学所说，生日这一天，最美妙的礼物莫过于钱老师和全班同学的祝福。

2. 全世界都在向我微笑

我喜欢读诗，诗歌对于我来说，永远是少女的情怀，美而从容。喜欢与孩子们一起读诗，用诗歌打开心灵，打开内心最柔软的一隅。

阳光正好的早晨，读一读那首《全世界都在对我微笑》再合适不过了。

我说："孩子们，今天的阳光正好，微风不燥，让我们不辜负阳光，向着明亮那方微笑吧。或许，世界有了我们的微笑会生辉几许呢。"

孩子们的眼睛像星星般闪烁。

诗歌，引领着我们启航了：

今天，

我偷偷做了一件事，

于是，

全世界突然对我微笑起来。

绿树对我招手，
花儿对我挤眼，
小鸟儿在枝头吱喳叫，
小草儿们弯腰齐声问我好！

而我
只不过暗暗下了决心，从今要做个好孩子。

就这样，
突然间，
全世界都在对我微笑。

诗，真的好美，读着读着，就有心花绽放的感觉。就这样，温柔地微笑着，带着孩子们一遍又一遍地放声朗读。孩子们的声音很好听，悦耳、美妙，似小黄莺的歌唱，唱响了黎明的序曲。笑脸如花，笑容洋溢，教室里仿佛充满了盈盈的笑意，一派春光。全世界都在对我微笑，我亦向全世界报以微笑，这样的感觉就是天堂的模样。

学生小然说："每天早晨，我总是带着笑容走进教室，其中最重要的原因就是马上可以看见钱老师美好的笑颜，多么幸福！"

小澄说："钱老师，我知道您是用这样一种独特的方式，将自己天使般的笑容传递给我们，让我们爱上微笑。您知道吗？现在的我特别喜欢微笑，还将自己的个性签名也改成'keep your smile'了呢。"

小琳说："钱老师个子不算很高，但气场十足，颇有 1.8 米的既视感。每当看到钱老师脸上扬起的甜蜜的笑，我的心都快被融化了。"

……

虽然我知道，好的教育都是自然发生，所以从不刻意，也不勉强，更无某种特别的期盼，但读到这样的文字，看到孩子们这般欢快，我的心里是欢喜的。

3. 师生缘，妙不可言

一直觉得，老师和学生相处久了，会产生微妙独特的情感。

一次，我邀请家长来班级作讲座。家长拿着几大包棒棒糖，很不好意思地对我说："钱老师，我本想给孩子们带点礼物过来，但我家孩子说，什么礼物都不要买，只需要买些棒棒糖就行了，但一定要买'不二家'的，我就只好买了些棒棒糖。"家长的意思我明白，他是觉得买几包棒棒糖花不了多少钱，有些拿不出手。我却欣慰地笑了，不愧是我的亲学生啊！"独此一家，没有第二家，意味着每一个孩子都是独一无二的。"这个由我创造的"不二家棒棒糖"的寓意，孩子们实在太喜欢了！

教师节，一个孩子送给我一张自制的贺卡。打开看时，心头一震，贺卡上的一句话映入我的眼帘："师生缘，妙不可言。"这句话出自我之口。

每当孩子们买了我的书，让我签名留言时，我总是不假思索，提笔书写："师生缘，妙不可言！"没想到，这句话竟然成了孩子们心中的名言。

2019 年 11 月 26 日，一个很寻常的日子。当我走进教室，发现课桌上有一本《毛泽东诗词鉴赏》，很好奇地打开一看，不觉哑然失笑。书的扉页上赫然写着：

赠碧玉：

　　师生缘，妙不可言！

小齐

一个小男孩，为什么选择在这一天送我一本书呢？

时光倒流。2018 年 11 月 26 日，一年前的今天，这个小男孩兴冲冲地找到我，说他买到了我写的书，要我签名。我满口答应，欣然提笔写下：

小齐：

　　师生缘，妙不可言！

一年多的时间，这个小男孩与我之间发生了太多的故事。看着他像一棵青葱小树那般日渐成长，我的心中溢满喜悦。当然，他对我的喜欢也让我始料未及。

我曾经读到他的一篇日记，写的是搬新家了，他一个人住一间房很孤单，怎么办？他想到了好办法，让我的书与他作伴。可爱的他竟然给书枕上枕头，盖好被子，说这样就好像钱老师陪他一起入梦。

读罢他的文章，我哈哈大笑。

只有孩子，也只有孩子，才有如此独到、有创意的爱的表达方式！

但我依然还是没有想到，这个小男孩会在这样的一个早晨，以这样的一种方式回赠与我。这样一份情谊，只有童心才能做到。

学生小赵说："每个人都会有一段美好的回忆，我最美好的回忆就是和钱老师在一起的时光。钱老师，我爱你，爱得很深；我和您，一刻也不能分开！"

小倪同学在作文中写道："五年级，伴着晨光，伴着秋风，伴着枝头的雀鸣……来了。它还带给了懵懂的我们一份特别的礼物——钱老师。一想到钱老师，我的心中就盛开了朵朵桃花……"

很难相信，这是一个小男孩的诗意表达……

我的目光久久停留在"礼物"两字上，很有意味，一个很值得咀嚼的词语，又欢喜又美好。

以生为本，打造班级成长共同体

生命相约，个性独立，成长共赢，这是我理想中的班级共同体。

每接手一个新班，班主任首先考虑的是建设班集体。毋庸置疑，班集体是群体的组织，但仅仅将班级作为群体组织来建设，是远远不够的。我们都希冀班集体有共同的愿景，有正确的舆论导向和价值引领，学生能够在班级中找到属于自己的位置，各司其职，各尽所能，共责任共担当，共分享共成长。如此，班级就成为了一个共同体。

1. 班级共同体的第一个层次——生命共同体

上课伊始，我就出示了这样一个题目：我们有一个共同的名字——？请学生来补充。

学生张口就答："人！"话一出口，教室里就笑声一片。

"对吗？"我问。孩子们不敢肯定。

我说："当然对！"

这一下，孩子们的胆子大了，答案也多了。

"中国人！""学生！""小学生！""少先队员！"我一个劲儿地说回答正确。

我不着急，慢悠悠地等待着想要的答案。我相信，总有孩子会领悟到、揣摩到老师的意图。

果然，小顾同学站起来，大声地说："我们有一个共同的名字——五（5）班！"不约而同，掌声响起来了。我也鼓起了掌，随之而来的是心里涌起了一阵暖流。真是个了不起的孩子！

于是，我出示了完整的一句话：我们有一个共同的名字——五（5）班。

一瞬间，教室里的氛围变了，孩子们的情绪激昂起来，他们一遍又一遍大声朗读着这句话。我说："孩子们，现在开始点名，请你们大声报出你的名字。"按着学号，孩子们依次报出自己的名字。与以往不同的是，每一个孩子都自豪而骄傲地在自己名字前面加上了五（5）班。我问："班级，是我们共同的名字。孩子们，当你的名字和班级联系在一起，你的心中涌动着怎样的情感？"

孩子们的感情喷涌而出，他们各抒己见、畅所欲言。于是，我请他们将自己的所感写在黑板上。

看向黑板，我心潮起伏。

黑板上写满了孩子们的真实感言：安全感、责任感、温暖感、荣誉感、使命感、自豪感、幸福感、自信感……

马斯洛的需求层次理论将人类需求像阶梯一样从低到高按层次分为五种，分别是：生理需求、安全需求、情感与归属需求、尊重需求、自我实现的需求。孩子们所写的，不正是对应了这些需求吗？

班级是学生共同的名字，班集体是学生自己的集体。每一个学生都是独一无二的生命个体，都有其存在的独特价值。每一个学生在属于自己的班集体中都拥有一定的权利和义务，都能找到适合自己的角色与位置。学生的个体价值一旦融入集体，便形成了教育合力，建立起了生命共同体。

2. 班级共同体的第二层次——精神共同体

围绕"名字"的话题，很自然地，我出示了中国台湾诗人纪弦的一首诗《你的名字》。诗歌被我稍作修改，变成了这样：

用了世界上最轻最轻的声音，

轻轻地唤你的名字——五（5）班。

写你的名字。

画你的名字。

而梦见的是你的发光的名字——五（5）班。

如日，如星，你的名字。

如灯，如钻石，你的名字。

如缤纷的火花，如闪电，你的名字。

如原始森林的燃烧，你的名字——五（5）班。

刻你的名字！

刻你的名字在心上。

刻你的名字在不凋的生命树上。

当这植物长成了参天的古木时，

啊，多好，多好，

你的名字也大起来。

大起来了，你的名字。

亮起来了，你的名字。

于是，轻轻　轻轻　轻轻地呼唤你的名字——五（5）班。

孩子们的声音轻柔深情，他们仿佛已经将所有的感情融入朗读中了。当声音戛然而止时，孩子们的情感喷涌而出："用我们的光照亮我们的班级。""用我们的心呵护我们的班级！""让班级因我们的努力而发光！""让班级因为我们的存在而闪亮！"……

听到这样的话语，我的心里无疑是欣慰的。

于是顺理成章，我又出示了金子美玲的诗作《向着明亮那方》，依然稍作修改，便成为：

向着明亮那方

向着明亮那方

哪怕一片叶子

也要向着日光洒下的方向

灌木丛中的小草啊

五（5）班的孩子们啊

向着明亮那方

向着明亮那方

哪怕烧焦了翅膀

也要飞向灯光闪烁的方向

夜里的飞虫啊

五（5）班的孩子们啊

向着明亮那方

向着明亮那方

哪怕只是分寸的宽敞

也要向着阳光照射的方向

住在都会的孩子们啊

五（5）班的孩子们啊

孩子们彼此心照不宣，微笑着大声地朗读，读到每一段的最后一句，便不自觉地洋溢笑容，嗓音自然而然地高亢嘹亮。

《做一片美的叶子》是金波写的一篇散文，孩子们早已学习过。我将原文作了少许改动：

远远望去，那棵大树很美。

我向大树走去。

走近树的时候，我发现，枝头的每一片叶子都很美。每一片叶子形态各异——你找不到两片相同的叶子。无数片不同的叶子做着相同的工作，把阳光变成生命的乳汁奉献给大树。

我们每个人都像叶子，为班级这棵大树输送着营养，让它茁壮、葱翠。

每一棵大树都很美，每一片叶子都很美。

为了我们的班级，做一片美的叶子吧！

读着这首诗，孩子们有了与以往大不一样的感受，不禁感叹：这篇文章竟然还有别样的寓意，简直太奇妙了。读至最后一句，全班孩子几乎是喊了出来：为了我们的班级，做一片美的叶子吧！孩子们读完，轮到我读——

远远望去，那个班级很美。

我向教室走去。

走进教室的时候，我发现，教室里的每一个孩子都很美。每一个孩子形态各异——你找不到两个相同的孩子。每一个不同的孩子做着相同的工作，把阳光变成生命的乳汁奉献给班级。

每一个班级都很美，每一个孩子都很美。

我继续读：我喜欢春天每一片绿叶，喜欢它就像喜欢一个孩子；我喜欢春天每一片绿叶，喜欢它就因为它像个孩子。

听着我的朗读，孩子们真的就像一片绿叶，浑身闪动着生命的光芒。不知不觉，一种情感在激荡，一种精神在传递，一种思想在生成。在自然而然之中，实现了唤醒到自省的过程。就像苏霍姆林斯基所说，班级建设的最高境界是形成一种平和愉悦的精神共同体——它既是教育工作追求的自然归属，也是我们的快乐所在。

不久，我们的"班级成长树"诞生了，它被贴在了教室的墙面上。"向着明亮那方，做一片美的叶子，让班级这棵大树苍翠葱绿"，成为我们班的共同梦想。

3.班级共同体第三层次——成长共同体

真正的教育是自我教育。班级管理不是班主任一个人单枪匹马、孤军作战，也无须事必躬亲。学生就是有源之水、有本之木，让学生学会自主管理、自觉管理、自能管理，实现自我成长，是教育的终极目标。治班还需自治，班集体是引导学生自己管理自己、自己教育自己、自主开展活动的最好载体，建设班级成长共同体的主体应该是学生。从这个意义上讲，"同伴成长"成为班级管理的一个新模式。

"以生为本，自主管理。"班级里的事情，发扬民主，调动全体学生的积极性，充分发挥同伴成长小组的自主性和创造性，让同伴小组集体出行，齐心协力，集思广益，形成小组内团结向上的凝聚力和感召力，使班级管理化"被动"为"主动"。每个同伴小组都有自己的个性名片。一个个蕴意深刻的组名，一句句意气风发的口号，无不洋溢着学生纯真的气息。"共读一本书""同唱一首歌""同演一个课本剧""共养一盆植物"，甚至春游秋游等综合实践活动，都是以同伴成长小组的形式出现的。在集体荣誉感、个人成功感的激励下，学生参与活动的热情空前高涨。"为他人喝彩，为自己加油"成为每个学生心中的信念。这种推动力和影响力是无形的，也是无穷的。

为创造舒适、文明的生活环境，培养寝室成员团结协作的精神，增进真诚纯洁的室友情谊，我还将"同伴成长"引入孩子们的生活区域，让宿舍成员成为生活上的同伴小组。"人人为我，我为人人""手牵手，心贴心，共同创建我们美好的家园""同一个梦想，同一个寝室，同一条心"等，这些从孩子们心底里流淌出来的话，真切地反映了他们对校园生活价值的深刻思考，也形成了"你帮我，我带你"的群体合力和"积极进取，勇于赶超"的团队意识。

同时，我将"同伴成长"计划与少先队的工作品牌"雏鹰争章"有机结合，自然融合。"雏鹰争章"活动不再是学生的个人行为和个人荣誉，而是属于"同伴小队"齐心协力，共同努力才能得到的集体荣誉。一枚小小的奖章，需要孩子们心往一处想、劲往一处使才能获得，多么不容易，他们也分外珍惜，格外重视。在同伴小组和谐氛围的带动下，在伙伴的榜样示范和相互影响下，学生逐渐实现由"不敢犯错"到"不愿犯错"、从"我被管理"到"我管自己"的良性转变。

另外，每个小组内设一本"成长日记"，我将之称为"道德长跑"。孩子们的日记中有喜有忧，有欢有泪，有思有辩，适时地读一读、辩一辩，形成观点，明晰认识，形成教育合力，也是成长共同体的集中体现。

　　每逢月底，评选同伴成长金牌小组、银牌小组、铜牌小组和明星队员，颁发奖牌。这个时候，是学生最为兴奋的时候，好像过节一样。

　　生命相约，个性独立，成长共赢，这是我理想中的班级共同体。

创建有序有爱的班集体

班集体应该充满温情和爱，充满生机和活力，有健康向上、丰富活跃的班级文化，有多姿多彩、富有创意的班级活动，更有民主和谐、宽容理解、情深意长的同伴关系和师生关系……

班集体建设，首要目标是有序，有序是开展各项班级活动的前提。但光"有序"还远远不够。建设好班集体，主要目标是有爱。一个有爱的班集体才能让学生身心愉悦，身心合一，成为他们精神的乐园、心灵的家园。

一般情况下，班主任在开学初就会与学生一起制定《班级公约》或"学期目标"，以便让学生有具体可循的行为准则和达成目标。我的做法恰好相反。我不太喜欢在学期初就制定好《班级公约》，原因在于条目太多、内容太齐的《班级公约》，学生很难都做到，倒不如将总目标化成月目标，月目标化成周目标，周目标化成阶梯式目标来得有效、有吸引力和影响力。

1. 自创名言，每月一目标

怎么样让训练目标简洁明确而又行之有效？我想到了运用名言警句的方式，有针对性又朗朗上口，便于记忆，易于执行。如：

9月：管住自己是最大的成功。达成目标为"自律"。

10月：对学业尽心是最大的责任。达成目标为"责任"。

11月：为班级服务是最大的光荣。达成目标为"服务"。

12月：与老师、同学和谐相处是最大的幸福。达成目标为"和谐"。

1月，将以上四个月的训练目标汇总，形成本学期的总目标，《班级公约》出台。

《班级公约》只有简简单单的四大项：对学习尽心，为自己负责；对同伴友好，让他人快乐；为班级争光，让集体生辉；对长辈感恩，让生活美好。

这样的《班级公约》言简意赅且意义深远，是对孩子们学习、生活、做人、做事、道德、品质各方面的引领。

2. 美其名曰，每月一主题

根据每月的达成目标，相应地给每个月取一个好听的名儿，使之与达成目标相呼应、相统一。如9月就定为"自律月"，10月为"乐学月"，11月为"奉献月"，12月为"爱心月"，1月为"幸福月"。与每月主题相对应的，是每月的评价，采取"一月一评价"的方式，评价时间定在每月月底。9月，评选"自律小标兵"；10月，评选"乐学小达人"；11月，评选"奉献小明星"；12月，评选"爱心小天使"；1月，评选"魅力好少年"。每月的月末，便是班级里最热闹喜庆的时刻，评选、表彰、颁发证书、授予奖牌、合影留念、发喜报给家长，一系列的活动让孩子们感受到努力付出的荣耀。

3. 细化主题，周周有不同

如果仅仅按照每月的目标与主题要求孩子们去实施、达成，显然无内容、太空洞，"细化目标"则是一个有效的途径，将"月目标"细化成"周目标"来执行。怎么细化？我想到了"阶梯式"的制定方法，即"初级版、升级版、加强版、私人定制版"四种版本。初级版，是普遍要达成的目标，每一个孩子都能做得到；升级版，是提高要求的目标，每一个孩子通过努力才能达成；加强版，针对前两个版本在实践过程中出现的问题和不足查漏补缺，加以重点训练；私人定制版，因人而异，根据个人的情况，个性化制定适合自己需求的目标。需要强调的是，这四种版本的目标制定，都是教师和学生共同商议讨论而成。阶梯式的方式，循序渐进，步步提升，既体现了全体，也尊重了差异，富有情趣，学生喜欢。

4. 多元评价，个个放光彩

毋庸置疑，制定目标和公约是为了让学生养成良好的行为习惯和道德品质，但这还不是最终极的目标。我认为，最终目的是让每一个孩子焕发生命的光彩。于是，"熠熠生辉点赞本"产生了。孩子们人手一本，本子上写有每个月的目标、每个月的主题以及四周的周目标，目标明确，条目清楚。怎么点赞呢？可以动手画，也可以用文字书写，还可以用贴纸粘贴。孩子们购买了各种各样的表情贴和奖励贴，有可爱的笑脸、闪闪的星星、棒棒的大拇指，还有爱心、小葵花、奖杯等。放学前，孩子们进行"每天一自评"，笑盈盈、喜滋滋地为自己点赞。我由衷地对孩子们说，这是一本独一无二的本子，没有哪一本作业本能够这样闪亮、这样璀璨，让自己熠熠生辉。的确，翻开每一本点赞本，都是孩子们的用心点赞。在一片亮闪闪、笑盈盈、棒棒哒之中，我看到了孩子们的自信倍增、生机勃发、生命被激扬。

除去孩子们每天一次的自我评价，每周还有一次小伙伴的表扬、老师的认可和家长的寄语。孩子们说，点赞本上留下了这么多珍贵的痕迹，它真的是珍本。

5. 与"情"相约，让爱住我"家"

德国哲学家雅斯贝斯说："教育的本质意味着：一棵树摇动另一棵树，一朵云推动另一朵云，一个灵魂唤醒另一个灵魂。"他告诉我们，教育真正的价值是一种启蒙，一种唤醒，一种点燃，一种开悟……

（1）让班歌成为班级文化的主旋律。"因为我们是一家人，相亲相爱的一家人，有缘才能相聚，有心才会珍惜，用相知相守换地久天长。"从班歌《相亲相爱一家人》开始，孩子们就走进了一个温暖的情感世界。对于这群远离家庭的寄宿班孩子来讲,《相亲相爱一家人》这首歌有着特别的意蕴。它营造了一个"家"的氛围,让孩子们融入集体的欢乐之中,有了一种责任感和使命感,更让他们懂得了"当别人快乐时,好像是自己获得幸福一样;当别人受伤时,我愿意敞开最真的怀抱;当别人需要时,我一定卷起袖子帮助他"……

(2)让班训成为班级文化的主心骨。作为教师,我觉得教育的最大意义和终极目标在于培养人,培养终身快乐和幸福的人,塑造健全的人格,提升心灵的高洁,彰显人性的光辉。因此,作为老师,理当让孩子因我的存在感到幸福,理当让他们的幸福人生从我的手中开始。这是我应尽的义务,更是我不可推卸的责任。由此,"让他人因我的存在感到幸福"成为我们的班训。56个孩子,像56颗星星,闪耀着光芒,焕发着热情、温暖、幸福、向上!

小可同学负责每天晚上帮同学们发放牛奶,就这样一件简单的事情,在他眼里可不简单。他在一篇日记中写道:"感谢钱老师和同学们给我这样一个光荣的岗位,能为大家服务,是我的荣幸和快乐!"小严同学个性文静,她是班级的"快乐小医生"。同学有什么小痛小痒的,她总是第一时间陪着同学去医务室消毒包扎。不仅如此,她还自备了一个小医药箱,箱子里备着润喉糖、小纱布、止咳糖浆、创可贴等,孩子们亲热地称呼她为"爱心小天使"……

每一学期,我都会组织孩子们评选"美德好少年",让孩子们学有榜样、行有方向。

(3)让每一个孩子都有存在的价值。与孩子们在一起,我始终在传递这样一种信念:每一个孩子都是班级闪亮的名片,都有自己的位置,都很重要!在我们的班集体中,人人有岗位,个个有才干。我设置了一系列形象生动的志愿者岗位:"快乐小当家",负责当天的值日卫生工作;"快乐节电员",负责电脑、电灯、饮水器等电器的管理;"快乐小报童",负责发放同学们的报刊;"快乐搬水员",负责搬运教室的纯净水;"快乐小编辑",负责编辑排版班级作文报……一个岗位,一份责任,更是一份快乐。孩子们就像我们的舍歌《萤火虫》中所唱的那样,像一只小小的萤火虫,努力发光,燃烧光亮，快乐地为同伴服务，为集体忙碌，传递正能量。

（4）让师生情成为温暖的精神底色。开学初，由于对寄宿生活的不适应，孩子们想家恋家的情绪表露无遗以致无心住校。我每天奔走在教室与宿舍之间，与孩子们促膝谈心，亲密交流，无怨无悔地以校为家，想方设法为班级营造"爱的氛围"和"家的氛围"，倾心付出。孩子们从我的身上看到了"相亲相爱"的生动体现，看到了我作为班主任的同时又有朋友亲人般的关怀备至、用心用情。当那一天，我在黑板上写下一行字：你并不孤单，老师、同学和你在一起！那一刻，孩子们静静地落了泪。"在一起"三个字成为每个孩子心中挥之不去、铭记在心的心灵鸡汤。爱的美好滋养着孩子们的心灵，爱的力量感染着孩子们的言行。当商量给中队起名时，孩子们异口同声说出了——QQ 中队！答案不言而喻：因为他们喜欢将至亲至爱的我唤作Q 老师，那么 Q 老师担任辅导员的中队当然是 QQ 中队！

孩子们热爱我们的班集体，依恋我们的班集体。为此，我策划举行了"开讲了"特别节目——《我们的六（5）班》。孩子们深情开讲三大主题六个篇章：《我和我的班级之相亲相爱》《我和我的班级之众志成城》《我和我的老师之师生缘分》《我和我的老师之春风化雨》《我和我的同学之宽容是金》《我和我的同学之友情最真》。

孩子们开讲结束，我早已设想好了我的开讲主题——《我和我的学生之情深意长》。

我相信，师生间深厚的情谊远比口若悬河的布道、正襟危坐的训导要深刻真实得多。爱的浇灌和人性的感召，永远胜于其他形式。

我喜欢和追求的班集体要充满温情和爱，充满生机和活力，有健康向上、丰富活跃的班级文化，有多姿多彩、富有创意的班级活动，更有民主和谐、宽容理解、情深意长的同伴关系和师生关系，个性独特，气质独特。

班委干部炼成记

选拔班委干部，"过五关斩六将"，是我的一贯做法。

班委干部是班级管理中不可或缺的中坚力量，是班主任工作开展的左膀右臂，也是实现班级自我管理的"先行者"。班委干部具有榜样示范作用，一支凝聚力强、执行力强、配合默契的班委干部队伍能够引领班级方向，营造整个班级的良好舆论氛围。

因此，选拔班委干部、任用班委干部成为班主任工作的重中之重。"过五关斩六将"，是我的一贯做法。

1. 过好材料关——素质好

本着公开、公平、公正的原则，自愿参加中队委竞选的孩子要制作一张个人海报。海报以"晒一晒"为主题：晒一晒自己的个人形象照，晒一晒自己的成长经历，晒一晒自己的座右铭，晒一晒自己的兴趣爱好、个人特长，晒一晒自己的个人荣誉，晒一晒自己的竞选岗位等。海报制作完成之后张贴，供全班同学学习。我将小星星的图贴发放到每一个学生手中，让每一个学生根据每一位竞选者的综合情况打分投票，自主选择心目中理想的班委干部人选，并将小星星图标贴到相应的个人海报上。最后，以小星星图标的数目为准，确立参加竞选的班委干部的初步人选。

2. 过好面试关——形象正

过了材料关，就进入第二环节的竞选演讲"面试关"——秀一秀口才。

按照规定，竞选演讲的时间不超过 5 分钟，演讲的内容必须涉及竞选的岗位、对此岗位的认识与理解、自己对此岗位的设想等。孩子们从仪表仪态、演讲时间、演讲内容、语言表达、是否脱稿等方面进行第二轮的投票。众目睽睽之下，要进行现场演讲，这对参加竞选的孩子来说，极具挑战和考验。孩子们全力以赴，精心准备演讲稿，反复演练，制作精美的课件，甚至精心打扮自己，很有仪式感，力争将自己最优秀的一面和最饱满的精神状态展示出来。

3. 过好考察关——热情高

经过两次筛选，基本就确定了入选班委干部的学生名单，但这还不是最终的人选，因为还要过一个"试用期"关。试用期为期半个月。在这半个月中，我对入选的孩子只提一点要求——"热情高"。"热情高"主要体现在两大方面：班级的事情要争着做；同学的事情要帮着做。对班委干部而言，能力可大可小，可以在以后的工作中逐步培养、逐渐提高，但管理班级、服务同学，有热情、有热心才是最重要的。

4. 过好任用关——能力强

走过"三关"，孩子们就可以"挂牌上岗、走马上任"了。在上岗之前，还有一场"小记者招待会"等待着他们。中队委员们在讲台前一一就座，等待孩子们，也就是小记者们的"拷问"。小记者们的问题很尖锐：你的好朋友犯了错，你会包庇纵容吗？当你的学习与工作产生矛盾，你会懈怠班委干部的职责吗？你会利用职务之便，乘机打压同学吗？……这些问题也确确实实反映出当下班级存在的问题和孩子们心中的担忧。更多的孩子则是很中肯地对新任班委干部给予信赖与期望，诸如希望文娱委员能够带领全班同学开展丰富多彩的活动，希望劳动委员能进一步管理好班级的环境卫生，希望学习委员能协助任课老师多关心学习能力弱的孩子等。"小记者招待会"的举行，进一步强化了班委干部的岗位意识、责任意识及服务意识，使每一个班委干部都能牢记使命、砥砺前行。

"小记者招待会"结束，作为班主任的我为新当选的班委干部颁发精心设计制作的聘书，并合影留念。同时，将合影照片和班委干部的职责分工一览表公示张贴于教室，以示荣耀，也予以其他同学进行监督。

任用期是至关重要的一关。为了把好这一关，我设计了"吾日三省吾身——班委干部工作日志"，要求班委干部们从"以身作则""管理班级""服务同学"三个方面各司其职又相互合作，评价自己的每日工作，从而提高管理自己、管理班级、服务同学的能力。此项任务交由班长、副班长共同负责完成。每日由这两位同学批阅审核之后，再将综合情况予以上报。有了"班委干部工作日志"，班干部们的工作就有了标准，也有了相应的规范。

学期过半，举行班委干部"总结、反思、提高"经验交流分享会，旨在对前阶段的工作作一个回顾，总结得失，累积经验，推广经验，对后阶段的工作进行改进和加强。在班委干部自我总结的基础上，聆听同学们的心声，听听他们的建议和意见，不断完善岗位的职责意识，不断凸显岗位的作用意识，避免出现"在岗不作为，在岗不履职"的现象，真正将岗位意识深入己心，落实到位。

5. 过好考核关——人气旺

学期结束，每个班委干部都要进行学期总结，从"德、能、勤、绩"四方面进行述职，接受全班同学的测评。根据同学们的评议，根据班委干部平时的工作表现，对其进行综合评价，评出"五星级班干部"，颁发荣誉证书，予以嘉奖。被评为"五星级班干部"的同学可以直接晋级，成为下一学年的班委干部。这一条奖励措施也极大地激发了小干部们的工作热情和工作积极性。

实践证明，经过这样层层筛选、步步选拔的班委干部很得力，很给力，很尽力，很有力，让其成为凝聚班级精神的"核心力量"，班级"磁场效应"由此产生。

不让一个孩子向隅而泣

不让一个孩子向隅而泣，让每一个生命都有一种不可替代的满足感……

今天是孩子们回校参加休业式的日子。拿成绩册、表彰颁奖、进行寒假生活指导，是一学期最后一课的主要内容。如果说开学第一课是序幕，那么最后一课便是尾声。但我知道，尾声不是发个奖、草草总结一下，便可了事的。这个时候的"收尾"比"序曲"更为重要。试想，努力了一个学期，哪个孩子不想得到认可，获得赞许，取得荣誉？我相信，这是每一个孩子心中都无比渴望的。

"一切过往，皆为序章。"孩子们当下自信乐观、积极向上的心理状态，将照亮他们的未来与梦想。所以，这一种"照亮"，不仅仅是去欣赏出类拔萃的孩子，关注成绩优秀的孩子，也不能局限于一部分孩子，而是每一个孩子都需要！所以，我需要将学期的"尾声"演绎成精彩的"高潮"！

1. 让每一个孩子都成为"主角"

寒假生活指导结束，最让孩子们心仪的颁奖仪式开始了。当我宣布获得"三好学生"的名单时，教室里响起了长时间的热烈的掌声。我说："我们评出的这些'三好学生'，品学兼优，全面发展，一直以来都是大家公认的好榜样。'三好学生'，他们当之无愧！""三好学生"们意气风发地走上台来领奖，孩子们的目光追随着他们的身影，目光中有赞叹，有羡慕，还有一种复杂的难以言说的情感。我理解，于是又说："'三好学生'值得表彰，值得我们学习，但是那些'二好学生''一好学生'，同样在努力，在进步，在成长，在成为最好的自己。能够坚持做最好的自己，这样的孩子同样值得表彰，值得奖励。"一番话激励了孩子们，我很清楚地看到很多孩子黯淡的眼神闪亮了。于是，许多各有所长的孩子找到了自己的位置：

学习认真、成绩优异的孩子——学习小达人；

知识丰富、见多识广的孩子——知识小博士；

兴趣广泛、才艺突出的孩子——艺术小明星；

关心班级、热心服务的孩子——班队小主人；

热爱劳动、心灵手巧的孩子——劳动小能手；

保护环境、节约资源的孩子——环保小卫士；

乐于助人、富有爱心的孩子——爱心小天使；

喜爱运动、身体健康的孩子——运动小健将；

举止文明、礼貌待人的孩子——文明小标兵；

喜欢阅读、擅长习作的孩子——未来小作家。

……

对于学有余力的孩子，颁发"最具潜力奖"；进步最大的孩子，颁发"最给力奖"；在班级中人缘好的孩子，颁发"人气旺旺奖"；同学之间互帮互助、团结有爱的，颁发"好伙伴奖"……

我的目光注视着每一个孩子，发现了两张失落的脸庞——小周和小W。他们是班里的学困生，此时脸上充满了迷茫。我的手中恰好还有两件奖品："孩子们，老师手中最后两件奖品应该奖给谁？"

小盟同学站了起来，手指着小周："老师，就奖给小周吧。"

我看了看小周，小周呆愣着。

"小盟，那么就请你给小周颁发一个奖吧？"

"最善良奖！"小盟脱口而出，我的心猛地一热，眼泪差点溢出眼眶："对啊，小周的确是个善良的孩子。善良是多么可贵的品质呀，这个奖真美好！"

听着我的话，小周无表情的脸上泛起了笑意。

我将目光转向另一个孩子——小W。小W的一张脸呆呆的，两只大眼睛瞪得大大的，一眨不眨，似乎眨一下，下一秒就要哭出来一般。

班长小祺一下领悟了我目光中的意思，手指着小W，大声提名。

"同意！"全班孩子齐声高呼。

小W，接班之前，我就听闻她的名字。由于资质的关系，她学得相当吃力，是众所周知的学困生。但这一次，她的三门功课都及格了。原来语文只能考40多分的她，这次还得了70多分，进步惊人。我走到小W身边，拍着她的肩膀，对孩子们说："这一学期，我们目睹了小W的善良，更见证了她的进步。祝贺她，获得'学习进步奖'，热烈的掌声响起来！"

热烈的掌声迎着小W响了起来，再看看小W，大滴大滴的眼泪吧嗒吧嗒往下掉。她哭了。

"人无全才，人人有才"，多一把衡量的尺子，便多出许多的"好学生""好孩子"。难怪孩子们惊呼："哇，我们班真是人才济济啊！"

2. 让每一份奖品都富有色彩

孩子们喜欢什么样的奖品呢？我费了一番心思，动了一番脑筋。按照常规奖励，奖品无非一些学习用品。怎样让奖品更多姿多彩，更吸引孩子们，让他们爱不释手、美滋滋地回味无穷呢？

除去学校发放的一些精美的小笔记本、漂亮的文件袋、可爱的卡通笔袋、课外书等，我还准备了"不二家的棒棒糖""作业免做卡""钱老师的亲笔签名照""叶脉书签""写有赠言的贺年片""德芙巧克力"等，奖品可谓五花八门、琳琅满目。

孩子们根据自己的喜好，乐滋滋地领取心仪的奖品，心满意足。其中，我的"个人签名照"受欢迎的程度出乎我的意料。孩子们说："钱老师的照片，是一辈子最美好的纪念，机会难得，非拿不可。"我乐了。

小方同学说："钱老师，我能不能要求获得别的奖品？"

我笑着说："完全可以，只要在我的能力范围之内。"

小方说："我想跟钱老师您合个影，作为对我的奖励，行吗？"

奖励，出乎我的预料，但又是那么合情合理，显得别有意味。我慨然应允。

也许是受了小方同学的启发，孩子们的点子一下多了起来。于是，创意奖品精彩纷呈：

奖励和好朋友同桌一周；

奖励晨诵领读一次；

奖励和老师拥抱一下；

奖励当升护旗手一次；

奖励做值日班长一天；

奖励做小老师，尝试上一节课；

奖励做小助手，为老师服务一天；

奖励和老师共进午餐。

……

随着孩子们一个个"金点子"的冒出，我的内心也在一次次地激荡。孩子们，远比我这个做老师的想得更周密、更细致、更富有人文关怀。

孩子们一蹦一跳地，一批又一批，走上台来，合影留念。背景图片，是一个金光灿灿的奖杯。

奖杯，属于每一个孩子。每一个孩子，都有属于自己的那份独特的美，谁都无法替代。我们的责任就在于让每一个孩子在班级中找到自己的位置，帮助他们茁壮成长。

不功利、不势利、不偏袒、不遗漏，不让一个孩子向隅而泣，让每一个生命都有一种不可替代的满足感……这是优秀班集体建设的终极目标。

向我们班看齐！

教育，有时换一种说法，变一种方式，便迎来了"一石激起千层浪"的欣喜。

开学不到一个月，已经多次听到任课老师的抱怨：

"今天上午的英语课，你们（4）班一个个萎靡不振，（5）班是下午上的课，却依然精神抖擞，你们班是怎么回事？"

"同样上一节数学课，别班没有出现的问题，到你们班全都出现了，真是怪了！你们是怎么听课的？"

"走过一个个班级，别班的早读课都是书声琅琅，就你们班闹哄哄的，一团糟！"……

听着各科老师的批评与指责，孩子们默不作声、低头不语。有些孩子偷偷地将目光投向我，满是歉疚和悔意。

当面聆听毫不留情的批评，心中的滋味可不好受，站在一旁的我很是尴尬和难堪。批评孩子，不就是在批评我这个班主任的教育不当吗？但我不得不承认，各科老师说的是实情。虽然已屡次友情提醒过，但步入新学期的孩子们依然停留在假期的模式，无精打采、心不在焉。在我的课上，这种涣散无力与不思进取，同样表露无遗。

或许是没有比较，就没有说服力吧。"看看别的班！"这是很多老师在批评时惯用的话语，意在让孩子们意识到自己的不足，意识到自己和别人的差距，意识到事情的严重性，从而激发孩子的进取心和竞争力。但我知道，这样的比较本身就是不合理、不公平的。每一个孩子都是独特的生命个体，用同一个标准来衡量个性差异的孩子，显然是错误的。况且，一味地用这样的方式批评与指责孩子，只能令他们无所适从，情绪更加消极，行动更为茫然，不如疏通，不如引导，不如鼓舞人心，振奋力量。孩子们需要的，是向着明亮那方的教育；孩子们喜欢的，是一个精神明亮的班集体。

我缓缓开了口："不用问你们此刻的心情，钱老师都明了。知耻而后勇，孩子们，你们都是好样的！"

听闻此言，所有的孩子都是一愣。可能他们原以为要面对的，是更加劈头盖脸的一顿批评吧。我笑了，出乎孩子们意料的教育方式，才有效呢！

我继续说："这段时间，我们听到了来自各科老师对我们班的批评。作为语文老师，我很想考考大家，请你们来赏析一下老师们的批评艺术。"

孩子们又是一怔，断然没有想到我会口出此言。面面相觑了一会儿，终于有孩子举手了："老师们在批评我们班级时都用了对比的方式，将我们班和别的班作比较。"

"完全正确！"我赞道，"谁能再来说说运用作对比方式的表达效果呢？"

孩子们更诧异了，捉摸不透我的心思，迟疑着不敢举手。但见我丝毫不生气、依然笑嘻嘻的模样，有个孩子站了起来："运用对比的手法，更加鲜明地强调突出别的班级的好，我们班的差。"孩子说着说着，声音越来越低，说到"差"这个字，硬生生地将字音咽了回去。

听着他背台词一般的话语，看着他的窘态，我忍不住笑起来。原本一个个都憋着的孩子见我笑了，也不再忍着，笑出了声，教室里竟然以这样的方式活跃了起来。

"我们（4）班真的如老师们口中所说的那般差吗？"我问。

"不是！"

"我们班在迎元旦歌咏比赛中获得了一等奖。"

"我们班是被公认的体育弱班，但在学校举行的篮球对抗赛中，竟然夺得了亚军，令人刮目相看！"

"我们班的公开课一向是最棒的！"

"我们班的小陆同学连续多次参加无锡市小学生作文竞赛，每次都是稳拿一等奖哦！"

"我们班的小文同学获得了'小小数学家'数学竞赛第一名。"

"这次的绘画比赛,全年级一共有三位同学获得一等奖,我们班就占了两位呢!"

"我们班还有参加过央视《音乐大师课》而一举成名的人称'小李健'的'钢琴小王子'奕程同学呢!"

……

说到这里,孩子们好激动、好振奋,骄傲之情溢于言表。

我同样深有感触:"是啊,孩子们,我们班很优秀,不缺人才;我们班不比别的班差,不缺潜能。但开学以来的这段时间,我们班的确有所松懈,在某些方面做得不够,相信你们也都能感觉得到。孩子们,为什么我们就不能拿出实力,亮出自己,让别的班级看看我们班的优秀呢?"

孩子们沉默着,若有所思。但显然,他们被我的一番话语打动了。陆陆续续地,一双双小手举了起来。

"将我们班的优点保持并发扬光大!"

"虚心接受老师的批评,改正不足!"

"向别的班学习,不甘落后,勇于争先!"

"别的班级能够做到的事情,我们同样可以做到,而且可以做得更好!"

"别的班级做不到的事情,我们也要做到,让我们班脱颖而出,成为与众不同的班级!"

班长小许同学站起来作总结性发言:"该学习别人的,我们虚心受教;该改正错误的,我们知错就改;别人没有的,我们拥有;别人拥有的,我们超越!让别的班级向我们看齐!"小许文静内敛,但一开口便与众不同,字字铿锵。

"向我们班看齐!"说得多好!我带头鼓起了掌,由衷地喝彩。小许情不自禁道出的这句话,恰好说出了我想告诉孩子们的话语。这样的话由孩子们自悟自得,多么珍贵!

孩子们都说好喜欢这句话,因为它充满着自豪感——我们是优秀的班集体,我们是榜样!它带着满满的正能量,鼓舞、激励、鞭策着我们将口号化为具体可循的行动——我们可以做好，做得更好，成为最好的自己！

请看班委干部小云的日记：

今天早晨，我来到学校，来得比较早。同学们有的在交作业，有的闲聊，没有人在早读。我交完作业，立马读起了《国学经典》，读得很大声，一遍又一遍，整个教室都回响着我的声音。同学们都很惊讶地看着我。我依然旁若无人地大声朗读。

一会儿，不知从哪个角落传来了朗朗的读书声；接着，更多的读书声从各个角落传来，教室里便热闹了起来。一个个铿锵有力的字眼从我们的口中蹦出，一阵阵充满朝气的读书声回荡在教室，我们好像真的成了早晨八九点钟的太阳，充满了激情。我忘我地读着，耳畔那动听的读书声让我有些感动。

"其身正，不令而行；其身不正，虽令不从。"我想起了钱老师对我们班委干部说过的话。我很自豪，今天的早读有我的一份功劳，但我不能懈怠，因为"革命尚未成功，我们还需努力！"

再读小陈同学的文章：

早上，我一到教室，就拿起书开始朗读。看到我开始读书，我的同桌、我们一组的同学都跟着我大声地朗读起来。我们大声地读着，开心地微笑。听，整个楼道回荡着我们朗朗的读书声，我们班是第一个开始早读的！我不禁挺直了腰背，读得更卖力了。

46 位同学端坐在教室里，46 颗心团结在一起，紧紧相连，奏出了一首最悦耳动听的晨曲。一种自豪感从我的心底油然而生，我真想大声对别的班的同学说："向我们班看齐吧！"

孩子们的努力，所有的老师都能感受得到。数学老师漾着笑脸对我说："这帮孩子现在可有集体荣誉感了，总是嚷嚷着要和（3）班竞争。这几次的数学考试，（4）班都比（3）班考得好。"

科学老师说："比起其他班，（4）班无论是上课发言还是课堂纪律，明显要胜出一大截。"

信息技术老师说："我最喜欢到（4）班来上课，孩子们热情、积极、主动，讨人喜欢！"

教育，有时换一种说法，变一种方式，便迎来了"一石激起千层浪"的欣喜。一种无声的力量在悄悄地传递、弥漫、涌动、升腾，共振共鸣。

我的学生小泰说："现在社会上流行'正能量'这个词，我觉得钱老师给我们上的这节课充满了正能量，它让我感到暖暖的。若干年之后，或许我们会忘记彼此，但我一定会记得这句话——向我们班级看齐！"

仪式感，让美好成为共同的记忆

充满仪式感的氛围，干净、整洁、高雅、浪漫、诗意，我和孩子们拥有的是爱的沐浴与散发，以及彼此的好感与互相的吸引。

圣－埃克苏佩里的《小王子》一书中，小王子和狐狸有这样一段对话：

"仪式是什么？"小王子问道。

狐狸说："这也是一种早已被人忘却了的事，它就是使某一天与其他日子不同，使某一时刻与其他时刻不同。"

教育即生活，生活即教育。一年之中，如果能够赋予学生某个时间和时刻特殊意义的东西，如果也有一些美好诗意的日子存在于当下学生的成长旅程之中，那么我们的教育是否就因此有了诗意，有了色彩，给学生增添了美好的回味，甚至成为他们一生之中刻骨铭心的记忆？

1. 仪式感，赋予学生以幸福成长的意义

仪式感的力量，不在于"说教"与"灌输"，而是"润物细无声"的表达方式、心灵的"滋养"艺术，标志着独特的精神内涵。置身其中，身临其境，身心合一，学生自然而然萌生了一种庄重感、神圣感、归属感与自我认同感。所有这些，都将闪耀出温暖动人的光芒，潜移默化成为学生精神生活与心灵世界的一部分，成为他们一路勇敢前行富足的"养分"。

- 初见的仪式：怦然心动的欢喜

每次过教师节，便会很自然地想到，为什么就没有学生节呢？9月1日，学生开学，将这一天设为学生节，既有仪式感，又让学生有新鲜感，多好！

这一天，我会给孩子们准备一份见面礼。那是我在暑假中就早已酝酿好的——用饱含真情的文字表达对孩子们的真情实感。《九月》《此刻的我最美》《拿什么奉献给你，我的孩子？》《绿叶对根的情意》……都是我用心捧给孩子们的礼物。开学这一天，我就将我的文章朗读给孩子们听。看他们亮晶晶的眼睛中闪烁着亮闪闪的泪光，我的心就柔软成一团。当然，一个深情的拥抱，一根甜甜的棒棒糖，一块步步糕，一包旺旺雪饼，也是少不了的。这是我对孩子们的期待与祝福。

这一天，我会与孩子们一起拍一张"全家福"，记录下我们最初相遇时最美丽的笑容；这一天，我会教孩子们唱我们的班歌《相亲相爱一家人》。孩子们都说好喜欢，因为温暖。

这一天，孩子们最高兴的是每个人都可以吃喜欢的小零食，看一部喜欢的电影，还可以拿到我发放的一张作业免做卡。孩子们说，这可是开学第一天的大福利！

9月1日，是草叶上颤动的第一滴露，是花朵上绽放的第一抹红，是琴键上发出的第一个音，是孩子们步入校园的第一声笑……

我希冀在这一天播下花籽，撒下种苗，孕育理想，放飞希望。

我期盼着与孩子们并肩同行，快乐地开始新的旅程。

- 岁末的仪式：捡拾所有的光亮

12月31日，岁末，一个特别的时间节点，我们称之为跨年日。跨年，本身就是不言而喻的美好，更需要一种回首过去、展望未来的热烈隆重的仪式感。

2013年12月，整整一个月，我沉浸在跨年颁奖典礼的设计构思之中。我希冀用一种美好动人的方式，带给孩子们心灵的感动，在他们的生命里留下花的芬芳和愉悦。

颁奖典礼需要通过隆重的仪式来呈现。我决定给"十佳好伙伴"撰写颁奖词，颁发荣誉证书；挑选形象佳、素养好的女孩子作为"礼仪小姐"，教给她们微笑、行走、托盘的基本常识；组织学生撰写邀请函，邀请学校领导、任课老师作为颁奖嘉宾，邀请学生家长前来参加仪式，见证孩子们成长的喜悦。

2013 年 12 月 31 日，五（5）班的教室济济一堂、喜气洋洋。"2013 年，我们快乐地学习，快乐地生活。我们的努力看得见，我们的成功更被无数的镜头铭记……"屏幕上闪现出一张张昔时的照片，那些弥漫在岁月里的欢声笑语，感动过孩子们的那些事、那些人，通过珍贵的镜头，重回眼前。

"因为你们，我们更优秀；因为你们，五（5）中队更优秀！和你们在一起，我们的前行有了榜样，有了力量！ 2013 年感动五（5）班'十佳好伙伴'颁奖仪式现在开始！"主持人激情澎湃，教室里掌声如雷。荣获"十佳好伙伴"的 10 个孩子在热切的目光注视下，神采飞扬地登上领奖台，接受颁奖。他们手捧大红的荣誉证书，聆听着我写给他们的颁奖词，笑容灿烂，快乐与自豪就像花蜜从饱满的花房溢出。

最激动人心的是颁发 2013 年"感动五（5）班特别奖"的时刻。在《好大一棵树》的歌声中，孩子们整齐地站立着，齐声朗诵给老师们的颁奖词。饱含深情的诵读伴随着饱含深情的歌声，老师们的心里涌起滚滚春潮。孩子们纷纷涌上台，争着抢着给老师颁奖，掌声一浪高过一浪。

在隐隐的泪光中，孩子们共同向岁月致以深深的谢意："记住今天，记住 2013 年 12 月 31 日，记住这一天凝聚起来的所有感动。让我们用今天的感动，温暖明天的 2014 年。201314，爱你一生一世！"

现在，对于我的孩子们来说，每年的 12 月 31 日，是一个令他们翘首企盼的日子。因为这一天，有隆重的颁奖典礼；因为这一天，要颁发班级的最高荣誉奖——"钱老师奖"。在喜气洋洋的音乐声中，走上领奖台，聆听颁奖词，接受荣誉证书，极其光荣和自豪。但更使孩子们激动的，是可以领取到一份特殊的奖品——一个"岁岁平安"的大红包。大红包内装的不是压岁钱，而是我亲笔签名的一张美照。为什么用我的照片作为新年礼物？对此，我的解释是："孩子们，你们的表现太棒了，钱老师用任何的语言来表达都是苍白的，只能将我自己送给你了！"孩子们大笑。

这样的一份跨年礼物，孩子们实在是太喜欢了。他们捧着我的照片爱不释手，赞不绝口。有一个孩子对我说："晚上睡不着觉时，就欣赏钱老师的照片，看着看着，不一会儿就安然入眠了。钱老师，你是我的安眠药！"还有孩子说："假期里想念钱老师了，就拿出钱老师的照片，看到照片上微笑着的你，我也不由自主地跟着微笑起来。钱老师，您是我的开心果哦。"……

听着这样的话语，我很感动，也很幸福。真正的教育是一种潜教育，教育的本质是心灵感应。我相信，使生命舒展、道德提升、人生幸福的教育，才是真正的教育。

- 毕业的仪式：让美好永远定格

如花的岁月，需要有欢快的生日歌；如水的时光，应该有对美好的共同记忆和领悟。集体生日会，营造了群体和谐的氛围，易于使学生产生共情，引发共鸣，感知友谊，收获信念。

在六一儿童节到来之前，我会早早地去蛋糕店定好蛋糕，买好适合男孩女孩的生日礼物、生日贺卡，一张一张地用心写上我的生日祝福。当然，还有我送给孩子们的毕业相册。这本相册中的照片，不是临时摆拍的，而是三年时光的浓缩与记忆。

大屏幕上，打出了"六一儿童节联欢会暨集体生日晚会"的字样，《祝你生日快乐》的音乐响起来了，孩子们的歌声响起来了，歌词唱成了——"祝你生日快乐，祝你生日快乐，祝六（2）班生日快乐，祝六（2）班生日快乐。"歌声中满满的是回忆，是不舍，是珍惜。当孩子们看到屏幕上滚动播放着"六（2）班三岁啦！"的字幕，看着从四（2）班到六（2）班整整三年之中那些珍贵难忘的镜头，禁不住默默地流泪。

过去的岁月，共同铭记，孩子们用一首《感恩的心》吐露心声；未来的路程，即将开启，汪国真的诗歌《毕业》道出了孩子们的心声：

我们从这里起航

走向遥远的地方

当我们走向明天

又怎能把昨日遗忘

回首昨日

那郁郁葱葱的日子

有过青涩也有过芬芳

更有的是相遇　相识　相知

那瑰丽的宝藏

今天　我们流泪了

那可不是忧伤——是歌唱

今天　我们分别了

那可不是遗失——是珍藏

这首诗，我早就端端正正地写在了孩子们的日记本上。在诗的最后，我写下了这样一句话：

孩子们，即使离开，你们也依然飞翔在我的天空里。

——钱老师

就在前几日，有一个家长给我发来图片和信息，说在帮已读高中的女儿整理书桌时，发现了孩子一笔一画工工整整写下的这首《毕业》诗。在诗的最后，孩子依然写下：

孩子们，即使离开，你们也依然飞翔在我的天空里。

——钱老师

家长深有感触地说："钱老师，孩子铭记着这首诗，铭记着您说过的话，也是铭记着您与她共同度过的美好岁月啊。"

这一天，还收到远方的一封来信，是多年前毕业的一个孩子写来的。她在信中写道：

钱老师，想起孩提时代所有的经历，小学六年级临近毕业时，你给我们过十二岁集体生日晚会的场景至今令我难忘。

很清楚地记着，那是一个明亮的月夜。那天居然很戏剧性地停电了。我们燃起了蜡烛，生日晚会就在闪烁的烛光中开始了。生日蛋糕是钱老师你亲自去蛋糕店挑选预订的，足足有三层，精美诱人。生日礼物也是钱老师你亲自去饰品店精心购买的。女孩子一人一把当时很流行的超可爱的卡通小扇子，可以自由折叠；男孩子每人一个很酷很帅的钥匙扣，印有男孩子们喜欢的体育明星的头像。在我们心中，那一份礼物真的是无与伦比的。晚会的最高潮是点蜡烛，由一个女同学朗诵了一首诗。至今记得其中的几句：所有的日子，所有的日子都来吧，让我编织你们，用青春的金线，用幸福的璎珞，编织你们……

明月、烛光、诗情、欢笑、温暖，钱老师，这是我度过的最浪漫最诗意的生日晚会……

我想，这么多年过去了，孩子们为什么会记得这样的一些日子？因为这充满诗意的仪式感。静下心来，用心做教育，在教育中增加一点仪式感，将相同的日子过出些不同，让光阴在孩子们的人生日历上刻下鲜活光亮的划痕，那样，日子闪光，心灵欢悦。

2. 仪式感，赋予学生独特的精神属性和个性化的价值

当下的孩子个性张扬，极有自己的想法与主张。从孩子的立场出发，从孩子的需求中寻找仪式灵感，注重仪式感的渲染和营造，赋予孩子独特的精神属性和个性化的价值，放大教育影响力，促进心灵成长和生命绽放。

记得有一回，在班级中大张旗鼓举行历时一月之久的"德比杯"足球赛。我们在班内进行海选，根据每一位同学的兴趣爱好与特长，挑选参赛队

员、比赛小裁判、现场解说员、小球童和后勤人员，并组织学生设计足球赛门票，制作宣传海报，上"快乐足球"课，排练"啦啦操"，邀请家长前来助阵，忙得不亦乐乎。比赛结束，我策划了一个别出心裁的颁奖仪式，特意去印制了参赛队员光荣榜，颁发刻有"六（5）班德比杯足球友谊赛"字样的奖杯，设立了"冠军奖""金球奖""金手套奖""助攻奖"等一系列奖项，奖牌上刻有每一位获奖学生的名字。更让学生惊喜的是，我邀请的颁奖嘉宾竟然是家长！那一刻，捧着镌刻有自己名字的奖杯，看着亲爱的妈妈为自己颁奖，学生心中的荣耀和自豪感溢于言表。家长们评价说："这一场学生足球赛，有巨幅海报，有门票入场券，有家长邀请函，有专职裁判和小裁判，有学生的现场解说，还有家长充当的临时教练和专业的摄影师，更有很高大上的奖杯和奖牌……孩子们人生的第一场足球赛，真是太精彩、太有范儿了！"我的同事则打趣道："碧玉，你一不小心举办了一场'世界杯'！"

如果说每一次的成长都是生命最美的绽放，那么每一次的庆生，都将成为学生人生最重要的篇章。因为这样的一种礼遇，不只是一次生日会，更是小小心灵对生命、对爱、对未来的深刻感悟。

5月24日，一个学生的生日。孩子没有透露，我从"QQ好友信息"中获知，当下便决定要给她一个惊喜。这一天恰好是班会课，于是便成了"生日会"。我说："今天是我们班一位同学的生日，我们要为她举办一个特别的生日会。"孩子们在欢呼的同时，不免表达了遗憾之情："钱老师，没有蛋糕、礼物的生日怎么过呢？"我说："是啊，今天的生日会没有蛋糕、礼物，但我们同样可以让它美美的，充满仪式感。"启发之下，孩子们脑洞大开："对啊，黑板就是我们的画布，我们可以尽情地画蛋糕，画礼物，送祝福；教室就是我们的场地，我们可以任意布置。"心灵手巧的孩子们全员参与，集体行动，进行"生日大创意"。挂上了气球、彩带的教室立马呈现出欢乐的生日气氛。黑板上，孩子们画出了一个插着蜡烛的三层大蛋糕，写上了暖心的祝福话语。芬芳的鲜花、甜蜜的巧克力、漂亮的裙子、可爱的棒棒糖、小发卡、布娃娃等各种礼物，应有尽有。在热烈的掌声和欢呼声中，小涵同学被隆重邀请到黑板前闭眼许愿，她的热泪夺眶而出……

有一个爱好打篮球的男孩子对我说："钱老师，我想在生日时举行一场'篮球赛'，可以吗？"我欣然应允："当然可以，由你说了算！我们就在学校大操场为你举办生日庆祝会。"听着我那么爽快的回应，孩子乐得连蹦带跳。自此，由学生自创生日仪式的个性化活动模式正式开启。不得不说，孩子们就是天生的艺术家，自带创意，一个个多姿多彩的仪式活动应运而生。如制作面具，进行课本剧表演；自己设计，来一场环保时装秀；和妈妈一起烘焙糖果点心，带到学校与同伴分享；将自己从出生之时到现在的相片簿展示给同伴欣赏，讲述照片中的故事……于是，生日不仅仅属于孩子一个人，而是成为整个班级所有孩子的"节日"。

在一次次丰富而又动人的体验中，孩子们自然而然地领悟到，只要用心用情，生活可以是一个节日连着另一个节日。仪式感的养育，就是这样一种内外兼修的过程，在不知不觉中成为一个人的信仰与精神支撑。

3. 仪式感，赋予学生充满成长能量的幸福能力

仪式感，关乎的是对生活的热爱，对幸福的敏感，对精致生活的用心表达。教师只有用心经营，将自身的教育生活过成诗意般的仪式感，才能给学生注入幸福的元素和力量，共享日常生活中精致有味、充满感动的细水长流。

很喜欢村上春树创造的一个词——"小确幸"，特指微小而确实的幸福。在我看来，所谓的"小确幸"，很大程度上就是对待生活的一种仪式感，以一贯认真、富有情趣的态度对待生活里看似无趣的小事，体悟到生活本质中被发掘的小小的乐趣。即小小的仪式感，大大的幸福力。

每一天，每一身衣服，我都要精心挑选。我明白，我每一天的着装与心情会告诉学生我是一个怎样的老师，过着怎样的生活，有着怎样的生活追求，而这些极有可能成为日后他们生活的版本。一身优雅的服饰，一颗欢喜心，一个美好的开始，这是我对每一天生活幸福的承诺，也是我在学生面前保持的仪式感——优雅、自信、阳光。

生活中，我喜欢花，喜欢站在一朵花前凝视的感觉，也喜欢看自己和花儿开放在一起，怦然心动。于是，很自然地，我的教室里总是有花香弥漫。孩子们买了一小盆、一小盆的花，摆放在窗台，是对自然界中另一个生命成长的关爱与呵护，也让我们的教室增添了一道自然亮丽的风景。

我爱好摄影，喜欢记录下生活中每一个美的时刻。我也非常喜欢给孩子们照相，拍下每一个动人的瞬间。孩子们非常乐意成为我的"小麻豆"，也非常喜欢和我一起合影留念。教室的墙壁上，我和孩子们的一张张笑脸照，组成了一个大大的"LOVE"字样。每次走过，心都会漾起涟漪。我相信，孩子们亦是如我此时的感受。

我喜欢欣赏音乐，喜欢阅读。每逢学生的阅读时间，我也会捧着书与孩子们共度好时光。这个时候，只需一束阳光，一颗甜甜的糖，一段班得瑞的音乐，就足以将我们的内心点亮。

教室显眼的地方，摆放着一个意为"幸福银行"的"点赞箱"。每天，我和孩子们都会往"点赞箱"内投递"幸福储蓄卡"。利用晨会课，中队委员随机抽取"幸福储蓄卡"，大声地读出属于每个孩子的"幸福时刻"。虽然每一次的"点赞"时间不过几分钟，却成为孩子们一天之中最向往的时刻。

作业本上，孩子们经常会看到我的"表情"批语，或是一个"红苹果"，或是一张"笑脸"，更有令孩子们激动得心跳加快的"亲爱的""抱抱""么么哒"的亲昵表情。每个周末，是孩子们最期待的时刻。因为翻开家庭作业记载本，说不定会有意外的惊喜——一张大红的喜报！我总是悄悄地将"喜报"夹在他们的记载本中。就这么一个小小的举动，让孩子们好是兴奋和满足。

六一儿童节，我会为孩子们准备他们喜爱的各种零食，送给他们每人一张我亲笔书写的"六一快乐"的爱心卡，意为"心会跟爱一起走"；戴上鲜艳的红领巾，和孩子们一起过节。孩子们说："钱老师，您是一个大儿童哦。"作为孩子们的"大儿童"，我同样收到了孩子们用心送出的礼物：一张贺卡，一本好书，一束鲜花。

适逢我的个人专著出版，我去买了几大盒的巧克力，分发给孩子们，意为"甜蜜"的分享。值得一提的是，听闻我的著作出版，我的第一届学生特地为我举行了一场别致的"新书发布会"。发布会现场，不仅有可口的蛋糕、芬芳的鲜花、特别准备的礼物，还有我那一群已到中年的学生感人至深、动人肺腑的深情回忆……那一刻，我热泪盈眶。

仪式感，就是这样一些暖心的细节，传递着关切与温馨，它让教育成为情趣盎然的生活，充满了精致的情怀，而不是简单空洞的说教。充满仪式感的氛围，干净、整洁、高雅、浪漫、诗意，我和孩子们拥有的是爱的沐浴与散发，以及彼此的好感与互相的吸引。孩子们身体快乐，精神健康，这一切都是悄悄变化着的，细细体味，温馨美好。

我很清楚，每一个孩子与我的相遇只是短暂的缘分。我所能做的，就是和孩子们在一起，不断制造生活的惊喜，细腻而又富足地感知它，让孩子们因为拥有这些充满仪式感的日子和时刻，确确实实感受到自己的存在和与众不同，等若干年后再回首走过来的岁月，有众多可供回忆的惊喜。当然，我也希望，日后的他们成为把生活过成诗的人。

王小波说："一个人只拥有此生此世是不够的，他还应该拥有诗意的世界。"教育也应如此，不虚张浮夸、急功近利，应幸福温暖、美好如诗。

让每一个生命都欣欣向荣，
努力做自己。

你不是最弱小的！

香橼不是以个头来衡量价值的，香橼为香气而生。小香橼虽然个头小，但它散发着和大香橼同样的清香。

1. 香橼为香气而生

秋天到了，校园里的香橼树上挂满了果实。香橼树下，孩子们捡拾着掉落的香橼，嗅啊，闻呀，捧在手中把玩，甚是欢喜。

不知什么时候，我的窗台上出现了三个香橼。孩子们说，这三个香橼可谓香橼中的"大哥大"了，绝对是"巨无霸"。我一一拿在手中，闻一闻香气，笑眯眯地问："呀，是谁将香气送到了钱老师面前呀？"孩子们纷纷答道："是我们班里的三个学霸。"孩子们口中所称的"三个学霸"不光成绩好，而且是三个很有心的孩子。他们很骄傲地告诉我，因为香橼是送给最亲爱的钱老师的，所以不能怠慢，得精挑细选。为了寻找"巨无霸"香橼，他们可是挑挑拣拣了好长时间呢。

之后，陆陆续续地，我的窗台上像克隆似的，又出现了一些大小不等的香橼。坐在窗前批阅作业，清香萦绕，真好像坐在秋光里呢。

有一天，我忽然发现，窗台上的香橼不再增多。原先摆放得有些参差的香橼不知被哪个孩子按照个头的大小放得井然有序，顿然成为教室里一道亮丽的风景。

有事没事，孩子们总爱到我的窗台边逗留，把玩一下，闻闻香气，很是满足。

一日，我正沐浴着香气，批改着作业。"淘气包"小陶一蹦一跳地走过来了。他手指着香橼，嘴里数着数，数到最后一个香橼，大叫道："钱老师，一共十一个香橼。十一，一心一意的爱啊！"我这才恍然大悟。对啊，十一个香橼，不就表示"一心一意爱钱老师吗"？淡淡的香，浓浓的爱，我不由感叹着孩子的心思如蜜。

正在这时，小陶忽然拉拉我的衣服，轻声说道："钱老师，你看，这三个'巨无霸'香橼是小陆、小许和小文送给你的，我送给你的香橼最小，只能放在最后。"他停顿了一下，难为情地低下了头，声音更低了："是不是他们三个成绩好的同学就是那三只大香橼，而我就是那只小香橼？"

小陶的话让我惊愕。我断然没有想到，孩子们无心地将香橼按个头有序地排列会引起小陶心里的触动。一眼望去，那三只大香橼的确夺人眼球，相形之下，那只排列在最后的小香橼显得那么小，那么不起眼，也难怪小陶会生发如此感慨。

我笑了，拍了拍小陶的肩膀，说："小陶，你知道吗？香橼不是以个头来衡量价值的，香橼为香气而生。小香橼虽然个头小，但它散发着和大香橼同样的清香，不信你闻闻。"

"真的吗？"小陶抬起天真的小脸，将信将疑。

"当然是真的。"我随手拿过大香橼和小香橼，送到小陶鼻子边。

小陶深深一闻，陶醉了，使劲地点着头，开心地笑了。

2. 你不是最弱小的

小陶，是同学们口中所封的班级"四大天王"之一。他调皮任性，脾气火爆，动辄就要和同学发生矛盾，一张小嘴巴得理不饶人，颇不受大家的欢迎。但哪个孩子内心没有成为好孩子的美好愿望呢？接班以后，也许是觉得我这个新老师有些与众不同吧，他很快就喜欢上了我，并努力地改变自己。每一天午餐时分，他总是抢先为我端来饭盒，请我用餐。作为奖赏，我总是与他分享我的饭菜。号称"小吃货"的他从不忸怩和推辞，很有礼貌地道声"谢谢"。在与他的相处中，我发现这个孩子其实特别单纯可爱，打心眼里喜欢他。

有一天，小陶手里拿着一个变形金刚，津津有味地玩弄着。我见了，也起了好奇心，忍不住和他一起玩了起来。我们俩一来一往，玩得很是开心。遇到我不明白的地方，小陶手把手地指导我。围观的同学越来越多，小陶的脸上咧着可爱的笑容，兴奋极了。

教师节那一天，小陶送给我一张卡片。我接过来一看，上面写着："钱老师，祝您教师节快乐，希望我们能好好相处。"那一刻，我很感动。

与谷物一样，生命也需要滋养。温柔以待、细心呵护、用心扶持，生命才能吸收、生长、拔节，如涟漪荡起快乐的波纹。

小陶心灵手巧，小小年龄竟然精通厨艺，烧得一手好菜。或许是深知烧菜煮饭的不易，小陶就餐从不挑食、偏食。学校推行"自主管理"制度，午餐时间没有了老师的陪同，教室里总是有些吵闹。于是我看好小陶，任命他为"文明小督察"，负责维持午餐秩序。小陶欣然领命。他很有耐心地提醒同学们饭前洗手、有序排队、安静就餐，极富责任心。不仅如此，他还将每天的就餐情况做好详细的记录。哪些同学文明用餐，哪个同学挑食偏食，哪个同学吃"汤泡饭"，哪个同学不节约粮食，他都记录得清清楚楚，与平时看起来大大咧咧、蛮不讲理的小陶简直判若两人。我大为惊叹，将他升级为班级生活委员。他可神气了，走起路来都昂首挺胸。

可是，"香橼事件"提醒了我，小陶的内心其实还挺自卑的，众多因素的存在给他造成了心理压力。这也时时告诫着我，必须对每个孩子一视同仁，尤其不能对小陶这样爱闯祸、爱惹是生非的孩子另眼相看。

班级里成立"好伙伴"组合，我特意将语文课代表小陆和小陶结对成"好伙伴"，小陶非常高兴。因为小陆不但成绩优秀，而且善解人意，又通情达理，是他心目中最理想的人选。遵循"好伙伴"组合"为同伴喝彩，为自己加油"的宗旨，好伙伴之间应该"彼此努力，互帮互助，共同成长"。我很欣喜地看到，按照我的要求，小陆不管如何忙碌，总是耐心细致地帮助小陶认真记录好"每天进步一点点"的进步卡。小陶呢，看到小陆课代表工作繁忙，总是很自觉主动地帮助小陆收发作业本。甚至早自习，当小陆带领同学们早读时，小陶也自愿担任巡视员，帮忙提醒督促同学们自觉早读。见此，我在班级里宣布，小陶将担任语文课代表助理，协助课代表的工作。我问小陶可愿意？小陶喜滋滋地连连点头。

每周五，按照我的规定，好伙伴之间要总结汇报"一周表现"，这时是小陶最喜笑颜开的时候。在同学们的夸赞和鼓励声中，小陶再也不是以前那个"小霸王"了，他正努力成为一个人见人爱的孩子。

12月31日，一年的最后一天，照例又是评选班级最高荣誉奖——"钱老师奖"的时候。这一次，我破例提名小陶，由小陆等五位同学组成的评委会成员一致同意小陶入选。当我将"钱老师奖"颁发给小陶时，他惊讶得简直不敢相信自己的眼睛。我认真地看着他，说："你不是最弱小的！小陶，恭喜你！"这个时候的小陶，忽然之间就长大了，由衷地说了句："谢谢钱老师！"

我相信，一个好老师是能够成就一个好孩子的。这是我理解的小陶所说的"好好相处"。一学期的光阴，让小陶对我的喜欢变成了依赖，他成了我的"贴心暖男"。

3. 留住美，留住春天

春天，校园里的玉兰花盛开了，满树纯白的花纯净、高雅。下过一场雨后，玉兰花更是美得冰清玉洁、纤尘不染。我邀约了小陶和几个孩子前去欣赏。

我拿着手机，趴在窗户边上，努力探着身子拍摄着雨中的玉兰花。为了寻找一个合适的摄影角度真不容易，我一会儿斜着身子，一会儿跪在窗户沿下的书吧上，拍得好是吃力。小陶说："钱老师，看你拍照那么累，不如我去帮你摘几朵来。"我说："不行！留住美，留住春天！"小陶听着，有些惊讶："钱老师，你才是真正爱花的人啊！"

这天早晨，我走进教室，迎面就看到教室的窗台上摆放着一瓶月季花。一朵月季开得浓浓烈烈，硕大无比；另一朵刚刚绽放，有欲说还羞之美；另外几朵都是花骨朵儿，正蓄势待发。花瓶呢，细颈白瓷的，瓶身渲染开了一片蓝色调，上书"梁祝"二字，颇有青花瓷的古韵味道。玲珑的花瓶，配上袅娜的花枝，很是招眼。我一下就喜欢上了，不由得问："是哪位有心的小朋友将美丽的花儿送到钱老师面前的呀？"

"是小陶送的！"孩子们齐声大喊。

我将小陶喊到身边，谢谢他将春天、将美送到了我的面前。

小陶害羞了，说："星期天我去外公家玩，看到外公家院子里栽种的月季花开了，就想到钱老师你喜欢花，于是就摘了几朵送给你。不过，我找不到合适的花瓶，只好将外公喝完酒的空瓶子当花瓶了。"

我哈哈大笑，拉过小陶："小陶，钱老师要请你和花儿合个影，留住春天，留住美！"

孩子，你可以慢慢来……

但我愿意坐在洒满阳光的靠窗的座位上，看这个一脸呆萌的孩子一笔一画地写着作业，让他安安静静、从从容容。

第一眼看见他，便印象深刻。五年级的孩子了，只有一二年级孩子那般瘦小的个子，却拖着一个行李箱一样的大书包，显得那样的不相称。后来，才知道他在全年级组都赫赫有名，因为写作业爱拖拉。

每一天，他就在各科老师的呼唤中来来去去，仿佛总是有补不完的作业。为了补作业，好些课他缺席不上。

不做作业、写作业拖拉，因此，他有了一个绰号：拖拉机。

每天早晨，看着他拖着大书包走进教室，之后便是异常忙碌，被动地应付着交各科作业；傍晚，他又拖着大书包，面无表情地离开教室。

每天看着他，我的心里很不是滋味：这个孩子，每天来校上学，从不缺课，但他过得开心吗？

当有一天他坐在我对面，我将这个问题抛给他时，他推推架在鼻梁上的小眼镜，一脸茫然："不知道。"

我在心里叹一口气。户外的阳光这么好，其他同学都在上体育课，可他还在补写上星期的作文。问他为什么不写作文，他回答道："不会写。"

我说："不会写，就不写，这个理由很正当，但其他会写的作业为什么不写呢？"

他又回答道："不想写。"

我没有再问下去，也没有很生气，因为他说的是大实话。升入五年级，作业量相对来讲增加了，但凭着他慢得异常的作业速度，要按时完成作业真的是一件很困难的事情。

有一段时间，我一直在细细地观察他写作业。看着他慢慢吞吞地打开作业本，很机械地拿着笔，在作业本上滑动，写着写着，他走神了，咬手指甲，在纸上涂鸦，或长时间地发呆。老师喊他名字时，他仿佛梦中惊醒一般，低头写几个字，但过一会儿，便又是老样子。

没办法，他便只能离开座位，趴在老师的讲台边写作业。

白天的时间，他只能用来应付数学和英语作业。语文作业，总是要到放学后留下来才能完成。而所有的家庭作业，基本上是不指望他完成的。

联系他的家长，家长翻来覆去总是一句话："我打也打了，骂也骂了，他就是不改，我也拿他没办法。"话都说到这个份儿上了，那还能怎么样呢？只能凭着一己之力，耐心地帮他慢慢补。

了解了他的令人唏嘘的身世之后，我的心中升腾起异样的感觉。也难怪，孩子的内心没有温暖，每天的生活怎么可能快乐？学习上怎么能有动力？

他有个很特别的习惯。吃饭时，只吃菜，从不吃饭。生活委员批评他，他委屈地哭了，说在家里也是这样子的，妈妈允许的。我想先由着他吧，强制性命令肯定不行。但不吃饭，光吃菜怎么行？营养远远不够呀。于是，我从自己的饭盒里分出一些菜来，他很懂礼貌，低声道谢。

他特别爱吃虾，极有耐心，很是专注，一只一只剥好，挨个儿放整齐，之后便是细细品尝。于是，每逢遇到吃虾的时候，我总是从自己的那一份中挑出一些来，分给他吃，他开心极了。我趁机对他说："光吃菜不吃饭，营养还不够，影响你长身体啊。"一旁的同学也劝他："对啊，你看你个头不高，就是因为你从不吃饭，缺少营养。"他听了，低头不语。

有一天，生活委员像报告喜讯一样，冲我大喊，说他开始吃饭了！我走过去一看，果然，他在一口一口地认真吃着饭。

孩子们可开心了，说："奇迹产生了！"

我问他："白米饭难吃吗？"

他回答："还可以。"

我说："你看，习惯也是可以改变的呀。好习惯和坏习惯之间只差一个字，只要你愿意改，不难哦！希望你坚持呀！"他扒拉着饭，不吱声。

饭后有水果供应，他尤其喜欢。我总是有意识地将多余的水果奖励给他，他异常欢喜，乐滋滋地向我道谢。

有一回，他姥姥来接他。他一手拖着他的大书包，一手将苹果递给他姥姥。姥姥问他哪来的苹果，他用细细的声音回答："钱老师奖励给我的，很甜。"

走在他们身后的我听到这番话，感叹之余很是欣慰。我知道他心头的冰雪开始融化了，对我这个新老师筑起的防线也在慢慢放下。果然，再让他写作业，他的态度有了明显的变化，作业速度快了，书写也端正了很多。

很多时候，陪着他写作业，更多的是在与他交流。每每看他完成一项作业，我总会让他休息一下，在休息的间隙奖励他一些小零食，与他聊天唠家常。在日渐的接触中，我发现这个孩子并不内向，挺能说会道。他跟我讲他爱抽烟的姥姥，会做木工活的心灵手巧的姥爷，经常要加班晚回家的妈妈。妈妈哪天不加班，便会带他出去吃宵夜，这是他觉得最快乐的事情。

有一天，我问他："你觉得这学期你有进步吗？"他笑眯眯地回答道："我觉得我进步了。"我说："为什么呢？"他说："因为我以前一个月最起码要挨打十多次，现在三个月过去了，我才被妈妈打过三次，这不是进步了吗？"

第一次听到一个孩子用这样的一种方式来评价自己的进步，而且说得那么坦然，神情那么自然，我的心头五味杂陈，真的被惊到了。定下神，我问："那你想不想让自己更有进步呢？"

他写着作业，头也不抬，回答很干脆："想呀，可就是做不到。"

我说："我们先从你能做到的事情做起，比如抄写家庭作业，整理自己的课桌，你看行不行？"

他迟疑着，没有回答我。从一年级上学开始到现在，他每天的任务就是应付各科作业，既要完成当天的课堂作业，又要补做昨日的家庭作业，忙得焦头烂额。因此，他的家庭作业一直都是同桌帮他抄写的，他的课桌也一直是同学们替他整理的，他已经习惯成自然了。

我说："你可以选择班里的一个同学做你的好伙伴和小帮手，慢慢地来，试着学习自己的事情自己做，你看可好？"

他点头答应了。

这样的方式，一试就灵。或许是他在班里的独特性吧，他的每一点进步和改变都能引起大家的关注与惊呼。就是在这样的一种氛围中，他真的不再是以前的他了。

那一天，见他穿着一件印有法拉利赛车图标的 T 恤来上学，我便开起了玩笑："呀，法拉利可是很拉风的哦！你穿上了法拉利的衣服，就是赛车手，以后钱老师喊你'小法拉利'好不好？"同学们笑开了，纷纷喊他"小法拉利"。他可开心了，开心自己有了个很酷、很炫的绰号。

也就在那一天，他破天荒地完成了各科作业，实在是太难得了。大课间活动时，他照例留在教室里。一切活动都与他无关，这仿佛已经成为他的习惯。我喊住了他，让他和同学们一起去操场上活动。同学们热情地欢迎着他，他异常开心，在操场上欢快地奔跑、玩耍。

他脸上绽开的笑容，一直在我眼前闪现，总也忘不了。

我知道，陪着他一起写作业的场景还会再有，但我愿意坐在洒满阳光的靠窗的座位上，看这个一脸呆萌的孩子一笔一画地写着作业，让他安安静静、从从容容。

十年树木，百年树人，植物的生长有其自然规律，需要倾注耐心，静心等候，更何况育人这一长期的、复杂的过程呢？教育孩子，不同样需要耐心地去等待"花期"吗？我相信缓慢、平和、细水长流的力量，踏实、冷静、坚定；我相信生命自会找到他自己的出路。快慢缓急、早早晚晚，生长自有节律。就让孩子按照自己的脾性生长，按照自己的内在节奏生长，顺应自然，自成格局，兀自美好。

孩子，你可以慢慢来，慢慢来……

你是你，是不一样的烟火

在人生路上，钱老师与我的这次谈话也许是最有意义的，我将时刻记着它，记着比的意义。要比，就跟昨天不完美的自己相比。

小扬和小许，俨然两朵盛放的并蒂莲，引人注目，惹人喜爱。她俩是我的语文课代表：一个大气，一个文雅；一个外向，一个内秀。同样的优秀，同样的出类拔萃，这样的组合，相得益彰，堪称完美。自然，我对她们的喜欢又多了几分。

小扬是学校升旗仪式的小主持人。站在偌大的舞台上，面对底下黑压压的人群，她从容大方，老练得体，毫不怯场。

在同学们的心目中，她是光彩夺目的人物。可我知道，她的内心并不自信，甚至有些胆怯。因为在她心中，有另一个身影存在。虽然在班级里她和小许是一对极好的朋友，但要强好胜的她暗自视小许为竞争对手。

意识到小扬的这种心理是从细枝末节中捕捉到的。课堂上，每回答一个问题，她不自觉地转头去看小许；作文本发下来，她不自觉地去翻看小许的文章；考完试，她几近迫切地打听小许的成绩。这些下意识的行为让我看到了她真实的内心，也引起了我的不安。

那是在一次数学考试之后，她很意外地考砸了，而小许的成绩遥遥领先。那一瞬间，她的眼神一下黯淡下来。那一天，虽然她依然若无其事地和同学们谈笑风生，但她努力掩饰下的勉强笑容还是令我担忧。

我知道，无形的压力一旦不能释放，久而久之会成为她的心结。我不希望她生活在别人的光环之下，忘却了属于自己的色彩与快乐。

大课间时分，她和同学们玩得正欢。我轻轻呼喊她的名字，冲她招招手，示意她过来。阳光下，我们并肩而行，边走边聊。

"小扬，其实你并不自信，对吗？"我直截了当，但话语是柔和的。

她呆住了，仿佛不敢相信我一眼洞察了她的内心。

见她紧咬着嘴唇，默不作声，我又柔声说道："我知道，你之所以不自信，是因为你一直将自己与小许比，对吗？"

她低垂着眼睑，默默点着头。

轻抚着她的肩膀，我说："小扬，你为什么要去跟小许比呢？你是你，小许是小许，你们俩都是独立而优秀的个体，各有气质，各有生命的绽放姿态。我对你们俩的喜欢是对各自的欣赏，而不是比较。轻易地将自己去跟任何人作比较，对谁都是不公平的，你明白吗？"

似乎一语点醒梦中人，她在静静地思索和回味。之后，她将思索和回味写在了她的作文里：

在人生路上，钱老师与我的这次谈话也许是最有意义的，我将时刻记着它，记着比的意义。要比，就跟昨天不完美的自己相比。

读到这样的话语，我知道她的心结倏然打开了。心结一旦打开，她会像一颗饱满的种子，在春风雨露的感召下，发芽抽穗，日渐成长。而我只需要站在她身后，凝望她的身影，为她喝彩、祝福。

这一天的自主晨会课，轮到她给同学们上课。她很抱歉地对我说，她没有准备好稿子，能不能改日再上？我说："没关系，你可以随口讲，即使讲得语无伦次也不要紧，大家都能谅解的；再说凭着你做校园主持人的丰富经验，脱口秀对你而言并不困难，你可以勇敢地锻炼一下自己。"

一番话鼓励了她。没有丝毫准备，她就开讲了——"说说班级事"。她从"班级新闻"引入，引导同学们谈论现象，形成观点，最后由她阐述总结观点。10分钟的晨会课，竟然上得有条有理、丝丝入扣，听得我连声赞好。这样出色的语言组织能力和表达能力，在班上唯有她呀。

那一段时间，她的任务繁重，既要忙大队部的事情，又要为班级出谋划策。我看在眼里，深感这孩子能在众多的事务中做得有条不紊，实在太难得了。于是，在她的家校联系本上，我写下一句简单的问候："小扬，辛苦啦！谢谢你为班级所做的一切！"

她回复："谢谢钱老师，应该的。为班级服务，我很光荣！"

读到她的回复时，见她正在为同桌讲解难题呢。她讲得认真，同桌听得也专心，两个人笑意盈盈，好和谐的场景！看着她放下自己的作业，不遗余力、满怀热忱地帮助同学，我感慨良多，不由自主写下："小扬，你为班级、为同学所做的每一件事情，老师都铭记在心。你是班级的骄傲，也是钱老师的幸福！么么哒！"

第二天，我看到的不是只言片语的回复，而是她写的一篇文章《么么哒对话》：

我屏息凝视，竭力克制着自己，定定地望着这一段话，字斟句酌，心中泛起一阵阵波澜：钱老师毕竟是钱老师，自有她成为钱老师的道理，总是让我惊喜连连！

这个时候，语言不再是语言，文字不再是文字。我热血沸腾，眼睛发热，有一种想大喊一声的冲动。

可以毫不夸张地说，这是我小学生涯中收到的最美、最真、最纯、最暖的爱。

可以毫不夸张地说，钱老师，是您铸就了我强大而又美好的心灵。

我是你的力量

我的书，我的照片，成为她的枕边物，成为她的精神慰藉。

班级里所有的同学都知道，她对我的喜欢可以说是近乎痴迷。她经常挂在嘴边的一句话就是："钱老师是属于我的，谁也别想抢走她。"她对我的喜欢应该是从开学报到那一天就开始了。

记得那一天，听到我微笑着喊她的名字时，她轻轻抿嘴一笑，低头不语。后来，她对我说："钱老师，你是第一个喊我'小薇'的老师，多么亲昵的称呼，如春风荡漾在我的心头。"

在班级内，她是一个毫不起眼的孩子，沉默内向，甚至自卑。因为学习成绩，她的心里始终有一丝阴影驱散不去。对此，我没有过多去灌输，也没有空洞地对她说教，我想，就用细细的呵护、丝丝的关怀、殷殷的注视和款款的期待，如同和风细雨般默默浸润她的心田，滋润她的心灵吧。

她彻底爱上我应该源自我的那本书——《正思维、正能量和正教育》。她在文章《暖流》中记叙了这样一件事：

那一天，她正在兴致勃勃地阅读我的书，她的妈妈正在欣赏我班的"网红小歌手"奕程同学演唱的《贝加尔湖畔》。听着听着，她妈妈就开始数落指责开了："你看看人家奕程，弹钢琴弹得多好，歌又唱得那么动听。同在一个班级，同样是一个老师教，你为什么就学不好呢？"听着妈妈的话，她没有吱声，她的目光锁定了书中的一段文字上："孩子是一个个独特的人，独特就意味着与众不同，意味着各有差异；孩子是独立的人，每个人都有独立完整的世界，有其独立的人格和存在价值。"

她说："这句话深深触动了我幼小的心灵，滋润着我，我的心里涌动着一股暖流。不管妈妈怎么数落我，我只是使劲地想钱老师，努力忘记一切的不愉快。钱老师说得太对了，每一个孩子都是有价值的。王奕程在音乐上有天赋，我的绘画水平也不错，我也是有自己的长处和优点的呀。"

结尾处，她写道："钱老师，你可真是我心底的那股暖流，谢谢你让我从无奈中走了出来。"

此文令我惊讶。一个平常面对写作往往无从下笔的孩子，竟然写出了这样一篇好文章。读罢此文，更让我深思。我相信面对"别人家的孩子"，班级里应该有很多家长怀着跟小薇妈妈同样的心理，应该开诚布公地跟所有的孩子讲一讲。

于是，在征得奕程同学的同意之后，我们便上了特殊的一课。

当我将小薇的文章当众朗读之后，教室里一片哗然。果然如我所料，和小薇妈妈抱有同样想法和做法的家长不在少数。

我问："对于我们班奕程同学的走红，你们怎么看？"

"奕程成了小明星，我们都感到骄傲和自豪，毕竟我们天天有机会和小明星在一起，随时可以欣赏到他的天籁之音和行云流水般的钢琴弹奏。"一听此话，教室里一片哄笑。

"奕程是幸运儿吗？可能是，但我认为他的幸运更来自他背后的努力。不是有句话说，越努力越幸运吗？"此处掌声响了起来。

"我们看得见的是奕程的成功，可是在这成功的背后，他付出了多少汗水和心血，所以我们不能只羡慕，更应该敬佩！"

"奕程成为小明星，这是他努力的结果，我觉得我不会羡慕，因为每一个人的优势和特长都是不一样的，我通过努力也会有自己的收获。"

一次班级大讨论结束，孩子们终于统一了观点："我就是我，是不一样的烟火；我就是我，成为最好的自我。"

课的结尾，我笑眯眯地作总结："感谢小薇同学，用真情实感书写了这样一篇好文章，引发了我们的一次大讨论，我给这篇文章打了满分。让我们祝贺并感谢小薇同学！"孩子们将惊讶的目光投向她，将热烈的掌声送给她。她害羞地低下了头，脸上透着喜悦的笑容。

以后的日子里，她依然是那般内向、不爱说话，但脸上开始挂着笑容。那笑容，是由内而外、发自内心、敞亮的笑。

一有空闲，她就用妈妈的手机偷偷地在 QQ 上给我发信息，而我不管多忙，她发给我的信息每条必回，有时甚至是秒回。有一回，她的妈妈发现了她在用手机给我发信息，就没好气地对她说："又在给钱老师发信息了吗？钱老师那么忙，你别总是去打扰她。再说了，像你这样的'差生'，钱老师才不会理睬你、喜欢你呢！"妈妈刺耳的话深深伤害了她，她很伤心地给我留言："钱老师，你喜欢我吗？"我毫不犹豫地对她说："喜欢！当然喜欢！"

她开心极了，扬着手机对着妈妈说："妈妈，你看，钱老师给我回的信息，钱老师说喜欢我！"

爱是开启学生心扉的钥匙，是激励学生奋进的催化剂，是师生情感相融的触发点。面对这样细腻敏感、不自信的孩子，我所能做的，就是温柔而坚定地站在她身边，成为她的力量，抚慰她的心灵，呵护着她迈开步子，一步一步向前。

因为喜欢，所以她开始爱上语文，热衷于写文章；因为喜欢，所以她的每一篇文章写的人物都是我，哪怕离题万里，她也要绕着圈子将我写进文章；也因为喜欢，她的文章总是不加雕琢，真情自然流淌。而我，每次读完她的文章，总是会由衷地表达我的感动，感谢她的温暖文字给予我心灵的润泽与幸福。

有一次，她写了一篇文章——《读你的书，就像你陪着我》，写的是她读了我的书之后的感想。文字中饱含着的真情实感深深打动了我。我情不自禁地与她的文字互动，画上了许多的"笑脸"和"赞"，并在文后附上了一段文字：优美的文字，真挚的情感，诗意的表达，为你点赞！谢谢你，亲爱的小薇！么么哒！当我批阅完她的文章，特意喊她来拿作文本，想给她一个惊喜，让她感受快乐。果然，见她拿着本子，小心地打开，继而嘴巴张大了，笑容洋溢，禁不住"哇"的一声喊了出来——作文本上红彤彤的一片，有我对好词佳句的圈画，有我的称赞，有我画的各种表情图……她开心极了，迫不及待地将她的本子进行传阅。

文字串联起我们之间的表情达意。不读内容，光看题目，就能明白她爱我有多深。《遇见你，就像遇见了天使》《你是我的 QQ 糖》《爱的感觉》《她触动了我的心弦》《那一刻，您最美》《痴迷钱老师的我》……以至于有一次完成练习册上的一道问答题"写一写你喜欢的中外名著及作者"，她的回答竟然是《正思维、正能量和正教育》，作者钱碧玉。批阅到如此答案，我笑开了花，调侃她："小薇，你果真是痴迷钱老师啊！"

语文成绩的突飞猛进，让她在班级中闪亮耀眼起来。她再也不是那个羞答答躲在一边不敢说话的小女孩了。在她沉静的外表下，包藏着勃发的热忱，连同学们都惊讶于她的变化，夸奖她是"羞答答的小花静悄悄地开"。

"别忘了寂寞的山谷的角落里，野百合也有春天。"每个生命都是珍贵的，不管他强大还是弱小，优秀还是平凡，最终都会绽放，散发自己的芳香。当我将写有祝福语的我的照片送到她手中的那一刻，她欣喜若狂。她从来没有想到，自己能获得老师和同学的肯定与赞赏，获得班级的最高荣誉奖——"钱老师奖"。

我的书，我的照片，成为她的枕边物，成为她的精神慰藉，化为她前行的动力。有一回，她在 QQ 上给我发信息，一连串的文字＋符号看得我又感动，又忍不住发笑。

钱老师，你是解开我心灵的那股力量，我把 50% 的爱给了我的亲人，请让我把剩余的 50% 的爱全部给你吧。

钱老师，我天天抱着你的照片睡觉 😊😊😊

钱老师，我天天想着你 😊

钱老师，我天天喜欢你 😊

钱老师，我天天爱着你 😊

钱老师，我爱你的一切 😊😊😊

爱你 🌹🌹🌹

小花，也楚楚动人

因为有春风拂过，她的内心就不会再荒凉。

刚接班的时候，我就知道，因为成绩差，她留过一级，但是成绩并未提高多少，依然是同学们心中的"差生"。

开学第一天，我见到了她。身子瘦瘦的，脸色蜡黄，整个人看上去无精打采的样子。见到我这个新老师，她似乎有些胆怯，眼神中透出了一丝不安。

我注意到了，对着她启齿一笑："你叫楚楚？这个名字真好听。"

她仿佛如释重负，整个人舒坦了。

开学后，她将这件事写进了日记中："老师，我到现在还记得您第一次对我笑，竟然会有老师对'差生'——笑，微笑。这微笑里包含了多少东西啊！"

读到这样的一段话，我的心情很沉重。这个女孩子，将自己定位成了"差生"，她的心里该背负着多少酸楚与无奈，她是多么渴望被关注、被关心啊！

此后，我经常静静地用目光打量着她。

她是个极为安静的女孩子，安静得很少听到她说话，更难得见到她有展颜一笑的时候。在班级里，她几乎是个被同学们遗忘的孩子。学习的压力让她每天的日子都过得忙碌和无助。在学科老师的呼来唤去中，她匆匆忙忙低头走上讲台，又慌慌张张拿着错得离谱的作业本低头走回座位。一旦与我的眼神对接，她又躲闪似的低下头去。

看着这个孩子每天茫茫然地闪现在我的视线内，我的心中真不是滋味。

我打定主意：必须让她抬起头来走路。

"楚楚！"有一回，她走过我身边，我喊住了她。

"数学课上，老师讲的内容你能听懂吗？"我问。

她含糊地点着头。

"英语呢？"

她摇摇头。

我拍了拍她的肩膀，说："别着急，慢慢来。课上专心听，遇到不懂的地方主动请教老师。记得有困难找钱老师哦！"

她咬着嘴唇点点头，回到座位时的脚步似乎轻盈了许多。

但我知道，以她的个性，她是不会主动找我的。于是，看到她写着作业，我就放下手头的事情，指导着她写。起初，她有些紧张，甚至慌张，因为基础不扎实，加上理解能力薄弱，知识漏洞实在太多了。但见我没有丝毫责怪、批评之意，反而是异常耐心地为她一遍遍讲解着课上她没有理解的内容，她的心情放松了。慢慢地，写作业时遇到不懂不会的题目，她竟然会主动来找我寻求帮助。我很高兴，夸奖她是个勇敢、有上进心的女孩子，很欣赏她这种不懂就问、追根究底的好习惯。见我完全没有指责训斥，反而都是表扬鼓励的话语，她很诧异地看着我，呆住了。我自然明白她的疑虑，很真诚地告诉她："为了完成既定的教学任务，老师上课的教学节奏比较快，所以有些知识点没听明白，没有理解和掌握很正常。学问学问，既要学，又要问，学与问是相辅相成的。"一番话彻底打消了她的担忧，她如释重负。

也就在忽然之间，她对语文产生了兴趣。很难相信，一向内向、自卑的她在语文课上高举着手，请求发言。这个孩子的崭新面貌就这样在所有孩子惊讶的目光中出现了。更让同学们惊讶的是，起初的她发言语无伦次、不知所云，但慢慢地，她的理解力越来越强。有好几次，她的观点表达甚至超过班级里的学习佼佼者呢。

在文章中，她向我表明心迹：

每次喊到我回答问题时，您总是面带微笑，亲切地喊我"楚楚"。我的心脏，似乎，好像，停止跳动了一样。好奇怪的，我为什么会那么开心呢？难道这就是魔力吗？可能有人会不相信，但我却觉得这就是魔力、魔法，是钱老师的魔力、魔法。因此，我可以很自信地回答问题。因为即便我答错了，您也不会批评我，总是微笑着引导我，改正我的答案。是您的魔力将我的担心驱逐，是您的魔法让我的自信燃起……

与她以往的文章一样，句子的表述不够通顺，但看得出来，她在努力，努力将字迹书写端正，努力将意思表达清楚，努力写出自己最好的文章。最重要的是，文中流露的真情实感让我彻彻底底被感动了。

她的内心像一株干涸的小苗，缺乏阳光雨露的滋润已经太久了。她真的太渴望有人给予心灵的滋润与抚慰了。

耐心地帮她修改好文章，提起笔来，我写下如此评语："文很美，情很真。谢谢你，亲爱的楚楚！"

爱有声，爱有形，爱有痕。心灵的润泽有时真的只需要一个甜美的微笑、一句贴心的话语、一个温暖的眼神，于无声中渗透，无形中感化，无痕中熏陶，留下长长久久的美好回味，使人振奋，催人奋进。

自此，她变了，脸上出现了少有的笑容。因着这笑容，整个人都焕发出神采。

我很认真地告诉她："楚楚，你笑起来真好看，每天都要这样笑哦！"

她很开心地点着头，蹦跳着去擦黑板了。此后，每一节课下课，都能看见她第一个冲到黑板前擦黑板的情形。

该引导孩子们关注一下这个一直被大家冷落和遗忘的同学了。那天课前，我走进教室，见她在一蹦一跳地、开心地擦着黑板，满满一黑板的板书呢。等上课铃声响起，她还没有擦完。

我没有上课，而是站在一边静静地望着她。教室里安静极了，同学们端坐着，看着她拿着板擦在黑板前来来回回地移动。

等她擦完，我由衷地道谢："谢谢你，楚楚，辛苦了！"教室里掌声一片，她害羞了。

由于各方面的影响，她每天的学习生活依然很紧张，依然会被各科老师呼来喊去，但愁眉苦脸的她不见了，取而代之的是，即便在订正着作业，她依然笑眯眯的，从从容容。

生命本是一树一树的花开，或安静或热烈，或寂寞或璀璨。玫瑰有玫瑰的艳丽，茉莉有茉莉的芳香，三叶草也有自身的美丽与骄傲，没有一朵花会自怨自艾。终于，我在其他任课老师那里，听到了对她的夸奖之词。

春天，校园里的白玉兰花开了。她兴冲冲地跑来，一脸焦急："钱老师，白玉兰花开了，赶紧去赏花拍照片呀！"我心头一喜，笑着说："呀，楚楚，你真的是太懂钱老师了！好，我们一起去赏花！"

这个孩子，心里也藏了一朵花呀。

毕业前夕，她写了一篇文章——《老师，我想对您说》。我记住了文中的几段话：

> 茫茫人海，遇到您就是一种缘分。人生能遇到几个像您这样的老师啊！
>
> 细细回忆，当初，真是美好的过去呀，真想让时间永远停留在那一刻。
>
> 上了初中，见到钱老师的机会可能不会太多了，所以，我要将您甜甜的微笑深深地印在我的脑海里……

我明白，在学习的道路上，这个孩子依然不太会一帆风顺，但是我很欣慰。因为有春风拂过，她的内心就不会再荒凉。

"有时去治愈，常常去帮助，总是去安慰。"美国医生特鲁多的这句名言何尝不是我们教育工作者的座右铭呢！

用一颗心温暖另一颗心

生命需要温暖，心灵需要呵护。

师者仁心。做老师，我不是从理论上，更多的是从情感上与孩子们相处交往，用心灵去感应心灵，用情感去呼应情感，用一颗心去温暖另一颗心，以树的形象和云的姿态与孩子们站立在一起，徜徉在同一片天空。

1. 老师记得

批阅小刘的日记时，不由心头一颤。

日记中写道："几乎每天放学后，我都留下来打扫教室卫生，我为班级奉献了很多的精力和时间。但这次评选中队委员的时候，我发现我的得票数竟然那么少，我这才意识到原来同学们并不需要我带领大家一起打扫卫生啊。想到这，我流下了失望的泪水……"

读着小刘的日记，我的眼前浮现出每个晨昏小刘挥汗打扫教室的情景，那一幕幕至今都在打动着我。当初，他参选劳动委员，还是我提名的；可如今，无人提名他，他的伤感与失落可想而知。一个热爱劳动的好孩子被大家遗忘了，我的心紧紧地揪在了一起，眼睛不由得有些湿润。一字一句，我在文末写下："感谢你为班级的付出！辛苦了！请你不要这么想。你的付出，同学们也许不记得，但老师记得！"

晨会课上，我让小刘将他写的文章读给孩子们听，孩子们沉默了。之后，我读了我写给小刘的留言，教室里顿时掌声雷动。掌声中，小刘情难自禁，泪光盈盈。

后来，我又读到了小刘就此事写的文章。他这样深情地写道："钱老师，今天您特地让我朗读了我的日记，我读得很认真，带着我的全部感情。同学们和您都听得全神贯注，但我发现您和同学们的眼神不一样。从您的眼神中，我看到了您对我的认可与关爱。虽然我没有如愿以偿当上劳动委员，但是您带给了我不一样的感觉。我不再伤心，不再气馁，我的心依然在劳动委员的岗位上，我依然会怀着热情为班级付出，为同学服务。"读到这样的话语，我释然了，也欣慰无比。

小刘的最后一段话更是让我心潮澎湃："人生就像一条小船，在不停地向前行驶。流经的地方有平坦，也有弯曲，而我就处在高低不平的地方。但是就在这弯弯曲曲的河流之上，遇到了值得信任的人，再险恶的路也会变得平坦。亲爱的钱老师，有您，真好！"

2. 大鸟都是由菜鸟起飞的

学生小凝，安静文雅，是个内心世界异常丰富的女孩。她虽然不善于表达，但心灵深处却透着要强与好胜。她喜欢打羽毛球，但打球水平不佳，处于起步阶段。

新一轮的班委干部竞选，面对强手如云的竞选队伍，我能感受到小凝心中的胆怯与不安。一节体育活动课上，她正在和同学练习打羽毛球。我主动向她发出邀请，请她和我一起打羽毛球。

也许是第一次和老师打球，也许是对自己球技的不自信，她显得很紧张，发球连连失误。我微笑着，耐心地，一次又一次捡球、发球，陪着她练习。终于，她沉不住气了，很不好意思地对我说："对不起，钱老师，我是只菜鸟，打球技术真的很不好，您去找别的同学打吧。"看着她慌乱躲避的眼神，我没有说话，只是捡起掉落在一旁的羽毛球，轻轻握在手中，退回线上。"啪"的一下，我挥动球拍，羽毛球轻盈地飞向小凝的正前方。小凝举起羽毛球拍，迎面一击，击中了！小凝喜出望外。而我退后几步，球拍稍一偏离方向，球便悄然落地。小凝不解地看着我，我笑着说："你看，钱老师也有失误的时候。每一只大鸟都是从菜鸟起飞的，每一只菜鸟经过努力都将成为大鸟！"小凝怔了怔，随即抿紧嘴唇，点了点头。

在接下来的练习中，小凝坦然自信了，我们之间的对练充满了欢声笑语。

这一次的经历，在小凝心中留下了难以磨灭的印象。在作文中，她这样写道：

"菜鸟也是会变成大鸟的。"钱老师看着我，眼中充满了笑意。听到这句话，我怔住了，随即领悟了，点了点头。老师穿着红色的连衣裙，内心却比外表更为火热，瞬间就把我的失落与自卑驱赶了出去，只留下一股暖意。

活动课结束，我走回教室。回想着钱老师说过的话，我拿出纸，握起笔，写起了竞选稿，心里踏实了许多。我想，我会变成大鸟的！

读罢小凝的文章，我抑制不住内心的喜悦，在文后写下："努力，期待你的飞翔！"

生命需要温暖，心灵需要呵护。教育就是用一颗心温暖呵护另一颗心的过程。心暖、身暖，孩子的天空就是明亮的，他一生的行走也便有了光亮。

孩子，你飞得累不累？

孩子，相比于你飞得高不高，我更关注你飞得累不累！

当我批到一本作业本时，一下子就愣住了。凭着那熟悉的字迹，我认出是小夏的本子。可是，怎么会如此马虎，错误百出呢？小夏的作业质量一向是有口皆碑的啊。但一看封面，没错，分明是小夏的作业本。我百思不得其解，于是找来了小夏。

小夏的脸红红的，低着头，不吭声。

小夏的学习成绩一直名列前茅，无论在学校还是家中，都能始终保持着端正的学习态度和优秀的学习习惯，是同学们心目中的"完美学生"。

看着小夏一脸难为情的样子，我也不忍心说他什么，只是让他认真将作业重做一遍。对于这件事情，我并没有放在心上。

但没过几天，令人匪夷所思的事情又发生了。在检查当天的课堂作业时，小夏竟然名列"未完成者"行列，另外一个则是班级里"大名鼎鼎"的小童。小童一向是个不爱写作业的孩子，他没有按时完成作业完全在意料之中，但小夏怎么会也没完成呢？我好生奇怪。

众目睽睽之下，小夏窘得涨红了脸，嗫嚅着说："我跟小童玩去了，忘记了写作业……"这样的理由，从小夏嘴里说出来，我又惊讶又好奇，但依然没有批评他。这是个知书达理的孩子，相信不用我多说，他自会改正。

但接下来发生的一件事情，让我瞠目结舌。

一天午后，一个孩子告诉我，他放在课桌里的一个乒乓球拍不见了。事情发生的时间段恰好是在午饭时分。这个时间段，学生无法进入宿舍，我便断定那个"不翼而飞"的球拍应该还放在某个同学的课桌内。趁着学生去上室外课，我悄悄地查看了每一个孩子的课桌。结果令我大吃一惊，乒乓球拍竟然在小夏的课桌里找到了。

我与小夏进行了单独交谈，小夏没有隐瞒，一口承认是他拿走了同学的乒乓球拍。我很不解他的行为："小夏，你为什么要这么做？能否告诉我原因？"他不回答我的问题，只是说："钱老师，我错了。"便再也不吭声了。

接二连三的事情在小夏身上发生，令我不可思议。

周五，小夏妈妈来校接孩子回家，我便与她交流，询问小夏在家中的表现。小夏妈妈说孩子在家中的表现挺好的，总是合理安排时间自觉学习，帮父母做家务，唯一的不足就是不爱说话，与父母交流过少。当我将事情的经过原原本本地讲给她听，小夏妈妈完全惊呆了，她怎么都不相信一向乖巧、懂事、明理的儿子会做出这样的事情。

端端正正地坐在我和妈妈面前的小夏还是好孩子的乖模样。面对妈妈的质问，小夏怯怯地低着头，不敢抬眼，更不吭声。小夏妈妈气得直掉眼泪。看到妈妈流泪，小夏的眼泪也止不住地往下掉，但他仍是一言不发。

小夏妈妈抹着眼泪对我说："钱老师，这个孩子怎么突然之间变成这样了？变得让我都不认识了。学习上不努力倒还罢了，连道德品质也出现了问题，简直太让我失望、太让我寒心了！"我说："小夏妈妈，您别太难过。孩子的成长道路不可能是一帆风顺的，更不可能一味地朝着我们既定的目标和方向发展，这之间会发生很多令我们意想不到的事情，跌跌撞撞、磕磕碰碰，甚至摔一些跟头都是很正常的。看得出来，发生了这些事情，小夏自己心里也很难过，您不要再去逼问孩子了。相信小夏！给他时间，他一定会想清楚、想明白的。"

静下心来，面对小夏的反常行为，我也觉得匪夷所思。两次异常的作业，加上这一次的球拍事件，令人不可思议，但我相信事出有因。我回想着小夏平时点点滴滴的言行。忽然，小夏的一篇日记闪过我的脑海。我迅速找到了小夏的日记本，看到了不久前小夏写的日记。

在父母、老师和同学的心目中，我一向是个"好孩子""好学生"。可是，有谁能够知道，为了做个"好学生""好孩子"，我要付出多少努力，又要忍受多少的失去！每一次作业，我必须一丝不苟地写；每一次上课，我必须专心致志地听；每一次的考试，我必须名列前茅……谁让我是老师、同学心目中的"好学生"呢！我是榜样啊！可是，当"好学生"的滋味只有我知道。双休日回到家中，我没有属于自己的自由时间，要赶着去上提优班；完成了老师布置的作业，妈妈又给我买了好多的练习卷……同宿舍的同学们在谈论各种各样的游戏，我却在一旁插不上话。"好学生""好孩子"，就像紧箍咒一样，将我紧紧地套住了。我多么羡慕小童的生活啊，自由自在，无拘无束，成天拖拉作业，上课总是做小动作，即使被老师、同学批评，他照样若无其事、开开心心……

记得当时看到小夏的这篇日记时，我也颇感诧异，但并没有放在心上，只在批语中写了几句宽慰和鼓励他的话语。联想起小夏的种种行为，再读眼前的这篇日记，我才恍然大悟，这就是小夏反常行为的真实心理。

做"好孩子"太累！小夏的想法的确是我没有意料到的。依照一贯的思维准则，"好孩子"似乎得到了所有人的关心和爱护，拥有太多：老师的褒扬，家长的骄傲，同学的称羡，还有无数的表扬、奖励和荣誉等。按理他们应该是最受人关注、最幸福快乐的，但何以走得如此疲惫？站在孩子的角度，细细想一想，不难理解。生活在"好学生""好孩子"的光环之下，小心翼翼地维护着完美的"面具"，战战兢兢地不能松懈，不能失败，不敢放任，不敢犯错，心中的真实想法和内心需求更是无人诉说、无处排遣，能不累吗？在看似风光的外表下，孩子的内心积聚着多少的压力、无奈和酸楚！作为成年人，尚且会在马不停蹄的追逐中有所倦怠、有所困乏而立不住，何况是心智尚未成熟的孩子呢？"好孩子"当久了，自然会累；累了，偷懒一回，放纵一回，疯一回，当一回"坏孩子"，又有什么不可以呢？

一直以来，我们都只关注着孩子飞得高不高，却很少问一问孩子飞得累不累。这样的爱，何其自私，又何其残忍！

"好孩子"需要的不是表面的关注，而是内心的关心！我必须告诉小夏：

孩子，相比于你飞得高不高，我更关注你飞得累不累！

我找来了小夏。小夏的个头已蹿得老高，嘴唇上出现了薄薄的一层绒毛，是进入青春期的孩子了。我爱怜地拉着他的手，让他坐在我身边。这几天压着沉重的心事，小夏的脸色明显地憔悴了，我的心隐隐生疼。成长，必须是健康快乐的！如果仅仅为了让孩子成为我们心目中的模范生，而牺牲了孩子内心的快乐与自由，这样的代价未免太不值了。我说："小夏，你一向是大家心目中的好学生、好孩子，但老师更希望你成为你自己，向着你愿意成为的方向去努力。成长的道路就像小鹰学飞，飞多高，是由你决定的；飞累了，咱们可以喘口气、歇一歇，调整步伐。可是，因为你是小鹰，休整之后还是要记得展开飞翔的翅膀，这样才不会辜负你自己。你说呢？"小夏听着，不说话，大滴的眼泪往下掉。

就让他尽情地哭吧。这段时间，小夏试错、犯错，亲身体会"做一个坏学生的感觉"，对他而言，未尝不是一件好事。有些"钉子"，让他自己去碰，痛了，哭了，汲取到教训，才能真正地成长起来。

为小夏的事情，我再次与小夏妈妈会面。谈及孩子，小夏妈妈又泣不成声，深感教育的失败。我说："小夏妈妈，您别想太多，事情并不像您想象的那样严重。小夏是个好孩子，他一直很努力地在做我们心目中的好孩子，可是我们也得要容许他有偶尔的放松、犯错与失败，毕竟他还是一个孩子！小夏长大了，进入了青春期，情绪、思想、行为方面出现波动或不当，都是很正常的，谁的青春不迷茫？成长中的各种滋味，孩子有权去体验，我们没有权利去阻挡和剥夺。这一次的事情，您就当是小夏趁着您不留神，偷跑出去放任了一回，但不能因为这些事情的发生，一下子将孩子看低、看坏而萌生失望。小夏，依然是我们心目中的好小夏！"听了我的话，小夏的妈妈这才放了心。

小夏是个电脑高手，打字速度快，文字和图片的编辑处理技术也非常熟练。可是，他在家中被禁止玩电脑。于是，我和小夏妈妈商量，双休日能否减少小夏的作业量和补习时间，让小夏使用电脑，发挥所长。我说："小夏缺少的是身心的自由，让他在努力学习的同时，也像同龄人一样快乐地做他想做的事情吧。"小夏妈妈欣然同意了。

班级编辑《作文报》，我想到的第一个人选就是小夏。果然是个责任心强的孩子，利用双休日的时间，小夏就把《作文报》的样刊设计出来了，我看后异常满意。此后，他包揽了制作《作文报》的任务，编辑、打字、排版、美化，身兼多职，每一期的《作文报》版面独特，设计精美。我推荐小夏参加了学校"电脑编程"培训班。在培训班中，他出色的才能得到进一步的认可，并代表学校外出参加比赛，获得了"江苏省少儿计算机编程比赛"一等奖。小夏欣喜不已。

当我读到小夏的文章《我要做好孩子！》时，深感欣慰。不忘初心，做回自己，小夏应该是找到了自己想要的答案。

乒乓球拍，成为我和小夏两个人的秘密。

期末评选时，我没有犹豫，在"三好学生"那一栏填上了小夏的名字。

如今的小夏就读于本市的一所重点高中。逢年过节，我总能收到他发来的祝福信息；中考结束，他一个人转了好几班车，到学校来看望我，感谢我当年对他的教诲之恩。

教师节，收到他发来的信息："钱老师：今日教师节，衷心祝您节日快乐！怀想过往，承蒙师恩，沐浴清化，我没齿难忘，感激不尽！"

做自己的英雄

珍视每一个生命，引导每一个孩子认识自己、爱自己和做自己，不是教育最重要的使命和责任吗？

毕业在即，送一份什么样的礼物给孩子们呢？我思索了很久，想到了颁奖——感动班级人物的颁奖。

记起 2013 年那次感动班级人物的颁奖典礼，场面盛大，隆重而热烈。至今想来，依然震撼。然而，总觉得有些不妥。因为这样的颁奖形式，在台上绽放光彩的只是那些获奖的个别孩子，而绝大多数的孩子依然扮演着观众的角色，是局外人。

每一个孩子都是独一无二的生命个体，都有其独立存在的价值和意义。何不换一种思维，换一种形式，让每一个孩子都登上领奖台，领取属于自己的那一份荣耀呢？

1. 做自己的英雄

于是，我对孩子们说："毕业前夕，钱老师要给你们每一位同学颁奖，这一次的颁奖与以往有所不同，奖项由你来决定，颁奖词由你来撰写，奖状由你来设计。"三个"由你"一出口，孩子们惊讶了，教室里一片哗然。

很明白他们的不解，我继续说道："每走过一段路，我们总会不经意地回眸。一路上，脚印或深或浅，或近或远，都是岁月的痕迹。凝望着这些足迹，我们会感动，会感慨，会怦然心动，甚至热泪盈眶。因为我们努力过、付出过、改变过、坚持过。很多时候，我们所做的一切努力不是为了感动他人，而是为了证明自己。人生路上，或许没有那么多人会一直站在你的身边为你鼓掌喝彩，但你始终要记住，要成为你自己行走的力量，做自己的英雄。希望我们每一个人都有这样笃定的勇气和信心。"长长的一段话，让每一个孩子的心沉淀了下来。从他们或含笑，或点头，或思悟中，我看到了他们对我话语的认可、赞赏。

当各种各样的奖项汇总出来时，我一看，还真的是五花八门、个性鲜明。"小绅士""金嗓子""小暖男""小才女""精神小伙""快手张""吉他少年""快乐小天使""小小摄影师"……孩子们给自己冠以各种有趣的名号。"出以公心奖""大刀阔斧奖""虚怀若谷奖""文采斐然奖""多才多艺奖""越挫越勇奖""恪尽职守奖""金话筒奖""热心肠奖"……各种奖项层出不穷。甚至有个男孩子因为自己个儿高，力气大，给自己颁发了一个"力拔山兮气盖世奖"……一个个别具一格、独具个性的奖项看得我的心里热乎乎的。

2. 明天，我们踏歌而行

颁奖的时刻，正是孩子们回校拿毕业证书的这一天。黑板上，满满当当的是孩子们的留言和签名。大屏幕上，我打出一行红色的字幕：我们都在努力奔跑，我们都是追梦人！

颁奖的乐曲响起，一个又一个孩子走上台，高举着自己设计制作的奖状，无比骄傲、无比光荣。那样的笑容，真的是在感受着"全世界都在向我微笑"，看得我很动容。

再聆听孩子们朗读自己撰写的颁奖词，相当有意思。作业一贯很认真的小陆写道："一行行工整的字迹，一页页整洁的卷面，一份份优秀的作业，打开我的作业本，便是一种美的享受。平凡而质朴的作业，却是那样引人注目。我以小小的作业本带给大家深深的启迪——认真，成就精彩！"

"进步之星"小杨这样写："勇敢迈出第一步，每天进步一小步，迈出精彩人生一大步。"

"快乐小天使"小尤写道："欢笑是我的语言，歌声是我的心声，舞姿是我的脚步……"

"学习爱好者"小仁吐露自己的心声："在充满希望的学习热土上，我撒播着快乐学习的深情种子……"

"积极进取"的小刘这样写自己："积极面对学习，快乐面对困难，微笑面对挫折，好心态助我踏上成功之路。"

"小暖男"小邵说：心中有暖阳，方能一往无前；"热心肠"小胡说：我有火一样的热情，火一样的激情；"精神小伙"小耿说：以最饱满的精神迎接每一天，以最充沛的精力克服每一个困难，以最乐观的心态直视每一次困境。

"公正、公平，出以公心。""负责、尽责，大刀阔斧。"这是我的两个得力小助手对自己的评价。

孩子们设计的奖状也是自由发挥，随心描摹，彰显个性。奖状上的字字句句充满着自豪，透露着自信，都在发自肺腑地肯定自己、赞美自己，喜气洋洋地恭贺自己。这个时候，我的心里是欢喜和踏实的。生命的珍贵，就在于它的不拘一格。珍视每一个生命，引导每一个孩子认识自己、爱自己和做自己，不是教育最重要的使命和责任吗？

在孩子们的掌声中，我作总结陈词："孩子们，祝贺你们全体获奖，今天你们获得的是与众不同奖。愿你们坚持你们的与众不同，做自己喜欢的事，成为想成为的人，做自己的英雄。"

当《相逢是首歌》的歌声在教室里响起，最后离别的时刻也到来了。

"你曾对我说，相逢是首歌。分别是明天的路，思念是生命的火。相逢是首歌，歌手是你和我。心儿是永远的琴弦，坚定也执着……"

孩子们轻轻地吟唱着，眼眶红了……

每一个孩子的桌上，整整齐齐地放着一张海报。这张海报，是我赠送给每一个孩子的毕业礼物。

海报上是每一个孩子的照片，每一张照片的下方，清晰地标明了每一个孩子获得的奖项及撰写的颁奖词。

海报上，一行大字赫然醒目：明日，我们踏歌而行……

有缘遇见你

一个老师的内心，一个母亲的情怀，就这样被一个六年级的孩子读懂、看透……

邂逅一个孩子，如同邂逅一朵花、一棵树，总是深深欢喜。

当他第一次站到我面前的时候，以前教过的一大帮学生正在围着我，依依不舍。看着那些孩子依恋着我默默垂泪的模样，站在一旁的他很是惊讶。现在想来，那一幕对他来说，很是触动。

眉清目秀，彬彬有礼，又不乏活泼机灵，这是他留给我的第一印象。看着他落落大方的样子，我的心里忽然有一种说不出的感觉，只觉得很亲切，很欢喜，仿佛冥冥之中注定他应该是我的学生。

此后，这个小男孩便时时出现在我的视线中、生活里。我从不掩饰对他的喜欢和赞赏。上语文课的时候，他像一棵挺拔的小树，坐得直直的，神情专注。我一眼就能从众多孩子的身影中认出他来。每有想法，他必将手举得高高的，在同学们的目光注视下侃侃而谈，从不畏惧，也毫无顾忌。我欣赏他的这种个性，总不失时机地肯定他、鼓励他、赞赏他。每次他总是在我热切的目光下娓娓而谈，在我热情的鼓励声中收获快乐。他像一棵青葱的小苗，在课堂上抽枝、拔节，获得力量，焕发光彩。

一颗好种子，要用心去栽培哺育；一只小雏鹰，要给他创造一个舞台，一片天地，让他施展才能。在一次次的活动中，在一次次的比赛中，他努力地把握着机会，展示自己，锻炼自己。站在舞台上的他，自信、老练、果敢，让我在刮目相看的同时，又欣慰无比。

孩子的进步，让孩子的母亲连声惊呼不敢相信。她说："钱老师，毫不夸张地说，孩子自从到了您的班上，简直就像换了一个人。"从孩子母亲的话语中得知，原来的他是多么调皮、顽劣，始终生活在老师的批评声中。一直以来，父母对他采取的教育方式都是打骂，令我不敢相信。一个孩子，始终生活在老师的批评和父母的责骂声中，怎能绽放光彩呢？

那一天，我和他的母亲交流了很久。与其说是交流，不如说是给她的母亲上了关于教育的一课。站在孩子的角度，我给她分析了孩子需要的是怎样的家庭模式、怎样的亲子关系；站在家长的角度，我给她讲应该用怎样的眼光去看待自己的孩子，应该用怎样的方式去评价自己的孩子。作为一位老师，我则用亲身经历分享了自己的教育理念、育人心得、职业幸福。

"好孩子不是打出来的，是夸出来的。""要转变孩子，先改变自己。""浇花浇根，育人育心。"这是我送给孩子家长的"锦囊妙计"。家长感慨万千，感受很深，并向我保证，教育孩子时，一定不对孩子"动粗"。

有了家长的保证，我也放了心。我相信，家校步调一致，形成合力，对孩子的成长势必起到事半功倍的效果。果然，从家长的反馈中，我感受到了家长的"惊喜连连"。有一段时间，他在学习上出现了懒散现象，我明白他是"老毛病复发"，家长自然也知晓。他妈妈说，按着以往的性子，她早就不分青红皂白地揍他了，但是她牢牢记住了我说的话：允许孩子有犯错的权利，允许孩子的成长出现反复，硬生生将打他的念头逼了回去，耐心地与他交流沟通。她直夸我改变了一个孩子，也改变了家长！

也许是因为"爱着你的爱，梦着你的梦"，所以"快乐着你的快乐，幸福着你的幸福"吧，他对我的依恋和喜欢超乎我的想象。课余时分，他总爱往我的办公室跑。我批作业，他会很贴心地帮我整理桌子，或倒杯热茶，递给我。我向他表示感谢，他却是很腼腆地笑着。有时即使不做什么，不说什么，在我身边静静地站着，对他而言，仿佛已经很满足。

傍晚时分，他总会在办公室门口等我，等着和我一起用餐。我在打饭，他已经帮我盛好了一碗汤。等我坐下用餐，他总会端一份饭，静静地坐到我身边，听我说话，看我吃饭。我将自己的菜夹到他碗里，他总会推辞说："钱老师，你吃吧，你应该多吃一些，太瘦了。"面对这样一个孩子，我常常会很感动。一个 11 岁的孩子，正是需要照顾的时候，而他总是会想到照顾别人。而从他嘴里说出来的每一句话，你都会觉得是那么自然、贴心，毫无做作之意。

1 月 6 日，是他的生日。每到这一天，我总是会去蛋糕店买一个精致的小蛋糕，送上一份小小的祝福。记得第一次当我将蛋糕递到他的手里时，他很是动容。在我含笑的目光注视下，他低着头，一口一口，慢慢地吃着蛋糕。我坐在一边，看着他，没有说话，直到他静静地将蛋糕全部吃完。

夜，很安静。在送他回宿舍的路上，我和他边走边聊。这样的时刻，已经有过很多次了。在他获取成功的时候，在他迎接掌声的时候，在他心生怠意的时候，在他焦躁浮夸的时候……一次又一次。但我相信，那一天，我和他的心里都悬挂了一轮明月，很舒坦，很明朗。

偶然的一篇习作，他满满地表达着内心的情感。

好想说声"对不起"

一个我未曾谋面的你，我要对你说声"对不起"，因为是我分享了你的母爱。

作为钱老师儿子的你，一定很辛苦吧？不仅有学业负担，还要将母爱分给别人，不知你是否抱怨过？

钱老师，我们喊她"钱妈妈"。正是因为她对我们付出了太多，所以对你付出的，就相对要少一些。周五，当父母来接我们回家时，你的妈妈还在工作岗位上忙碌；当你的妈妈说好要来看望你时，却因为班级的事务缠身而不得不放弃与你相处……那么多原本可以让你们母子相聚的快乐时光，全因为我们而消逝。对不起，要让你承受这么多。

我的妈妈整天围着我转，心中装的全是我，是个好妈妈；你的妈妈将母爱全部给了我们，你只能得到五十五分之一，但她同样是个好妈妈，我们公认的好妈妈。

你知道吗，其实她在工作的时候，心里放不下的还是你，嘴上不说，但我看得出来。她是个老师，她将每个学生当作自己的孩子，用心、用情。有一次，她和我聊起你时，脸上漾起一阵自豪的笑。看得出来，作为母亲，她为你自豪。然而，她的眼角又泛起一丝忧伤，面对你，她多多少少也会感到一阵歉疚，感到对不起你。

其实，真正应该说对不起的是我们，让你仅仅拥有了五十五分之一的母爱。虽然我们没有见过面，但我要向你道歉。因为是我，分享了你的母爱！对不起！

泪水，就这样无声无息地流了下来。

一个老师的内心，一个母亲的情怀，就这样被一个六年级的孩子读懂、看透……

他曾说：钱老师，我是云朵，您就是风儿，吹动我，这才有人发现了云朵的美丽；我是大树，您就是绿叶，装点我，这才有人赞美大树的苍翠……

一个多好的孩子呀，我庆幸自己遇见并有缘点化他。

细节中的柔软

挥动着手中的笔，在孩子们的日记本上随心随意，写下淡淡几笔。

那天是中队委员改选的日子，我提名了学生小费，意图让他担任体育委员。没想到的是，支持他的同学不到半数，最后小费落选了。

小费黯然神伤，将此事写进了日记中，并吐露了他想成为中队委员的心声。读罢他的文章，我有感而发，在文后写下："小费，这也是老师的心愿。努力，祝你成功！"

短短的一句话在孩子的内心深处掀起的波澜是我没有预料的。这天自习课上，小费叫住了我。他腼腆地对我说："钱老师，你能把那句话重新再给我写一遍吗？"我很诧异，他立马解释说："钱老师，我把你写在我日记本上的那句话抄了下来，贴在了我的书房里，天天都要读上好几遍呢。"我立马明白了他的意思，便满口答应。坐在小费的座位上，我接过小费的笔，在孩子们的围观下，认认真真地将那段话重新抄写了一遍，署上了自己的名字。

"钱老师，帮我签一下名。""钱老师，也帮我签一下名。"

我像一个大明星一般，被孩子们围堵着。

我的面前堆满了日记本。孩子们如此热情，我自然不能拒绝。

小女孩琳琳笑嘻嘻地说："钱老师，签一个呗。"

"好！"我一口答应。

琳琳是个很内秀的小姑娘，又是我的语文课代表，我们之间的默契不言而喻。记得那一天，我穿了一件千鸟格子的大衣，刚走进教室，琳琳就大喊："钱老师，今天我们同款哎！"我一看，果真，我们俩撞衫了！惊喜之下，我说："为了庆祝今天的撞衫，更为了庆祝我们俩的默契，我们来拍照留念。"

于是，在我的策划下，一场"摄影秀"开始了。我俩坐到了一起，成为了同桌。我们摆着各种造型，一会儿托着下巴，一会儿深情对视，一会儿比心，成功实现了"同款又同框"。在我们的身后、周围，挤满了前来抢镜的孩子。

第二天，我就读到了这个小姑娘写的日记《和 Q 老师撞衫》。文章写道：

开始拍照了，我和钱老师坐在一起，就像一对好姐妹似的，幸福满满！看着闪光灯，我的眼睛里突然出现了两颗星星，亮晶晶的，超级可爱。

呀，出现了闪失，我闭眼睛了，摄影师要求重拍。我心里一阵狂喜，最好不过，还可以重温那种幸福感。

文末还有彩蛋："放学了，当我走过同学的身旁，他似乎被我惊了一跳，说：'呀，我还以为你是钱老师呢！'我笑了，超级满足。"

这个情感细腻的小姑娘，每天坚持写日记，每一件细微的事情在她的笔下都是极佳的习作素材。透过她的文章，感受她不一般的领悟能力，我每每都很动容。我拿起笔，欣然在她的日记本上写下四个字："兰心蕙质。"小姑娘拿着日记本乐滋滋地跑回座位去了。

又有一个小姑娘，喜欢跳舞，曾经看过她跳小天鹅舞的照片。在众多的孩子之中，她的姿态优雅，舞姿翩跹。于是我欣然提笔在她的日记本上写下："愿你如天鹅，翩然而飞。"小姑娘同样兴奋又满足。

小李同学拿着她的日记本，凑到我跟前，说："钱老师，帮我签一个。"看着她笑语盈盈的模样，我心一动，在她的日记本上留下两个词语："温馨如你，笑语盈盈。"正好应了她的名字——馨语。这两个词语一下捕捉到了她的心，小女孩甜甜地笑了。

坐在讲台边的两个小男孩见状，飞快地将他们俩的日记本塞到我手里。两个孩子一个名字中有"恒"，另一个名字中带"超"。这样的寄语自然不难写。

小蒋和小范这对好朋友拿着日记本走了过来，两个人相视而笑，有些不好意思。小蒋同学是我班的大队委员。从接班开始到如今，见证着她的一路成长，无限欣慰。面对着她的日记本，我略一思索，写下徐志摩的一句诗："满载一船星辉，在星辉斑斓里放歌。"写罢，我挺得意，这一句诗句赠予平时爱引吭高歌的小蒋，还真的是很吻合呢。

小范内敛羞怯，像一朵清香的茉莉，静而雅。开学初，班里推选大队委员的人选，她几乎是老师和同学们心目中的不二人选。然而在投票选举时，她竟意想不到地落选了。可想而知，她心中有多么伤心与失落。我深知她的心情，担心着柔弱的小范能否微笑着面对。

但我相信，用亲切的笑容、愉悦的心情去化解一个孩子心中的"结"是最有治愈疗效的。我说："这一次只是一个意外，没有入选并不代表你没有实力。恰恰相反，你有勇气、有自信站在了舞台前，你就战胜了自己，就是一个优胜者。"很快，小范调整好了心态，重新绽放了笑容。我由衷为这个外表柔弱、内心坚强的女孩感叹。

"你若盛开，清风自来。"这话送给小范，实在是太契合了。

一节自习课，我就挥动着手中的笔，在孩子们的日记本上随心随意，写下三三两两，淡淡几笔。但文字带来的余韵远不是我能想象得到的。

小蒋的文章便是。

"满载一船星辉，在星辉斑斓里放歌。"短短一句话，却在我的心里生根、发芽、绽放。这便是钱老师独有的魅力。读着这句话，我的脑海里便浮现出钱老师那恰到好处、耐人寻味的微笑来。随之而来的，便是无数的幸福与美好。你绝对不会想到，这一句话有多么温暖！

小小的签名，饱含着老师真心诚意的关爱、满怀信心的期待、充满激情的鼓励。这一个由暖暖文字带来的暖暖午后，竟也触动了孩子内心深处柔软的地方！

给生命一个助跑的过程

每一个生命都有不同的姿态，有些孩子跑得快，一路遥遥领先；有些孩子走得慢，需要一个助跑的过程。

她从不张扬，像一朵芬芳的小花，兀自盛开。我最喜欢她看书时的模样：微蹙着眉头，嘟着小嘴巴，很沉浸，很投入，也很享受，跟一般的孩子有很大的不同，那是一种带着思考性质的深度阅读。正是这种理性的阅读与思考，让她在课堂上有了与众不同的观点表达。

与她的能说会道截然相反的，是她的作业速度。同样的一份作业，她需要花费双倍的时间去完成。作业速度慢，让她的学习能力得不到充分的发挥。尤其遇上考试，为了赶速度，她只能"粗线条""浅思考"，草草写就，结果成绩往往不如他人，也不能如自己所愿。

经过多次的观察，我发现她做作业时很专心，从不分神，也不做小动作，问题竟然出在她的写字速度上。她的书写不像一般孩子那样不假思索、一气呵成，握着笔的手略显笨拙，书写一个字往往是一笔一画，边写边想，很不熟练的样子。这样一来，作业速度自然而然就慢了许多。

一般情况下，对于写作业速度慢的孩子，我们会不由自主去提醒和催促。殊不知，这样做很容易造成孩子的焦虑情绪。越催促越着急，越着急越慢，越急越容易出错，不但作业速度提高不了，作业质量更是大打折扣。久而久之，孩子产生懈怠与厌倦情绪。于是，我便与她的家长商定，采取不提醒、不催促、不施压的办法。

利用课余时间，有意识地让她每天抽空练习写字，提高手指的灵活性和对笔的掌控能力，做到运笔自如、收放自如之后，写字的速度自然就加快了。另外，我发现她的字写得特别大。字大，各个笔画相对而言就变长，那么耗时肯定多，作业速度自然也就慢。所以，我建议她在保证字体美观的前提下适当地将字缩小，从而提高写作业的速度。

每天做作业前，我和她约定：先估计一下完成作业所需的时间，之后对照着钟表开始计时，等到作业全部完成，便记录下实际完成作业的时间，进行比照。于是，每次批阅她的作业本，总是会看到作业本上的两个数据：预计时间和实际时间。起先，她实际完成作业的时间要远远超出预计时间，这很正常，我也从不去询问、责怪，而是发现她的变化，肯定她的进步，让她保持一个写作业的良好心情。对于这样一个很有想法和自尊心特别强的孩子来说，她知道应该怎么做，会坚持目标和方向。我选择相信，选择等待。果然，一段时间之后，她的作业速度有了起色，有了惊人的变化。当她以最快速度完成作业的那一刻，我不由得打电话向她的家长报喜。

后来，我发现：每一个新学期开学，这个孩子在学习上总是要比别的孩子慢一步、缓一拍，但过了一个月的适应期之后，她的学习能力就开始大爆发，大有"后来者居上"的势头。我戏言她是"潜力股"，也由此想到了秃鹫。秃鹫飞上高空之前，要先在地面上奔跑三四米，而后才用力飞起来。也就是这短短的几米，决定了秃鹫能否翱翔直上，成为一只勇敢的大鸟。每一个生命都有不同的姿态，有些孩子跑得快，一路遥遥领先；有些孩子走得慢，需要一个助跑的过程。对于这样的孩子，我该做的就是给生命一个助跑的过程，为她的起跑助一臂之力，为她的冲刺作好前期的准备。

印象深刻的情景有两次。一次是我的脚被划伤，孩子们蜂拥而至围着我，独有她坐在座位上默不作声。第二天，她写了一篇日记，日记中有一句话是：钱老师的脚受伤了，我没敢走上讲台去看钱老师的伤口，只是在心里狠狠诅咒着那划伤钱老师脚的锐器……今夜，我的梦里，应该有对钱老师的一份牵挂吧。

另一回，她生病了，回校后我帮她补课，补课的内容是《海伦·凯勒》。补完课，她在日记中写道：钱老师，您不就是莎莉文老师吗？用春风化雨般的爱哺育着我的心……

永远都没有长大，永远和孩子们一起成长，是教师生命一种最美好的状态。

靠着我

想起刚才已经惊跑了一只害羞的小鸟，实在不忍心再打破另一个孩子美丽的梦境。

春寒料峭的季节，风格外大，裹挟着丝丝阴冷。

天气的无常丝毫不影响孩子们参加运动会的勃勃兴致，他们早早就把一切事务安排得妥妥当当。听从孩子们的吩咐，我的工作是留守"阵地"，静候比赛的佳音。

学生的休息场地安排在学校围墙四周。春天，满墙的爬山虎蓬蓬勃勃地舒展着手脚，挤挤挨挨地竞相攀缘，蔓延成一道绿意盎然的天然屏风。此刻，背靠着一墙在风中不停地翻动着褶皱的爬山虎，就像倚靠在一片翻腾着的波峰浪谷之上，丝丝寒意沁入我的脊背。

环顾四周，座位上空无一人，只有学生散落在椅子上的校服可以御寒，便随手拉过一件穿在身上，又戴上了一顶遮阳帽挡风。看看手表，时间还早，便埋着头，蜷缩着身子，细细地翻阅起运动会的秩序册。

"笃笃笃"，我的头上被轻轻地敲了三下，还没等我反应过来，随之而来的是一个连贯的大嗓门："书呆子，别光顾着看书，看管好班级里的物品。丢了东西，唯你是问！"我一愣，继而明白过来：认错人了，敢情是把我当成学生了。哈哈，是哪个可爱的小家伙呀？心里一乐，我抬起了头。是小费，只见他站在我面前，一手叉着腰，两眼瞅着我，正神气十足地等着我回话呢！

我仰起了脸，冲他微微一笑。"啊？钱老师！？"孩子的眼睛瞪圆了，嘴巴立时张成了"O"形，一张小脸也随即涨得红红的。他忸怩着，局促不安起来，说话也结巴了："钱……钱老师，我……我，对……对不起……对不起……"孩子低垂着眼睑，话语也低到了嗓子眼。

看着他羞红着脸惹人怜爱的样子，我的心中徒增了几许温柔。于是，我很友好地冲他笑笑，轻松地朝他挥挥手："没事，没事。"孩子一脸窘态，他不好意思地吐吐舌头，涨红着脸拿了瓶水，一溜烟跑了。

多可爱的孩子！回想着刚才的那一幕，低下头，我轻轻地笑着，目光继续停留在秩序册上，关注今天运动会的赛事。

"咚咚咚"，我的身旁传来了急促的脚步声，只听得来人大口大口地喘着气，嘴里还在自言自语地叫唤："哎呀，累死我了。"或许是在抓着小脑袋瓜想办法吧，停了一下，他忽然转身弯下腰来，像招呼老朋友似的，很亲热地拍拍我的肩："嗨，借光，让我靠一靠。"

没容我说话，"啪"的一声，他便一屁股在我旁边的椅子上坐了下来，歪斜着身子，懒洋洋地把可爱的小脑袋往我肩上一靠，舒舒服服地伸长了两条腿，闭着眼睛打起盹来。"嗯，不错，舒服！舒服！"他摇头晃脑地，似在享受一般。临了，他懒懒地冲我摆了摆手，转头递过来轻飘飘的一句："朋友，谢啦！"就兀自抱着双臂甜甜地入梦了。哈，又错把我当成同伴了！我的心头又是一乐。

想起刚才已经惊跑了一只害羞的小鸟，实在不忍心再打破另一个孩子美丽的梦境。于是，我没有答话，抬手将帽檐拉至眉下，继续埋着头，并有意识地将身子朝他那边侧了侧。还好，孩子没注意我，也没继续发话，只是拿小脑袋在我肩头来回蹭了几下，就不动了。

或许真的是累了，不一会儿，他发出了轻微的鼾声。他睡着了。小脸蛋像个苹果一样，红扑扑的；纤长细密的睫毛静静地覆盖下来，形成一个温柔的弧形；红嘟嘟的小嘴紧紧地抿着，微微上翘，显出几分顽皮，偶尔还露出满足的笑容……

阴冷的风继续吹着，我的内心却敞亮起来。靠着我，温暖你……

不做一本正经的老师

不做一本正经的老师，所以教育生活对于我来讲，就少了很多的条条框框，少了很多所谓的师道尊严，不被约束，不受束缚。

记得刚踏上工作岗位时，有很多关心我的人不无担心地对我说："看你这娇娇弱弱的模样，能管得住那些学生吗？"初出茅庐的我竟然很不服气，一脸傲气。

想来我还是自信的，对工作也有自己的认识和想法。学生从来就不是靠着教师的威严"管"出来的。我相信不一本正经地做老师，才是做老师的高明之处。这一点，坚持到现在，我从未改变。

不做一本正经的老师，所以教育生活对于我来讲，就少了很多的条条框框，少了很多所谓的师道尊严，不被约束，不受束缚。我可以随心所欲，自由自在，放飞学生，也放飞自我。

事实上，在与孩子们相处的时候，我从来都会忘却自己的成人身份，喜欢返回儿童时代，以一颗童心去做老师。

1. 爱玩乐的钱老师

春天里，我和孩子们一起放风筝、赏花踏春；夏夜，和孩子们一起仰望星空，在星光下追逐嬉戏玩游戏；秋日的月夜，吟诗、赏月、吃月饼是我们的传统保留节目；冬日，当雪花飘落，不要说孩子们，我也是心猿意马坐不住，打雪仗、堆雪人、掷雪球，我和孩子们在雪地里玩得忘乎所以。每逢秋游、春游，我的身后总是跟着一大群孩子。我们一起登山爬坡，一起钻山洞探险，一起玩孩子们喜欢的各种游乐项目。哪怕太刺激的游戏让我吓得面露土色、大声尖叫，但因为有孩子们在身边，我也有勇气挑战一回。

体育锻炼，当老师们站在一旁看管着学生跑操，我甩开步子，加入学生的行列，与学生并肩奔跑，阳光下，长发飘飞。孩子们说，穿着高跟鞋跑操的钱老师绝对是一道亮丽的风景。

课外活动，我换上运动服，拿起羽毛球拍，与学生一决高下。与我打球的孩子挨个儿排着队等候，围观的孩子更是围了个里三层外三层。每一次的活动课，我和孩子们一样大汗淋漓，大呼过瘾。小张同学说："钱老师，您是我见过的羽毛球打得最棒的老师！"

班上的小徐同学溜冰技术极高，获得过市级比赛的一等奖。消息传开后，很多同学投身他的门下，他便成为大家的师父。闻听此消息，我便笑眯眯地和他开起了玩笑："小徐师父，你可愿意收我为徒？"小徐同学一听，乐得嘴都合不拢，像小鸡啄米般地连连点头。自此，只要一见到小徐，我便恭恭敬敬地称呼他为"小徐师父"。小家伙乐得每天都像吃了蜜一般。

喜欢几米的漫画，买过很多他的漫画书，我的网名"微笑的鱼"就是几米创作的漫画之一。因为"微笑的鱼"这个网名，孩子们和我一样，成为几米的忠实粉丝。课间，我们聊漫画，聊几米，孩子们还向我推荐各样漫画书，我欣然接受，认真拜读。我知道孩子们的心思，无非是博我一乐。对于他们爱看漫画书，我也不制止，孩子们开心就好。孩子们说："钱老师真是宽容大度，换成我爸妈，一律没收。"哈哈，我乐了。

天气寒冷，穿了一件很厚实的羽绒服，同事们都夸赞羽绒服好看。不料在做完课间操回教室的路上，有个男孩子向我耳语："钱老师，女生××说您穿了这件羽绒服像一只大螃蟹。"我一愣，男孩口中所说的这个××一向是很文静腼腆的女孩子，更没想到这件自己很喜欢的羽绒服穿在身上的效果，竟然在一个孩子的眼中成了一只螃蟹，我有些哭笑不得。恰好，这个女孩就走在我的身后。我转头问她："××，你的同桌说你将钱老师比喻成了一只螃蟹，是这样的吗？"女孩抿着嘴轻笑。还未等我发话，一旁的孩子看不过去了，大声嚷嚷道："呀，说了这么不中听的话语，你还好意思笑呢！"

女孩低头不语，此时她的内心应该是有波澜的。

我止住了那些批评声，心想，女孩运用这样的比喻应该也是事出有因。回到家中，我仔仔细细将羽绒服研究了一番：黑色的翻毛领，白色的横线条纹，怪不得女孩会想到大螃蟹呢。我暗自笑起来。

第二天，我读到了女孩就此事写的日记。在日记中，她诚恳地向我道歉，说自己犯下了一个错误。读罢她的日记，我微笑浮起，提笔在文后写下这样的话语：

昨日回家，将羽绒服细细察看了一番有无螃蟹的痕迹。毛茸茸的大翻领，横条纹的设计，的确是有些像哦！

最近学习了鲁迅先生的文章，很欣喜你学会了运用幽默的语言艺术。

螃蟹可是好霸气威武的哇！我很开心有如此气场！

谢谢你对老师的关注，我相信这是另一种喜欢！

发下日记本时，我特意看着那女孩。看着她慢慢地打开，仔细地读着日记本上的留言，然后嘴角含笑。

……

苏霍姆林斯基说："一个好老师意味着什么？首先意味着他是这样一个人，他热爱孩子。感到和孩子在一起交往是一种乐趣，相信每个孩子都能成为好人，善于跟他们交朋友，关心孩子们的快乐和悲伤，了解孩子的心灵。"当我读到这段话的时候，我的心里异常坦然和明亮。

所以，我和孩子们之间有情有爱、有喜有乐、有笑有泪，有各种各样值得回味的有趣故事。

2. 值钱的钱老师

从来都不是一个一本正经的老师，也不喜欢做一本正经的老师。我的名字叫钱碧玉，一般人的解读总是：江南女子，小家碧玉。我的孩子们可不是这么认为的！刚接班，就有个孩子问我："钱老师，你姓钱，那你是不是很有钱？"我看看他，开起了玩笑："是啊，钱老师有钱，但不任性；钱老师不光有钱，还有德、有才、有貌、有智慧。"我边说边笑，小家伙听得一愣一愣的。还是小汤同学机灵，一拍该同学的脑袋瓜说："傻瓜，钱老师不是有钱，钱老师是值钱。"哈哈，我终于忍不住笑出了声。

那一天因为有事，耽误了上课。匆忙赶往教室的时候，教室里还没有安静下来。只听得有个调皮孩子在大喊："钱碧玉，钱碧玉呢，钱碧玉去哪儿了？"刚走到教室门口的我张口就应答："来了来了，钱碧玉来了！"孩子们一阵哄堂大笑。我笑着很认真地看着他们说："没错呀，我的名字不就叫钱碧玉吗？"孩子们笑得更厉害了。我说："我的名字叫钱碧玉，相信你们都很想知道这个名字的来历，那么这一节课我们就来'说名道姓'。"教室里，立马掌声四起。临时起意、随机应变、即时生成的一节课有意思极了。

元旦文艺汇演时，我和孩子们一同坐在剧场里观看表演。轮到老师们出场表演时，台下轰动了。忽然，隔壁班的一个孩子转头问我班的学生："你们钱老师怎么不上台表演节目呢？"我还没反应过来，班里的星熠同学就眨巴着灵活的大眼睛，一本正经地说道："我们钱老师怎么能轻易登台表演呢？我们钱老师可是要出场费的呀！"听闻此言，我再也忍不住了，哈哈大笑起来。孩子的小嘴巴，真是甜呀！

3. 喜欢送礼物的"钱老师"

我喜欢给学生送礼物，给小小的心灵制造一点小惊喜。"不二家"的棒棒糖、巧克力、旺旺雪饼、步步糕都是我爱送的礼物，因为好寓意和好滋味。这样的礼物我一般都选择在新学期的第一天送出，收礼物的欣喜令学生心动不已，情难自禁。小小的礼物已远远超出它本身的价值，那已不是一般意义上的礼物，老师的希望、期待和寄托蕴含其间，多么珍贵的礼物啊。

一份让学生尖叫、最特殊的礼物是"钱老师系列"奖品。钱老师的照片、刻有"钱老师奖"的奖牌、钱老师作为封面人物的杂志、钱老师出版的著作，和钱老师一起喝下午茶、一起吃肯德基，多么奇妙而又动人的礼物啊。难怪孩子们会像唱歌一样大喊："今年我们不收礼，收礼只收钱老师！"多么有意思的孩子们！

我也经常会收到孩子用心送出的小礼物。其中，明信片是最多的，对于我来说，这些明信片就是纪念珍藏版。每一张明信片上的话语都是爱的表白：

"时间刚好，阳光正好，天气不燥，爱 Q 老师要趁早。"

"春风十里，不如老师您温柔的笑颜。"

"你若安好，便是晴天。"

"出其东门，有女如云。虽则如云，匪我思存。"

……

多么有情有义的孩子们！

六一儿童节，一个孩子送我一瓶 QQ 糖，只因为我是他们的 Q 老师。那一刻，我很感慨，也很感动。在这一天，我还收到了另一个孩子送给我的一本周国平先生的书《每个生命都要结伴而行》，寓意不言而喻。

可以说，每每收到孩子们的礼物，我都很惊诧。已经在大学就读的孩子们来看望我，给我带的礼物竟然是零食。孩子们说："小时候，钱老师您总是将零食当礼物送给我们，想想那时候真的是好幸福啊，我们享受到了在别的老师那里享受不到的优待。由此也断定，您是个爱吃零食的孩子王。"这么多年过去了，很感慨孩子们依然记得，也很庆幸自己在他们心里依然是个孩子。

朋友们经常会很好奇地问我：教师工作繁忙琐碎，千头万绪，为何见你的日子过得行云流水、活色生香，越来越滋润呢？我笑笑，回答两个字："享受。"

是呀，当工作成为一种享受，你怎么会有时间去抱怨？怎么会有时间去厌烦？想想每天有那么多孩子在看着我、爱着我，幸福都来不及呢。

科幻作家阿瑟克拉克说："我永远都没有长大，但我永远都没有停止生长。"我以为，永远都没有长大，永远和孩子们一起成长，是教师生命一种最美好的状态。

永远年轻，永远热泪盈眶。

小张老师和钱同学

我和她开始了"老师"和"同学"的角色互换。她很开心，经常有事没事来找我，围着我转悠，"钱同学""钱同学"，喊得可亲昵了。

她是我的学生，我是她的老师。

她喊我——钱同学，我称呼她——小张老师。

这是我与她之间独有的称呼。

最初，她距离我很远，虽然她的座位离我最近。

小张老师个子小小的，坐在第一排。听课的时候，她总爱眨巴着那双爱思考的大眼睛盯着我看。看什么呢？有一回，我生了好奇心，就问她。她羞涩了，低下头，不语。这可不像性子直来直去的她，我觉得有趣。

小张老师会唱戏，黄梅戏、京剧、越剧，都能唱上几段，很有两下子。班会课上，她一登场，喝彩声一片。小唐装一穿，兰花指一翘，小嘴唇轻启，咿咿呀呀唱开了，眉宇间还颇具几分旦角的韵味，听得孩子们一愣一愣的。

小张老师喜欢和男孩一起玩。有一回，胆子超大的她带着几个男孩子去爬窗台，把我吓出了一身汗。还有一回，男孩子们去校园内捅马蜂窝，被马蜂蜇得抱头鼠窜。在那些调皮淘气的男孩子之中，竟然有她的身影，且只有她一个女孩子。我想，这是个很有意思的孩子。

寒冬的一个早晨，当我步履匆忙，上完晨读课回到办公室时，发现办公桌上放着一个纸袋。打开纸袋，我愣住了，里面装着一份早餐：一个鸡蛋，几片烘得松软的果酱面包，一杯冒着热气的牛奶。早餐很简单，但对于此刻饥肠辘辘的我来说，无疑是雪中送炭了。

谁这么贴心呢？我思忖着。问遍办公室的同事，都说不是。这田螺姑娘是谁呢？我苦思冥想。难道是我的学生？但很明显，这份早点不是出自学校的食堂。我将目光聚焦在班里六个走读的孩子身上，没准就是他们给我送的早餐。

我笑眯眯地问道："今天，Q老师收到了一份阳光早餐，我想知道，是哪位田螺姑娘或者田螺小伙送的呢？"

六个孩子冲着我笑。笑过之后，五个孩子不明就里，摇摇头。一个孩子站在那里，咬着嘴唇，使劲地忍着笑。

是她？我瞪圆了眼睛，心里生出一丝疑虑。她有些小得意，指着自己的鼻子，笑着吐出一个单词——"me"。

怎么是她？一个我潜意识里认为的一贯大大咧咧、似乎不懂得体贴人的她。但又一转念，问自己：为什么就不能是她？对于一个完整意义上的孩子，我们的眼睛又能看到多少呢？他们美好的心灵，有时表露于外，我们一眼就能看到；有时却隐藏于内，被表象掩盖，给人造成错觉。不能发现它，那是因为我们还缺少一双智慧的眼睛。

我热烈地拥抱她，感谢她在寒冬的早晨给我送来温暖。但我很奇怪，小家伙怎么会想到要给我带早餐呢？

她忽然一本正经地说："Q老师，记得一定要吃早餐哦，不能为了给我们上课而不爱惜自己的身体。"

我笑了，再度拥抱她，说："谢谢你，可爱的小张老师！"

她俏皮地笑了："不客气，钱同学！"

至此，我和她开始了"老师"和"同学"的角色互换。她很开心，经常有事没事来找我，围着我转悠，"钱同学""钱同学"，喊得可亲昵了。

小张老师很喜欢上语文课。语文课上，她听得很专注，个子小小的她身躯内迸发出的能力令人惊讶。很多次，她的发言让我禁不住竖起了大拇指；也有很多次，她动人肺腑的朗诵被热烈的掌声打断。

记得那一天，学的课文是《爱因斯坦和小姑娘》，课文讲述的是一个普通的小姑娘如何教会大科学家爱因斯坦穿衣服、整理房间的事情。小张老师听得尤其认真，一副若有所思的样子。等我整理好书本回到办公室，看到小张老师已经在我的办公桌前忙开了。她麻利地整理着办公桌，熟练地拿起水杯，倒好满满一杯水，之后端到我面前，一副小大人的口吻关照着我："钱同学，你的嗓子经常嘶哑，记得一定要多喝点水哦，每天要喝满8杯水。"边说，边用手比画着。呵呵，活脱脱一个课文中的小姑娘啊。

我禁不住笑了，立马保证："是，小张老师，钱同学一定听你的话。"

小张老师并不是一个乖巧的孩子。这不，美术课上又违纪了，还跟美术老师犟上了。美术老师让她主动来找我承认错误，她怎么都不肯进办公室，靠在办公室门口抽抽噎噎地哭开了。问明情况之后，我并没有责怪她，提醒她下次注意就是了。却没料想，下一节课上，忽然找不到她人了。我慌了，马上派同学四处寻找。等到大家找得气喘吁吁之时，她出现了。我生气了，很严厉地问她上哪儿去了。她却很淡定，若无其事地说："我到校园里走了走，散散心。"

这次我没忍住，将她批评了一通。小张老师耍起了性子。语文课上，她故意东张西望，心不在焉。我讲课，她手里拿支笔玩耍，偶尔用眼睛瞟几下我，就是不听讲，也不发言。实在无聊，便有事没事跟同桌低声嘟囔几句。我也不理会她，故意对她视而不见。

一连三天过去了。这一天的语文课，孩子们上得特别兴奋，课堂气氛达到了高潮。眼见周围小手如林，群情激动，木然坐着的她面色尴尬，心里大概在矛盾着呢。我瞟了她一眼，故作漫不经心地说道："哎呀，这么有趣的语文课，Q老师又讲得这么动情，有些同学不专心听讲真的是自己的损失哇！是吧，同学们？"我故意提高了嗓门。

我注意到，她开始咬嘴唇了，脸上恢复了平静，接着手举了起来。

我很高兴，对着举手的她说："这个发言机会留给你——小张老师！"

她气定神闲，一气呵成，讲出了完美的答案。教室里，掌声响起。

不留一点痕迹，这件事情就这样过去了。

元旦来临，我收到了小张老师送我的新年礼物，一个毛绒玩具——一匹小红马。"马"上贴着一张纸条，上面写着："钱同学，马年祝你马上有钱，马上有幸福！"落款：小张老师。

作为回礼，我送给她一块巧克力。我将巧克力塞进她的裤兜里，她笑了，手捂着裤兜，蹦蹦跳跳地出了办公室。

以后的日子里，小张老师一直和我相处融洽。每天，她总会蹦蹦跳跳地来我办公室，用她的话说，"没什么事情，就是来看看你"；每节课间，我的办公桌上总有一杯热腾腾的水等着我。她跟我聊的话题很多，最多的就是嘱咐我要每天吃早餐，注意身体；每天要多喝水，保护嗓子。有一次，她还特地从家里拿来两杯酸奶，告诉我喝酸奶可以养胃。我很感动。一个小小孩，心里装着你，才会如此细致入微、无微不至地为你着想呢！

某天一大早，她捧着一盆盆栽，走进办公室，笑嘻嘻地对我说："钱同学，我在花鸟市场发现了一种植物，叫'碧玉'，买回来送给你，你一定要好好养着它哦。"

看着这一盆葱绿的碧玉，看着一个将心捧到我面前的孩子，我只有一个念头：好生护养这株碧玉，不辜负！

巧妙的"QQ"组合

与孩子的每一次相遇，注定会成为一段美妙愉快的旅程。一路上的曼妙风景，是由我和孩子共同创造的。

孩子们喜欢喊我"Q老师"。她是班长，与我同姓，便自称"小Q"。于是，很自然地，我们便成为奇妙的"QQ"组合。在孩子们的心目中，我是Q老师，她是小Q老师。

我深信不疑：与孩子的每一次相遇，注定会成为一段美妙愉快的旅程。一路上的曼妙风景，是由我和孩子共同创造的。

喜欢小Q。第一眼见到她，便觉得她是个很大气的孩子，与一般的女孩子性情不同。这一点吸引着我。吩咐她做的事情，她总是乐颠颠地答应着，愉快圆满地完成。很多次，看她热情地搀扶着同学去医务室，看她带领着同学们去搬净水，看她耐心地指导同学们做内务，看她一蹦一跳地为大家忙碌的身影，我很感慨：一个四年级的孩子，能够将为同学服务、为班级付出，当成一件光荣而快乐的事情，实属不易！

在入学前的军训会操表演赛中，我们班将第一个出场。按照比赛规则，得有一个领队的孩子走在班级队伍的前列，高喊口令，引领全班同学前行。教官和我商量人选，我一下就将目光投向了她。我知道这一次对她来讲是个挑战。在参加军训的15个班级中，我班的孩子年龄最小，况且要走在全校队伍的最前列，孩子心中的压力和紧张可想而知，但我决定锻炼她。一颗好种子，遇到适宜的土壤，就应该让她栉风沐雨、破土而出。于是，在骄阳烈日下，在教官的严格训练和我的严格要求下，她一遍又一遍地练步伐，喊口号，一遍又一遍地规范自己的动作，为同学们做示范。看着她汗流满面，白皙的脸蛋晒得红通通的，但从无一声抱怨，我的心里既心疼又感动。

会操表演赛开始。主席台上坐满了学校和部队的领导，学生家长更是黑压压的一片，将操场围了个水泄不通。面对如此大的场面，我有些担心她，鼓励她的同时为她舒缓压力。她仔细地倾听着，懂事地点着头。我知道她明白了我的意思，我相信她一定会有完美的表现。果然，走在队伍最前面的她大气沉着，完全镇得住场面。她迈着有力的步子，喊着嘹亮的口号，神情坚毅，无比镇定。第一个出场的我们，便赢得了满场的掌声。最终，我们在军训会操表演赛中一举夺得了冠军。小Q，功不可没！

回到教室，我提议让她将金光闪闪的奖状贴在教室的"荣誉宝座"内。在同学们热烈的掌声中，她激动地拿着奖状，异常珍爱地将奖状端端正正地贴好，抚平。这是属于我们班级的第一张奖状，也是她奉献给集体的第一份荣誉。这一次的锻炼，这一个"第一"，对她个人多么重要，也使她在同学们心中树立了一个高大的形象。

开学后，小Q以极高的人气，理所当然地被大家推选为班长，成为孩子们心目中的榜样人物。当上班长后，她的干劲更足了。随时随地，都能看到她欢快奔忙的身影，听到她撒下的一路欢笑，感受得到她对老师和同学真心实意的喜欢。

她是我的语文课代表，整整三年。还记得第一次与孩子们一起玩丢手绢的游戏，她用文章记录了此事。阅读过后，我认真帮她进行了修改，并投稿到报纸上。很快，这篇文章便被刊登在了《江南晚报》。文章第一次被发表，她心中的喜悦可想而知，她也由此爱上了写作。在她的作文中，满满的都是我留存给她的记忆。开学第一课"闻书香 识课本""聪明的故事""月夜观泉""师生同喝中药""心灵之约""中秋赏月""当一回小盲人""做一次小老师"……她用动人的笔书写着心中的情。值得骄傲的是，连续好几次，她的语文期末成绩达到了99.5分的高分，屡次获得全年级组的第一名。我由衷地祝贺她："你是我的骄傲！"

由于工作能力出众，为人处世得体，她被推选为学校的大队委员。那一段时间，她既要处理大队部的事情，又要负责班级事务，还要管理自己的学习，忙得分身乏术。她的家长和我商量，决定让她辞去班长的职务。我有些担心，怕她产生失落情绪，便与她交流，征询她自己的想法。她犹豫了一下，最终决定辞去班长的职务。我同意了她的要求。

果然，不再担任班长的她身边一下子冷清了许多，她的失落情绪，我轻而易举就察觉到了。我宽慰她："你不做班长了，少了一个职务，找你的同学自然少了，这很正常，但这并不说明你不重要、不优秀，你依然是大家心目中的榜样。职务和岗位是次要的，重要的是你依然怀有一颗为班级服务、为同学分忧的热情的心。相信自己，你在大家心目中依然重要，无可替代！"一番话，让她从中得到了慰藉。成长，需要体验不同的滋味，但这一过程中的心理转变需要靠她自己慢慢调整，慢慢适应，慢慢领悟。以后的好多天，我一直悄悄地留意着她，关注着她，直至看着她一如从前一般开朗自信，我才释怀。

1月6日，是她的生日，也是另一个孩子的生日。两个孩子同年同月同日出生，这样的日子，我不会忘记。每到那一天，我总会去买好两个生日小蛋糕。晚自习结束，两个孩子总是会来我的办公室吃生日蛋糕。另一个孩子比较忸怩，一小口一小口吃得很慢，似在品味。她很不同，没有丝毫的羞怯。道谢之后，毫不客气地一大口一大口地将蛋糕吃完。我很欣赏这样真性情的她，很真实，很大方，跟老师没有一点儿距离。

每一个课间时分，她总是不自觉地要往我的办公室里跑。搬作业本，帮我倒水，整理我的办公桌，与我有事没事地聊天，甚至过来吃点小零食，她都做得很自然，一点都不做作。每天晚餐时间一到，她会准时出现在我的办公室里，约我吃晚饭。有时，看我正在忙，便静悄悄地坐在我身边，看我批改作业、查阅资料。有一回，办公室同事的爱人来办公室玩，看见她坐在我身边，与我亲亲热热、无拘无束的样子，便随口问我："钱老师，这是你女儿？"我一愣，随即便哈哈大笑起来。

真的呀，如果将学生当成自己的孩子，那么老师收获的便是母亲一样的幸福；如果学生能将老师当成自己的妈妈，那么学生感受到的便是孩子般的自由与快乐。

六年级的最后一个学期，我的班级以遥遥领先的成绩被学校评为"红旗班"。按照规定，获得"红旗班"的班级需要由班主任和班长共同登上领奖台领奖。此时的孩子们已升入了初一年级。不假思索，我一下就想到了她——小 Q。在走过一个又一个的班级，在黑压压的学生人群中，我找到了她，邀请她与我一起走上红地毯，领取"红旗班"的奖状。她显然没有料到，激动极了，赶忙起身。我与她手拉着手，满面笑容地走上了领奖台。站在领奖台上，我们同时绽开了笑容。

哈哈，又一次"QQ"组合。

岁月很美，您亦很美

教育是美的，教师是美的代言人。教师的美应该是由表及里、由内而外、内外兼修的美。

教师节，我布置了一篇作文——《这一刻，老师您最美！》。

就像一个孩子充满了好奇心，我的心中不无憧憬与期待。孩子是一面明亮的镜子，镜子里折射出的是我的光芒。

小贤写道："老师，您每天微笑百分百，热情百分百，活力百分百，这样的您最美！"

小晨说："钱老师，您每天都是满面春风的样子。开学第一天您穿了一条红色的裙子，您的身影让我想起了一个人——赵雅芝，您给我一种很优雅的感觉。"

小邵说："钱老师，您每天都打扮得漂漂亮亮的，各种款式的裙子搭配各种类型的高跟鞋，让我看都看不过来呢！但无论您怎么搭配，在我们的眼中，都是最美的。"

坐在阳光下，读到这样的句子，不由微笑起来。记得一位前辈曾意味深长地对我说过这样一句话："一个老师，站到讲台前，她应该是光彩照人的！"这句话成为我教育人生的至理名言。它让我时刻谨记：教育是美的，教师是美的代言人。教师的美应该是由表及里、由内而外、内外兼修的美。讲台是一方舞台，我要在这方舞台上演绎我的美丽人生。我明白，站上讲台的那一刻，有多少双童稚闪亮的眼睛在注视凝望着我，观察欣赏着我，甚至在心底赞叹模仿着我。那一刻，我希望自己是孩子们眼中的一道风景，容貌、衣着、谈吐、举止、精神、气质都是美的，有足够的魅力与吸引力将孩子们的目光凝聚……教书生涯，细碎平淡，很容易在奔忙和疲累中憔悴了容颜，遗失了初心。我愿意始终怀有一颗爱美、向美的心。那样，每一日都是真的好，自在而不乏味。

行走在教育路上，注定要与亲爱的学生结伴而行。我很清楚，在这漫漫长途，我要随时撒种，随时开花，将生命之路点缀得鲜花弥漫……

"课堂上的您最美。每当同学们回答问题有误，您从不严厉批评，加以责备，总是微笑着说：'课堂是允许出错的地方，不懂不会是很正常的。'就是这样一句简单的话语，打消了我所有的顾虑。一向胆小的我上课忽然有了积极发言的勇气，上您的课特别带劲，特别有神。"

"那一天的语文课上，您绘声绘色地给我们讲述课文《月光启蒙》。我站起来，说出了我的理解：'月光启蒙是爱的启蒙。'您激动极了，说：'掌声响起来！'在热烈的掌声中，您说：'小炜，到钱老师身边来，让钱老师来抱抱你。'我惊讶了，怎么会有如此和蔼可亲的美丽的老师，竟如同我的母亲一般。我投进您的怀抱，您温柔地拥抱着我。第一次，我与一个老师幸福地拥抱。这第一次，是我永生难忘的第一次！"

这样的文字，如同闪闪烁烁的小星星，一颗一颗，纷纷坠入我的心里，我的心中一片光明和美好。我知道，我所有的努力，我所有的用心和用情，总有一双眼睛会永远记得。

"学校即将举行跳长绳比赛，同学们练得可认真了，一个接一个，鱼贯而入。这时，一个熟悉的身影从我们眼前跃过，原来是我们的钱老师不知何时，悄悄混入了跳长绳的队伍。你看她纵身一跳，又一个转身，跳出绳外，她就像孩子一般天真无邪，和我们玩得不亦乐乎。这一刻，钱老师您最美！"

"这一天，钱老师拿到了书稿的稿费，去买了两大盒巧克力，与我们一起分享甜蜜。她一个挨着一个，很仔细地分发着巧克力，我们开心地说着谢谢。钱老师一脸微笑，很客气地回应着我们。这一块巧克力，我完好无缺地保存着，始终舍不得吃。钱老师，您与我们一起分享巧克力、分享甜蜜的时刻，是最美的时刻。"

"一年一度的颁奖时刻又到了，您给我们发'钱老师奖'。您微笑着看着我们，笑眯眯地说：'恭喜你们哦！希望你们再接再厉，继续拿奖！'我们获奖的同学喜笑颜开，小心翼翼地将您的奖品——一张您的美照捧在手中，笑得嘴都合不拢了。您给我们拍照留念，记录下这美好的时刻。钱老师，您知道吗？这一刻，您的美永恒！"

忘记了课堂上所学的一切，剩下的才是教育。在孩子们的生命长河中，学会寻找真实而丰富的生活，努力积攒阳光，向美而行，树立爱的信念，比任何知识都重要。

"那一天在雨中，您举着手机，寻找着合适的角度，拍摄盛开的玉兰花。您一脸的喜悦，拍了一张又一张，一边拍，一边啧啧赞叹着玉兰花的美。您的脸庞与洁白的花儿互相映衬，非常和谐。美的人与美的物在一起，时间仿佛静止了。这一刻，老师您最美！"

"您站在太湖边，阳光正好洒在您的身后。镜头中的您冲着我微笑，真美！我立刻按下快门，接连拍了好多张，每一张都令人赞不绝口。您拍着我的肩膀说：'拍得不错，挺有做摄影师的潜力哦，长大可以当摄影师呢！'一边说，您还一边招呼着同学们和您一起拍照：'亲爱的同学们，小摄影师要帮我们拍照了。'……我喜欢这样的钱老师！"

始终相信，这世界上最亮的一双眼睛是属于孩子的。孩子的眼睛里，会呈现出我们发现不了的快乐和美好。生活中不经意间的一些微小举动，被孩子视为美，捕捉在了心灵深处。我相信这样的快乐和美好是传递，是唤醒，是滋养，能够储存，能够延续，在潜移默化中，自会有它的一点芬芳和润泽。

"春蚕到死丝方尽，蜡炬成灰泪始干。老师，当您沙哑着嗓子，却依然神采飞扬地站在讲台前为我们上课；当您不顾身体的疲劳，埋头一丝不苟批改着作业；当您放弃休息时间，不厌其烦地为我们讲解难题……为了我们的成长，您呕心沥血、废寝忘食、无私奉献，在我心里，您是这个世界上最美的人！"

孩子的文章中，不乏这样高大上的赞美，或许也纯属套语，但我并不觉得空洞，依然相信发自孩子肺腑。如果从我的日常行为中，孩子们能够领会到热爱工作是一种美，无私奉献是一种美，关爱他人是一种美；领会到教师的职业是美的职业，教师是美的化身，值得终身敬仰，那正是我所希望的。

我相信，一个老师给予的种种美好，会深深浸入学生的骨髓、血液、心灵……

我希望，当有一天，我的学生回想起我时，能够说一声：老师，岁月很美，您亦很美！

我喜欢喊他——小胖

孩子们都说："哪里有钱老师，哪里就有小胖的身影。"这话一点儿不假。

他长得胖乎乎的，毫不夸张地说，像个肉球。第一眼看见他，我就非常喜欢他。不仅是因为他长得很可爱，还因为他的笑容——非常灿烂，很明媚，不带一点儿杂质。无论什么时候看见他，他总是挂着那招牌式的笑容，对着你微微笑，让人心生温暖，忍不住上前去捏一捏他红通通的脸蛋。

我喜欢喊他——小胖。他很满意这样的称呼。他懂得，这样的称呼中有老师对他的爱意。

小胖经常会闹点小笑话。有一次语文课上，他站起来读词语。"拎"和"悬崖"本是两个词语，不知怎么回事，他竟然将两个词语连在了一起，读成了"拎悬崖"。这下可好，教室里笑翻了天，我也忍不住笑了。小胖可难堪了，刚才的得意劲儿一下变成了尴尬。看着他在那里站也不是，坐也不是，一脸局促，等着挨批的样子，我忍住了笑，走过去拍着他的肩膀，开起了玩笑："小胖啊，钱老师知道你力气很大。但你力气再大，也不能把'悬崖'给'拎起来'呀！"孩子们再一次笑了起来，小胖抬着他的眯眯眼，也不好意思地笑了。"小胖拎悬崖"的故事从此传开了，成为班级里一个经典的笑话。每回写作文，孩子们都喜欢将这个"经典故事"翻出来，津津乐道地回味一番。

因着这个故事，小胖和我走近了，亲密了。

班里有个小女孩丹丹，初上寄宿班很不适应，成天闷闷不乐，以泪洗面。我想到了让小胖与她做同桌。听我介绍完丹丹的情况，看着我充满信任、期待的眼神，小胖很快地答应了。小家伙还真不赖，他太明白我的意图了。与丹丹成为同桌后，就以一个哥哥的身份开导着小妹妹般的丹丹，迁就、宽容她的娇小姐脾气，时常逗她乐，哄她开心。小胖宽容友善的为人，幽默风趣的谈吐，积极乐观的心态，加上他整天乐呵呵的招牌式笑容，对丹丹而言，无疑是个潜移默化变得乐观的过程。当我高兴地拍着小胖的肩膀，夸奖他时，他可开心了。对他来讲，这是一件引以为豪的事情。

小胖很能吃，胃口非常好。我经常跟他开玩笑，说他"牙好，胃口就好，身体倍儿棒，吃嘛嘛香"。每次就餐，他从不挑食，也不偏食，饭菜汤样样吃光，我表扬他是"光盘行动"的最佳代言人。就餐时，他总喜欢和我坐在一起。我总是会把自己的菜分给他吃。他很大方，从来不忸忸怩怩地推辞。我喜欢这样的孩子，很坦白，很真实。

有一回，他和我一起坐着吃晚饭。好端端地说着话，我忽然发现他不接我的话了。再一看，他的两只眼睛瞪得大大的，一眨不眨地盯着我的饭盒。我心里一乐，这家伙，盯上我饭盒里的红烧黄鱼了。他夸张地使劲吸着鼻子，嗅着那香味，那副馋相引得孩子们哈哈大笑。

我决心逗逗他："小胖，是不是肚子里有虫子在蠕动啊？"他"嗯嗯嗯"地拼命点着头。

"什么虫子知道吗？"不用他回答，孩子们就叫开了："馋虫！"

我问他："馋吗？""馋！""想吃吗？""想，太想了！"他又夸张地深吸一口气。

"要不要？""要，太想要了！"

我还想继续逗弄他，他却受不了了，哇哇大叫："钱老师，你别问那么多问题了，再问下去，我的口水都要流出来了！"

好可爱的孩子！我大笑起来："好！冲你这句话，这条鱼就归你了！"他咧着招牌式的笑容，开心得几乎要跳起来："那我就不客气了，谢谢钱老师！"

这样的一个孩子，我没法不喜欢。他的身上独有一份天真。而这，恰恰是现在的很多孩子缺乏的，甚至不敢显现出来的。

那一次，他大概又吃得多了，晃呀晃的，在我前面慢慢腾腾地走着。我紧走几步，追上了他。我说："小胖，你今天又吃撑了吧，瞧你好像走路都走不动了，你得注意节食了！"

他拍了拍自己圆鼓鼓的肚子，深深地叹了口气，说："钱老师，你以为我不想减肥啊。可没办法啊，在那么多美食面前，我真的是一点抵抗力都没有！"

看着他圆滚滚的肚子，我忽然起了玩心，来了兴趣。我说："小胖，让我来给你的肚子留个影吧！"一听这话，他乐了，满口答应。你看他昂着头，挺着胸，腆着个肚子，还特意将肚子鼓得圆圆的，摆着个Pose，很神气地让我照相。我哈哈一乐，"咔嚓"一下，拍下了他的"大肚子"。

我说："小胖，以后老师遇到不开心的事情，只要看看你的照片，想想你的笑容，就万事大吉了！"

他一听我的话，马上就像一下子长大了似的，开导起我来："钱老师，你放心，有我在你身边，你不会不开心的。即使有什么不开心的事情，你也要想开点。人嘛，要乐观开朗，知道不？就像我，爸爸妈妈不在我身边，但有舅舅舅妈照顾我，还有钱老师你对我这么好，就像我的妈妈在身边关心我一样，还有同学们和我在一起，我就觉得很满足了！"

那一刻，我很动容。我拍着他的肩膀，真心诚意地对他说："谢谢你，小胖。谢谢你给我带来了快乐，你是钱老师的开心果！"

有一回，因为班级的事情，我忍不住生气了。孩子们知趣得很，一个个地来找我道歉。看着他们脸上的满面羞愧，我心里直叹气。这样的错误，一次次地犯，还少吗？这样的道歉，一次次地重复，有意思吗？看着他们，我不说话，用沉默表达我的心声。

这时，小胖走了过来。他一改往常惯有的笑容，语气沉重地对我说："钱老师，我收齐了同学们所有的表扬信。我想用这些你亲笔书写的、同学们通过自己的努力获取的表扬信，来换回你的一个笑容，可以吗？"他说得很动容，说到最后，有些哽咽了。看着他手里拿着的一沓沉甸甸的表扬信，我的心立时柔软成一团，眼泪控制不住地流了下来。

孩子们都说："哪里有钱老师，哪里就有小胖的身影。"这话一点儿不假。

食堂里，只要我的身影出现在打饭窗口，他立马以百米冲刺的速度跑过来，嘴巴里嚷嚷着："钱老师，跟我坐一桌。"一边说，一边抢着帮我端饭盒、端汤、拿水果。那热腾腾的架势，那份发自内心的盛情，让我拒绝不了，也不容拒绝。众目睽睽之下，他俨然是护花使者，昂首挺胸地走在前面。而我，只能很尴尬地，又有些羞惭地，空着手乖乖地随着他走。

瞧，坐着吃饭，他的话题又来了。他笑嘻嘻地问我："钱老师，你看我的脸，你会用什么词语来形容我呢？玉树临风，还是英俊潇洒？"我瞥了他一眼，同样笑嘻嘻地说："小胖，这些词好是好，但都跟你不沾边。你比较适合用叠词，比如胖嘟嘟、肥嘟嘟、肉嘟嘟等。"我边说边笑。他呢，故意将眼睛瞪得大大的，嘴巴张得开开的，一副搞怪模样。看着他那样儿，我继续逗他："哦，小胖，我想到了一个更合适你的词语。"说完，我停顿了一下。他立马满脸惊喜，仿佛燃起了希望之火。"肥头大耳！"说完，我兀自大笑起来，孩子们也跟着哈哈大笑。小胖丝毫不介意，依然乐乐呵呵："能够让钱老师开怀大笑，值了！"

孩子们都说，有钱老师和小胖在一起，总是充满欢乐。

有一回，带孩子们去春秋乐园游玩。一大帮孩子紧跟着我，一个个黏黏糊糊的，甩都甩不开。或许就是这样，拉开了与小胖的距离。等有孩子告诉我，小胖不开心了，我才恍然：今天，无意间冷落小胖了！等我找到小胖，发现他满脸愁容，正在生闷气呢！"哈哈，小胖吃醋了！"孩子们嚷嚷起来。岂料一听这话，小胖更不开心了，他的眼眶红了，眼泪刷刷地往下流。见状，我赶忙拽起小胖的手，拉着他四处去拍照。左一张，右一张，逗弄着小胖，可小胖就是板着脸，不肯露出他的招牌笑容。孩子们也机灵得很，一边为我们俩照相，一边大声地喊："钱老师，笑一个！小胖，笑一个！钱老师和小胖一起笑一个！"哈哈，小胖终于笑了！大家都好开心！

课堂上，学李清照的词《如梦令》，读到其中一句"知否？知否？应是绿肥红瘦。"课后，孩子们开起了玩笑："小胖穿上绿衣服，就是'绿肥'；

钱老师穿上红衣服，就是'红瘦'。小胖和钱老师走在一起，就是'绿肥红瘦'。"好有个性、好创意的解读啊！小胖喜欢，我也喜欢。

今天，小胖和我走在一起，忽然很认真地对我说："钱老师，其实考不考取这里的初中对我而言已经不重要了。"我很奇怪他突然说这样的话。考取初中部不是他一直以来的美好愿望和努力追求吗？他有些丧气："本来想着，考取了初中部，同在一个校园，想你时还能经常跑过来看看你。可是等我考取了初中，小学部却要搬到别的地方去了，那我以后就再也看不到你了。考不考这里的初中，有什么区别呢！"

我愣了一下，没想到他会有这样的想法。但随即我笑了，打趣说："好小子，原来你考初中是为我考的呀！"

他完全不假思索："对呀！"

看着小胖一脸认真的样子，我很想对他说"学习不是为老师学的，考初中是为自己考的，你必须认真、必须努力"等冠冕堂皇的话语，可是对着一个孩子捧出的一颗赤诚的心，却哑然了。

成为美好，成就美好

相比较于单纯的知识传授，更多的，我希望给予孩子心灵的丰富、精神的高贵，以及培养他们对世间万物的热爱之情。这才是生生不息的。

做了许多年的老师，忽然发现：教育的一切艺术都来自我，我就是优质的教育资源，最美好的教育环境。于是，将关注的目光投向于自我，努力塑造自身的形象，努力培养自己的气质，努力修炼自己的教育行为，做最美的老师，做最好的自己，以美好成就美好。

工作中，情趣盎然；生活中，诗情画意。懂生活、爱工作是我的人生信条；一边认真工作，一边优雅生活，是我的生活打开方式。

1. 讲台前，我就是风景

这么多年，有一句话始终在我心底，成为我的教育信仰———位老师，站在讲台前，应该是光彩照人的！在孩子们面前，我总是展现最饱满、最明亮的那一面，让生活舞动起来。那么，与孩子们度过的每一天都是满满的能量与美好的元素。

每一天，穿着符合自己气质又从内心喜欢的衣服，踩着轻盈如风的步履，带着一颗欢喜心去上班，生活当真是一件赏心悦目的事情。美的服饰、优雅的气质、阳光般的心情、富有感染力的笑容，孩子们的心总能被我妥妥地俘虏。有个孩子说："每一天，我都会翘首企盼亲爱的钱老师的到来，想着今天的钱老师又会穿什么漂亮衣服呢？当走廊内传来清脆的高跟鞋的声音时，我心花怒放，准是我们亲爱的钱老师来了。"

记得有一回穿了一件大红格子的蝙蝠袖毛衣，有个小男孩给我留言说："钱老师，你今天穿的毛衣很漂亮，我好喜欢，你能不能为了我多穿几次？"我笑着秒回："当然可以！"

"优雅的高跟鞋＋漂亮的裙子"，孩子们说，这是钱老师的标配。记得有一次，我穿了一条蓝白相间的连衣裙，搭配了一双蓝色的高跟鞋，被一群女孩子叹为惊艳。于是，我很认真地对女孩子们说："每个女孩，都是最美丽的天使，我们为美而生。等你们长大了，一定也要像钱老师一样，绽放属于自己的美哦。"女孩子们羞答答地笑了。

做一个美丽的老师，和孩子们美美地相处，多有意思的教育时光。以后回味，那滋味一定也是美的。

美，无须多说，教师自身就是呈现在孩子们面前的一本鲜活的教科书。当教师自带光芒，教育的吸引力、感染力、影响力自然"与身俱来"。

2. 生活中，我喜欢诗意

教育不只是教书，还应该是一个生命对另一个生命的影响。对于一个孩子而言，长大的"营养"，不光是知识信息的叠加，还包括养成健全的人格、丰盈的心灵、健康的精神。

教师是学生的人生导师，不光教知识，还要教孩子们怎样生活才更美好。相比较于单纯的知识传授，更多的，我希望给予孩子心灵的丰富、精神的高贵，以及培养他们对世间万物的热爱之情。这才是生生不息的。

我喜欢读诗，读诗的感觉永远是席慕蓉笔下的"那渡船头上风里翻飞的裙裾"。回想起自己的成长岁月，我灵魂的成长和对文字的热爱，是由诗歌开始的。于是，明媚的清晨，用诗歌开启黎明，用声音唤醒心灵，成为我与学生之间相互问候的仪式。《我是一只小蝴蝶》《全世界都在对我微笑》《向着明亮那方》《没有一艘船能像一本书》……一首首诗，将美好一点一点地慢慢浸润、渗透。我相信，儿时心里埋下的种子、储存的营养，总会在某个不经意的时刻开出花来。

我喜欢写作，享受手指在键盘上跃动的感觉，喜欢看文字组合成艳丽的花朵在眼前铺张开来。在我的笔下，不光有生活随笔的记录，更多的是随时捕捉的教育生活。我经常会给孩子们朗读我的文章，也会告诉孩子们，写作是一件非常有意思、极其好玩的事情，写得好可以拿稿费，写得更好将来能成为你谋生的职业，文字的价值无与伦比！每次有文章发表，我都会在第一时间与孩子们分享喜悦。巧克力、棒棒糖、旺旺雪饼、旺仔牛奶……我用小小的心意表达我的感谢。孩子们永远是我教育生涯的源头活水。或许是有了这样的带动，孩子们爱上了语文，爱上了写作。班级成立了文学社，编辑出版了中队报，孩子们发表在各级报刊上的文章更是层出不穷。我大喜，连呼："后生可畏！"孩子们亦是得意非常。

我喜欢看电影，电影里有我触摸不到却可以感受得到的另外一个世界。我经常会找一个时间，静静地与孩子们坐在一起，看一部喜欢的电影，在光与影的世界里沉醉，让欢笑和泪水柔软我们的心田。我相信，这样的时光会被我们共同铭记。多年之后，这样的场景会成为彼此之间最深切美好的回忆。

我喜欢摄影，喜欢记录下生活中每一个美的时刻。我总是感觉对着镜头微笑的时刻，就是在向当下的时光里最美好的自己致敬。用镜头定格美好，也成为我和孩子们最喜欢的方式。看着孩子们在镜头中绽放无邪的笑容，那样的瞬间便是我最心动的时刻。孩子们非常乐意充当我的"小麻豆"，我为他们抓拍了各种各样的照片，用镜头留存一份记忆。当然，我也爱和孩子们一起拍照。我们在一起玩各种自拍、萌拍。孩子们喜欢看我的照片，他们说爱笑的钱老师很美，爱美的钱老师很文艺，很有诗情画意。孩子们临摹我的照片，将我的照片冲印，摆放在床头，甚至挑选我的照片制作成美拍和视频，在"520"那一天作为礼物送给我。同事们开玩笑地说："钱老师，你培养了一大批小情人啊。"我的心里真是乐开了花，也感动得不行。

我也喜欢欣赏音乐。在批阅学生作业的间隙，放上一段喜欢的音乐，时光忽然美好起来。每逢学生的阅读时间，我也会捧着书与孩子们共读，沐浴书香。有时，奖励孩子们每人一颗糖，意为"读书滋味长"；有时，也会来段音乐，让舒缓的旋律在教室内流淌。书与音乐的搭配，绝对是视觉和听觉的盛宴。有一回欣赏了一场高雅的新年音乐会，回来后便将现场录音版的小提琴协奏曲《梁祝》放给孩子们听，孩子们听得如痴如醉、回味不已。这样的时光，对于我和孩子们，是欲罢不能的纯粹的精神享受。

我喜欢旅行，去一个从未去过的地方，看一些不曾看过的风景，体验一些从不曾体验过的生活。自然界的美，能够怡情养心，那种感觉非常美妙。出门在外，总会记得给孩子们捎点什么礼物。去北京的香山，给孩子们带回了香山的枫叶书签；去山东讲学，给孩子们买了很有嚼劲的高粱饴；去苏州游玩，给孩子们带回了苏州有名的特产——粽子糖。在平江路"猫的天空之城"书店，我给每个孩子寄回一张明信片，孩子们视若珍宝，悉心珍存。我也给自己寄回两张——"靠近你的内心""学习懂你"，是我作为老师一辈子要努力的功课。

孩子们说，钱老师是偶像派+实力派明星，我乐了。为什么不可以让自己成为熠熠生辉的明星，让孩子们像小粉丝一样紧紧追随呢？当学生一旦喜欢上你、依恋着你，你的教学成就感、教育幸福感将与日俱增。如此，教育便成为一件赏心悦目的乐事。

3. 让心与美相遇

对于生活，我从来都不是着急低头赶路而忘记抬头看花。生活中，我是个爱花的人，花儿让我的生活充满欢欣，让我明白微笑、绽放、美好的含义。每逢节日，收到的最多的礼物便是鲜花。我也常常买花送给自己，没有任何理由，喜欢就买。临花而坐，与花相伴，总是有种心动的感觉。

那一天，正当我拿着手机，对着校园里的白玉兰花左一张右一张，拍得不亦乐乎时，遇上了我班刚上完体育课的孩子们。他们很惊讶地看着我，仿佛感觉我的举动不可思议。于是，抽出一节语文课，我热情地邀约孩子们前去感受明媚春光和温暖花香。欣赏着纤尘不染、犹如人间仙子般的白玉兰，孩子们惊叹不已。小才女小许同学深有感触地说："我天天路过这里，从未为玉兰花的绽放驻足过，从未发现它们的美。钱老师，你有一双发现美的眼睛！"小云同学还以此写了一篇文章——《这一刻，老师您最美》。在文章结尾，她写道："让我们跟随美好的玉兰花，美好的钱老师，朝着美好的方向前进，做更美好的自己，以美好遇见美好，以美好迎接美好！"

"生活中不是缺少美，而是缺少发现美的眼睛。"当我将罗丹的这句名言写在黑板上时，教室里顿然安静了。由景及人，由此及彼，孩子们开始擦亮眼睛，用美的眼睛重新审视周围的一切，去发现美、欣赏美、赞美美、创造美。

于是，在孩子们的眼中，原本并不优秀的班集体开始焕然一新，一个个个性独特的同学变得生动可爱起来。一向做作业拖拉的小马同学屡遭嫌弃，可孩子们发现小马待人斯斯文文，说话和和气气的，笑起来眼睛眯成一条线，多可爱！楚楚同学成绩很差，内心自卑，可是每到下课时间，她总是第一个冲到黑板前抢着去擦黑板，真是个关心集体的好孩子！号称班级"四大天王"的四个调皮男孩，虽然爱惹是生非，可是只要遇到为班级出力、为同学服务的事，他们总是自告奋勇，争先恐后，可热心了……

孩子们惊呼：美，原来无处不在！我说："是啊，每一个孩子都是有缺点的好孩子，各有各的可爱之处，各有各的闪光之处。感谢每一个孩子，正是个性不同的你们才组成了我们这个多姿多彩的班集体。"这番话，彻底感动了孩子们。

此后，我很欣喜地感受到班级的变化和孩子们的进步。孩子们能宽人，也能容人，更能团结人、帮助人，携手并肩往前走。更令我欣慰的是，我看到了班级的一团和气，以及孩子们的一脸笑容。没有一个孩子向隅而泣，这不是最优秀的班集体吗？当我们的班歌《相亲相爱一家人》唱响的时候，我想无须多言，孩子们都懂得歌声中的意义所在。

我相信，由美及善，美将滋养生命。

那一天，我走进教室，一眼就看到了讲桌上放着一朵硕大的、红艳艳的月季花。月季花娇艳欲滴，被插在一个"脉动"的饮料瓶里，招摇着那非同一般的红艳。胖胖的小男孩很腼腆地告诉我，这是他家院子里盛开的第一朵月季花。第一朵！我的心颤抖了，久久地说不出话来。

花和春天的故事还在继续。周一，讲桌上又出现了一束月季花。粉色的月季花被装在一个青花瓷的细颈长瓶子里，还别说，相得益彰，很是匹配。我很好奇地问送花的小男孩小陶："这个花瓶该不会是酒瓶吧？"哪知，小陶一脸天真地告诉我："对啊，钱老师好眼光！这个瓶子是我外公喝酒的酒瓶呀。"原来，周日的时候，小陶去外公家吃饭，见外公种的月季花开了，便想到要将月季花送给爱花的我。一时找不到合适的花瓶，可爱的小陶便灵机一动，将外公喝完酒的酒瓶当作花瓶。听了小陶的话，我乐了，也深深地感动着：多么有心的孩子！

最让我意想不到的是平时一贯害羞的小女孩小月，将月季花夹在了作业本里。她说："钱老师，当您批阅作业劳累的时候，闻闻花香，心旷神怡哦！"令我感动的不止于此，月季花竟然是小月亲手栽种的！

喜欢孩子，不仅是因为他们身上洋溢出来的童趣和童真，更因为我能时时感受到令我诧异的感动与温暖、美感和诗意，让我的心灵无数次地被净化，回到简单、单纯的状态。

在广大的时空里，在不可思议的因缘里，和孩子们相遇，注定我的生命和他们相伴相生。这样一种你中有我、我中有你、相辅相成的关系赋予我的生命以意义。这一生，我愿意以爱与美相托付、相赠予、相珍惜。

什么都比不了孩子给予我的那份纯粹

与孩子们相处的每一份微小的美好，对于我，都是动人的无可替代的力量。

今天，一个男孩子很认真地问我："钱老师，您为什么不去做校领导而选择当班主任呢？"我哑然失笑，这个问题问得有点儿直中要害。但我几乎是不假思索地回答："因为我喜欢你们，喜欢和你们在一起。"

1. 我是属于孩子们的

回顾自己的教学生涯，有很多次可以走上领导岗位，但都被我一一婉拒。因为我知道，我是属于孩子们的。面对孩子，我总是无端地生出许多欢喜，这份欢呼雀跃是在孩子们中间特有的。

在童心世界里，我能够回到一种简单清洁、自我净化的状态。

每天踏着轻快的步履走进校园，我的心中总是春风荡漾。遇见孩子，仿佛遇见的是最初最真的我，我总能从他们身上读到幼时的我的影子；也因为遇见孩子，让我时刻在心底提醒自己，永葆那份最真的初心和看世界的惊喜。

或许就是这份初心，让我忘记身份，忘记年龄，丢开所有的束缚，自自然然、真真实实、坦坦荡荡地和孩子们面对面、心连心，相处交往。无须端着老师的架子，摆出一本正经、不苟言笑的模样；也无须掩藏自己的真情实感，将喜怒哀乐遮遮掩掩；更无须摆出师道尊严的架势，高高在上，发号施令。

我可以笑得很开心，甚至很放肆；可以和孩子们一起放声唱，玩得很嗨、很疯；动容时，可以流下伤感的泪；偶尔生气了，也可以发一下小脾气，权当是逗逗他们；写文章赚了稿费，各种零食都甜过孩子们的嘴；无助时，更可以是个弱者，向孩子们寻求帮助，需要他们挺身而出，给予我呵护与关爱……

我发现，正是因为这份自然、真实与坦荡，孩子们对我的喜欢与依恋超乎我的想象。

瞧，刚走到校门口，孩子们热情到让我沸腾的招呼声就从教学楼的四楼传来："钱老师！钱老师早！"一抬头，孩子们在拼命蹦跶着，向我招手示意。那个热情劲儿，使得整个早晨都生机勃勃起来。

走上楼梯口，早已有孩子像礼仪队员那般在等候。如花的微笑，热情的招呼，端正的敬礼，我是何其幸运地受到了这般的礼遇与恩宠。

走向教室，又是被前呼后拥着。只见两大排的男生整整齐齐分列走廊两侧，看见我，齐刷刷弯腰躬身："钱老师驾到！"哈哈，这阵势，好像迎接女王，我差点笑喷。

2. 学生，我生命中的贵人

总觉得师与生的关系，很难界定是谁教育了谁，谁熏陶了谁，又是谁成就了谁。彼此投射，相辅相成；互为风景，各自圆满。孩子，何尝不是我生命中的贵人呢？是孩子，让我永远生活在纯真年代，天真不泯。

不知道从什么时候起，我多了一个绰号——钱总。我忍俊不禁，但貌似觉得不妥："孩子们，钱老师这辈子也当不了钱总了，我只能做一辈子你们喜欢的钱老师。"话音未落，孩子们的反对声四下里响起，不容我有辩解的余地。面对强大的气流，我只得服从。

让我更惊诧的是，学生小倪竟然建立了一个名为"钱氏集团"的微信群，群里的各种称呼让我又好笑又感动。什么钱总秘书、钱总助理、钱总保镖等。我委婉地引导："我们将群名改为'我们的六（5）班'吧，凝心聚力，多好！"但这个时候，我发现我缺乏了诸葛亮舌战群儒的口才，败下阵来。于是，我私自改了群名。不料，发现者马上在群内一声大吼："是谁这么大胆，改了群名？"有同学悄悄告知，群内便悄无声息了。之后，"钱氏集团"又赫然在线了。如此几番之后，我知道拗不过这帮小家伙，只得无奈作罢。

每逢周日早上，在各种早安声中，孩子们像飞鸟投林一般，陆陆续续上线了。空闲方便时，聊天侃大山，斗嘴斗图，也讨论学习。傍晚八点半，孩子们便很自觉地在晚安声中各自道别。

记得一个周日的早上，我发送了第一条信息："早安，小可爱们！"

小倪立马回复："钱总早！"又紧跟一句："钱总再见！"

我笑了，回复两字："调皮。"

小倪发了一张小花猫偷窥图，图上有四个字：暗中观察。

我再回复两字：可爱。

小朱同学看见了这一幕，颇有意思地发了两张图片，一张"不可思议"图，大概觉得老师可以这样和学生对话，有点儿不可思议吧。第二张是"离家出走"图，很显然，颇有醋意。

我立马笑着跟帖，回复小朱："来吧，走到我家来吧，欢迎之至！"外加一连串笑声。

小朱同学一看，乐得直不起腰了，连发两个"捂脸"的不好意思的表情。

这一下，群里炸开了，笑声一片。

孩子们说："小倪、钱老师和小朱都好调皮啊！"甚至有孩子提议说，这一下有小说的内容了，就叫《皮皮钱的故事》。

哈哈，我也笑了。

有个孩子私下对我说，班级里建有好几个群，但他最喜欢的是"钱氏集团"这个群，因为温暖、美好、愉快。

其实，我心底里也是爱极了这个群。师与生，可以这样和乐一堂，传递真诚与暖意，仿佛美妙的音符汇集成自由活泼的旋律。

就像一个孩子所说："钱老师，知道我们为什么叫你钱总吗？因为你总是微笑，总是爱，总是让我们好喜欢呀！"我很感动孩子的肺腑表达，并欣然接受这样一个很高调、很张扬的绰号。

念念不忘，必有回响。深情总会沉淀在时间里，酝酿出美酒。5月20日，有心有爱的人赋予这个日子独特的爱意。我总觉得这个节日属于成人，与孩子无关。但当我一走进教室，望向我的课桌时，我的心跳骤然加快。桌子上琳琅满目，都是孩子们爱的表白。绘画、书法、文字、纸雕、泥塑……各种版本的"钱老师，5201314！"

最令我意想不到的，竟然有一个孩子特制了一件"520"版的T恤，白色T恤上刻了一行红色的字："Q老师，5201314！"

还有一个手巧的小姑娘，穿了一件手绘T恤，让我欣赏。我一看，诧异得说不出话来——T恤上是我穿着一件绿色的连衣裙低头凝眉的身影。显然，小姑娘是对着我的照片临摹而成的，煞费苦心。

批阅孩子的日记时，我还读到了毅然同学的文章——《阳光》。

开头便是："我希望以阳光的模样，陪在你身旁，哪怕离开了，也一直温暖你的心房。"

接下去的内容，毅然写了给我制作明信片的过程。她写道："钱老师喜欢花，我便买了一张开满鲜花的明信片；钱老师爱好文学，我便动足脑筋，写下充满诗情画意的美妙语句。我想象着钱老师读到明信片时，一定会嘴角漾起甜蜜的笑。这场景，多像一首诗，又多像一幅画，静谧美好。"

日记的结尾，毅然写道："我小心翼翼地将明信片收好，望着窗外，五月的阳光，似乎又多了一份温暖，多了一份爱的味道。"

轻轻拿起夹在日记本中的明信片，那句话我再熟悉不过——

你是我独一无二的玫瑰，你的过去我来不及参与，你的未来我要奉陪到底！爱你！

这样的话语从一个孩子的口中说出，我只有落泪的冲动。

爱的暖流还在延续——

回到家中，打开电脑，登录 QQ，信息不断跳出：

"钱老师，520！正好 5:20 哦，么么哒！"

"钱老师，5 月 20 日的 5:20 分，代表了 520，我爱你！"

"钱老师，520，我爱你哦！永远！"

更让我偷笑不止的是有一条表白的信息下多了一行字："啊呀，似乎慢了一分钟。"

多么可爱的孩子！整整一天，心一直被捂热着。这样的感觉一生一世也永难忘记。

记着这份暖，记着这样的爱，记着这样的我的学生，独一无二的学生。

3. 情不知所起，一往而深

很多时候，跟孩子在一起，我常常会觉得自己只不过是虚长一些年龄而已，孩子给予我心灵上的润泽远远超乎我的想象。

学校举行篮球比赛。我班是个体育弱班，相对于强大的其他班来说，连进入决赛的可能性都不存在。但篮球赛的结果出人意料，我班竟然得了第二名！孩子们说，这可是史无前例！

是什么力量支撑着孩子们一路过关斩将，拼到决赛呢？我当然能够想到很多因素：体育老师的特别指导，体育委员的号召力，小运动员们节假日的加强训练，还有孩子们的集体荣誉感和拼搏精神等。

但当我读到体育委员的日记时，我想我还是太不了解学生了。

学校的篮球比赛，您一直在支持着我们，物质上的、精神上的，我们都记着。促使我们前进的动力中，20% 是技术，10% 是班级，70% 是您。为了能够看到您的回眸一笑，我们全力以赴……

看完这段话，我怔住了。

今天的作文课上，要求孩子们看剪纸写故事。万万没有想到的是，我竟然成为一个孩子笔下的人物——

文章开头便写：

今天，我看到了一张剪纸。剪纸上，一个小女孩正在专心致志地看书。看着这张剪纸，我浮想联翩。

接下去，文章便写了这样一个故事：

这个小女孩，她的名字叫钱碧玉。她从小就有一个美丽的梦想，想成为一名光荣的人民教师。为了实现自己的理想，她每天废寝忘食、专心致志地读书。但她的妈妈十分反对她当老师，百般阻挠。但钱碧玉不听妈妈的劝告，坚持不懈，孜孜以求，最后功夫不负有心人，考上了师范学校，如愿以偿成为一名老师。

文章的结尾，孩子写道：

钱碧玉踏上了工作岗位，她每天都带着微笑，对学生和蔼可亲，循循善诱，爱与学生作心与心的交流。在学习上，她从不会让学生负担太重，而是以爱心和智慧激励学生不断进步，让每个学生从不可能变为可能。就这样，她从一个小女孩成为一名深受学生喜爱的成功的教师，发表了许多文章，前途无量……

一边读，一边不由发笑。在笑声中，我读完了此文。还有比这更可爱的孩子吗？竟然为我改写了人生经历！

事实上，我得感谢我的母亲，是我的母亲让我选择报考师范学校，开启我的教师生涯，让我从此与孩子结缘，收获了人生的另一种幸福。

但面对如此爱我的心，这又有什么关系呢？我的幸福之感恰如洪波涌起。

学生小雨说："为了遇见钱老师，我花光了平生所有的运气。"

小涵说："钱老师，遇见你，我的生命有了暖意、诗意和深意。"

小豪说："钱老师，我喜欢你，真的好喜欢你，好想一直拥抱着你啊！"

小文说："钱老师，我做梦经常会梦见你，想到您时也会不由自主地微笑起来，这应该就是您身上独特的魔力吧。当毕业那天来临，我会不会流下眼泪呢？毕竟钱老师您只有一个呀！"

总是会有这样的刹那间，心中久未开启的地方忽然被孩子触动。与孩子们相处的每一份微小的美好，对于我，都是动人的无可替代的力量。

在微小而饱满的事物中，我获得底气和生命的哲理。

情不知所起，一往而深。一定要爱着点儿什么，恰似草木对光阴的钟情。什么都比不了孩子给予我的那一份纯粹。

第五辑

不拘一格，
开展多元立体化的班级活动

菁菁校园里，孩子们不仅要学习书本上的知识，还要学会倾听鸟音，与草木对话，与自然亲近，与万物同安，接近生命的本意，获得心灵的成长。

让歌声唱响在春天里

一个想法萌生：我想带孩子们活力满满地行走在春风里。

岁月，在不知不觉中往前流淌。这个春天过去，孩子们将面临毕业。

在升学压力当头的时候，春天的好景致成为孩子们的一种渴望。于是，一个想法萌生：我想带孩子们活力满满地行走在春风里。

第一乐章：采风去

当新一期的班报《魅力中队报》发放到每一个孩子手中时，我产生了一个很大胆的想法：孩子们每天都在读报看杂志，却不了解一份报纸、一本杂志的诞生过程。何不好好利用现有的资源，带着他们去印刷厂参观一下，了解报纸的制作过程，亲历班报成形的喜悦呢？

当我将这个想法告知孩子们，他们自然是欢呼雀跃。

春意盎然的时节，我带着班级"小荷文学社"的全体成员前往班报的承印单位——无锡市凌志教育簿本厂进行参观采风活动。

怀着种种好奇，孩子们走进了教育簿本厂，受到了该厂领导，也是我班书雨同学家长的热情接待。在她的带领下，孩子们首先来到了编辑部，见到了负责为我班《魅力中队报》排版的"幕后英雄"小任阿姨。只闻其名，未见其人，今天终于一睹小任阿姨的真容，孩子们兴奋不已。看着小任阿姨在电脑上设计着报纸的版面，动作熟练，版面丰富，色彩和谐，孩子们赞不绝口。

在该厂周厂长的陪同下，孩子们又来到了生产车间。这里散发着浓浓的油墨味，一台台庞大的机器映入眼帘。周厂长重点向孩子们介绍了"菲林片"的制作。通过周厂长的介绍，孩子们认识了晒版机、胶水机、冲版机、切纸机、印刷机……正是这些机器的协调工作，电脑上的版面才变成了内容丰富的报纸。亲眼目睹着报纸印刷的整个过程，孩子们感到新奇而激动！

满载着内心的喜悦，孩子们到达了第二个目的地——"田园东方"风景区。自然的环境，古朴的风情，雅致的格调，仿佛置身"世外桃源"，令人豁然开朗，怡然自乐。园区里新落成的"绿乐园"成为孩子们最喜欢的地方。乐园里的两个树屋，设计者给它们分别取名为魔法和星云。如同它们的名字一样，魔法拥有魔力帽子一般的造型，给孩子以超能力的想象空间；星云则是一个圆形木屋，被三棵大树包围，孩子们在其圆形平台中仰望星空，找回童年里自然的回忆。园中的白鹭牧场，牧草青青，长势喜人。黑白相间的奶牛、高大的骏马、温柔的小羊、肥胖可爱的小黑猪，悠然自得，静谧和谐，一派田园好风光！

应该是好久没有这么畅快淋漓地呼吸清新如斯的空气了吧，孩子们荡秋千、玩跷跷板、爬木屋、喂奶牛、逗小羊，自由自在，嬉戏奔跑，于自然中获得新生的力量，在绿色的原野中找到春天的气息。

第二乐章：卖报歌

如果说办班报的初衷是彰显班级特色，丰润学生心灵，弘扬班级文化，但除去这些，这一份报纸还可以实现怎样的意义和价值呢？我想到了我们班的"太阳花"志愿者社团。对，让社团的孩子们走上街头，进行爱心义卖。

周日上午，我和家长代表带着孩子们前往无锡惠山古镇。社团成员统一着装，他们身着校服，头戴志愿帽，背着挎包，拿着班报《魅力中队报》，在人流中自成一道风景。

简短的嘱咐之后，社团的小志愿者们四散忙碌开了。他们以同伴小组的形式，三五成群，进行义卖，惠山古镇上出现了一个个穿梭奔忙的身影。一开始，孩子们异常忸怩胆怯，面对陌生的人群，不会交流，不善表达。我和家长们不时地对孩子们进行指导，加以鼓励，树立信心。很快地，孩子们面带微笑，自然大方得体地与各种人群对话。他们用纯真可人的笑容、真诚质朴的话语打动人，感染人。

"叔叔（阿姨、爷爷、奶奶），您好！我们是江苏省锡山高级中学实验学校六（5）班的学生，我们是来爱心义卖的，爱心义卖所得的善款将捐赠给无锡市儿童福利院。您看，这是我们班级的自办报纸《魅力中队报》。"

"多少钱一份报纸？"

"爱心义卖，价格随意。"

很快，一份份传递着温暖与爱心的报纸，在善良的人们手中传阅。一元、两元、五元、十元……有了社会各界人士的理解支持与认可赞赏，小志愿者们勇气大增，信心百倍，爱心义卖进行得如火如荼……

当然，喜悦和成功不会一直伴随，小志愿者们也会遭到冷遇和无视。当他们满怀热忱地上前表达义卖意愿，却遭来一些人的冷漠、不解和质疑。"不好意思，我赶路。""不好意思，我没零钱。""你们真的是爱心义卖吗？"这些话语让小志愿者们失望不已，尤其是对那些拿了报纸却分文不给的人，他们觉得不能理解。

我宽慰他们："爱心无价，我们义卖的目的并不在于获取多少善款。通过我们的行动，传递我们的爱心，才是我们所需要的。相信人间自有真情在。"

果真，感人的一幕幕出现了。只见一个长得高高胖胖的、十六七岁模样的男孩子向我们的摊位走来。他拿起了一张报纸傻愣愣地瞧着。我和孩子们同时看出来了，他应该是个智障人士。他的姐姐没留意到他还停留在我们的摊位前，径直向前走了。他愣是将已走远的姐姐拉了回来，不停地比画着双手，一定要姐姐买下一份报纸。姐姐拗不过他，买下了报纸，他咧开嘴，笑得像个孩子。

一个白发苍苍的老爷爷走了过来，带着满脸慈爱的笑容，连声称赞孩子们的举动；一个稚气未脱、背着书包的小弟弟专注凝神地阅读着我们的报纸，再也移不开脚步；一位叔叔接过我们的报纸，毫不犹豫地拿出百元大钞，掷地有声："有爱的行动，坚决支持！"顿然，孩子们的心头增添了无限的温暖和无穷的动力。

上天好像有意要给社团的孩子们一个考验。当活动进行到一半时，突然下起了雨。细雨霏霏中，孩子们打着雨伞，冒雨继续义卖。看着孩子们雨水和汗水交织的真诚的脸庞，我的心弦被触动。

义卖结束，雨还在静静地下，我带着孩子们去品尝无锡小馄饨和豆腐花……

第三乐章：爱启航

前往无锡市儿童福利院进行爱心捐赠的这一天，一路好阳光，我和部分家长代表，还有班级"太阳花"志愿者社团的孩子们也是一路好心情。

市儿童福利院的负责人杨老师热情接待了我们。他详细介绍了儿童福利院的相关情况，并带领我们参观了福利院孩子们的学习游戏室、起居活动室、康复训练室、心理辅导室等场所。

杨老师介绍说，在福利院生活的孩子都是社会上的弃婴弃儿，他们或身体残疾，或智力有障碍，被父母狠心丢弃……杨老师的话语中不乏痛惜与怜悯，孩子们默默地听着，早已不似来时的那般欢快。

我们先来到孩子们的学习游戏区——"启蒙班""启智班""启航班""启优班"进行参观。走过每一个教室，都能看到年龄不一的孩子们，在反复练习着同一个动作。杨老师说，这些都是脑瘫的孩子，老师要教会他们一个动作，不知道要花费多少时间。看着其中有些与他们年龄相仿的孩子，或目光呆滞，面无表情；或咬着手指，呆呆发笑，孩子们的心头泛起了异样的感觉："能够健全健康地生活着，是一件多么快乐幸福的事情！"

在"启智班"，福利院的孩子们在老师的细心指导下，绘画、拼图、写数字。大家不由发出一声轻叹：这该是幼儿园孩子完成的作业呀，可眼前的这些孩子，分明都已经是十三四岁的少年了。面对走进教室参观的人群，这些孩子木然低头，毫无反应。

孩子们长时间沉默着。这时，我看到一个孩子正在临写数字"5"，他写得很认真、很专注。我走上前去，俯身观看，一边跟他打手势，一边连声夸赞他。那孩子终于懂了我的意思，紧紧握住我的手不放，气氛顿然活跃起来。见此情景，我连忙招呼着孩子们加入。社团的孩子们一个个争相和他握手，表达内心由衷的敬意。这个孩子兴奋得不知所措，不停地傻呵呵地笑着。孩子们的心中五味杂陈。

来到"月亮班"和"太阳班"，杨老师介绍说，相比其他班级，这两个班级孩子的智障程度要稍微轻些，他们都是一些四五岁的小娃娃，懵懂可爱。见有客人到来，一个小弟弟漾着天真而甜蜜的笑容，蹦蹦跳跳地跑过来，很好奇地拿过我们赠送的毕业照片，有模有样地看了起来，似乎在感受着什么。一旁的老师告诉孩子们，这个小弟弟聪明伶俐，是个聋哑儿童。孩子们柔软的心田一下变得沉甸甸的。

杨老师说，孩子们的遭遇是不幸的，但他们又是幸运的。在无锡市政府的殷切关怀和社会各界的无私关爱下，福利院孩子们的生活环境温馨，康复器械先进，管理运作科学规范。福利院的工作人员更是尽心尽力地营造着"家"的氛围，承担着"亲人"的角色，给孩子们送去家人般的温情，使这些遭受不幸的孩子重回爱的怀抱，享受人间的温暖，健康快乐地成长。

满怀虔诚之心，我们将去惠山古镇兜售班报《魅力中队报》所得的爱心义卖款，共计3000元，捐给了儿童福利院。杨老师代表无锡市儿童福利院，对我们的善心善行表达了由衷的谢意和敬意，连声称赞我们做了一件很有意义的事情。

沐浴着阳光，我们走出无锡市儿童福利院，每个人心头的悲悯情怀与震撼之感久久难以释怀。

虽只是尽了微薄之力，但于我们而言，能够伸出双手，点亮自己，也温暖周围。哪怕是些许的光亮，足矣。

这个春天，已然完美。

教育的诗意和远方

岁月，会将时光凝聚。但愿我给过我的孩子们一些闪亮的珠子，能够串起记忆的项链。

对自然，对万物，对生活，我的心里始终存着一份温良。或许就是这份情感，让我将目光不仅定格在孩子们当下的学习，更投向无限的远方。

"今人不见古时月，今月曾照古时人。"

"忽如一夜春风来，千树万树梨花开。"

"两个黄鹂鸣翠柳，一行白鹭上青天。"

"银烛秋光冷画屏，轻罗小扇扑流萤。"

……

多么喜欢这样的时刻——含着笑，走在孩子们中间，和他们一起高声诵读。这时，我的心中就抑制不住地想和孩子们一起，走出教室，去寻找与这些美妙诗句相配的物境和诗意。

1. 不负自然不负美

大自然的美，不是只存在于课本里抒情和陶醉。

"草长莺飞二月天，拂堤杨柳醉春烟。儿童散学归来早，忙趁东风放纸鸢。"每个春天，我们必得放一回风筝。教室里早已堆满了各种各样的风筝，孩子们的心已蠢蠢欲动。这个时候，真的是"万事俱备只欠东风"，只盼望来一阵阵风，呼呼地吹过来，好让我们的风筝快快飞上天。可有时天公不作美，好事偏偏多磨，可又无可奈何，只能眼巴巴地等风来。春风真的是会撩拨人。当我们望穿秋水等着它来，它却和我们开着玩笑捉迷藏，直至我们心生灰凉之时，却又大摇大摆扑面而来，引得孩子们心扉洞开，一阵狂喜。

各种各样的风筝飞起来了，越飞越高。孩子们追着风筝，满操场跑，满操场喊，气喘吁吁却不觉疲乏。风一样的自由，飞一样的感觉！这番情景实在让我动容。生命就像风筝，心怀最单纯的愿望：只要一点点风，只要一点点可以遨游的天空，就可以自由飞翔。

春天的校园，空蒙的雨雾，袅娜的烟柳，浅浅的草色，泛着涟漪的池塘，梦一般，诗一般。常常和孩子们撑着同一把雨伞，从教学楼走到食堂，走到宿舍，来来回回好几趟，都不会厌倦。伞底下的我们，不说话，只是盈盈地笑，彼此对视，心领神会。调皮的男孩子丢开雨伞，在雨中跳跃、嬉戏，我不去阻止。我想我小时候也是这般模样。

学生宿舍楼前的花坛内那些牵牵绊绊的花，缠缠绕绕，开得正香，不知名的小虫子躲在细长的藤蔓间声声低吟浅唱。楼前有几棵樱花树，樱花开放，像梦里飞雪，纯美素洁，摄人心魂。每次走过，我常对着那一树的花发愣。有好几次，几个女孩子见我在花下发呆，便欢笑着一路跑来。在美面前，我们词穷、无言，只是对着那一树的花，仰视。

后来，我读到了一个女孩子写来的一篇文章《樱花怒放》。

满树都是樱花，粉红粉红的。一阵风吹过，它们翩翩起舞。风就像乐曲。曲奏，它们跳；曲终，它们止。满地的花瓣随风飞起，犹如一只只粉色的蝴蝶，尽情地在天空中飞舞，享受着飞翔的那一刹那。风停了，花瓣缓缓落下，安静地躺在地上，就像刚才什么也没发生过一样，静静地，装点着路面。

樱花怒放，心花怒放！

当我读到这样的文章，喜悦溢满了我的胸腔。对一朵花的聆听和凝视，让一个孩子的心灵如此生动润泽。这不就是我想要的吗？

我将这个孩子的文章读给孩子们听，孩子们听得入神，陷入美的沉思。

我们的教育，实在不需要惊天动地、震人心魄，甚至硬性植入。

六月的夜空下，我们三五成群，坐在学校大操场的露天观礼台上，伴着明月和点点星光，沐浴着清凉的晚风，我们吟诗、唱歌、起舞。那一夜，我们是夜的精灵。

中秋节的夜晚，我们在校园的小花园中，三三两两，或倚或靠，或坐或立，品月饼，赏月亮，吟诗诵词。那一晚，一轮明月圆了我们的一场好梦。

那一次天降大雪，我在教室里给孩子们上语文课。窗外的雪纷纷扬扬，铺天盖地而来。孩子们再也坐不住了，我理解。毕竟在我们南方，现在能见到这么惊心动魄的雪的机会不多。雪，成了奢侈品，成了课本中的描写，成为孩子们的想象。

"还等什么呢，孩子们，看雪去啊！"听到我的一声招呼，孩子们蜂拥而出。走廊内，过道边，楼梯口，挤满了孩子们的身影。惊呼、赞叹、欢喜、动容，这是我见过的孩子们的表情最为丰富的时刻。

听，所有在课本中学到的描写雪的诗句，此刻从孩子们的口中喷涌而出：

"北国风光，千里冰封，万里雪飘……"

"忽如一夜春风来，千树万树梨花开。"

"孤舟蓑笠翁，独钓寒江雪。"

"风雨送春归，飞雪迎春到。"

……

和孩子们一起赏雪、背诗，在雪中欢欣并动容。雪的世界，一个多么适合思索、追忆和遐想的世界啊！所有的思绪被沉淀。孩子们长长久久地凝望……

一个平时咋咋呼呼的女孩子悄悄凑近我的身旁，对着我耳语："钱老师，谢谢你，你真好！"我的心忽地，热了一下。

岁月，会将时光凝聚。但愿我给过我的孩子们一些闪亮的珠子，能够串起记忆的项链。

2.献给爱与生命

一日去宿舍看望孩子们，听到某个男生宿舍的阳台上传来几声鸟叫。孩子们兴奋地告诉我，小鸟光顾他们的宿舍了！我扒着窗户沿一看，真的呢，阳台的空隙中不知何时搭了一个蓬松的鸟窝。一只个头较大的麻雀，正把一根根细细的小树枝衔过来做巢呢。孩子们围聚在我身边，屏息凝视，欣赏着这个可爱的小家伙，生怕惊扰了它。众目睽睽之下，小鸟很淡定，也很大方，任由我们欣赏着，不时还朝我们发出几声悦耳的鸟鸣声，表示友好。我打趣道："贵客临门，吉兆喜事啊！"孩子们乐了。

说来也奇怪，自打这一窝小鸟光顾，这个宿舍的纪律便再也不要我操心了。他们按时起床，按时就寝，每天还向我汇报小鸟的动态。孩子们说，每天在悦耳的鸟鸣声中醒来，在飞鸟的相伴中安睡，是多么和谐、多么温馨啊！

真的呀，有时，只需要一声鸟鸣，就可以将我们的心灵唤醒。

那一回，课本中要求孩子们观察一种小动物，写一篇作文。我作了一个大胆的决定，让孩子们将小动物带到教室里来。孩子们惊讶地回不过神来，怀疑自己听错了。于是，那一周，我们的教室便成了一个小动物园。小乌龟、小兔子、小金鱼、小仓鼠……孩子们都带来了自己的小宝贝。每天，看望、照顾这些小宝贝成了头等大事。一到下课时间，再调皮捣蛋的男孩子也会瞪大眼睛看着这些可爱的小生命不忍离开。傍晚时分，孩子们将小兔子放到学校的小花园去吃青草，让小乌龟在边上慢慢地爬，说是要进行"龟兔赛跑"。好有趣的孩子们！

不过，令我们猝不及防的事情发生了。因为喂食不当，一周下来，有一只小兔子奄奄一息，虽然我们用了各种方法，但最后还是没能将它抢救过来，孩子们好伤心，流下了眼泪。我带着孩子们，抱着小兔子，将它埋葬在一个安静的地方。清风拂过，树叶沙沙作响。"小兔子去了天堂，会安息的。"孩子们的眼里噙着泪水。

生命的无常，孩子们也要从小接受，尽管这个过程很悲伤，甚至痛苦。

养蚕宝宝，也是孩子们极其感兴趣的。蚕宝宝被孩子们养在了纸盒子里，每天给它喂食新鲜的桑叶。一到下课，孩子们便迫不及待地从课桌里拿出自己的蚕宝宝，放到一块儿，像展示宝贝一般，互换互看，分享彼此的"育儿经"。

小方是一个调皮的男孩，给人大大咧咧的感觉。那一天课间，我看着他满脸含笑，俯下身子，小心翼翼地将小纸盒从课桌里拿出来，轻轻放到课桌上。看着他一脸温柔的神情，我很动容，忍不住走到他身边，帮着他一起拿出嫩嫩绿绿的桑叶，细心地喂食蚕宝宝。

此后的日子里，见他始终怀着一颗欢喜心，一心一意地照顾着蚕宝宝。我想，孩子对生命的一颗呵护之心就是这样生成的吧。

雨后的校园，多的是背着壳儿慢吞吞爬行的小蜗牛，孩子们也如获至宝，将它们请进了教室。一下课，课桌便成为小蜗牛的地盘。孩子们将蜗牛一字儿排开，玩起了蜗牛赛跑。课桌旁被围得里三层外三层，加油、呐喊声此起彼伏，有趣得很。

当然，也有让我哭笑不得的时候。这天午后，几个女孩子急匆匆地冲进教室，一脸惊慌："钱老师，不好了，一些男孩子去捅马蜂窝，被马蜂蜇到了。"话音未落，在一大群孩子的包围之下，那几个捅马蜂窝的孩子哭哭啼啼地走进了教室。好家伙，其中还有一个女孩勇敢的身影。不用问，我也能想象得出当时的情景。我不问，但偏偏孩子们不依不饶，轮番描述着马蜂窝炸开，这几个孩子被马蜂追着抱头鼠窜的情形。也不知怎么的，孩子们说着说着，就忍不住笑开了。那几个捅马蜂窝的孩子，脸上还挂着泪珠呢，竟也是忍不住加入了笑的行列。看着他们笑，我和孩子们更是笑翻了。

阳光下的安详，夜色中的静谧，细雨中的轻歌，微风中的曼舞……菁菁校园里，孩子们不仅要学习书本上的知识，还要学会倾听鸟音，与草木对话，与自然亲近，与万物同安，接近生命的本意，获得心灵的成长。

这才是孩子们需要的诗和远方。

节日不变味

应该用一种别开生面的方式，指点着孩子们在体现开放性、自主性、个性化的前提下，去走近劳动节，体验劳动的辛苦，明白劳动的意义，让节日成为节日。

"五一"国际劳动节来临，给孩子布置什么样的作业呢？

问及孩子劳动节准备怎么过，孩子的回答千篇一律：外出游玩、走亲访友，或宅在家中。很遗憾，没有一个孩子告诉我，劳动节还应该参加力所能及的劳动，过得有意义。

节日，怎能仅仅成为放假游玩的代名词？节日本身的内涵在哪里？节日的传承在哪里？既然是"国际劳动节"，那么是否应该让孩子们了解劳动节的由来，懂得劳动的意义，感受作为劳动者的光荣呢？

我想，应该用一种别开生面的方式，指点着孩子们在体现开放性、自主性、个性化的前提下，去走近劳动节，体验劳动的辛苦，明白劳动的意义，让节日成为节日。

于是在劳动节，我布置了这样一项作业：通过自己的劳动挣 10 元钱，并将这一过程记录下来。

此语一出，一片哗然。孩子们的愁眉苦脸与唉声叹气完全在我的意料之中。眼前的这些孩子，只懂得花钱，哪会挣钱！这个作业对他们而言，的确是一道难题，但我相信孩子们具备这样的能力。我也相信，孩子们呈现给我的将是一份份个性化的、精彩纷呈的完美答卷。

三天的时间里，陆陆续续地，从微信朋友圈里，从 QQ 群里，也从家长和孩子发给我的照片、打给我的电话中，我了解到了"挣钱的故事"。

照片中的小夏同学穿着妈妈的围裙，有模有样地当起了"小厨师"。桌上摆着他的"作品"：红烧肉、番茄炒蛋、炒青菜、榨菜肉丝汤。三菜一汤，色香味俱全，小家伙手艺顶呱呱！但我知道，小夏同学虽然学习成绩优异，但对于烧菜煮饭可是一窍不通，这一顿丰盛的午餐是怎样炼成的呢？我很好奇。在与小夏妈妈的电话交流中，我得知，小夏的厨艺是在妈妈的精心指导与耐心指点下毛手毛脚完成的。红烧肉烧的时间过长，把握不住火候，肉粘住锅底，焦了；炒青菜时，手头没准儿，盐放得太多，咸得下不了口。相比之下，番茄炒蛋和榨菜肉丝汤咸淡合适，味道挺好。为了这么一顿午餐，小夏手忙脚乱，满头是汗，忙活了整整一上午。妈妈肯定他的进步，奖励他10元钱，他觉得很不好意思，因为菜烧得并不完美。他主动提出饭后洗碗作为弥补。看着这一切，小夏妈妈可高兴了。要知道小夏原先是个"两手不做家务事，一心只读圣贤书"的"书呆子"！

再看调皮大王小洋，此刻穿着爸爸公司员工的制服，手握吸尘器，有模有样地在车间里打扫卫生呢。宽宽大大的制服与他瘦弱的身躯极不相称，看上去滑稽极了。小洋妈妈说，小洋平时在家里是个小少爷，什么家务活都不会干，也不肯干，这次是他主动提出来要去厂里干活，而且干得挺认真的，蛮像一回事。电话那头的小洋妈妈说着说着就乐了："钱老师，多亏了你布置了这项作业，对孩子来讲，用这样的方式度过劳动节，很有意义。"看着照片中小洋脸上淌着汗珠，手上满是油污，却一脸灿烂的笑容，我的心里异常满足。

小倩是个心思细密的孩子。她家附近是一条大马路，每天车来车往。她一下想到了挣钱的好办法——摆茶摊。一张小桌子，几张小椅子，几个热水瓶，再有几罐茶叶，一些一次性的纸杯，简简单单的茶摊就开张营业了。骄阳似火，路边灰尘扑扑，小倩戴起了遮阳帽。车子一辆辆地开过，可就是没有司机叔叔停下车来喝杯茶。倒是那些顶着烈日暴晒，在马路上打扫卫生的老爷爷老奶奶异常辛苦，连茶水都顾不得喝上一口。小倩不假思索，泡好茶，端着茶杯，径直向老爷爷和老奶奶走去，请他们喝杯茶歇一歇。老爷爷老奶奶们看见懂事的小姑娘免费请他们喝茶，脸上乐开了花，连声道谢。小倩这一发自内心的爱心举动，吸引了来往的行人车辆。"生意"就这么红火起来了。小倩妈妈自豪地说，整整一个下午，小倩忙个不停。一杯茶一元钱，小倩挣了40多元钱呢，真了不起！

晓玲的爸爸妈妈是开快餐店的，店里人手少。周末回家，父母总希望晓玲去店里帮忙，晓玲很不情愿，经常和父母起冲突。这一次，为完成布置的作业，她来到了父母店里打零工。一大清早，她就跟着父母开始忙碌了，去闹嚷嚷的菜市场买菜，回到店里择菜洗菜，给父母打下手……她亲眼目睹着在充斥着油烟味的小店内，父母像陀螺似的不停忙碌的身影。看着父母脸上汗涔涔，衣服被汗水浸湿，都顾不上擦一下，忙着招呼客人，忙着分送快餐盒，她的心里五味杂陈，涌起波澜：自己的父母每天就是这样以极其辛苦的忙碌换取微薄的收入，供她上学，就读最好的学校，而作为优等生的她曾经还为之不屑……

小晨、小敏、小娜三个女孩子组成了小组，一起外出挣钱。一大清早，她们就去了花鸟市场，批发了一些鲜花，到市中心兜售。可是劳动节不是情人节、妇女节、母亲节，鲜花并不那么受人欢迎，叫喊了半天，无人问津，三个女孩子站着干着急。经过一番商议，她们终于想出了好点子。她们将目光锁定在过往的一对对情侣身上，特别是大学生模样的情侣。她们觉得，情侣之间碍于面子，一定不会拒绝。另外，因为同样都是学生的身份，与大学生比较容易沟通。这一招果然很奏效。见到一对对的情侣经过，她们主动迎上去："大哥哥，买一支玫瑰花送给漂亮的大姐姐吧？""大姐姐，买一朵玫瑰花吧，祝你永远像玫瑰花一样芬芳美丽。""大哥哥大姐姐，买一朵玫瑰花吧，祝你们有情人终成眷属！"看着三个小女孩乖巧的模样，听到这样甜蜜动人的话语，谁会忍心拒绝呢？很快，手中的玫瑰花便卖完了。紧跟着，康乃馨也被一抢而空。说起这一段挣钱的经历，三个小女孩可得意了。她们一边说一边咯咯地笑："钱老师，我们的眼光还真准，将花兜售给大学生情侣，百发百中，没有一个拒绝买花的。有一对大哥哥大姐姐还帮着我们一起吆喝卖花呢！"多可爱的小精灵啊！

回校后，在孩子们的作业纸上，我读到了一个又一个独特精彩的故事。

有的孩子整理了自己的旧书，低价出售；有的利用自己的巧手编织中国结，制作发饰、泥人，在街上叫卖；有的跟着爷爷奶奶下地干活，撒种子、种蔬菜；也有孩子去教育机构发宣传单，帮亲戚家带小孩，给邻居家孩子做家教；还有孩子商品卖不出去，站在一旁的爸爸或妈妈便自掏腰包，成为他们的第一个顾客，由此引来一大波的顾客……形式多样，不拘一格，创意无限。读着、看着，我也时不时地发自内心地笑着，赞叹着，感慨着。

在以"挣钱的故事"为主题的班会课上，孩子们将各自的经历又重温了一遍，依然感慨良多。"挣钱不易！""花钱容易挣钱难！""爸爸妈妈太辛苦了！""乱花钱可耻！""劳动最光荣！""一分辛苦一分甜！"……孩子们深有感触，表达着各自的心声。那是付出了辛勤劳动之后真真实实的切身体会。

"这挣来的10元钱，你打算如何使用它呢？"让孩子们足足地体验了一回"挣钱"之后，我很想知道孩子们如何来花这10元钱。

"我买了2元钱一个的冰激凌，作为对自己的奖励，其余都存在了我的储蓄罐里。"

"我们几个同学经过商量，将卖课外书赚来的100多元钱全部买了水果和点心，去慰问敬老院的老人。敬老院的爷爷奶奶看到我们去看望他们，别提有多开心了！"

"虽然只有区区的10元钱，但它是我人生的第一桶金。第一次挣钱，有特别的意义，我想留着它，作为永久的纪念。"

"我用这10元钱买了两份小小的礼物，送给爸爸和妈妈。这是我第一次用自己挣来的钱给爸爸妈妈买礼物，爸爸妈妈可高兴了。"

……

作总结时，我说："孩子们，劳动最光荣，劳动者最美丽。五一劳动节，你们都是最美丽的劳动者！"

敞开教室做教育

不拘泥于习惯做法，不固守着定式思维，更不能让自己成为教育的主宰，创新、求异、多变、出彩、丰富，是我们永远的追求。

班队活动，是一门大课程。它的魅力在于不封闭，不受限制。它可以向四面八方打开，利用开发整合各种资源，建立起各种途径渠道，创新创建各种活动方式，开启多元化、立体式的活动模式。

1. 开放课堂，让出讲台

课堂不是老师的主宰，更不是老师的专利，教育不是"教师教、学生听"的被动僵化模式。与其"孤军奋战""单枪匹马"，不如"集思广益""放手成长"，不如做个学生潜能的开发者、学生成长的引领者，让学生参与进来、活动起来，自我教育、自我发展，何乐而不为？

（1）让学生成为主力军。

借鉴央视的《朗读者》《开讲啦》两档人气节目，我在班里也进行了尝试。所不同的是，央视节目中邀请的都是名人，而在我们的栏目中，每一个孩子都是"朗读者"与"开讲者"。"人人可为，人人有为"，这是我的宗旨。央视的《朗读者》《开讲啦》基本上属于励志类的节目，我们的节目风格称得上五花八门、丰富多彩。节目的内容，我不作规定，都是孩子们自定的，多半是他们感兴趣的内容。

记得冬天流行性感冒和雾霾很严重的时候，我们班的两个生活委员就以"预防流感"和"十面霾伏"为主题，给大家作了两次健康知识的开讲，很有效，很受欢迎。班级里有孩子做作业经常拖拉，学习委员就给大家开讲《拖延症》，很有针对性。社会上都在提倡做公益活动，班里一个热心公益的孩子就开讲了《蚂蚁森林》。也有一些孩子以自己的兴趣爱好作为开讲的主题，有一个小姑娘是围棋高手，她就给同学们开讲《围棋说》，从围棋的历史讲到自己学围棋的艰辛经历和取得的骄人成绩，让孩子们敬佩不已。寒假前夕，一个擅长剪窗花的孩子还特地为大家开讲《剪纸的艺术》，让孩子们现场学习。当然，其中也不乏励志开讲，如《勇气》《感恩》《责任与担当》《天道酬勤》《坚持，让梦想开花》《兴趣是最好的老师》等，充满了正能量。

《朗读者》栏目也是大放异彩。个性不同的孩子纷纷登台亮相，带给孩子们精彩纷呈的心灵享受。孩子们或单独朗读，或两两组合，或是小组朗读，形式不拘。朗读的内容更是各具特色，有隽永的散文，有清丽的小诗，有古诗词，也有古文，更有自己撰写的文章。孩子们用声音传递梦想，表达感动，遇见更好的自己。优美的音乐，精美的课件，优雅的文字，真情的朗读，常常让孩子们心驰神往，身心愉悦。

教室，成为学生的天地；课堂，成为学生的舞台；教育，成为学生的主场。当教育一旦成为学生的主场，我相信发挥出的便是磁场效应——吸引孩子、点燃激情、振奋精神、圆润生命。

这个时候，我是一个喝彩者。我惊叹于学生的思考力、创造力和源源不断的潜力。给孩子们一片舞台，一个机会，一双翅膀，所有的孩子都能飞翔。况且，这种放飞，是孩子自我的放飞，更加弥足珍贵，教育由此更有趣、更有力、更有效。

（2）让家长成为同盟军。

班主任工作是个群体工程，光靠单打独斗是行不通的。再说，个人的智慧和精力毕竟是有限的，很多时候如果事必躬亲，便会力不从心。"问渠那得清如许？为有源头活水来。"这源头活水是学生，也是家长。

充分利用家长资源，邀请家长走进班级，走上讲台，与孩子们进行面对面交流，零距离接触，就会起到心连心的效果。这样的一种活动方式，既是构建家校一致、事半功倍教育共同体的体现，也是增进交流、促进亲子关系的情感交流模式。

六一儿童节，我邀请家长来作"童年不同样"的讲座。三位家长分别以"童年时代的物质生活""童年时代的娱乐生活""童年时代的学习生活"为话题展开。在讲座中，孩子们听到了另一种童年生活：物质生活缺乏，衣食住行各方面条件不优越，但精神生活却很饱满；在大自然中寻找乐趣，自创自制各种玩具；在学习的道路上孜孜以求，靠自己的努力成就未来。孩子们羡慕不已，又感叹唏嘘。这样的讲座，何尝不是给孩子的一种宝贵的精神财富呢！

母亲节前夕，我策划了"浓情五月天，感恩母亲节——听妈妈讲故事"的活动，邀请三位母亲进班，分别从"生育""养育""教育"三方面进行亲子交流。讲座中，三位母亲深情回忆了生育孩子艰难却又幸福的经历，养育孩子历经艰辛却无怨无悔的过程，教育孩子时的倾心倾力及面临的种种困惑……没有空洞的说教，也没有直硬的灌输，三位母亲用真情触动孩子们的心田，打动孩子们的心灵，让孩子们潸然泪下。

父亲节到来之际，我又策划开展了以"爸爸的天空"为主题的讲座活动。三位爸爸谈自己的工作经历、职业理想、人生规划，也谈自己的创业史、奋斗史、发展史。在爸爸的天空里，孩子们读到的是自信果敢、勇气魄力，披荆斩棘、勇往直前，意志坚定、执着追求，高大伟岸、胸怀大志，以及对家庭的责任与关爱……对孩子们来讲，这是最真实、最生动的人生一课。

（3）让社会力量成为后援团。

在孩子们心中，对各行各业有所成就的人总是抱着敬仰与崇拜之情。倾听他们的诉说，感受他们的人生，聆听他们的教诲，又是别有一番滋味。利用自身的社会资源、朋友资源，邀请在各个方面、各个领域有所建树的社会人士进班与学生交流，无疑又是一个与学生互动的极佳活动方式。

邀请中国散文家协会理事、江苏省作协会员、江苏省美术家协会、书法家协会会员邰峰老师进班作"读书破万卷，下笔如有神"的讲座。精彩的讲座结束，邰峰老师欣然提笔，留下墨宝"见贤思齐"与孩子们共勉。"见贤思齐"，成为孩子们心中的标杆。

邀请中国作家协会会员、无锡市作家协会副主席吴翼民老师进班来给孩子们讲"写作与生活"，极大地激发了孩子们的写作欲望和写作热情。邀请我的恩师、无锡市作家协会朱晓春老师来班听课并作讲座。我执教《理想的风筝》一课，感恩老师在我心中播下理想的种子。当我手捧鲜花敬献给我亲爱的老师时，我和恩师的泪水同时溢满眼眶。亲眼目睹这感人一幕的孩子们也是感动不已，泪水涟涟。"长大后我就成了你"，是我对师恩难忘的回馈，也是我对孩子们的殷切期盼。

随着互联网的迅速发展，网络已成为中小学生学习知识、交流思想、休闲娱乐的重要平台。为让孩子们文明上网、绿色上网，我也很荣幸地邀请到江苏省开炫律师事务所的律师团队来给孩子们讲"网络时代的校园文明"，普及宣传法律知识，提高自我防范意识，争当知法守法的小公民。

利用课余时间，我会组织学生去采访学校的保洁阿姨、门卫师傅、食堂工人，感受他们"做一行爱一行"的工作责任心，感受"无怨无悔、无私奉献"的敬业精神。这些对孩子们来讲，是人生路上的精神动力，比任何知识的灌输和充塞都重要。

2. 走出教室，解放儿童

教室不是唯一的课堂，课本不是唯一的教材，自然、社会、生活才是真实鲜活的课堂，那里有更多耐看、耐读、耐人寻味的教材。

一方水土养一方人，一方文化育一方人。丰富的自然资源，颇具特色的民俗民风，为活动资源的开发提供了广阔的天地，也为班级活动的开展注入新鲜的血液。

无锡有深厚的历史文化，美丽的自然风景，丰富的人文资源，多彩的民俗风情。众多的文化遗产、自然风光、民俗风情等形成了独特的江南文化。为此，我着眼于无锡的地理环境、人文景观、物产特色、民间风俗、历史变迁等方面的特点，从中提炼班队活动的新素材，尝试将班队活动和综合实践活动、语文学科活动整合在一起，开展"走进家乡，情系家乡"系列活动。

我带领孩子们走进"阿炳故居"。阿炳，这位杰出的民间音乐家，他充满传奇、坎坷跌宕的艺术人生深深触动了孩子们的心。家世的凄苦，学艺的坚持，到后来卖艺度日的艰辛，无不令人动容。尤其在阿炳生前起居室参观时，破旧的床榻、桌椅，让原本活泼好动的孩子不由得安静下来。就是这样一位生活在社会底层的人，用生命热爱着音乐，用音乐来诠释对生活的向往。用心聆听《二泉映月》悲壮深沉之美，看到国际友人对《二泉映月》的高度评价，称其为东方的"命运交响曲"，孩子们真实地感受到了阿炳伟大的音乐成就，崇敬、自豪感油然而生。

东林书院是无锡的一张"文化名片"，其幽雅的书香氛围、深厚的历史底蕴、丰富的文化内涵及独特的人文精神都令人向往。为了让学生更好地了解东林书院的历史，感受江南书院特有的人文气息，激发孩子对家乡文化的热爱及自豪感，我带着学生参观了东林书院。

东林书院典雅幽静，布局严整，层次井然，苍远深邃的历史氛围浑然其中。依庸堂上有楹联一副，便是脍炙人口的"风声雨声读书声声声入耳，家事国事天下事事事关心"。东林精神折射出的灿烂光辉，以天下为己任的胸怀抱负，历经风雨依然扑面而来。孩子们情不自禁驻足凝神，激情涌动，高声诵读。道南祠，是标榜前贤、鼓励后学的重要场所。"程门立雪"的杨时更是让孩子们心潮起伏、心生敬意，"读书爱国、尊师重教"的东林精神激荡着孩子们的心。书院的老先生一脸慈祥，对于孩子们的到来，异常欣喜。他以老者的慈爱和温润，义不容辞地给孩子们讲起了国学，讲述了他与国学之间的情结。孩子们正襟危坐，神情庄重，凝神谛听，在老先生的带领下，高声诵读国学经典，徜徉在经典诗文的氤氲之中……

我还组织学生参观惠山泥人博物馆，并请泥人厂的老师傅们手把手教孩子们捏泥人。在此过程中，我发现孩子们对惠山泥人兴趣特别浓厚。遵循他们的心理需求，我们展开了对"阿福文化"进一步的探究。孩子们通过多种途径，搜集阿福资料，追溯阿福历史，了解阿福作为无锡特有的文化产物所蕴含的特殊意义。他们买来各种各样的阿福泥人，并发挥自己的想象，赋予阿福更有现代意义和时代气息的造型。在探究的过程中，孩子们也发现了"阿福文化"在无锡并未得到很完整的传承，政府部门对此没有引起足够的重视，致使"阿福文化"正趋于流失的境地，惠山泥人的手艺面临失传的尴尬。由此，我组织开展了"我为家乡构蓝图"的主题活动。在活动中，孩子们用动人的故事讲述着家乡的变迁，用甜美的歌声赞美家乡美丽的风景，用优美的文字表达对家乡的真情实感，也对家乡寄予了无限的畅想。他们觉得，今日的无锡经济发展迅猛，但传统文化同样不能丢弃，应将"阿福文化"发扬光大。未来的无锡应以"大阿福"作为城市的吉祥物，让无锡人有阿福相伴，幸福永远！

正是这些活动，潜移默化地培养了孩子们热爱家乡、立志建设家乡的情感。这种独特的体验带来的收获是不言而喻的。

苏霍姆林斯基说："我希望尽可能充分地满足孩子们多种多样的兴趣和企望。换句话说，我希望使孩子们生活和学习得有意思。"什么是有意思？我想应该是心灵自由的、方式自然的、具有趣味性的、游戏型的、寓教于乐的、潜移默化的、润物无声的，符合孩子的心理特点和审美需求，是孩子能够以自己的心灵感受得到的，愿意沉溺其中的方式，即"儿童式"的。

将有意义的教育做得有意思，对我们教育者提出了更高的要求。我们的教育形式不能拘泥于习惯做法，不能固守着定式思维，更不能让自己成为教育的主宰，创新、求异、多变、出彩、丰富，是我们永远的追求。

让学生站在前排

让学生站到前排，成为班级管理的主角；作为班主任的我，则是一个站在孩子们身后鼓掌喝彩的人。

之前曾为自己是个全能型的班主任颇感自豪。班级事务，事无巨细，大小包揽；学生的事情，亲力亲为，样样周全，还自感游刃有余。但很快，我意识到了来自我和学生同时产生的倦怠。学生产生了"视觉""听觉"及心理上的三重疲劳，而我总是在重复着一种固定而又原地踏步的机械式循环，毫无意义可言。我惊觉，我对班主任这一角色的认知出现了偏差，我的班主任工作进入了一个误区。班主任不应该是权威一般的施教者，学生不能被界定为完全的受教育者；班级管理不是班主任的事务包揽和孤军奋战，而是师生的群策群力、相辅相成，更可以是学生的自主管理、独当一面。

思维方式一旦改变，创意便自然而来。班级"太阳花"志愿者社团应运而生，社团模式便是开展系列的"微形式"管理，即撰写微日记，开展微公益，举行微演讲，主持微班会，践行微管理。我"离职下岗"，学生"挂牌上任"。自此，自主教育的管理模式在班级里悄然兴起、蔚然成风。

随着毕业考试紧锣密鼓地到来，学生学习上的压力接踵而至。复习迎考阶段，面对堆积的学习资料，各科接连的考试，孩子们的情绪如突然闷热的天气，躁动不安。任课老师纷纷向我反映，孩子们的心理状态不佳，听课昏昏沉沉，作业应付了事，往日积极进取的精神风貌不复存在。当机立断，我召开了班委干部会议，听取班委干部的意见和建议之后，决定成立一个演讲团，利用每周的班会课在班内进行名为"开讲啦！"的励志微演讲。

根据班内最近发生的一些事情和出现的一些情况，孩子们有针对性地罗列整理，很快决定出"开讲啦"励志微演讲的几大主题。如孩子们反映，最近自习课的纪律有所松懈，极大地影响了学习效果，不妨进行"自律篇"的演讲；再有，面对老师指出的缺点，有个别同学经不起批评，非但不虚心接受，反而在背后议论指责老师，建议来个"感恩"或"论挫折"的演讲；还有，目前处于毕业迎考的关键时刻，考取本校的初中部是同学们最大的愿望，学习上的懈怠与散漫却是大敌，"说勤奋""谈责任""话理想"必不可少；另外，对于寄宿班的孩子来说，相处了三年的同学就像兄弟姐妹一般情深似海，"珍惜"或"友谊"的话题也应在其中……看着孩子们像模像样地主持着会议，煞有介事地做着会议记录，讨论得热火朝天的样子，我异常欣喜。班级应该属于孩子们，他们才是班级真正的管理者。班级的事情大家谈，班级的事务一起管，孩子的事情孩子解决，多好！

孩子们高涨的情绪和空前的热情是我无法想象的。他们采访身边的同学、老师，上网查阅各种资料，认真撰写演讲稿；寻找相关的图片，搜集音视频文件，请教信息技术老师制作课件，愉快地忙碌着。当一份份撰写得异彩纷呈的演讲稿摆在我的案头，一份份制作精美的课件呈现在我的眼前，我的心里充满了感动。对于这些初出茅庐就敢于大显身手的孩子来讲，责任和勇气显得多么难能可贵。在我的鼓励与指导下，孩子们认真修改演讲稿，完善 PPT 课件，并进行"试演讲"，期待取得最完美的效果。

开讲啦！当屏幕上呈现出"太阳花志愿者社团励志微演讲"的字幕时，教室里掌声雷动。

第一期的开讲嘉宾是班长小可同学，她演讲的主题是"自律"。"能自制的人，就是最强有力的人。""一个人最大的胜利就是战胜自己。"小女孩斯文羞怯，但一开口便令人叹服。她从鲁迅先生在课桌上刻"早"字，自此再也没有迟到的自律故事说起。这个故事因为在课文中已经学过，孩子们耳熟能详。"时时早、事事早，珍惜清晨，珍惜时间，做东风第一枝"，当小可演讲到这一段话时，孩子们情不自禁跟着齐声背诵。

话锋一转，小可随即转入学校对于自习课"三不纪律"的规定，谈起了被同学们视为榜样的一贯严于律己的小颖同学。对于小颖自律的故事，小可并没有具体阐述，而是在掌声中将小颖请上讲台，由小颖自己讲。害羞腼腆的小颖此时也落落大方地分享着她的自律故事。随着她的讲述，大家都不时地将眼光瞧向小颖的同桌——全班最好动顽劣的小铭同学。小颖讲的正是面对同桌的干扰，她是如何做到不分神、不分心、不受影响的。讲到心领神会处，孩子们哈哈大笑，小铭也跟着傻笑。

什么是自律？小可将这个问题抛给了同学们来回答。她故意指名小铭第一个回答，小铭不好意思地说："自律就是管住自己。"大家都笑了。

"自律就是按照自己的目标严格执行！"

"自律就是不为自己找松懈的理由和借口。"

"自律就是要有自己做人做事的原则。"

"自律就是以己为镜，不受他人影响。"

这一互动真好！小可真棒！孩子们真棒！坐在教室后面听讲的我禁不住为孩子们的表现连连喝彩。

小魏同学是第二期的开讲嘉宾，演讲的主题是"关于责任"。温文尔雅的小魏准备充分，材料翔实，说理充分。什么是责任？一开讲，他便与同学们进行互动。

"责任，就是职责和任务！"第一个孩子张口就回答。

"钱老师教给我们解释词语的拆字法，你掌握了，很厉害！"小魏老练地点评。

"责任是必须承担的事情，是我们应该完成的分内事。""责任就是一种使命，是我们的职责所在。"

听到这样的回答，小魏喜不自禁："回答很精彩，真棒！"小魏的点评挺有老师范儿的，我和孩子们不约而同笑了起来。

"做错了事情，我们必须承担后果，这也是一种责任。"孩子们的回答真不错，小魏满意地点头。

演讲之前的这一段互动掀起了演讲的气氛。站在讲台前的小魏镇定自信多了，他有条不紊，侃侃道来。从华盛顿砍樱桃树的故事讲起，说到班级里每天尽心尽力为同学们分发牛奶的小杰同学。跟随着他的讲述，PPT 上出现了小杰同学的照片。看着小杰去学校保管室搬取牛奶，一路气喘吁吁将牛奶搬至五楼教室，之后马不停蹄地依次分发给同学们，最后一丝不苟地收取牛奶盒的整个过程，孩子们被深深地感动了。分发牛奶这件小事，小杰日复一日，年复一年，做得如此细致、耐心，整整为同学们服务了三年。这是多么了不起的责任心。更打动大家的是小杰将这份可贵的责任心发挥到了学习上，原来学习成绩平平的他在班里并不起眼，但如今他的成绩居然跃居班级前列，着实让人刮目相看。

"钱老师一直对我们说，天下大事必作于细，天下难事必作于易，小杰不就是最好的证明吗？我们都在慢慢长大，当我们会为自己所做的事情负起应有的责任时，就证明我们已经长大了。"在热烈的掌声中，小魏结束了他的演讲，他的PPT课件却吸引了所有同学的目光。只见字幕在不停地滚动着，出现在大家眼前的是像电影放映结束之后打出来的演员表一样的内容——

演讲者：小魏

课件制作：小魏

设计构思：小魏

友情客串：小杰

友情赞助：小蒋

照片提供：钱老师

官方指定合作伙伴：钱老师、太阳花志愿者社团成员

版权所有：江苏省锡山高级中学实验学校六（5）班太阳花志愿者社团

……

"哇，好有创意啊！"孩子们一片惊呼。

是啊，好有创意，好有意义。不光孩子们，我也惊喜连连，欣慰多多。"开讲啦"的励志微演讲一共举行了五期，每一期的演讲，总是让人耳目一新。奕菲同学的"文明，只是举手之劳"，小陆同学的"友谊最芬芳"，蒋铮同学的"感恩有你"，充满鼓舞与振奋，播撒着满满的正能量，让孩子们听

得欲罢不能。每到开讲的那一天，孩子们异常兴奋，充满期待，这也让演讲团的成员们越发自信、颇感自豪。他们用稚嫩浅白但真诚朴实的讲述给予大家思考和心灵的滋养，仿佛是酷夏炎热中吹来清凉的风，驱走了复习迎考中的燥热，让孩子们鼓起了自信与勇气的帆，满怀豪情迎接毕业考试。这种同伴之间的思维互动、心灵分享、精神获得，是我这个做班主任的站在讲台前一味语重心长、高谈阔论而力所不及的。

不知何时，我们的"开讲啦"微演讲团队悄悄出了名，别班的班主任前来跟我联系，邀请我们的"微演讲"团队前去演讲，每一次都大获好评。我打趣说，看来咱们得着手准备巡回演讲了，孩子们开心极了！

电影《藏龙卧虎》中有一句经典台词："当你紧握双手，里面什么也没有；当你打开双手，世界就在你手中。"这句话，同样适合于我们的教育。

让学生站到前排，成为班级管理的主角；作为班主任的我，则是一个站在孩子们身后鼓掌喝彩的人。

教育不是圈养，而是培养，我庆幸自己做到了。

"废旧"变"惊艳"：来一场创意时装秀

巧手出创意，环保秀精彩，这是一个释放美丽和环保精神的舞台。

废弃的报纸、塑料、碎布等物品的唯一去处本应是垃圾箱，但有时，它们也能摇身一变，成为时尚精美的"新衣"。

酝酿已久、精心策划一个月的创意时装秀终于拉开了帷幕。课桌往两边一拉，教室中央腾出一条通道，铺上长长的红地毯，就是我们的简易T形舞台。舞台两边，孩子们分列就座，是观众，也是评委。每一个人都很好奇：当创意遇上环保，会碰撞出怎样的火花呢？

当动感十足、激情四射的音乐响起，参加时装秀的孩子们瞬间化身为时装模特，穿着自己制作的独一无二的服装，依次走上T台，摆出各种造型，走起了自己独创的"模特步"。

首先走秀的是女生组。女生充分利用身边的废弃材料，凭借别出心裁的创意和灵巧精致的手工，制作出了一件件精美的服装，有轻盈灵动的纱裙、高贵典雅的晚礼服、娇小可爱的吊带裙及端庄典雅的百褶裙等。

小怡同学的造型特别淑女范，她穿着一条粉紫相间的吊带裙，像童话里走出来的小公主。她一出场，大家就被惊艳到了。小怡采用生活中最常见的塑料纸做材料，吊带裙的外层用紫色的塑料纸做成蓬蓬裙，内层的衬裙则是用粉色的塑料纸，整件服装配上紫色的大蝴蝶结和粉色的细吊带，飘飘悠悠，优雅极了。

小燕同学运用报纸、塑料纸、卡纸等多样化的材料进行创作。白色的卡纸经过上色、粘贴和描摹，被裁剪成了一件小旗袍的款式，很是贴身。最夺人眼球的是小旗袍上的一排纽扣，小燕将它设计成了可爱的小蝴蝶结，下身搭配了一条白色塑料纸制作的短裙，裙摆流苏的设计非常巧妙，稀稀疏疏、有长有短，整个设计创意十足。

小文同学将报纸粘贴折叠成层叠繁复的蛋糕裙，通过每节纸片抽碎褶，产生波浪效果。上身设计采用的是白色的塑料纸，上衣肩部用一圈淡黄色的布艺小花环绕，腰部盛开着三朵怒放的"向日葵"，给人以视觉的冲击力，让人眼前一亮。

男生上场了，他们的风格与女生完全不同，或帅气，或俏皮，或幽默，或憨态可掬。

熟悉的音乐声响起，小朱同学先出场。一听音乐，一看他的一身打扮及抓耳挠腮、抬手探路的动作，就知道是"齐天大圣"孙悟空来了！只见他手提一根塑料制成的金箍棒，头戴金色卡纸画的紧箍咒，腰间系着一条"虎皮裙"，一身金色的披挂，贴身的小衣上"美猴王"的头像尤为醒目，好一个威风凛凛的孙大圣！小朱同学一出场，便大喝一声："俺老孙来也！"引来一阵阵喝彩。

紧跟着"孙大圣"的是小陈同学，他将自己打扮成猪八戒的模样。一身黑色的打扮，肩膀上扛着卡纸做成的九齿钉耙，哼哧哼哧地走上台来了，那夸张的表情和动作逗得同学们哈哈大笑。

小远同学的服装设计材料全部采用废旧的蛇皮袋。蛇皮袋制作的红白蓝三色相间的宽檐草帽，蛇皮袋裁剪而成的红白蓝三色相间的衣服和裤子，主打色调就是红白蓝，设计感强，材料有质感，整个设计有型有范、又酷又帅，活脱脱一个西部牛仔的形象！

最搞笑的是平时一向温文尔雅的小杨同学，他竟然打扮成了小丑的模样。头上戴着一顶卡纸做成的小丑帽，帽子上用英文书写着：Happy day！身上穿的是一件用几张图案很夸张的报纸拼接而成的奇装异服，最醒目的是他的鼻子上贴了一个红色的小丑标志。他一上场，便是各种挑逗、搞笑的动作，孩子们笑得前仰后合。

个人秀之后，便是孩子们的集体秀。孩子们两两组合，自由搭配，或是运动风，或是淑女风，或是绅士装，或是牛仔装，各式各样、独具创意，变废为宝，别出心裁。废旧的纸盒、各种塑料纸、大大小小的报纸、旧桌布、旧T恤等，经过孩子们的精心设计、大胆构思和巧妙制作，"脱胎换骨"变成了多彩的服装，变成了时尚风景，令人称奇！

精彩的服装秀之后，孩子们评选出了"最佳设计奖""最佳创意奖""最佳人气奖""最佳表演奖""最佳组合奖""最佳环保奖"六个奖项。

巧手出创意，环保秀精彩。这一场与环保同行的时装秀，让孩子们感受着变废为宝的魅力。我相信，孩子们收获的不仅仅是一场华丽的时装秀，更是一种深入人心的环保理念。

创意节日快乐多

不同于传统的节日，创意节日来源于孩子，也回归孩子。

"如果让你创设一个节日，你会设立什么节日？"

我的话语未落，教室里已是喧闹一片。

男孩子高喊："男生节！"

女孩子也不示弱："女生节！"

教室里立马形成两大对立阵营，各不相让。

见此，我笑了，打趣说："我觉得还可以设立一个建立友好关系的节日——好伙伴节。"

孩子们明白了我的意思，笑了，也点头赞同。

于是，"男生节""女生节""好伙伴节"成为我们班级的独有节日。

1."青春飞扬，我是女生"——女生节

3月8日是妇女节，女孩子们便将3月7日定为"女生节"。

教室里挂了气球、彩带，屏幕上滚动播放着全班女孩子的照片，配合着《我是女生》欢快俏皮的歌声，一下便有了过节的欢乐氛围。

第一环节：我是女生，我为女生代言。

女生节，活动主持人便由男生担任。一上场，主持人便说道："今天是女生节，我们全体男生祝所有的女生节日快乐！歌曲《我是女生》中有这样一句歌词：我是女生，你不懂女生。说实话，很多时候，我们男生也真的是不懂你们女生，莫名其妙地掉眼泪，莫名其妙地发脾气，莫名其妙地乱猜

疑……"哈哈，真是个直男！果然，他的话还没说完，男生们已是笑声一片，女孩子们则是一脸不服气。有意思极了。

听着笑声，他却不动声色："为了让我们男生更好地了解女生，今天活动的第一个环节是请女生们为女生代言。"

女孩子们排着队，依次上台。

"我是女生，纯真善良的女生。"

"我是女生，温柔甜美的女生。"

"我是女生，文静秀气的女生。"

"我是女生，善解人意、情感细腻的女生。"

"我是女生，活泼伶俐、聪慧可爱的女生。"

"我是女生，不是嚣张的野蛮女生，不是漂亮的芭比娃娃。"

站在台前的女孩子们一个个阳光自信、落落大方，哪是平时男孩子们眼中不屑一顾的"黄毛丫头""小丫头片子"呀！男孩子听得一愣一愣的，情不自禁地鼓掌，再鼓掌。

第二环节："巧手姑娘"才艺秀。

都说女孩子心灵手巧。在女生节，男孩子可真的是开了眼界。有的女孩子两两组合，一人做模特，一人当发型师，当场演示扎辫子的多种方法。各种发型，各种造型，看得男生们目瞪口呆。有的女孩子踢起了毽子，盘踢、拐踢、蹦踢、环踢，左右交叉，上下翻飞，让人眼花缭乱。有一个女孩子将树叶作为道具，贴出了各种各样的服装图案，真有当设计师的潜质。还有一个女孩子擅长剪窗花，一把剪刀在手，翻来折去，喜字、福字、花朵、鱼儿……跃然眼前。另一个女孩子爱绣十字绣，她出示了一幅巨大的十字绣——《国色天香》，这幅作品是她花了三个多月完成的。看着这样一幅凝聚着心血的作品，男孩子们由衷地赞叹："真是巧手姑娘啊！"

在欢快的乐曲声中，女孩子们的传统节目《跳皮筋》开始了，我也加入其中。一根皮筋，两个孩子架着。女孩子们跟在我身后，一边唱着跳皮筋的儿歌，一边在皮筋间来回穿梭，好不开心！男孩子们觉得有趣，也纷纷加入我们的行列。那笨笨拙拙的样子，引得女孩子一阵又一阵地大笑。

第三环节："魅力女生"大评比。

"魅力女生"的评比由我和男生们共同商量，设立了各种奖项。听听奖项的名称，就很让人感动："热心女生"奖、"书香女生"奖、"阳光女生"奖、"勇敢女生"奖、"学霸女生"奖……担任班级体育委员的一个女孩子获得了"运动女生"奖，一个成绩不优秀、在班级里默默无闻的女孩子获得了"乖巧女生"奖。可以说，所有的女生都获得了相应的奖。当我宣读完所有的奖项，教室里响起了热烈的掌声。这掌声，是男孩子送给女孩子的，也是女孩子送给男孩子的。

第四环节："青春期"教育讲座。

利用女生节，对女孩子们进行青春期的教育讲座，是顺理成章的事情。讲座从青春期的生理和心理两方面展开。看着女孩子们从起初的羞涩不安，到慢慢地接受、坦然面对，甚至流露出欣喜和自豪的神情，我感到欣慰。事后，有女孩子悄悄地对我耳语："谢谢你，钱老师，你就像我的妈妈。"我舒了一口气。女生节，这一课是必不可少的。

值得一提的是，在女生节这一天，男孩子们尽显绅士风度，将所有的事情都包揽了。打扫卫生时，一个女孩刚拿起扫把准备扫地，一个男孩子就一把夺了过去，说："今天是女生节，我服务，你休息。"在一旁的我冲着他直竖大拇指。

2. 男生男生向前冲——男生节

男孩子们将男生节定在 11 月 12 日，说是日子好记。我笑了，自然明白。都说现在的男孩子多阴柔，少阳刚，缺乏男子汉气，那么男生节就让男生尽显男生本色吧。

第一环节：男生课程微演讲。

为使演讲呈现出"百花齐放"的局面，男生事先做足了功课：商议命题，确定内容，查找资料，撰文成稿，制作课件，反复演练。果然，男生上台一亮相，便引来一阵惊呼。

"梦想""勇气""责任""担当""信念""毅力"……微演讲变成了励志大论坛！激情飞扬的演讲，字字铿锵的话语，鼓舞人心的号召，激荡着孩子们的心。最后上台的一个男孩子演讲的题目是"男儿当自强"，他号召每个男生"发愤图强，做好汉""做个好汉子，每天要自强"。

在《男儿当自强》的歌声中，男生集体朗诵了梁启超的《少年中国说》：少年智则国智，少年富则国富；少年强则国强，少年独立则国独立；少年自由则国自由，少年进步则国进步；少年胜于欧洲，则国胜于欧洲；少年雄于地球，则国雄于地球。教室里掌声如雷。

第二环节：男生才艺大比拼。

（1）力量之争——掰手腕比赛，选拔出班级的"大力士"。

（2）智慧之赛——棋王争霸赛，评选出班级的"小棋王"。

（3）球类比拼——投篮、射门比赛，评选出班级的"小球星"。

第三环节：男生"绅士风度"大调查。

这方面，女生最有发言权。根据男生日常的行为细节，女生们表扬了班里男生的"绅士风度"，也很中肯地给男生提出了改进的建议。男孩子们既感动不已，又不好意思。

"男生节"这一天，男生们也享受到了特殊的待遇。他们发现，不知什么时候，同桌的女生帮他整理了课桌，帮他的水杯里灌满了水，还将他破损的课本包上了崭新的书皮……准是"田螺姑娘"们做的好事，男孩子们有些不好意思了。

3. 友情岁月，有你有我——快乐伙伴节

成长的岁月，少不了同伴的陪伴。同伴互助，牵手成长。小伙伴，是孩子学习生活中另一个重要他人。

我们将快乐伙伴节设定在 6 月 6 日这一天，取其谐音，"快乐"之意。

第一环节：晒友情。

孩子们通过"画画我的小伙伴、写写我的小伙伴、夸夸我的小伙伴、秀

秀我的小伙伴"等各种形式"秀恩爱"。

第二环节：试默契。

通过游戏问答考验伙伴之间的默契度，比如：伙伴喜欢什么颜色？各自喜欢穿什么衣服？各自的爱好是什么？对方的口头禅是什么？发生矛盾时，一般是谁最先道歉等有意思的问题。

第三环节：好搭档。

这一环节需要好伙伴合作，共同展示才艺。好伙伴之间有的搭档说相声，有的合奏乐器，有的进行二重唱，有的合作表演"你说我猜"……可以说是"八仙过海——各显神通"。有一个男孩子和一个女孩子合作表演的探戈，惊艳了全场。还有一个男孩子和一个女孩子竟然合作表演双簧，博得全场最热烈的掌声。

最让孩子们开心的是"快乐伙伴节"这一天，可以和好伙伴同桌一天。孩子们一个个喜笑颜开，和自己的好伙伴坐在一起亲亲热热，多么开心呀！

苏霍姆林斯基提倡让教育的痕迹尽可能淡化："在自然而然的气氛中对学生施加教育影响，是这种影响产生高度效果的条件之一。换句话说，学生不必在每个具体情况下知道教师是在教育他。教育意图要隐蔽在友好和无拘无束的相互关系中。"不同于传统的节日，创意节日来源于孩子，也回归孩子。没有明确的教育目标，没有强烈的教育目的，更没有某种教育期待，但这样的一种活动方式深受学生喜欢，因为它有趣有味，更有意义。

温暖和百感交集的旅程

只是心甘情愿地认定我所热爱着的，将时光交托给我值得去付出的。

"不要因为走得太远而忘记为什么出发。"每当念及这句话，我的目光飘得很远，那是一个路口，我教育生涯起步的路口。

依然记得第一天上班时的情景，我骑了一辆蓝色的单车，穿着一条鹅黄色的连衣裙。年轻姣好的脸庞，青春飞扬。

那时的我，比任教的那些五、六年级的孩子大不了几岁，对教育也没有什么深刻的认识，对自己的职业也无多大感知，只是怀着一个很单纯、很朴素的信念：爱孩子，对孩子们好，把孩子们教好，尽可能充分地满足孩子们多种多样的需求，使他们生活和学习得快乐、满足、有意思。所以充其量，我只是一个大姐姐的角色而已。

现在想来，那个时候的课堂没有那么至关重要，作业也不是孩子们生活的第一要素，学习更不是占据了童年生活的全部。除去上课、作业和考试，还有更吸引我们的外面的世界。在完成学习任务后，我们有大把的时间可以挪作他用。于是，在懵懵懂懂与随心所欲中，我的教育生涯便开始了。

1. 春天不是读书天

春天不是读书天，真的呢！阳光在窗户边慵懒地移动，鸟儿一个劲儿地召唤，我的心便坐不住了。浪费了户外的大好春光，岂不可惜！于是，我跑去向校长请求，要带孩子们去郊外踏青、野炊，将课堂搬到大自然中。好个民主的校长呀，竟然笑眯眯地力挺我的想法。现在想来，对他任由我这个初登讲台、总爱心血来潮搞点花样的年轻老师的包容，实在是感激涕零。

在郊外，我们演奏起了"锅碗瓢盆交响曲"，炊烟袅袅，歌声阵阵，映红的是我们的脸庞。在我们的身后，开满了大片大片的紫云英，摇曳多姿，顾盼生辉。以紫云英为背景，我和孩子们一张又一张地合影。还记得我的一张单人照，不知是哪一个有心的孩子去印刷了几十张，在班级里一发，每个孩子人手一张，保存珍藏。而我拿到的，是尺寸特别大的那一张。

我们也将教室作为大食堂，煮茶叶蛋、包馄饨，自己动手，丰衣足食。有意思的是包馄饨活动。馄饨皮是自家开店的一个小胖子提供的，上好的皮子；蔬菜是种菜大户的孩子带来的，新鲜得很；包馄饨需要的肉，则是孩子们卖掉了废报纸，用积攒起来的班费去买的。将课桌拼一拼，围一围，切菜的切菜，剁肉的剁肉，拌馅的拌馅，教室里热闹开了。包馄饨的时候，通常是女孩子们手法娴熟，男孩子们一改平日的调皮样儿，虚心请教，边看边学，可认真了。学校厨房间的阿姨好耐心，一锅一锅地帮我们煮好馄饨。等馄饨端上桌，热气弥漫，只听得孩子们激动得哇哇大叫。

空闲时分，等孩子们写完作业，我就带他们去附近的小公园玩，常常要玩上几个小时。一个小小的公园，经常去，孩子们从不会觉得厌烦，我好生奇怪。孩子们说，因为和钱老师在一起呀！

倒是我，觉得远远不够有意思。于是，一声召唤，利用节假日，便带领着孩子们向更远的地方出发，爬山、探险……

记得有一回在苏州的虎丘公园，我和孩子们在山坡上采野花。五彩缤纷的野花盛开，香气扑鼻。正当我弯腰之际，一群男孩子围过来，突然一起将手中的花儿撒向了我，我的白毛衣上、头上、脖子里落满了纷纷扬扬的花瓣。那一刻，毫不夸张，我笑得花枝乱颤。而这一瞬间，也被某个同学拍摄下来，成为我和孩子们之间的时光定格。

2. 让教育充满诗意

选择做语文老师，很大原因与我喜欢文学有关。那时，正是诗一般的年龄，读了许多浪漫的诗歌，心中怀着诗一般的情怀。于是，诗歌便成为我和孩子们之间的"情愫"。经常是学完了课文上的内容，我便向孩子们推荐诗歌，各种风格、各种情调的诗歌。孩子们整首整首地抄写、朗诵，举行了各种各样的诗歌朗诵会。我从来没有想过，这些诗歌会给孩子们的心灵带来什么改变，一切只是源于喜欢。喜欢就好，情趣自在其间。

记得有一次上公开课，讲的内容是峻青的《第一场雪》。上到中途，窗外忽然飘起了雪，我竟然兴起，对孩子们说："走，我们看雪去！"于是，全班狂喜，蜂拥而出，全然不顾还有老师坐在教室后面听课呢！

站在楼道内，我们迎着飞雪，大声地吟诵着毛泽东的《沁园春·雪》："北国风光，千里冰封，万里雪飘。望长城内外，惟余莽莽……"声音自我们的内心喷涌而出，集中而明亮，穿透了飘满飞雪的上空。

那情景至今在我眼前闪现，那激昂的声音、澎湃的激情似乎还在胸腔回荡。

毕业前夕，突发奇想要给孩子们过12岁的集体生日。为此，我特地去蛋糕店定制了一个小宝塔般的三层大蛋糕。当几个男孩子将蛋糕搬到教室里的时候，孩子们一片惊呼。那一个明亮的月夜，居然很戏剧性地停电了，恰好满足了我和孩子们心中很浪漫的向往——烛光生日晚会。孩子们点起了蜡烛，烛光如同一支支花苞，宁静地盛开在漆黑的教室里。室内无风，些许的月光洒进来，朦胧地照见了一张张生动的脸庞。那一晚，生日的祝福，青春的誓言，还有孩子们的笑声，连同那缥缈的歌声，清风明月，一起入了我的梦……

3. 温暖和百感交集的旅程

如今，当初的这些孩子早已过了而立之年。再相见时，是我的第一本专著出版的时候。孩子们从四面八方汇聚而来，专门为我举行庆祝会。鲜花包围着我，掌声、欢呼声迎接着我，我依然是被孩子们围着宠着的钱老师！温暖，百感交集，以至于泪光闪烁。

岁月流逝，而爱可以穿越时光，永远呈现最美的模样。

20多年未见，孩子们早已褪去当年的青涩稚嫩，可是我依然一眼认出，一下子就准确无误地喊出他们的名字。当他们围坐在我身边，却仿佛还是20多年前的小孩子一般，眼中星辰闪烁。

那些发生在过往的点滴美好，成为此时此刻的珍贵记忆，甚至有些是我记不得的……

学生小华说："从小学到中学到大学，印象中的老师大多太严厉，只有每每想起钱老师您，想起您明亮的白色毛衣，明亮的灿烂笑容，明亮的清澈眼睛，心情就会变得明亮温暖起来。"

当年的小华，聪明好学机灵，是我的得意门生，心里着实喜欢极了。现在，他已是大名鼎鼎的建筑设计师。看着他很认真地提出要坐到我的身边，要好好跟我说说心里话，要好好地看看我，我的眼里顿时蓄满了泪水。

小奎也是我钟爱的学生，沉稳内敛、重情重义。他说："有一次我和同学发生了争执，同学的母亲赶到学校，要为自己的孩子出气，是钱老师您及时拦住了她，我才没有受到伤害。为此同学的母亲大为生气，说了很不中听的话，钱老师您当时还哭鼻子了呢！谢谢您，钱老师！岁月变迁，永远不变的是您在我心目中的样子。"

后来，收到小奎发来的一段视频，是他精心挑选了我的一些照片剪辑制作而成的，背景音乐是"*see you again*"。音乐一响，我的眼泪便忍不住流下来了。

每一个教师节，美丽的鲜花都会如约而至。学生小兰说："钱老师，您芬芳育人，可那个时候，鲜花还没有成为节日的礼仪盛行，我也没有以此礼节对您，现在要好好地弥补……"

学生燕明更是给我写来了一封长长的信：

一切缘于昨晚看的一部台湾老电影《我们都是这样长大的》，讲述了孩子们的童年，讲述了一位美丽、充满爱心的老师与孩子们之间的情缘。这位老师以她独特的教育方式教育着一群天真无邪的乡下孩子。

钱老师，您知道吗？当时，看着剧中的那位老师，我就想起了您，您的气质与她是多么的相似：温婉，外表柔弱，内心坚强，笑容灿烂。而您与我们的感情又和剧中是多么的相似，您对我们充满爱心。在我们看来，您亦师亦友。您虽然只教了我短短两年，但带来的快乐不仅仅是两年，而是我整个童年。做您学生的那两年，我慢慢地长大，体会到了学习的快乐，也有了现在的孩子做梦都没有的丰富多彩的课外生活。因为有您带来的这段幸福时光，我愿意一遍又一遍地重温我逝去的童年。每次回忆，我的心都是温暖的；这份回忆，我会好好珍藏一辈子，直到白发苍苍时，它依然会温暖我生命的旅程，成为我生命中弥足珍贵的财富……

在孩子们的文字与叙说中，在泪眼蒙眬中，我久久地回不过神。一路行来，从来不去问时光给了我什么，也不去想前方会有怎样的景，只是心甘情愿地认定我所热爱着的，将时光交托给我值得去付出的。

但我知道，岁月已经在不知不觉中给了我太多惊喜的馈赠，我的精神世界比任何时候都富有。

第六辑

不吼不怒，巧妙应对『不乖』的学生

不太过匆忙，不随意浏览一个学生，不轻易评判任何一个学生的优劣……

带着微笑，一路向前

生活上关心，学习上关注，心理上关爱。"三关"方式是最有效的办法。

刚转入我班时，她极度不适应。课堂上，她整个儿趴在课桌上，两眼无神，神思恍惚，一副病恹恹的样子。课间，她依然趴在课桌上，一语不发，面无表情，硬生生地将自己与周围的欢闹隔离开来。与她交流，她楚楚可怜地低着头，并不开口回答我，泪水却止不住地往下流。开学之后，她一直用这样的一种方式作着无声的抗拒。

她有一个异常疼爱她的好爸爸。每天放学回家，她就屁颠屁颠地跟着爸爸，无拘无束，自由自在，好不开心。忽然之间，她从走读生变成了寄宿班的孩子，对她而言，似乎所有的快乐都消失了。我心疼她，跟她爸爸联系，让他有空时来看看她，让她的心理有所慰藉。

然而，她的情绪并未好转，反而更加恋家了。一会儿说忘拿东西了，要爸爸送过来；一会儿说自己身体不舒服，要求回家休息；一会儿又说自己想念爸爸，要给爸爸打电话。总之，变着法儿想回家。于是，她的爸爸三天两头往学校跑，有时一天还要来回好几趟。整整一个月过去了，她依然是开学时的模样。周末回家，脸上笑盈盈；周日回校，两眼泪汪汪。这样下去可不是个办法。怎样让她尽快融入班级，融进新的学习生活？我决定硬起心肠，狠下心来。一方面，我跟她爸爸商量，在她还未完全适应新的学习生活时，不要来看她，干脆断了她的念想，"逼着"她去面对新环境，适应新生活。另一方面，我跟她约定：第一个月是适应期，允许家长来看她；第二个月开始进入奖励期，必须靠自己的努力争取家长的探望。我说："爸爸妈妈将你送到新的学校，是希望你有新的发展，新的进步。等你面带微笑开启新生活时，我一定会给你家长打报喜电话，邀请他们来校。我希望你爸爸妈妈来看望你时，是笑容满面的。你见到他们，也是开开心心的。"

看到我一反常态说这样的话，她自然是不乐意的，但我也不去宽慰她。这个"心结"还是由她自己去挑战，用勇气和毅力去打开吧。

我明白，光靠这样的硬性规定显然还不够，老师、班级、同学对她的吸引力是至关重要的。尤其是对我这个班主任的认可，尤为关键。做寄宿班的班主任，我的身上肩负着多重角色：老师、家人、伙伴，甚至是保姆。从生活上关心她，在学习上关注她，从心理上关爱她。我想，"三关"方式应该是最有效的办法。每天就餐，我必和她同桌，一起吃饭，一起聊天，说说笑笑，其乐融融；每天晚上，我去宿舍巡视，必对她嘘寒问暖，关怀备至。我从每一个细微处发现她的进步，赞赏她的每一点努力，为她偶尔的一次发言而大声喝彩，为她某一次的作业而欣喜不已，更为她一改以往的"娇娇女"形象，娴熟地完成宿舍内务工作而倍感喜悦。不仅如此，我还为她找了一个好伙伴，和她一起玩耍，陪她说话，逗她开心。在学习上，我为她安排了一个好同桌，成为她的好榜样。她的嗓音条件好，喜欢唱歌，我就推荐她当音乐课代表，让她发挥才干，锻炼能力。

在这样的温情陪伴中，她再也不是那个病恹恹趴在桌上楚楚可怜的"林妹妹"了，展颜笑起来的她焕发出从未有过的神采，整个人都兴奋了起来。我笑着对她说："微笑的你真美！带着微笑，一路向前！"

之后，她牢记着我的话，始终将微笑挂在脸上。人群之中，一眼就能看到她明媚的笑颜。笑容，成为她的标志。她的家长也深感惊讶：原本愁眉苦脸的孩子怎会变得如此活泼开朗、乐观向上？戏言女儿从"丑小鸭"变成了"白天鹅"！

一天晚自习结束，我走向办公室。拉开抽屉，忽见一盒心形的"费列罗"巧克力塞在了里面。很好奇地打开来，呈现在眼前的是一颗颗小巧饱满的巧克力排列成一个金灿灿的爱心。奇怪的是，"爱心"正中间缺少了一颗巧克力，但这并不影响爱心的美观，反而使得爱心的形状更凸显了。八颗巧克力少了一颗，怎么回事呢？直觉告诉我，"费列罗"巧克力是她给我的。

在我的询问之下，她吞吞吐吐地承认了。事情正如我想象的那样：爸爸给她买了一盒她最喜欢吃的"费列罗"巧克力。她舍不得吃，已经藏了好几天了。巧克力是她的最爱，最好的东西要留给她最爱的人。于是，她想到了要将巧克力留给我，但又实在喜欢极了巧克力，便忍不住拿了一颗，品尝一下那甜蜜的味道。她难为情地红着脸说："老师，不好意思，我没忍住，偷吃了一颗。"我抱着她，眼睛里亮闪闪的，只说了三个字："傻孩子……"便再也说不下去了。

我将"费列罗"巧克力郑重地还给她："孩子，你的心意老师已经收到了。谢谢你的巧克力，今天老师收到的是比巧克力更为甜蜜的礼物。"

她的生日，我早早准备了一份礼物。我想，这份礼物，她一定很喜欢。

温柔而坚定

您知道为什么"您"是由"你"和"心"组成的吗？那是因为我把"你"放在了"心"上啊！

初见小杨，上课东张西望、心不在焉，下课追逐打闹、满地爬滚，稍不如意，便大发脾气，满口脏话，一副盛气凌人的模样。

我知道，这样个性的孩子，只要春风吹过，雨露滋润，他的心中会是春光无限。那一次，他又与同学吵架，吵得不可开交。他彻底发怒了，将同学的书包狠狠地扔在了地上，书包里的书本、文具散了一地，他还觉得不解恨，又狠狠地走过去猛踩几脚方才罢休。同学们也熟知他的暴怒脾气，不敢去劝架。看着坐在座位上喘着粗气，还在生气的他，我没有吭声，而是心平气和地俯下身子，和孩子们一起将书本一一捡起，整齐地放回书包。

虽刚接班不久，但我已对这个孩子的性格、脾气了如指掌，知道他狂怒时会如雷鸣电闪般突如其来地发作，也会在很短的时间里雨过天晴。所以，在安慰那个受他欺负的学生之后，我便不动声色，等候时机。

仅仅过了一节课的时间，小杨便又在教室里笑开了。凭直觉，我知道他的心里早已风平浪静。于是，我便走到他身边，笑嘻嘻地问："消气了吗？"

他不好意思，难为情地低下了头。我说："每个人其实都有脾气，男孩子性格刚烈耿直，偶尔发发脾气也是正常的。但你知道吗？经常发脾气会伤害你的身体呢！"听着我的话，他有些惊讶。我继续说："经医学证明，经常发脾气的人会伤肝伤肺、伤肾伤胃，暴躁易怒也容易引起血压上升，影响心脏；另外，也影响你和同学们之间的友谊，伤和气、伤感情呢！"他沉默不语。话锋一转，我说："同学之间发生矛盾其实很正常，关键是我们用怎样的方式化解。你想想，发脾气是有助于化解矛盾，还是会激化矛盾呢？有没有其他更好的办法，化解矛盾呢？"

他略一沉思，很真诚地说："有，有很多办法。"稍一停顿，他忽然直视着我的眼睛："发脾气是最不好的办法。"我拍了拍他的肩膀，说："小杨，你的名字里含有一个'德'字，钱老师知道你的心里也一直有一个'德'字，所以希望你不管做什么事情，记着'德字为先，以德服人'，用美的德行去感染同学、感动同学，树立形象，收获友谊，不要破坏了那个人人向往的'德'，好吗？"

这一番话，彻底改变了他。自此以后，他果然收敛了很多。虽然跟同学之间的冲突还是时有发生，但看得出他在竭力控制自己的坏情绪。有时同学们夸他进步了，他很高调地一甩头，竖起大拇指，神气地吐出四个字："以德服人！"

但我知道，控制坏情绪光靠"忍"显然是不够的。于是，利用班会课，我给孩子们上了"情绪管理"一课，引导孩子们讨论"当我生气时，我可以怎么做？"孩子们支了很多小妙招，如冷静一下、找一个安静的地方、自我反思、散步、听音乐、画画、运动、吃美食等。我将情绪管理的这些小妙招制作成宣传画，贴在教室墙面上，形象而直观，很有渗透力。

记得春游那一天，全班同学排队上车，他拦在汽车旁，振臂一呼："男生退后，让女生先上！"只这么一句话，所有的男孩便一字排开，静静等候在一边，让女孩子们先上车。我当即表扬了他的绅士风度，夸他具有雨果笔下哈尔威船长之风范。那一刻，他骄傲极了。

教育孩子绝非一朝一夕的事情，必定有一个循序渐进的过程。说实话，他是一个很让老师操心的孩子，每天都有各种料想不到的事情发生，但我始终温柔以待，不厌其烦。看着他如春天的小草般透出丝丝绿意，我觉得很满足。也就在这样陪伴与感化式的相处交往中，他与我的感情与日俱增。

在学习上，他有很大的惰性，经常找借口不写作业，他的妈妈为此大伤脑筋。有一次，他又惹怒了妈妈，妈妈狠心甩下一句话："以后，我再也不管你了！我不管你，看谁还会来管你！"他不假思索脱口而出："我的钱老师会来管我的！"当他的妈妈将此事转述给我听时，我不禁哑然失笑。也许就是我的一颗温柔而坚定的心感动了他吧。

每一个孩子都有生命的潜质，都具有丰富的潜能和无限发展的可能性，不以僵化静止、一成不变的思维定式评价孩子，不以"好"与"不好"给孩子划分等级，更不以偏概全，以一时、一事将孩子过早定论。要相信时间，相信孩子！

在《有您，真好！》这篇作文中，他写道：

钱老师，在所有人中，除去我的家人，就只有您想让我变得更好。您知道为什么"您"是由"你"和"心"组成的吗？那是因为我把"你"放在了"心"上啊！

读到此处，我的泪潸然而下。

孩子，我又何尝不是把你放在了我的心上呢！

爱的教育

钱老师，好老师证，这份荣誉，您当之无愧。

教师节，小倩笑吟吟地走进办公室，开口就说道："钱老师，教师节快乐！送你一份礼物！"

"谢谢！心意领了，礼物就不收了吧！"

小倩撒起娇来："不行，钱老师，这份礼物你一定得收下！这可是我费尽心思，精挑细选的。再说了，这礼物不值钱，才两元钱而已！"

"真的，不骗你！"小倩悄悄对着我耳语，"钱老师，这是我在南禅寺的地摊上买来的，你不会嫌弃吧？"

我好奇地接过小倩递过来的礼物，手里、心里一下沉甸甸的。

封面——好老师证。

内页——春蚕一生没有说过自诩的话，那吐出的银丝就是丈量生命价值的尺子。

敬爱的老师，您从未在别人面前炫耀过，但那盛开的桃李，就是对您最高的评价。

您的爱，太阳一般温暖，春风一般和煦，清泉一般甘甜。您的爱，比父爱更严峻，比母爱更细腻，比友爱更纯洁。您——老师的爱，天下最伟大，最高洁！

内页上的空白处，小倩已经工工整整地填写好了。

老师姓名：钱碧玉。

学校：江苏省锡山高级中学实验学校。

班级：六（2）班。

证书编号：HLSZ0001 号。

有效期：永久有效。

发证人：小倩。

最下面，竟然还有一个大红的"中国好老师评审委员会"的盖章。

小倩说："钱老师，虽然这张证书是假的，也很不值钱，但我觉得没有比这更合适的礼物了，它表达了我的心声。钱老师，好老师证，这份荣誉，您当之无愧。"

孩子说得那么动情，那么动心，我忍不住抱住她："小倩，谢谢你的心意，谢谢你的礼物！你的礼物是对我的最高赞赏，也是我人生的最高追求。我会将这张'好老师证'珍藏在身边，永远努力做一个好老师！"

"钱老师，您是我心目中最好的老师！我永远都忘不了您！"小倩的眼中有泪光在闪烁。

记得刚转学来我班的小倩，以不适应寄宿生活为由，整天以泪洗面，拒绝住校，拒绝交流，拒绝学习，甚至为了能够逃避在校寄宿，故意找出种种借口，与父母对抗，与老师较量。

记得那一次，她捂着肚子，一脸痛苦地来找我，说她身体不舒服。这样的情形已经不是第一次了。我当然明白她不是身体上的问题，而是来自心理上的坎。虽然每一次我都清楚她的用意，明白她是在装病，想借机回家，但从不直接点破她。她是一个品学兼优的好孩子，如果当众让她难堪，她一定会很尴尬，很丢面子。

看着她眉头紧锁的样子，我立即联系了她的妈妈。很快，她的妈妈就急匆匆地赶来了。为了这个孩子，妈妈显然已经心力交瘁。在交谈中，她也向我吐露了孩子对她的极度依赖和转学之后的种种不适应。周日返校，她编着各种理由，找着各种借口，软磨硬泡，甚至"威胁"妈妈，目的只有一个：要转学，回到妈妈身边。

看来，这个孩子生的是"心病"啊。

看着忧心忡忡、双目垂泪的妈妈，我建议她带着孩子去医院检查。她妈妈说，她身体上没有任何问题，肯定是心理问题。我说："是的，孩子的身体肯定没有任何问题，但既然她说身体不舒服，那我们就顺着她，带她去医院检查吧。这样也好，医生检查下来没有问题，那她以后就再也不能以此为借口想回家了。"

听了我的建议，她妈妈将她带到医院进行检查。医生诊断的结果自然是身体健康，一切无恙。不能再以身体不适为理由，她仿佛失去了依靠，回校后的她更加一蹶不振、愁眉不展。我看在眼里，也疼在心里，再这样意志消沉下去可不行！我当下决定，应该给她泼点凉水警醒一下！于是，我单独找到了她，很平静地问了她一个问题："小倩，你爱你的妈妈吗？"她很疑惑我问这样的问题，不假思索，坚定地脱口而出："爱，我很爱我的妈妈！"我毫不留情，马上否定了她："不对，你不爱你的妈妈！如果你爱你的妈妈，你怎么忍心看着她撇下自己的工作一次又一次赶来学校？你怎么忍心看着她每天为你担心以至于毫无心绪投入工作？你又怎么忍心看着她为了你整天心神不定，甚至暗自流泪？"听着我语重心长近乎质问的话语，她顿时泪流满面，泣不成声。我知道，这一问，直中了她的"心坎"，她应该能从中领悟。

"真正的爱是什么？你是个懂事明理的孩子，我相信你会用行动作出回答。"抚着她的肩膀，我的话语充满期待。

正是这次简短的谈话，彻底改变了小倩。自此之后，她快乐而健康、勇敢而坦然地面对新生活。

你的心，我最懂

"钱老师，我爱您，来自心脏，不是口腔。"

个子高高的她，座位却被安排在前排。不用问原因，便知一二。

听课时，她没精打采地趴在课桌上，眼神无力，一副病恹恹的样子。批阅她的作业本，题都错得很荒谬，显然答案是随心所欲写就的。作文更是寥寥数语，字数少得可怜。

开学没几天，她就生病请假了。过了两天，她来上学了。我问她身体好些没有，她不吭声，默默地回了座位。依然是那样的听课姿势，依然是敷衍了事的作业，还有学科老师的各种批评与指责。

这天，她忽然跟我说她肚子痛，很难受。我很快便与她的妈妈取得了联系，把她接回家休息。第二天，她来上学了。可是到了中午，她又跟我说肚子疼，午饭也吃不下。于是，我又联系她妈妈接她回家，并嘱咐她妈妈带她去医院检查一下。

第三天的下午，她又捂着肚子来找我了，说肚子依然很痛。当我与她妈妈联系的时候，她妈妈实话实说："钱老师，我昨天带她去医院了，检查下来没有问题。我估计她是厌学，在找借口逃避学习。"

其实，我也早料到了其中的原因，但我知道不能去拆穿、道破，更不能批评、指责。苏霍姆林斯基说："要像对待荷叶上的露珠一样小心翼翼地保护学生幼小的心灵。"晶莹的露珠是可爱的，但又十分脆弱，一不小心滚落了就会破碎。同样，学生的自尊心也是异常敏感脆弱的，如果伤害了一颗稚嫩的心，就可能留下永远难以抹去的伤痕，不如不露声色、以情感人，让孩子情动而行动，自觉改正自己的错误。

于是，我对她妈妈说："在这样的情况下，我们还是选择尊重她吧，先让她回家休息，让她有时间自己思考，调整心态。"

离开学校之前，我对她说："开学这段时间以来，你的身体一直不太好，老师和你妈妈都很担心你呢，回家一定要好好休息哦。不要担心落下的功课，老师会慢慢帮你补上去的。"

听着我的话，她点着头，第一次跟我说再见。

返校上课的那一天，她的妈妈陪着她一起来到教室。在作了一番交流之后，她的妈妈还是深感忧虑，担心她的学习状态。我说："暑假刚过，孩子不适应学校生活很正常，况且对于她这样一个学习压力相对大一些的孩子来说，要完全进入新学期的状态，是需要一段时间的。不能着急，慢慢来。"

这期间，我格外关注她，每天总要去问候她，并让同学陪同她去医务室量体温，检查身体状况。渐渐地，她感觉到不好意思了，主动来找我，对我说："钱老师，我的身体已经完全恢复了，不用每天再去医务室检查了。"我很高兴，说："祝贺你的身体康复！有了健康的身体，我们才能愉快地生活和学习，身体健康可是头等重要的大事，要照顾好自己的身体哦！"她开心地点着头。

利用课余时间，我帮她补课。在一对一的教学过程中，我发现这种方式对她来讲更为有效。考虑到她基础薄弱和理解能力的欠缺，我放慢了讲课的速度，让她边学边质疑，鼓励她大胆说出自己的观点："课堂是允许出错的地方。正因为你不会不懂不明白，才要到学校里来学习知识呀。所以，学习中遇到困难，碰到不懂的地方是很正常的。不要着急和担心，老师会帮助你的！"听到这样的话语，她如释重负。

当她站在我身边，看着我在她的作业本上打下一个个整齐的红钩，写上一个大大的"优"字，她的脸上绽放出了从未有过的笑容。作业达到"优秀"，对于她来讲，是多么难得的事情啊！为了祝贺她的进步，我奖励了她一颗美味的糖果，她开心地接过，连声道谢。

这以后，她再也没有因故缺席过，每天开开心心来上课，与同学有说有笑，学习给她带来的阴霾渐渐消散了。

对于孩子们来讲，背诵国学经典是一件很困难的事情。然而，她竟然每一次都是领先过关。我知道，她在课后一定花费了很多时间。于是，我委以她重任，让她做小老师，帮助小伙伴背诵。她兴奋极了，极其负责地担起了这个重任，极有耐心地帮助同学们完成背诵任务。纠正读音、自己范读、指导背诵，有模有样的呢！

由此，她的学习积极性完全被调动了起来。课堂上的她，听课专心了，也敢于举手发言了，作业本上的书写尤为端正。虽然与班里其他孩子相比，依然存在差距，但看到她在努力，在尽力，我无比欣慰。

这个时候，我想到了调换座位的事情。这可能也是她心中的一个结吧。我想让她安心和踏实。

那一天，我在班里宣布，因有些同学视力减退，需要调换座位。

我问："哪些同学的视力好？老师需要你们给予帮助。"

马上，有很多孩子举起了手。如我所料，她也在其中。于是，很自然地，就她的身高，我帮她重新安排了适合她坐的座位。她整个人神采飞扬，而我也不忘记向她和其他同学表示感谢，感谢他们配合老师，为同学着想，为老师分担。

我的这份心意，她应该是明了的。

有一回写文章，写"成长的烦恼"，我怎么都没有想到她写的竟然是：

钱老师，我成长的烦恼，就是害怕和您分别，怕离开您，怕失去您。我已经习惯了和您在一起，习惯了和您形影不离，习惯了看您笑……以后如果没有了您的陪伴，看不到您的微笑，日子会不会像我的泪水一样苦？

您知道吗？几乎每一个晚上，我都要拿出您的照片，对着照片自言自语，抱着照片进入梦乡。您是最懂我的老师，也永远是我最爱的老师，如果可以，我多么希望再做一回您的学生！钱老师，我爱您，来自心脏，不是口腔。我真的不愿意离开您！

面对一个孩子的深情，我的眼泪像决堤了似的。叶圣陶先生说过："教师之主导作用，盖在善于引导启迪，使学生自奋其力，自致其如，非为教师滔滔讲说，学生默默聆听。"学生的个性千差万别，尊重学生的个性特点，带着一颗关爱的心走近学生，带着一颗宽容的心包容学生，带着一颗理解的心解读学生，那么就能以心灵感受心灵，以情感赢得情感，实现生命与生命的对话。

谁的试卷？

学生不是一张白纸，他们也有自我认识、自我反思的能力，所以，何不让他们进行自我教育呢？

课间，有一个孩子急匆匆地跑来告诉我，小琪和小超发生了争执，小琪被气哭了。我心生疑惑：小琪和小超不是一对好朋友吗？怎么会闹得这么凶？

孩子说，因为一张试卷，两个人吵得不可开交。为了一张试卷？我迷惑不解。

孩子说："那是一张数学试卷，试卷上明明写的是小琪的名字，但小超一口咬定试卷是她的，两个人因此吵了起来，越吵越凶，劝也劝不住。"

当下，我就将小琪和小超找了过来。小超一脸淡然，镇定得很；小琪委屈极了，眼眶里充满了泪水。

我询问了事情的经过。小超说，今天一早到校，就将数学试卷交到了老师的课桌上，但数学老师在检查作业时却找不到她的卷子，于是她就去找试卷，结果她翻遍了试卷，发现小琪的卷子就是自己的卷子。

我问："你的试卷上写名字了吗？"

小超摇摇头，说自己不记得了，好像是忘记写名字了。

我又问："那你怎么就认定小琪的卷子是你的呢？"

小超说："我看着卷子上的字迹，感觉那应该就是我的试卷。"

我又问小琪，小琪一口咬定那是自己的试卷，是小超不讲道理，硬说试卷是她的。说着说着，眼泪又止不住地往下流。

在我眼中，小超和小琪都是值得信赖的品学兼优的孩子。说心里话，我真的不愿意去怀疑其中任何一个。但看着两个孩子各执一词，我想必须将事情查个水落石出。虽说教这个班级不久，但每个孩子的字迹，我早已辨识得正确无误。"看字识人"的本领可是我的"一绝"，要辨认一个孩子的字迹，这难不倒我。

沉思了一下，我立马将试卷拿过来。试卷上的姓名一栏，写的是小琪的名字。我一看，那正是小琪的笔迹。但再往下看，只一眼，我的心一下沉了。整张试卷，密密麻麻的字迹，分明都是小超的笔迹。

我抬头看小琪，她还在那里抹着眼泪；小超呢，依然那样淡定自若、不动声色。看着小琪，我的心里翻腾开了。小琪，在我的眼中，是个多么讨人喜欢的孩子啊。我接班以后，她就像一个笋芽儿，以让人惊讶的速度冒了出来。在我的语文课上，她积极思考，积极问答，焕发出从未有过的学习热情，还因此被评为"课堂小标兵"，为同学们进行经验介绍。眼下出现这样的事情，实在让我觉得不可思议，而且看到她此刻在我面前充当"一把眼泪、一脸委屈"的无辜者，说实话，我的心中很不是滋味，真想当着她的面，马上就揭穿她的谎言，直截了当地指出试卷是小超的，是她将同学的试卷窃为己有，之后便毫不留情地批评教育她一通……

我知道，这样的处理方式简单又快捷，但我不想这样做。教育孩子，最忌讳的就是"直截了当"与"毫不留情"。我招呼着两个孩子先回教室，两个孩子一边走一边还在争论不休。

为生怕自己的眼睛出了差错，我仔仔细细地查看着试卷。看看试卷上的答题，没错，那的的确确是小超的笔迹。再仔细查看姓名一栏，小琪的名字清清楚楚地写在那里，没有擦动过的痕迹。那就对了，一定是小超做完了试卷，忘记写上名字了。至此，我也就对整个事情的来龙去脉略知一二了。

于是，我再次将小超和小琪找来，对她俩说："一张试卷，只可能有一位主人。争吵不管用，你们俩不妨冷静下来，好好地再看看试卷，仔细辨认试卷上的字迹。有的时候一时糊涂，可是要出错的呀。老师相信你们，一定会让试卷回归真正的主人。等试卷找到真正的主人之后，你们俩再来找我，好吗？"

两个孩子互相看看，点着头答应了。

没过几分钟，小超和小琪就来办公室找我了。小琪说："钱老师，这张试卷是小超的。"说这话的时候，小琪的眼神明净了，也坦然了。我问："你确定？"小琪点着头，直视着我的目光，说："我确定！""不会改变了吗？""不会！"小琪回答得很坚定。

我说："没想到试卷这么快就物归原主了。看来，只有自己最了解自己。小超，以后写完作业一定别忘记写上自己的姓名啊。"

小超拿着试卷回了教室，我留下了小琪："小琪，看到你作出了正确的选择，老师觉得很欣慰。"

小琪的眼泪忍不住了："钱老师，我错了，我不应该这样做。"

"是啊，不管怎样，弄虚作假的事情咱们决不能做。可是你为什么要这样做呢？"

小琪讲明了事情的原委：周日，她跟着姐姐疯玩了一天，便发高烧了，去医院挂水，没能按时完成数学老师布置的作业。周一到校后，她看到数学老师课桌上堆放着同学们交的试卷，恰好发现第一张试卷上没有写名字，为逃避老师的批评，便心生一计，在试卷上写下了自己的名字……

"钱老师，我知道您完全认得出我的字迹，您也很明白我在说谎，可是您没有当面揭穿我……其实，我的心里一直很不安、很紧张……"看着小琪流下后悔的眼泪，我真诚地告诉她："生了病未能及时完成作业，理由正当，完全可以大大方方地向老师说明……"

同事对我说："你真是好耐心，换作我的话，早就劈头盖脸一顿批评了事。"我笑笑，没作声。

学生不是一张白纸，他们也有自我认识、自我反思的能力，所以，何不让他们进行自我教育呢？

这个任务，交给你

真是一个可爱有趣的孩子！我喜欢他。

刚走进教室，生活委员就向我反映，说小孙同学没有吃午饭，因为他的饭盒里被同桌小盟吐了口水。

我一听，可生气了，立马找来小孙和小盟了解情况。小孙一来到我面前，大眼睛里立刻溢满了泪水。小盟呢，一副并不在乎、毫不知错的样子。

从小孙的口中，我得知了事情的前因后果。用午餐时，小盟一边用餐，一边讲话，唾沫四溅。小孙见状，劝说他别讲话，用餐时讲话不卫生。小萌不听劝，跟小孙争辩，辩论不过小孙，干脆就"喷口水"……

小孙话还未说完，小盟马上就为自己辩解："老师，我不是故意的，我跟小孙闹着玩呢。再说，我已经跟小孙道过歉了。"我一听，更加生气，说："往同学的饭盒里吐口水，有你这么闹着玩的吗？小孙为此而饿肚子，你该怎么负责任啊？做错了事情，你觉得道个歉就完全解决问题了吗？"这么一说，小盟便不再言语了。

这时，生活委员在一旁插话了："钱老师，今天小孙没吃早饭就来上学了，现在连午饭也没得吃……"

我转头看向小孙："小孙，是这样的吗？"

小孙擦着脸上的泪水，点着头。

我看着小盟，小盟不吭声，但看得出来，他还是挺不服气的。

小盟一向活泼机灵、聪明能干，是个很讨人喜欢的孩子。语文课上，他思维敏捷，对答如流，深得我的喜欢，我也从来不掩饰对他的赞赏。在喝彩与赞美声中，他越发自信开朗，对我的喜爱也超乎我的想象。

每天一下课，小盟就围着我转。有一次，我在批作业，他趁机跑到我身后，一会儿将双手握成手枪状，玩射击游戏；一会儿又载歌载舞扭起秧歌来，逗得同学们哈哈大笑。我呢，不批评也不阻止，只是笑着，任由他嘚瑟。难道是我的喜欢纵容了他吗？

我转身回了办公室拿了饼干，递给小孙，让他先垫垫饥。小孙却说什么也不肯收下。我说："小孙，别跟老师客气，快吃吧，饿着肚子上课怎么行？对你的身体也不好啊！"

小孙是个懂事乖巧的孩子，他的性格中透着一股子犟劲。他摇着头说："钱老师，我不饿，真的不饿，饼干您留着自己吃吧。"

我再三劝小孙，无果。孩子们也加入进来，劝说小孙："这是钱老师的心意，你快吃吧！"还有孩子逗他说："小孙，这可是钱老师给你的饼干啊，你不吃，我要吃了哦。"可是小孙只把四包饼干摆放得整整齐齐的，埋头写着作业。他的同桌小盟趴在桌上，一声不吭。

因马上要上课了，我也没有再多说什么。整整一堂课，小盟就那样萎靡不振地趴在桌上，完全没有了平时上课的神采飞扬。我呢，也不去理会他，就让他尝尝被冷落的滋味，让他好好反省吧。

下课了，小盟一反常态，没有像以往那样欢快地跑出教室去玩耍，一脸沮丧地趴在桌上。见状，我将他喊到身边。他慢慢吞吞地走过来，眼睛里已经噙满了泪水。我问："你体会过饿肚子的滋味吗？"他点着头。

"有这样的感受就好，你的感受就是别人的感受，这叫感同身受。做任何事情，多换位思考，多想想别人的感受，或许你就不会这样做了。"话锋一转，我又说，"虽然你已经道过歉了，但小孙依然饿着肚子呢，现在给你一个机会，让你去弥补，你看怎么样？"

一听此话，小盟一抹眼泪，马上"雨转晴"。

"小孙不肯吃钱老师的饼干，现在钱老师就将这个任务交给你。解铃还需系铃人，请你设法让小孙吃下全部的饼干，你能圆满地完成这个任务吗？"

小盟立马恢复"本色"，"啪"的一个立正，再加一个敬礼："Yes,

Madam！保证完成任务！"说完，笑嘻嘻地跑走了。

10分钟不到，小盟就兴冲冲地跑过来报告了："报告钱老师，小孙已经将四包饼干全部吃下，任务已经圆满完成！"

我很好奇："小盟，你是用什么办法让小孙吃下饼干的呢？"

小盟咧着嘴笑了："钱老师，暂时保密。您就等着看我的日记吧，我用日记来给您揭秘。"

真是一个可爱有趣的孩子！我喜欢他。

钱老师，你知道我是怎样让小孙吃下饼干的吗？我用尽了连哄带骗、威逼利诱各种办法，小孙就是"咬定青山不放松"不肯吃。我灵机一动，想出了一个绝妙的办法。我义正词严地对小孙说："小孙，你敢违抗钱老师的命令？你再不吃，我就让钱老师不理你！"一听这话，小孙立马向我求饶。我摆出了胜利者的姿态，大声说道："那就快吃！"小孙看着我，只好一口一口将饼干送到了嘴里。

钱老师，饼干的问题解决了，可我的脑子里又出现了一个悲哀的想法——为什么吃饼干的人不是我呢？

再也忍不住，我哈哈笑出了声。我脑海中的第一个反应就是：赶快，给小盟送饼干去！

遇上"优点零"的孩子

我知道，一个孩子积极向上的动力，就是他的努力被看见、被赞美。

学生小戴，长得人高马大，走起路来总喜欢反剪着双手，挺有派头的样子。我跟他开玩笑说："小戴啊，你这架势好像领导来视察一般，将来可是要当领导的哦。"他挠挠后脑勺，不好意思地笑了，有点儿受宠若惊。看来，他对我这个新老师对于他的亲近一下子还不能适应。但对于我喊他"领导"，他一点儿都不反感，反而乐呵呵地接受了。

1. 请你来做小老师

别看小戴在老师面前规规矩矩、毕恭毕敬的，但在班级里可是公认的"一大人物"。每一天，总会有同学来向我"告状"，说他偷偷地将同学的牛奶喝光了，将粉笔灰吹到了同学的饭盒里，将同学们的文具用品藏起来，总是无缘无故地欺负班里的陈同学……

诚然，小戴身上有很多缺点，但他热情、活泼、开朗，尤其爱笑，笑起来憨憨的。跟他开个玩笑，他也不恼，咧着嘴傻傻地笑着，特别可爱，一眼就能让人看到底。打心眼里，我还真的是挺喜欢这个孩子。

此刻，坐在我面前的小戴诚惶诚恐，一副等着"挨批"的样子。我知道，如果就事论事与他交流，他会很坦诚地反思自己的错误，但一转身，又会"旧病复发"。于是我问他："记得班会课学唱的班歌吗？"他张口就答："我们的班歌是《相亲相爱一家人》。"我又问他："你会唱了吗？"他说："会唱，但歌词还背不熟。"我说："那好，钱老师给你布置一个作业，学唱我们班的班歌。等上班会课的时候，请你做小老师，示范唱给同学们听，好吗？"他一听，开心极了，向我保证：一定好好练习，圆满完成任务。

为了完成我的"作业"，小戴可真的是花了时间。课间，他不惹是生非了，坐在座位上认真地背歌词。为了保证自己唱歌不跑调，他还去请教同学。那些天，只要一有空，小戴就在那练歌。瞧他摇头晃脑哼着歌，自我陶醉、一脸满足的样子，我暗暗发笑，这个孩子真的是蛮有趣的。

班会课上，小戴同学落落大方地走上讲台，为同学们示范唱班歌。他唱得很投入，很深情。他的情绪带动了全班同学，最后他的独唱变成了全班同学的大合唱。演唱完毕，教室里掌声一片。

让我没有想到，接班以后，收到的第一张卡片竟然是小戴送的。卡片上写着：

钱老师，开学才没多久，我就"老毛病复发"，犯了很多的错，给你惹了很多的麻烦，本以为你会将家长找来，当面"告状"，但您没有……

读着卡片上的话，我深有感触。我相信，一个能说出"给你惹了很多的麻烦"的孩子，绝对不会是"坏孩子"。

2. 我们的手指会说话

很多时候，我们对不听话的孩子施行的依然是"驯服"教育。老师不自觉地在以长官的身份下令孩子你不准怎样。为什么我们就不能换一种语气，换一种方式，换一种思维，平等地、和善地和孩子"对话"，告诉孩子，你可以怎样呢？

一天音乐课下课后，小徐同学来向我反映，说小戴无缘无故冲着他竖中指，同学们劝阻他，他还变本加厉，越发放肆。

正在批作业的我便将小戴喊到身边："小戴，麻烦你帮钱老师将这一叠批阅好的作业本发给同学们，可以吗？"小戴乐滋滋地答应了，抱起作业本，转身忙开了。一叠本子发完，他很自然地走到我身边，问我："钱老师，还有本子需要发吗？"我抬头，笑眯眯地看着他，不说话，只是高高地抬起我的手，冲他竖起了大拇指，他不好意思地笑了。我说："小戴你看，我们的手指会说话，不同的手指说着不同的话……"小戴红了脸，马上反应过来："钱老师，我知道该怎么做了。"他迅速地跑到小徐同学跟前，端端正正站定，很郑重地弯腰鞠躬道歉，并学着我的样儿，对着小徐竖起了大拇指。那一刻，小徐笑了，小戴笑了，我和同学们都笑了。

我知道，小戴身上的坏习惯、坏毛病不是一朝一夕养成的，当然也不可能一朝一夕就能改变。所以，企图通过一次表扬、一次活动和一次关注赏识后就立即见效，迅速提高，被教育转化好，这显然是不切实际的。

3. 给钱老师戴顶"绿帽子"

那一天，我走进教室上课。铃声刚响，教室的门虚掩着，我不假思索，推门而入。"哈哈哈"，教室里爆发出一阵笑声，我不知所以。这时，有一些孩子提醒着我："钱老师，回头看！"我一转身一回头，呵，好家伙，教室的门框上放着一只绿色的毽子。我一下明白了，有孩子在搞恶作剧！孩子的用意再明白不过了：趁我推门的时机，让毽子稳稳地落到我的头上，让我当众出丑。可惜，天意弄人，他的"小心机"没有得逞啊。

我并不恼，笑嘻嘻地问："是谁放的毽子？"

"小戴！"孩子们异口同声。

"小戴说，要给钱老师戴一顶绿帽子。""小戴还要我们给他保密。""小戴不听我们的劝，硬是将毽子扔到了门框上。"孩子们开始"投诉"小戴。

"小戴，是你放的毽子吗？"我依然笑嘻嘻。

见我笑嘻嘻，小戴的表情极不自然："是我放的毽子。我想让毽子在您推门进教室的时候，落到您头上，捉弄一下您，可谁知道……"小戴尴尬得说不下去了。

孩子们趁机"补刀"：

"小戴真是偷鸡不成蚀把米。"

"钱老师可是吉人自有天相哦！"

我也忍不住笑了："小戴啊小戴，你的胆子还不够大。你看钱老师今天穿了一件白色的大衣，你应该在门框上放一盒黑墨水，让钱老师变成'黑白配'，那才算是你真勇敢！"

孩子们一听，再一次笑开了。

小戴呢，涨红着脸，不知所措。

课后，坐在我面前的小戴又是局促不安、满脸羞愧的模样。我说："小戴，你对这件事是怎么看的？"

小戴说："我不应该做这样的事情，这是不尊重老师的表现。钱老师，你可以把我的家长找来，我没有任何意见。"他说得毫不含糊，一点都不避讳自己的错。

我笑了："小戴，其实钱老师倒不是这么认为的，我认为你是喜欢我才会这样跟我开玩笑，对吗？"

听了我的话，小戴愣住了。

"你以前对老师做过这样的事情吗？"他摇摇头。

"为什么？"

他马上高声回答："不敢！"

我哈哈大笑："这不就对了吗？喜欢钱老师，所以才会跟钱老师开玩笑，闹着玩，对不对？"

他不好意思地挠着后脑勺，笑了。

4. 优点零

就是在这样愉悦轻松的氛围中，小戴完完全全敞开了心扉。

忽然，他说："钱老师，我感觉我这个人身上都是缺点，毫无优点。"

我一惊，说："你怎么会这么认为呢？"

他很认真地说："我妈妈说我长得难看，我爸爸说我脑子不聪明，学习成绩不好，只会惹是生非……"

"那你觉得你自己有没有优点呢？"

"我也觉得我没什么优点，我的脾气很暴躁，动不动就要跟同学打架，还口出脏话，欺负同学，所以同学们也不喜欢我……"

听着他如数家珍般地说着自己的缺点，我的心里不是滋味。记得看毕淑敏的文章《优点零》时，我还觉得不可思议，没想到"优点零"的孩子现在就坐在我的面前。

我看着小戴，很认真地告诉他："小戴，钱老师觉得你优点很多。你很真实，从来不掩饰自己的缺点，也不隐瞒自己的不足，更不回避自己犯下的错误，这一点是最可贵的。"

听到我如此评价，他很吃惊，大概是第一次听到这样的话吧。

"你每一天都那么开心快乐，老师最喜欢的是看到你脸上的笑容，有时即使老师们批评了你，你依然是那么活泼开朗，这样的性格多好啊。"

"当然，人无完人，你身上是有不足的地方，让我们来想一想怎么去改正它。"

"我觉得自己很冲动，每当和同学发生纠纷时，心中就有怒火冒上来，控制不住自己的坏脾气，便想动手打架。"

"你想想看，钱老师为什么要让你学唱班歌呢？"

他沉思了一会儿，说："钱老师，你是要让我学会如何与同学相处，告诉我一旦与同学发生矛盾，要先冷静下来，想想班歌中的歌词，再行动。"

"对啊，要想让同学们喜欢你，其实很简单。你愿意试一试吗？"

"我愿意！"

"为班级服务，为同学们服务，让大家看到你的好表现！"

小戴果然牢牢记住了我的话，努力用行动改变着自己。只要一有空，他就抢着发本子、擦黑板、搬净水……

我看在眼里，不失时机地表扬他、鼓励他，让他逐渐走入孩子们的视野中，让所有的孩子都能看到他的好表现。

我知道，一个孩子积极向上的动力，就是他的努力被看见、被赞美。

小戴同学仿佛是一株新生的小树，慢慢地长出新芽。

有一日，以往经常遭小戴欺负的小陈同学对我说："钱老师，小戴又来'骚扰'我了！我在写作业，他就伸手来挠我痒痒，害得我无法静心写作业。"

　　我说："小陈，你知道小戴为什么一直要来骚扰你吗？那是因为他喜欢你啊！"我转头看小戴，"小戴，钱老师说得对吗？"

　　小戴难为情地笑着，低下了头。

　　我问小戴："小戴，你喜欢钱老师还是喜欢小陈？"

　　小戴立马脱口而出，毫不犹豫地回答："我喜欢钱老师！"

　　我说："小陈，你听到了吧？你放心，以后小戴再也不会骚扰你了，因为他喜欢上了钱老师，以后小戴只会'骚扰'钱老师了！"

　　孩子们哈哈大笑。

　　只教了小戴一年。临别时，小戴给我留下了一句话——钱老师，我永远都不会忘记你！

护心之心

以护心之心，帮助每一个生命用不同的方式成就自己。

一沙一世界，一花一天堂。参差百态，本是生命的存在方式。常常提醒自己，不太过匆忙，不随意浏览一个学生，不轻易评判任何一个学生的优劣。他们存在的每一种状态，都是有生命内涵的。

1. 你一直都很"讨喜"

他有个很好听的名字，但同学们取其谐音，都喊他"讨厌"，原因可想而知。对这个让大家都讨厌的孩子，我从未想过要去了解他的过去。

或许是出于对我这个新老师本能的好奇，我发现他总喜欢偷偷地打量我，那双眼睛亮闪闪的。偶尔与我对视，他便不好意思，害羞地低头抿嘴一笑。每当我从他课桌旁经过，他总是转过脸来看我，好像看不够似的。等我走过，偶一回头，见他还在很费力地抬着他的小脑袋瓜看我，我笑了。这孩子，真可爱！我喜欢！所以，我总是喜欢爱抚地摸摸他的小脑袋，冲他微笑。

他很调皮好动，惹祸闯祸是家常便饭，学习上不用心，听课、写作业很容易分神。我将他的座位安排在第一个，与我的课桌紧挨着。显然，他感受到了我对他的喜欢和在乎。课堂上，我总能感受到他的一双大眼睛时刻在追逐我的身影；自习课上，偶尔走神，但只要一接触到我的目光，他便能领悟，腼腆地一笑，很快专注投入。

他对我的喜欢是不加掩饰的。每次午饭时间，走进教室，我的课桌上早已摆放好了饭盒。盒盖打开，饭勺摆好，热汤盛满，而我只需要坐下就餐便是。每当这时，我的心中充满了暖意，忙不迭地向他道谢。他大口地吃着饭，嘴角含着笑，心满意足的样子。

开学一周，我便收到了他的礼物——一盒他亲手折叠的幸运星。很难想象，一个看似大大咧咧的男孩子怎么会如此用心？他很腼腆地告诉我，他请教了同桌，学会了折幸运星。我由衷地感谢了他。

有一次，在批阅日记时，看到他写了家里搬新居，自己帮着父母一起打扫新家，累得腰酸背痛的事情。在文中，他写道："父母辛辛苦苦地挣钱买新房子，为我创造这么好的条件。我只是打扫一下卫生，有什么理由说辛苦呢？"读着他的文章，我感慨万千。这个孩子心底里存着的这份美好，足以让人喜欢！我也一下子有了主意。

我提议让他做劳动委员，负责管理班级的卫生工作。孩子们提出质疑：他可是班级里的"调皮大王""捣乱分子"，怎么可以当中队委员呢？我说："他劳动积极，勤快能干，扫地拖地更是一把好手，而且有为班级服务的热情，完全可以胜任劳动委员的岗位。再说人无完人，有缺点很正常，为什么我们就不能给他一个机会，让他证明自己的能力呢？"一番话，说服了孩子们。

当上了劳动委员的他可带劲了，教室里时时见他欢快忙碌的身影。每天放学，他都主动留下来，和同学们一起打扫卫生，仿佛浑身有使不完的劲儿。每一次，他都干得汗流浃背；每一天，他都是最后一个离开教室。目睹着他的身影，我如鲠在喉，竟有些泪光闪烁。这孩子，太难得了，不是吗？

有一次打扫完教室，他发现楼道不太干净，竟然一个人挥动扫把，将整条楼道打扫得干干净净。看着他汗流满面的样子，我很是感动，提出和他合影留念。站在我身边的他，难为情地绷直了身子，脸上依然是那样的腼腆笑容。

他的父亲在学校门口左等右等不见他的人影，冲到教室来找他，见他气喘吁吁、满头大汗，以为他又闯祸犯错误了，立马不分青红皂白就训斥他。我连忙加以制止，说明事情的原委，着实夸奖了他一番。他的父亲不好意思地挠着头，喃喃地说这是第一次听到老师夸孩子呢。他呢，则喜滋滋地低着头。

这以后，他为班集体争光的荣誉感更强了，他的活动能力也由此展露。

在学校举行的班级篮球赛中，个子不高但身手灵活的他竟然在关键时刻躲闪过对手的一次次防守，连连投篮成功，一下子成为同学们心目中的"英雄"。那一刻，我激动地冲上球场，紧紧地抱着他，连转几圈。他笑了。

每一个孩子都有成为好孩子的美好愿望。不问过去，只看当下，让他在安全和被信任的土壤中长出新芽，是对一个孩子的保护和成全。

2. 向着阳光长

他是班级"四大天王"之首。上课东张西望，坐立不安；下课精力旺盛，闯祸惹事。开学后才一个月，他的家长已经陪着同学去了好几次医院，但他就是不长记性，依然如故。家长很苦恼，怀疑这孩子是不是得了多动症。我很明确地告诉家长，孩子天资聪明，思维活跃，很有潜力。

每次批阅他的作文，总有令我欣喜的地方：善于描写，文笔优美，而且总有自己独特的思考与见地。不得不说，他的理解力和领悟能力已明显高于班级里的其他孩子。在市级的作文大赛中，他屡次获奖。可是，因为平时的糟糕表现，大家早已将他列为令老师"头疼"的头等人物，只巴望着他每天不出乱子，不给班级拖后腿就万事大吉了，他的闪光处就这样被硬生生地忽略了。

我想，如果任由他这样下去，不加以引导，不加以改变，那么，他将一直是大家眼中的顽劣儿童。这样对于他，是不是也欠缺了一份公平呢？闪耀他的光芒，让他向着阳光生长，说不定长势喜人呢。

我找来他，问他愿不愿意当我的小助手。他一脸茫然，不懂什么意思。我说要聘请他做小老师，指导同学们写作文。他很惊讶，同学们更惊讶。

我拍着他的肩膀说："老师对你很有信心，我相信你一定能胜任这份工作。"

他有些迟疑，说："老师，可是我不知道该怎么做。"

我说："我们班里有一批不会写作文的同学，老师想请你讲讲写好作文的窍门与法宝。之后，你就以小老师的身份修改这些同学的文章，修改完毕交给我终审。也就是说，同学们的作文要通过两次审阅，在你那儿是初审，到了我这儿是终审，二次审阅通过就 OK 了。"

他听明白了。那一节课上，他就以小老师的身份教同学们怎样写作。善于观察、坚持阅读、不断积累、勤写日记，这些提高写作能力的方法，此刻从一个"学生老师"的嘴里自然而然地讲出，对于孩子们来讲，何尝不是一种更为妥帖、更为亲切的教学方式呢？

那节课之后，同学们对他的看法有所改变，而他也从一贯的受冷落和被打压的状态释放出属于自己的活力与能量。

为了让他真正成为同学们心目中的小老师，我手把手教给他修改作文的方法。他真的是一个领悟能力很强的孩子。几次培训下来，他对修改作文的要领已是了如指掌。一篇很粗糙的作文交给他，他马上能看出文章的不足之处在哪里，怎么修改，为什么要如此修改。尤其让我欣慰的是，看到班级里个别同学不会写文章，他总是主动去指导他们。因此，他的课桌旁经常挤满了向他请教写作的同学。有时，在校来不及完成指导，他还将作文本带回家，细细地帮助同学们批阅修改。他的责任心之强令我刮目相看。

临近期末复习，我正忙碌于批阅各种作业，他忽然向我主动要求："钱老师，我来帮您批阅默写本吧？我保证不会批错！"对于他的语文能力，我一向是非常相信的；对于他的这份从未有过的热心，我又岂能不给机会？我立马答应了。果然，经他批阅过的默写本，我再复查，毫无差错。

转头，看着坐在我身旁，拿着红笔，一丝不苟批阅着同学们作业本的他，哪里还是那个成天只知道调皮闯祸的"小天王"！

更令我惊喜的是，欺负同学、追逐打闹、破坏公物的身影中再也没了他，相反，他收获了一个美美的绰号——小雷锋。

有一回，他挠着脑袋瓜，很不好意思地对我说："钱老师，不知怎么回事，这几天我一直梦见你。"

听罢此言，我哈哈大笑。

阿莫纳什维利说：没有儿童的顽皮，没有顽皮的儿童，就不能建立真正的教育学。顽皮是儿童可贵的品质，需要的仅仅是加以引导……

以护心之心，帮助每一个生命用不同的方式成就自己——

像园里的韭菜，不能割，

让它绿绿地长着。
像谷底的泉水，不要断，
让它淡淡地淌着。
像枝头的青果，不要摘，
让它静静地挂着。

我喜欢你有个性的样子

对这个挺有个性的小姑娘，我始终抱着喜欢和欣赏的情感。

小菲心中一直怀着对我的歉疚。这次收到她的来信，信中提及："钱老师，请原谅那次我在食堂对您的无礼之举。"

不由得，我在心里一声轻叹。这傻孩子，事情已经过去了那么多年，她却依然耿耿于怀，觉得好歉疚。其实，我一点儿都没有介意过。当初是，如今更是，反而是我很遗憾地没有当面对她说一句："小菲，我好喜欢你有个性的样子。"

记得那还是四年级刚入学的时候，小菲极其不适应寄宿制生活，整天以泪洗面，吵嚷着要回家。刚升入四年级的小娃娃，远离了家庭，远离了父母，寄宿在学校，出现这样的情绪实在是太正常不过，我完完全全理解她的感受。

所以，我没有急躁，也不强制，以老师的身份循循善诱，对她加以心理上的开导与引导；更兼任母亲的角色，加以心灵上的关爱与呵护。但这个任性倔强的孩子似乎完全听不进去，整天紧绷着小脸，嘴里吐出一句话："我不喜欢这个学校，我不喜欢寄宿！"说罢，泪水刷刷地往下流。

我心软了。如果硬生生地要她去适应新的学习生活，只能越发激发她的反感与叛逆，不如退后一步，顺应她，让她慢慢适应。她需要时间。

于是，我同意每周让她妈妈来看望她。那一天在食堂，她在吃晚餐，她的妈妈在一旁陪伴着她。也许是妈妈说了什么话，激起了她内心的不快，她突然之间情绪就失控了，对着妈妈大叫大嚷起来。她妈妈站在那里，尴尬得不知所措。而她呢，丝毫不顾及食堂里其他用餐的人，一边大声地哭泣，一边大声地责怪着妈妈。

正和其他孩子一起用晚餐的我见此情景，便起身走了过去，对着小菲说："小菲，你怎么能这么对妈妈说话呢？"

一听这话，她的情绪更激动了，用几乎是吼出来的声音，指着她妈妈："是她要我来上这个寄宿制学校的，我又不喜欢这里！"

她妈妈无言以对，愣住了。

我说："小菲，妈妈让你上寄宿制学校自有妈妈的考虑，你有自己的想法，那也要好好地跟妈妈说话，不可以这样发脾气呀。"

听了我的话，她更觉委屈，旁若无人地哇哇大哭。那样子，真的是伤心透了。

哎，其实，她真的只是个任性的小孩子，一直生活在爸爸妈妈的身边，无忧无虑，寸步不离。突然之间，被送到寄宿学校，生活需要自理，内心需要自立，心里的落差可想而知。

对这个挺有个性的小姑娘，我始终抱着喜欢和欣赏的情感。我让她做我的语文课代表，担任班级的文娱委员。这样，她与我相处的时间便多了，话语沟通与情感交流的机会也多了，更主要的是，她的学习生活丰富了。自然而然地，她的情感重心从想家恋家变成了爱校恋班，尤其对我，有着别样的一份情谊。

在后来与我的相处中，小菲屡次提及"食堂事件"，还一个劲儿地自责，怪自己不懂事。

我笑笑，对她说："这就是小菲啊，好有个性的你！"

她的脸上洋溢着笑容："其实，我发现寄宿生活真的挺好的，不转学到这里来，我怎么会认识钱老师呢！"

我笑了，说："对啊，如果你不听妈妈的话，不到咱们学校来上学，钱老师怎么能有幸遇见你呢！"

我们相视而笑。

这个孩子，从暑期军训的时候，第一眼看见她，我就喜欢上了她。与一般文静内向的女孩子不同，她的身上丝毫没有女孩子的忸怩与羞涩，大方、大气，有一种与生俱来的胆识和魄力。她尤其爱笑，一笑起来，留下笑声一串串。我打心眼里喜欢她。

事实证明，她真的是一个与众不同的女孩子。

学校举行运动会，女生项目的报名总让我很是纠结。这个时候，小菲总是主动请缨，参加女子400米比赛。那一天在赛场上，看着个子最小的她一路咬牙坚持跑完全程，在终点守候的我再也忍不住了，热泪盈眶地冲上去，一把抱住了她……

班级举行才艺展示，女孩子们唱歌跳舞，弹奏乐器，小菲却是一身专业打扮，英姿飒爽地走上场，在音乐声中，有模有样地表演起跆拳道，令同学们惊呼不已。

在班级足球比赛中，小菲是班中唯一请求参赛的女将。赛场上，她与男孩子同场角逐，切磋球技，颇有"巾帼不让须眉"之风。由此，她荣获了"德比杯"足球比赛的"特别奖"。

任何时候看见小菲，都是脸上带着笑，走路连蹦带跳的。她总会在我不留意时，伸手拍一下我的肩膀，出其不意地大喊我一声，让我一惊一乍，而她咯咯直笑。这样的一个孩子，很难不被她吸引，很难不喜欢上她。

小菲担任我的语文课代表，整整三年。三年的时间，朝夕相处，如影随形，我和她之间早已形成默契。课前，还未等我走出办公室，她早已笑容甜甜地过来迎接我，顺手接过我手中的书本，是那么自然而然；课后，等我上完课，不用吩咐，她就起身帮我收拾整理物品，送还到办公室，细致入微。三年中，我和她之间就是这样和谐往来，一路相伴。

每周三的习字课时间，她就化身小老师，打开投影仪，展示同学们的优秀作业，逐个点评；邀请班级中的写字能手，上讲台范写，讲解写字要领；带领着同学们用心描摹，静心书写。往往等我开完会走进教室，她就已经开始给同学们上课了。无须我费心，更不需我担心，做我的课代表，她无可挑剔！

同样，我和她之间的感情也是别人无法替代的。看着她每天屁颠屁颠地跟着我，不胜欢喜的模样，心中生出母亲般的幸福。常常因忙于工作忘记准时去用餐，她便以师者的身份教育我："哎呀，钱老师，你怎么又不去吃饭了呢？身体是革命的本钱，你得照顾好自己的身体啊！"一脸的着急样，惹人怜爱。

每逢春游、秋游活动，出于各方面因素的考虑，我总是带领男生一起游玩，让副班主任带着女孩子们。小菲就是小菲，她总会破例，和我站一队，我们的身后是一大波的男生。男生们调侃她，她笑嘻嘻地说："我就是要和钱老师在一起，你们尽管羡慕嫉妒恨吧。"男生们便无话可说了，我哈哈大笑。

"钱老师，我的遮阳帽给你戴。""钱老师，要擦防晒霜吗？""钱老师，喝口水。""钱老师，我们合个影吧。"……她对我的关心真是无处不在，我被她照顾得舒舒服服的。看着眼前的她，我有时也很难相信，这个孩子就是刚来校时那个爱发脾气的任性小姑娘吗？

有一次，小菲很认真地对我说："钱老师，我能问你要一件礼物吗？"我不假思索，张口就答："好啊，你要什么礼物，尽管开口。"她噗嗤一声笑了："钱老师，将你送给我做礼物吧。"我哈哈大笑："好啊，可以，你尽管拿去，只要你搬得动。"她笑了，我也笑了。笑声里，是暖，是爱。

记得六一儿童节前夕，我带着她走出校门去给全班同学买礼物，并请她吃晚餐，她幸福得哇哇大叫："钱老师，这可是我三年之内第一次公然出校门啊，太珍贵了！"

也记得那一天我一早醒来，就往她的宿舍打电话，只为对她说一声："小菲，早安！"

在毕业之前，我送给她一件很简单、很朴素的礼物——一只杯子。我的心意，她自然明白。

她回赠了我几句话。

Q 老师：

　　能遇见你，

　　是我的荣幸；

　　能做你的课代表，

　　是我的骄傲。

　　若能不分离，

　　该多么美好。

　　　　　　　您永远的学生——小菲

感谢你们的"不乖"

感谢教育路上遇见的那些活泼可爱、调皮好动、经常闯祸、经常犯错、惹是生非的孩子,你们是原汁原味、纯天然的好孩子!

常听到同事们这样说:愿意教乖孩子,不愿意教调皮学生,原因很简单——省心。我深不以为然。

记忆深处,曾经教过一个很乖巧的班级。50个孩子,像是同一个模子里刻出来的那般懂事听话,安静专心。不用担心他们会惹是生非、调皮捣蛋,也无须担忧他们会懒散放任、不思进取。每一年评选"优秀班集体",我的班总是位列榜首,是全校公认的模范班级。

面对眼前这些"有礼有节、不卑不亢"的乖孩子,我总觉得缺少了一些什么。课间时分,我经常要"赶"他们出教室去玩耍,可不一会儿,他们又回教室埋头写起了作业;活动课上,我带着他们做游戏,好学的孩子们却捧着书坐在一边读得津津有味……孩子们安静乖巧得让我有些心疼。与这群孩子相处的时光就像一幅波澜不惊、水波不兴的画,平静而又淡然。

送走了这届学生,我接手一个六年级的寄宿班。这个班级与上一届的学生个性截然相反,班内只有10名女生,男孩子都是顽劣好动的"热血青年"。孩子们在宿舍里"大闹天宫",半夜三更不就寝;在食堂与工作人员发生争执,拒不认错;上课时质疑老师的授课方式,公然与老师辩驳,致使课堂无法进行;课余时间,爬树掏鸟窝,折了树枝编草帽,折腾得一片狼藉……一桩桩、一件件,以前所没有接触到的棘手问题突然之间接踵而至,一波未平一波又起。毫不夸张地说,刚开学的一段时间,我几乎处于疲于奔命的工作状态。失眠的日子就此开始了。

在那些失眠的日子里，我的脑海里不断地翻腾：面对这些活泼调皮的孩子，我该怎么办？我知道，教育不是打击，不是压制，更不是扼杀，我得以更妥帖、更慰藉心灵的方式去接纳、包容、熏陶、引领。也就在这时候，我忽然发现自己是多么贫瘠、多么无奈，那些拥有的教育经验已远远不够，生出了一种囊中羞涩、捉襟见肘的逼仄感。于是，图书馆、新华书店成为我最爱流连的地方。我将一摞摞的教育图书借回去、买回家。夜深人静之时，我徜徉在书中，触摸教育经典，含英咀华，充盈思想，创新理念。在目光碰响一个个教育大师的名字和灵魂的刹那，我开始感觉到一种教育情怀的生成，似一条明亮的小溪在我的体内流淌，那些闪光的东西照亮了我的双眸……

我开始用清澈的眼眸对视孩子们热切的眼神。我教孩子们唱《相亲相爱一家人》的班歌，给孩子们发"喜报"，填写"每日四问"的心愿卡，邀请家长来班级作讲座，建立"悄悄话"信箱，不定期地与孩子们进行书信交流……孩子们喜欢周杰伦，我便开展"周杰伦，无与伦比！"的班会课；学校附近建有草莓种植基地，我便带领他们前去采摘草莓；为提高学习语文的兴趣，我组织孩子们走上街头充当"啄木鸟医生"，消灭错别字，规范语言文字的使用；每两个月，学校食堂会包馄饨改善伙食，但孩子们总吃得不过瘾，在与食堂工作人员协商之后，我班单独进行了一次包馄饨活动，孩子们开心得大呼"钱老师，你真好！"……

记得喜欢做恶作剧的小胡同学。印象深刻的是一天深夜，趁同学睡熟后，他拿水彩笔在同学脸上作画，将同学的脸画成了一只"大花猫"，让人哭笑不得。生活老师气坏了，强烈要求给予他处分。考虑再三，我最终的做法是了解情况后，让他向同学赔礼道歉，并推荐他加入班级的出黑板报小组，请他负责绘画，同时交给他一个硬性任务——寻找机会，尽自己的能力去帮助同学。有了可以发挥自己特长的机会和指定要完成的任务，小胡再也不胡闹了。寒假过后，学校领导接到一封来自南京的表扬信，信中表扬小胡同学奉献爱心，将自己的300元压岁钱捐给贫困家庭。看着在全校集会时受表扬的小胡，我由衷地感到骄傲和自豪。

小辰同学一有空，就喜欢蹲在草地上津津有味地拨弄小虫子，将作业完全抛之脑后。记得有一回，学校规定要统一购买毕业复习卷。统计名单时，我发现就小辰没有购买，问他原因，他突然间放声大哭，仿佛找到了狠狠发泄的机会："每个周末回家，妈妈都要让我写一整天的作业，现在学校里又要购买试卷集，还能不能让我喘口气啊？"课堂上，他就这样旁若无人地大声发问，号啕大哭。更不妙的是，小辰的话语似乎引起了"共鸣"，教室里嘈杂、喧闹了起来。我没有制止小辰，也没有打断那些议论声。孩子的心，我是理解的。最终我违背了学校"统一购买"的要求，改成了让孩子们"自愿购买"。我与小辰妈妈进行沟通交流，为小辰"请愿"；我也对小辰提出了要求：保证以后按时完成作业。小辰果然说到做到。毕业考试前，我在小辰文具盒里看到了一张字条，上面写着："小辰，加油！钱老师说相信你行，你就一定能行！"那一刻，我很感动。

毕业的那一天，班级里哭声一片，孩子们趴在桌上痛哭流涕，谁也不肯离开。那些平时调皮捣蛋的孩子，哭得最凶。一向觉得这群孩子太疯太叛逆的数学老师看到这情景，也被感动了，由衷地对我说："钱老师，孩子们对你真的是发自肺腑地喜欢和依恋啊。"看着孩子们哭得通红的泪眼，我的眼泪喷涌而出。拥着他们，我多么想让时间倒流……

只教了孩子们一年，但留给我的印象是难以磨灭的。相处的那些日子，像镌刻在我记忆深处的一幅幅画，一旦忆及，便清清楚楚地展现在我眼前，心中涌动起要将这些故事写下来的强烈欲望。于是，一种不吐不快的感觉驱使着我将所有的温暖与爱意汇聚于笔端，凝注于文字。仅一个暑假，我就在教育报刊上发表了十多篇文章。所有对教育的感觉、记忆、思想方式及热爱都在这个契机之中复活。我想，这一定得益于我的学生。因为我的调皮的可爱的学生，我找到了一种最恰当的、最为理想的表达方式。在这个暑假，我终于开始成为一根会安静思考的"芦苇"，一股奇妙的、强有力的力量在我的内心生长。我清晰地感受到了它们的存在——梦想、温暖与热爱。我想，在这个暑假，我应该是找到了自我，完成了新我。

接下来，似乎与调皮的孩子结下了不解之缘。自然，教调皮的孩子会费心很多，操心很多，付出更多，但因为那股力量在内心清晰地存在，每天看着一个个个性鲜活的孩子，我会因为他们快乐而无端地喜悦，充满莫名的感恩。孩子们不就像阳光下飞舞的小飞虫吗？仅仅因为喜欢阳光，喜欢自由，爱好飞翔，而快乐翻飞，不是吗？他们需要的，只是被注视、被眷顾、被认可，有供他们飞、供他们自由的空间而已。我满怀虔诚，长时间地注视他们，去牵手，去爱，从他们昂扬向上的小小身躯中，读取他们爱好飞翔的理由、渴望自由的情怀、阳光般的温暖情意，发现他们究竟会有多少令我肃然起敬之处……

寒假期间，一个从国外留学回来的孩子特地前来看望我。聊起小时候的事情，他不无愧疚地说："钱老师，想想小时候给您惹了太多的麻烦，真的很对不起您啊！"我笑了："傻孩子，小时候惹麻烦犯错误是最正常不过的事情啊！"他很动情地说："庆幸的是我遇到了您，您总是循循善诱，从不谩骂我、冷落我。我永远记得您跟我一起用餐的时光，记得您对我说过的话……"他的眼眶微红，我也很动容。小时候的他成绩并不好，打架犯事闯祸是家常便饭，令各科老师深感头疼。但无论他的表现多么差劲，每次去食堂用餐，我总是跟他坐在一起。我用这样的方式告诉他：老师依然喜欢你！我对他的好，他是能够感受到的。一年后，我不再教他，最难以接受事实的是他。每天傍晚，他依然会来我的办公室找我，等我一起用餐，为我端餐盘、擦好桌椅、请我入座……直至他上了初中、高中，去了国外留学，一直都没有忘记我，念念不忘我对他的好。他的家长不止一次对我说："钱老师，我家这孩子啊，只要一说到您，立马就神采飞扬！"听了这话，我特别自豪。

　　感谢教育路上遇见的那些活泼可爱、调皮好动、经常闯祸、经常犯错、惹是生非的孩子，你们是原汁原味、纯天然的好孩子！是你们的"不乖"，是你们如水一般的载歌载舞，让我日臻完美。

图书在版编目（CIP）数据

不拘一格做老班／钱碧玉著．—上海：华东师范大学出版社，2021
ISBN 978-7-5760-2095-3

Ⅰ.①不⋯　Ⅱ.①钱⋯　Ⅲ.①班主任工作　Ⅳ.① G451.6

中国版本图书馆 CIP 数据核字（2021）第 168297 号

大夏书系·全国中小学班主任培训用书

不拘一格做老班

著　　者　钱碧玉
策划编辑　杨　坤
责任编辑　万丽丽
责任校对　杨　坤
封面设计　奇文云海·设计顾问

出版发行　华东师范大学出版社
社　　址　上海市中山北路 3663 号　　邮编　200062
网　　址　www.ecnupress.com.cn
电　　话　021-60821666　　行政传真　021-62572105
客服电话　021-62865537
邮购电话　021-62869887　　地址　上海市中山北路 3663 号华东师范大学校内先锋路口
网　　店　http://hdsdcbs.tmall.com/

印 刷 者　北京季蜂印刷有限公司
开　　本　700×1000　16 开
插　　页　1
印　　张　16
字　　数　236 千字
版　　次　2021 年 10 月第一版
印　　次　2021 年 10 月第一次
印　　数　6 100
书　　号　ISBN 978-7-5760-2095-3
定　　价　52.00 元

出 版 人　王　焰

（如发现本版图书有印订质量问题，请寄回本社市场部调换或电话 021-62865537 联系）